GESUND UND FIT AUF NATÜRLICHEM WEG

Richtig essen, gesund leben

GESUND UND FIT AUF NATÜRLICHEM WEG

Richtig essen, gesund leben

GONDROM

Titel der englischen Originalausgabe: *Eating for Good Health*

Übersetzung der deutschen Ausgabe: Christoph Arndt
Gutachten: Petra Laux
Redaktion: Angelika Lenz

Covergestaltung: Monika Hagen

Der Umwelt zuliebe gedruckt auf chlorfrei gebleichtem Papier.

ISBN 3-8112-2043-8

Wichtiger Hinweis:
Die in diesem Buch enthaltenen Informationen sind kein Ersatz für eine ärztliche Diagnose und Behandlung. Der Verlag rät allen Patienten mit andauernden Krankheitssymptomen sich an einen Arzt zu wenden.

Die Ratschläge in diesem Buch sind vom Verlag sorgfältig erwogen und geprüft, dennoch kann eine Garantie nicht übernommen werden. Eine Haftung des Verlages und seiner Beauftragten für Personen-, Sach- und Vermögensschäden ist ausgeschlossen.

Vorwort

Lebensqualität und Lebenserwartung liegen heute mehr denn je in unserer Hand. Denn unsere Ernährung hat einen unmittelbaren Einfluss darauf, ob unser Körper gegen Zivilisationskrankheiten wie Krebs, Schlaganfall, Herzleiden und Bluthochdruck gefeit ist oder im Gegenteil dafür anfällig wird.

Der Umstieg auf eine gesündere Kost ist leichter, als es vielleicht den Anschein hat. *Richtig essen, gesund leben* gibt Ihnen mit einer Fülle von verständlichen und umfassenden Informationen sowie zahlreichen praktischen Ratschlägen das Rüstzeug an die Hand, sich von eingefahrenen Essgewohnheiten zu lösen und stattdessen auf eine Ernährung umzustellen, die Krankheiten keine Chance gibt. Denn auch hier gilt: Vorbeugen ist besser als heilen.

Richtig essen, gesund leben erklärt, was Proteine, Kohlenhydrate, Ballaststoffe, Fette, Vitamine und Mineralstoffe sind, in welchen Speisen sie vorkommen und wie viel man davon benötigt, um seinen Körper bei bester Gesundheit und Fitness zu halten. Ausserdem stellt das Buch die Küchen anderer Länder vor, zeigt, wie sich deren Vorzüge nutzbringend in einen gesunden Speiseplan integrieren lassen und öffnet so neue Horizonte.

In *Richtig essen, gesund leben* finden Sie maßgeschneiderte Vorschläge, wie Sie die neu gewonnenen Erkenntnisse über eine vielseitige, ausgewogene Kost an die jeweiligen Bedürfnisse, Vorlieben und Lebensumstände jedes einzelnen Familienmitglieds anpassen können. Vom Einkauf über die sachgemäße Lagerung bis hin zur Zubereitung schmackhafter Speisen hilft Ihnen der wertvolle Ratgeber, stets das Beste für sich und Ihre Familie zu tun. Sie werden sehen, wie einfach es ist, die entsprechenden Änderungen vorzunehmen, und wie genussvoll gesundes Essen sein kann. So wird Ihnen der allergrößte Segen zuteil: ein langes und gesundes Leben.

Inhalt

Gesund oder krank – eine Frage des Essens 8

1 **Gesunde Ernährung 15**
Essen Sie die richtigen Nahrungsmittel? 16
Besuch beim Spezialisten für Ernährungsberatung 20
Brennstoff für den Körper 22
Wie vermeidet man Mangelerscheinungen 24
Keine Zeit zum Kochen 26
Kulturelle Einflüsse auf den Speiseplan 28

2 **Die Kraft der Proteine 29**
Stoff des Lebens 30
Der vegetarische Bodybuilder 35
Fleischlose Kost 36

3 **Kohlenhydrate: der optimale Treibstoff 39**
Energie aus Zucker 40
Ballaststoffe: Müllabfuhr des Darms 46
Stete Energiezufuhr 48

4 **Unverzichtbare Fette 49**
Fett ja – aber welches? 50
Besuch beim Heilpraktiker 54
Allzu viel ist ungesund 56
Hoher Cholesterinspiegel 57

5 **Vitamine und Mineralstoffe 59**
Klein, aber oho 60
Mangelerscheinungen 66
Eine Frau in den Wechseljahren 72

6 **Wasser – Elixier des Lebens** 75
Trinken Sie genug Wasser? 76
Zum Wohl! 80

7 **Gesunde und ungesunde Nahrung** 85
Frisch oder konserviert? 86
Heilkräftige Lebensmittel 94
Joghurt: Hilfe gegen Infektionen 102
Welche Speisen schaden der Gesundheit? 104

8 **Die Wahl der idealen Kost** 113
Die gesündesten Küchen der Welt 114
Ein Liebhaber deftiger Kost 118
Das Beste für die Familie 120
Die Großfamilie 122
Für Kinder kochen 128
Gesünder essen: Thema für die Familienkonferenz 129
Spezielle Diätformen 130
Nach dem Herzinfarkt 132
Richtig abnehmen 134
Beratung durch die Diätassistentin 136
Schlank bleiben durch fettarmes Kochen 140

9 **Lebensmittel richtig lagern und zubereiten** 143
Gewusst, wie: Einkauf und Lagerung 144
Schonende Zubereitung 150
Ein Vegetarier in der Familie 151

Register 156
Bildnachweis 160

Gesund oder krank – eine Frage des Essens

Der Mensch ist, was er isst. Mit der richtigen Kost können wir bis ins hohe Alter gesund und fit bleiben. Ungesunde Nahrung dagegen macht krank.

1970 stellte der amerikanische Chemiker Dr. Linus Pauling seine Theorie vor, dass man gewöhnliche Erkältungen mit Vitamin C kurieren kann. Wenn sie der wissenschaftlichen Prüfung auch nicht ganz standhielt, so konnte doch zweifelsfrei nachgewiesen werden, dass Vitamin C dem Körper hilft Infektionen zu bekämpfen.

Jahrhundertelang litt die Menschheit unter Mangelerkrankungen wie Skorbut und Beriberi, die durch einen Vitaminmangel hervorgerufen werden. 1912 wurde das erste Vitamin aufgrund seiner besonderen Eigenschaften identifiziert: Es erhielt den Namen A.

Unser Körper braucht Nahrung zum Leben – fehlt diese Zufuhr, so geht er zugrunde. Wann immer der Vorrat an Nährstoffen zur Neige geht, schlägt unser Körper umgehend Alarm: Wir bekommen Hunger. Somit ist sichergestellt, dass wir nie ernstlich Gefahr laufen, das Essen zu vergessen. Oft genug wird auch ein ganz spezieller Nachschub angefordert, z. B. Süßes bei Unterzucker oder Wasser, wenn wir durstig sind.

Freilich sendet der Körper auch noch andere Signale, wenn er unzureichend versorgt wird. Müdigkeit, Erschöpfung, Schmerzen, Nervosität, ja sogar chronische Leiden – all diese Symptome können Anzeichen für eine ungenügende Nährstoffzufuhr sein. Leider treten diese Warnsignale selten sofort auf, sondern manifestieren sich erst nach Jahren. Genau hier liegt das Problem: Da wir die Folgen einer schlechten Ernährung nicht gleich sehen können, sind sich nur wenige dessen bewusst, wie eng die körperliche Gesundheit davon abhängt, was, wieviel und wie oft wir essen. Der Mensch ist, was er isst, und die Nahrung, die er zu sich nimmt, hat einen ganz entscheidenden Einfluss darauf, wie es ihm geht und wie er aussieht – ob er fit und dynamisch bleibt oder ob er sich schlapp und krank fühlt.

Ein Dilemma des 20. Jahrhunderts

Die Medizin hat in den letzten 100 Jahren immense Fortschritte gemacht. Viele Infektionskrankheiten konnten besiegt werden und bahnbrechende Entwicklungen auf den Gebieten Hygiene, Immunologie, Chirurgie und Gentechnik trugen das ihre dazu bei, dass die durchschnittliche Lebenserwartung stetig ansteigt. Zur gleichen Zeit aber nehmen Krebs und chronische Erkrankungen wie Herzleiden dramatisch zu, und die meisten Opfer dieser modernen Zivilisationskrankheiten leben in den westlichen Industrienationen.

Die Ärzte sind sich heute darin einig, dass die meisten Herzleiden auf eine falsche Ernährung zurückzuführen sind. Für unsere moderne Kost, die oft viel zu fettreich ist und nicht genügend komplexe Kohlenhydrate enthält, ist unser Körper einfach nicht geschaffen. Früher, als man notgedrungen mit einer unzureichenden Ernährung vorlieb nehmen musste, hat der Körper gelernt, das wenige, was ihm zugeführt wurde, optimal zu verwerten und das je nach Jahreszeit verfügbare Nahrungsangebot bestmöglich zu nutzen. In üppigen Zeiten legt er Fettreserven an, um in mageren zu überleben. Heutzutage jedoch ist für die meisten Bewohner der Industrieländer nicht Mangel, sondern im Gegenteil Überfluss das Hauptproblem, und die Folgen sind nicht weniger gefährlich. Doch wenn die Ernährung die Ursache von Krankheiten ist, dann kann sie umgekehrt auch ihr Heilmittel sein.

Vegetarier gab es zu allen Zeiten. Auch viele Große der Geschichte haben sich für fleischlose Kost entschieden, darunter der florentinische Maler Leonardo da Vinci (1452–1519), der amerikanische Politiker Benjamin Franklin (1706–1790) und nicht zuletzt Indiens großer Führer Mahatma Gandhi (1869–1948). Die Motive für eine vegetarische Lebensweise sind in der Regel religiös-ethischer oder gesundheitlicher Natur.

Die Heilkraft der Nahrung – lange Zeit kein Thema

Mit der Entdeckung von Wunderdrogen und Antibiotika nach dem Zweiten Weltkrieg änderten sich die Behandlungsmethoden der Ärzte wie auch ihr Verständnis vom menschlichen Körper. Eine komplexere Labormedizin und eine zusehends unüberschaubar werdende Flut des Wissens führten überdies dazu, dass sich immer mehr Mediziner auf ein einziges Fachgebiet spezialisierten. Nicht mehr der ganze Mensch wurde nunmehr behandelt, sondern einzelne Teile von ihm. Die Schulmediziner setzten in erster Linie auf Antibiotika und chemische Präparate zur Behandlung von Krankheiten statt auf Kräuter und Naturheilmittel. Auch der Heilkraft der Nahrung wurde kaum Beachtung geschenkt. Es ist noch gar nicht so lange her, da wurde jeder ausgelacht, der behauptete, man könne Herzkrankheiten, Osteoporose oder Krebs in der Küche behandeln. Erst im Zug der Entdeckung, dass die ballaststoffreiche, fettreduzierte Kost der Entwicklungsländer offensichtlich einen Schutz vor bestimmten chronischen Krankheiten bot, begann man sich erneut auf die heilsame Wirkung von Lebensmitteln zu besinnen.

Der amerikanische Leichtathlet Carl Lewis ernährt sich streng vegetarisch. Bei den Olympischen Spielen 1984 gewann er vier Goldmedaillen.

Eine Umstellung der Ernährung kann tatsächlich Leben retten. Reduziert man etwa die Fett- und Cholesterinaufnahme, so verringert sich auch das Risiko, an einer Herzkranzgefäßerkrankung zu

Der erfolgreiche amerikanische Anwalt Henry Perky litt unter Verdauungsstörungen. Sein Leben änderte sich schlagartig mit der Entdeckung, dass er eine Grütze aus Vollweizen problemlos verdauen konnte. Er brachte das Getreide als Weizenschrot auf den Markt und machte damit ein Vermögen.

sterben, ganz erheblich. Noch immer aber wissen viele Menschen nicht, dass die Nahrung weit mehr kann als nur den Hunger zu stillen. Was oft als Ammenmärchen abgetan wird, entpuppt sich bei näherer Prüfung als gar nicht so falsch, etwa dass man im Dunkeln besser sieht, wenn man viele Möhren isst, dass Spinat Muskeln aufbaut oder Fisch die Intelligenz fördert. Die Wissenschaft besitzt heute genaue Kenntnisse über die Eigenschaften der Nahrung und darüber, wie der Körper sie verwertet. In jeder der Millionen und Abermillionen Zellen des Körpers laufen in jeder Sekunde Tausende chemischer Reaktionen ab, und die Gesundheit kann davon abhängen, ob ein bestimmtes Enzym, eine bestimmte Fettsäure im richtigen Moment zur Stelle sind.

Sind Sie auf dem neuesten Stand des Wissens?

Die Erforschung der engen Zusammenhänge zwischen Gesundheit und Ernährung macht rasante Fortschritte. Manche Ergebnisse sind inzwischen hinlänglich bekannt – etwa, dass man viel Frischkost essen und die Fettzufuhr einschränken sollte. Aber kennen Sie auch die allerneuesten Entdeckungen, deren Umsetzung für Ihr Wohlergehen und das Ihrer Familie entscheidend sein kann? Wussten Sie z. B., dass der Verzehr öliger Fische die Fließfähigkeit des Blutes verbessert und der Bildung von Blutgerinnseln vorbeugt? Dass Knoblauch spezielle Krebs hemmende Eigenschaften besitzt? Und ist Ihnen die so genannte Ernährungspyramide geläufig?

Die Nahrung kann das Pendel der Gesundheit zur einen oder zur anderen Seite ausschlagen lassen. Sie verfügt über große Kräfte – hilfreiche wie auch schädliche. In manchen Lebensmitteln finden sich giftige Inhaltsstoffe, etwa das Solanin in keimenden Kartoffeln. Andere Substanzen wiederum bekämpfen Giftstoffe: So können bestimmte Verbindungen, die im Kohl vorkommen, die schädlichen Auswirkungen der Luftverschmutzung auf den Körper abmildern. Der Einfluss der Nahrung auf Herzerkrankungen ist vortrefflich dokumentiert: Manche Speisen begünstigen Ablagerungen in den Arterien, wodurch diese sich verengen, andere setzen Stoffe frei, die die Arterien reinigen. Gesättigte Fette erhöhen den Blutfettspiegel und damit vermutlich das Risiko einer Arterienverstopfung, wohingegen lösliche Ballaststoffe, die etwa in Haferkleie und Dörrobst vorkommen, nachweislich Cholesterin im Darm binden und so dem Körper helfen, es auszuscheiden.

Dr. John Harvey Kellogg sprach sich nachdrücklich für eine ballaststoffreiche Ernährung aus. Der Amerikaner verordnete seinen Patienten eine gesündere biologische Lebensweise. Hierzu entwickelte er in jahrelanger Arbeit einen wohlschmeckenden Menüplan für Vegetarier und sein weltberühmtes Frühstücksgetreide.

Auch der Entstehung von Krebs kann unsere Nahrung sowohl Vorschub leisten als auch entgegenwirken. Rohe Pilze z. B. enthalten Hydrazine, Erdnüsse können mit dem Schimmelgift Aflatoxin behaftet sein – beides sind erwiesenermaßen Karzinogene, also Krebs erregende Stoffe. Lebenslang regelmäßig verzehrt, wirken dagegen gewisse Stoffe in Spinat, Brokkoli und Blumenkohl sowie eine in manchen Beeren enthaltene Säure krebsvorbeugend. Es überrascht daher nicht, dass manch ein Leiden mit einer Ernährungsumstellung therapiert wird. Bei der Behandlung von Gicht ist der Patient gehalten, weniger Innereien zu essen und den Alkoholkonsum einzuschränken, und bei *Diabetes mellitus* müssen die aufgenommenen Kohlenhydrate streng kontrolliert werden. Tatsächlich gibt es kaum Störungen im Körper, die nicht in irgendeiner Form davon abhängen, welche Speisen wir ihm zuführen.

Welche Nahrungsmittel Sie essen und wie oft, hat maßgeblichen Einfluss auf Ihre seelische und körperliche Verfassung. Wie wir essen, hängt großenteils von seit der Kindheit eingefahrenen Gewohnheiten ab, doch ist es nie zu spät, auf eine gesunde Ernährung umzustellen. In jedem Alter braucht der Mensch eine gute Versorgung mit Nährstoffen, und die findet sich am ehesten in einem ausgewogenen, abwechslungsreichen Speiseplan.

Ausgewogen statt einseitig

Fast täglich werden wir mit immer neuen Ernährungsempfehlungen und Diäten konfrontiert. Keine Frauenzeitschrift, die nicht regelmäßig die jeweils neuesten Schlankheitskuren und Ernährungstips verbreitet. Manche Lebensmittel werden dabei über den grünen Klee gelobt, andere in Grund und Boden verdammt. Während die eine Diät bestimmte Nahrungsmittel ganz vom Speisezettel streicht, verlangt eine andere, gewisse Dinge in rauen Mengen zu essen. Und mitunter werden Vitamintabletten und andere Nahrungsergänzungsmittel höher bewertet als die Nahrung selbst. Freilich sind Wundermittel und Modediäten ebenso wenig die Lösung wie künstliche Vitamine.

Von den Tausenden chemischer Verbindungen, Mineralstoffe und Vitamine, die bereits ein einziges Lebensmittel enthält, sind viele potenziell Leben erhaltend oder aber gesundheitsgefährdend, je nachdem, wie viel man im Lauf der Zeit davon zu sich nimmt. In dem alten Sprichwort, dass Abwechslung das Salz in der Suppe ist, liegt daher mehr Wahrheit, als man denkt. Wer abwechslungsreich isst, wird ausreichend mit lebenswichtigen Nährstoffen versorgt, da alles, was der einen Speise fehlt, in anderen enthalten ist. Anstatt also Modetrends zu vertrauen, sollten Sie lernen, Ihren Speisezettel so vielseitig wie möglich zu gestalten. Bereits kleine, aber gezielte Änderungen Ihrer Essgewohnheiten wirken sich nachhaltig auf Ihre Gesundheit und Ihr Wohlbefinden aus.

Mit frisch gepresstem Fruchtsaft können Sie Ihre Vitamin-C-Zufuhr erhöhen. Ein Glas Orangensaft (175 ml) deckt den gesamten Tagesbedarf an Vitamin C.

Essen Sie sich gesund

Dieses Buch möchte Sie anregen, über Ihre Essgewohnheiten nachzudenken und kritisch zu prüfen, ob Sie sich und Ihre Familie richtig ernähren, zu Hause ebenso wie am Arbeitsplatz oder im Restaurant.

In Kapitel 1 erfahren Sie, warum gute Essgewohnheiten die Gesundheit erhalten können. Sie lernen, wie oft man was essen sollte und wie man Anzeichen einer mangelhaften Ernährung erkennt. In den Kapiteln 2–5 wird genau erklärt, wie Ihr Körper die essenziellen Nährstoffe – Proteine, Kohlenhydrate, Fette, Vitamine und Mineralstoffe – verwertet. Sie erfahren, wie viel wovon in bestimmten Lebensmitteln enthalten ist und wie Sie Ihre Ernährung ausgewogen gestalten können. Kapitel 2 befasst sich darüber hinaus eingehend mit der vegetarischen Ernährung.

Auf Störungen im Flüssigkeitshaushalt reagiert der Körper noch empfindlicher als auf unausgewogene Festkost. In Kapitel 6 werden diese Bedürfnisse des Körpers detailliert erläutert und verschiedene Getränke unter die Lupe genommen.

Vom Feld auf den Tisch

Neben den Erzeugnissen aus konventionellem Landbau werden mittlerweile verstärkt Produkte aus chemiefreiem organischem Anbau angeboten. Möglichst unbelastete Nahrungsmittel allein sind indes noch kein Garant für eine gute Ernährung. Als Verbraucher müssen Sie gesunde Lebensmittel von minderwertigen oder vielleicht sogar schädlichen unterscheiden können. Kapitel 7 bietet Ihnen eine Fülle nützlicher Informationen, mit deren Hilfe Sie die beste Wahl für sich und Ihre Familie treffen können.

Kapitel 8 zeigt, wie in anderen Ländern gekocht wird und wie Sie die Vorzüge der mediterranen, japanischen und chinesischen Kochkunst bei sich zu Hause nutzen können. Darüber hinaus finden Sie hier Speisepläne für Personengruppen mit speziellen Bedürfnissen, etwa für Schwangere, Kleinkinder, Bluthochdruckpatienten und Zuckerkranke. Kapitel 9 schließlich verrät sämtliche Tricks einer schonenden Speisenzubereitung, zeigt, wie Lebensmittel optimal gelagert und konserviert werden, und erklärt, wie Sie sich bei einer Lebensmittelvergiftung zu verhalten haben.

Das Ziel dieses Ratgebers ist es, Ihnen und Ihrer Familie ein besseres Verständnis für das Wesen der Nahrung zu vermitteln, die Sie Tag für Tag zu sich nehmen. Wenn Sie dann bewusster essen und auch regelmäßig etwas für Ihre körperliche Fitness tun, können Sie bis ins Alter gesund, vital und voller Lebensfreude bleiben.

Wer Obst und Gemüse auf dem Markt oder direkt beim Erzeuger kauft, kann sichergehen, dass die Ware frisch ist und noch voller Vitamine steckt. Um den Körper mit möglichst wenig Schadstoffen zu belasten, sollten Sie vorzugsweise Produkte aus biologischem Anbau verwenden. Dies gilt besonders für die Zubereitung von Baby- und Kindernahrung.

Ernähren Sie sich gesund?

Gehören Sie zu den Menschen, die sich relativ gesund fühlen und meinen, dass sie sich richtig ernähren? Dabei isst der Durchschnittsbürger hierzulande über den Tag verteilt nur etwas mehr als die Hälfte der von der Weltgesundheitsorganisation empfohlenen Menge an Obst, dafür aber fast die doppelte Menge Fett. Wie steht es mit Ihren Essgewohnheiten?

Wie viele Mahlzeiten nehmen Sie am Tag zu sich?
Essen Sie in der Regel einmal, zwei- bis dreimal oder öfter am Tag? Nur ein üppiges Schlemmergericht täglich ist genauso wenig gesund wie eine ständig wechselnde Anzahl von Mahlzeiten. Ihr Körper arbeitet viel besser, wenn Sie ihm regelmäßig Nährstoffe zuführen, und zwar in drei oder vier gleichmäßig über den Tag verteilten Gerichten. Das Frühstück sollten Sie auf keinen Fall ausfallen lassen, weil sonst vormittags der große Hunger kommt und Sie auf eine zucker- oder fetthaltige Zwischenmahlzeit Appetit bekommen. Tips für einen gesunden Essensfahrplan erhalten Sie in Kapitel 1.

Essen Sie zwischen den Mahlzeiten?
Holen Sie sich immer, ab und zu oder nie zwischen den Mahlzeiten eine Kleinigkeit zum Essen? Oft handelt es sich dabei um fettreiche Kalorienbomben wie Süßigkeiten oder Gebäck, eine Gewohnheit, die Sie gar nicht erst einreißen lassen sollten. Wenn Sie jedoch genau wissen, dass Sie des öfteren nicht widerstehen können, so wählen Sie gesunde Zwischengerichte, die Ihren Speisezettel sinnvoll ergänzen. Hinweise dazu finden Sie in Kapitel 8.

Wie oft greifen Sie zu Obst und Gemüse?
Einmal, zweimal oder wie empfohlen fünfmal täglich? Früchte und Gemüse versorgen den Körper nicht nur mit wertvollen Vitaminen und Mineralstoffen, sondern auch mit Ballaststoffen, die für die Verdauung wichtig sind. Vorausgesetzt, Ihr Bedarf an essenziellen Eiweißen und Fetten ist gedeckt, können Sie kaum zu viel davon essen. Mehr über die Heilkraft dieser Allroundtalente erfahren Sie in Kapitel 5 und 7.

Wie oft verzehren Sie kohlenhydratreiche Lebensmittel?
Weniger oder öfter als einmal am Tag? Nahrungsmittel mit komplexen Kohlenhydraten wie Brot, Reis, Kartoffeln, Körner und Teigwaren sollten, vor allem in naturbelassenem Zustand, mindestens die Hälfte Ihrer täglichen Energiezufuhr ausmachen. Verzichten Sie aber auf

kalorienreiche Saucen zu Nudel- und Kartoffelgerichten. Welche Funktion Kohlenhydrate haben und wie Sie den Anteil an Ballaststoffen in Ihrer Ernährung erhöhen, ist in Kapitel 3 dargestellt.

Wie viele koffeinhaltige Getränke trinken Sie im Lauf des Tages?

Sind es weniger als zwei Tassen oder Gläser? Oder gar mehr? Koffein macht zwar munter und diese Wirkung kann durchaus positiv sein. Da es aber auch den Blutdruck erhöhen kann, sollten Sie es mit Bedacht konsumieren. Am besten trinken Sie so wenig Kaffee und Cola wie möglich und stillen Ihren Durst mit Gesünderem. Die Vor- und Nachteile des Koffeins werden in Kapitel 6 untersucht.

Wie oft essen Sie rotes Fleisch?

Zweimal oder mehrmals die Woche oder jeden Tag? Obwohl rotes Fleisch viel gesättigtes Fett enthält, das die Blutfettwerte erhöht, ist es ernährungsphysiologisch gleichwohl wichtig. Statt es also komplett von Ihrem Speisezettel zu streichen, sollten Sie Ihren Konsum auf zwei Mahlzeiten pro Woche einschränken. Wie wertvoll Fleisch und andere Eiweißlieferanten sind, können Sie in Kapitel 2 nachlesen, während Kapitel 4 zeigt, welche Fette im Fleisch enthalten sind.

SO FÜHREN SIE EIN ERNÄHRUNGSPROTOKOLL

Über die tägliche Nahrungs- und Flüssigkeitsaufnahme Buch zu führen, ist eine gute Möglichkeit, Ihr Essverhalten zu kontrollieren und festzustellen, was genau Sie verzehren. In der Regel kommt die Bitte, alle Speisen und Getränke zu notieren, von Ärzten bzw. Heilpraktikern, Ernährungsberatern, Diätassistenten oder sonstigen Gesundheitsfachleuten. Auf diese Weise können sie sich einen konkreten Einblick in Ihre Essgewohnheiten verschaffen, Ihre Zufuhr an Eiweiß, Kohlenhydraten, Fett, Vitaminen und Mineralstoffen mit den empfohlenen Richtwerten vergleichen und Ihnen anschließend genaue Hinweise geben, was Sie an Ihrer Ernährungsweise ändern oder verbessern sollten.

Achten Sie bitte darauf, die Nahrung so exakt wie möglich zu notieren; so besteht etwa ein Käsebrötchen genau genommen aus drei Lebensmitteln, nämlich Brot, Butter und Käse. Die Art der Nahrungsmittel sollten Sie ebenfalls genau beschreiben, beispielsweise, ob es sich beim Brot um Weiß- oder Vollkornbrot, bei der Milch um Magermilch, teilentrahmte bzw. fettarme Milch oder Vollmilch handelt oder ob Sie als Brotaufstrich Butter, Margarine, Diätmargarine oder Mayonnaise verwenden. Auch kleinste Mengen müssen aufgeschrieben werden: Notieren Sie also jeden Löffel Zucker in Ihrem Kaffee, jede Messerspitze Butter auf Ihrem Brot und jedes Rippchen Schokolade zwischendurch.

1

Gesunde Ernährung

Vor nicht allzu langer Zeit sprachen sich die Ernährungsexperten noch für eine Kost aus, die reich an tierischem Eiweiß ist. Heute dagegen lautet die Empfehlung, den Verzehr von rotem Fleisch wegen seines hohen Gehalts an gesättigtem Fett einzuschränken. Stattdessen sollten viel frisches Obst und Gemüse sowie Lebensmittel, die reich an komplexen Kohlenhydraten und Ballaststoffen sind – wie Vollkornnudeln, Vollkornbrot und Naturreis –, den Löwenanteil einer gesunden Ernährung ausmachen.

Essen Sie die richtigen Nahrungsmittel?

Eine ausgewogene Ernährung ist der Schlüssel zur Gesundheit – das erkennen immer mehr Menschen. Doch nur wer die Bedürfnisse seines Körpers versteht und weiß, welche Lebensmittel er braucht, kann seinen Speiseplan auch richtig gestalten.

Stellen Sie sich Ihren Körper einmal als einen Mechanismus aus Millionen winziger, miteinander verbundener chemischer Fabriken vor, die in einem endlosen Prozess Energie verwerten, Funktionen wie z. B. Reizübertragung ausüben und lebenswichtige Enzyme produzieren. Letztere sind in den Zellen gebildete Eiweißstoffe, die die Nahrung aufschließen und den Stoffwechsel regulieren. Damit dieses komplizierte Gefüge reibungslos funktionieren kann, ist unser Körper auf eine Nährstoffversorgung in wechselnder Menge und Zusammensetzung angewiesen. Ein gesunder Mensch kann alles, was er braucht, aus einer Kost beziehen, in der Eiweiße, Kohlenhydrate, Fette, Ballaststoffe, Mineralstoffe und Vitamine in der richtigen Menge enthalten sind.

Was unser Körper braucht

Proteine sind die Grundbausteine aller Zellen; der Körper benötigt sie, um wachsen und die Zellen erneuern bzw. reparieren zu können. Wer Fleisch, Fisch, Eier, Getreide, Bohnen und Milchprodukte isst, braucht sich um eine ausreichende Eiweißzufuhr keine Sorgen zu machen.

Die Kohlenhydrate sind der Brennstoff des Körpers. Sie geben uns die Energie etwa für einen Marathonlauf und halten die Versorgung auch im Schlaf aufrecht, denn selbst dann benötigt unser Körper Energie zur Aufrechterhaltung der Grundversorgung. Kohlenhydrate können wir in unterschiedlicher Form aufnehmen, als Zucker ebenso wie als Brot, doch sind jene Lebensmittel, die wie Vollkornprodukte komplexe Kohlenhydrate enthalten, wesentlich gesünder.

Die einfachen Kohlenhydrate in Raffinadezucker, Kuchen und Keksen, Schokoriegeln und anderen Süßigkeiten gehen direkt und unverändert ins Blut über und werden entweder schnell abgebaut oder als Fett im Körper abgelagert. Komplexe Kohlenhydrate oder Stärke dagegen brauchen länger, bis sie in einfachere Zuckereinheiten umgewandelt

Lesen Sie beim Kauf von verpackter Ware sorgfältig das Etikett. Achten Sie insbesondere darauf, wie viel Fett, Zucker und Natrium (Salz) das Produkt enthält.

KLEINE ETIKETTENKUNDE

In den letzten 40 Jahren hat das Angebot an Lebensmitteln in Packungen, Gläsern und Konserven immens zugenommen. Zum Schutz und zur Information des Verbrauchers müssen diese Produkte heute genau gekennzeichnet sein, wobei die Etikettierung strengen Vorschriften unterliegt. Die Nahrungsmittelhersteller in der Europäischen Union sind gesetzlich verpflichtet auf der Verpackung folgende Angaben zu machen: Gewicht bzw. Menge, eine nach Gewicht geordnete Liste sämtlicher Zutaten und Zusatzstoffe wie Konservierungs-, Farbstoffe oder Stabilisatoren, Hinweise auf eine eventuelle Vorbehandlung wie z. B. bei ultrahocherhitzter Milch, Name und Anschrift des Herstellers, Ursprungsland sowie Lagerhinweis und Verfallsdatum, nach dem die Ware nicht mehr verkauft bzw. verzehrt werden sollte.

Häufig findet man auch eine Nährstoffinformation, die u. a. Angaben über den Gehalt an Energie (kJ/kcal), Fett, Kohlenhydraten, Eiweiß, Zucker, Ballaststoffen und Natrium enthält.

sind, die dann von den Zellen verbrannt werden. Dadurch wird die Energie langsamer und steter in die Blutbahn abgegeben und der Körper längerfristig versorgt.

Fette helfen beim Aufbau der feinen äußeren und inneren Zellmembranen und transportieren die fettlöslichen Vitamine A, D, E und K sowie weitere Nährstoffe. Benötigt der Körper zusätzliche Energie, kann gespeichertes Fett in Zucker aufgespalten werden.

Als Ballaststoffe bezeichnet man die unverdaulichen Bestandteile der Nahrung. Sie sind wichtig, da sie zusammen mit dem Wasser und den komplexen Kohlenhydraten, die wir zu uns nehmen, die zum schnellen Abtransport der Schlackenstoffe erforderliche Masse beisteuern. Sie sind in Getreide, Kleie, Vollkornprodukten, Obst und Gemüse enthalten. Eine ballaststoffarme Kost kann zu Verstopfung, Hämorrhoiden, Dickdarmentzündung und selbst Dickdarmkrebs führen.

Damit in den unzähligen Körperzellen die essenziellen biochemischen Reaktionen ablaufen können, benötigen sie geringe Mengen an Mineralstoffen wie Kupfer, Natrium, Kalzium, Kalium und Zink. Ein abwechslungsreicher Speiseplan sorgt dafür, dass sie eine gute Mischung dieser Stoffe erhalten. Darüber hinaus benötigt der Körper Vitamine, die entscheidend an einer Reihe von Vitalfunktionen beteiligt sind. Sie setzen Energie aus der Nahrung frei, helfen bei der Bildung von Blutzellen und Hormonen und halten Organe und Körpersysteme gesund.

Schließlich brauchen wir noch Wasser, um überleben zu können. Als Grundbestandteil aller Körperflüssigkeiten übernimmt es den Nährstofftransport, schmiert die Gelenke und löst die Nahrung auf, damit sie verdaut und absorbiert werden kann. Es ist zwar in sämtlichen Lebensmitteln und Getränken enthalten, doch sollte man darüber hinaus jeden Tag auch viel pures Wasser trinken.

Wie die Nahrung verdaut wird

Die Nährstoffe, die Ihr Körper braucht, u. a. Aminosäuren, Glukose, Fettsäuren, Vitamine und Mineralstoffe, müssen der Nahrung erst über den Verdauungsprozess entzogen werden. Er beginnt bereits im Mund, wo die Nahrung beim Kauen zerkleinert und die Speichelsekretion angeregt wird. Der Speichel enthält Enzyme, die die Nahrung chemisch aufzuschließen beginnen. Nun wandert der Nahrungsbrei über die Speiseröhre in den Magen, von wo er in den Dünndarm

BEWUSST EINKAUFEN?

Die meisten unserer Lebensmittel zählen zu einer von vier Kategorien, die jeweils bestimmte Nährstoffe in höherer Konzentration enthalten.

Vollkornprodukte, Naturreis und Kartoffeln enthalten viel komplexe Kohlenhydrate, etwas Eiweiß und wenig Fett.

Fleisch, Geflügel, Fisch, Nüsse, Eier und Hülsenfrüchte (Bohnen, Erbsen, Linsen) sind hervorragende Eiweißquellen und liefern beträchtliche Mengen an Mineralstoffen und B-Vitaminen.

Molkereiprodukte wie Milch und Magerkäse zeichnen sich durch hochwertiges Eiweiß, Kalzium, Kalium und B-Vitamine aus. Vollfettprodukte enthalten zudem die Vitamine A und D.

Obst und Gemüse stellen die besten Quellen für Vitamine, Mineral- und Ballaststoffe dar. Die Kombination dieser Stoffe variiert von Sorte zu Sorte.

DER VERDAUUNGSAPPARAT

Auf ihrem Weg durch den Verdauungstrakt wird die Nahrung durch zahlreiche mechanische und chemische Prozesse so lange aufgeschlossen, bis alle Nährstoffe abgebaut sind. Die verbliebenen Abfallstoffe werden ausgeschieden.

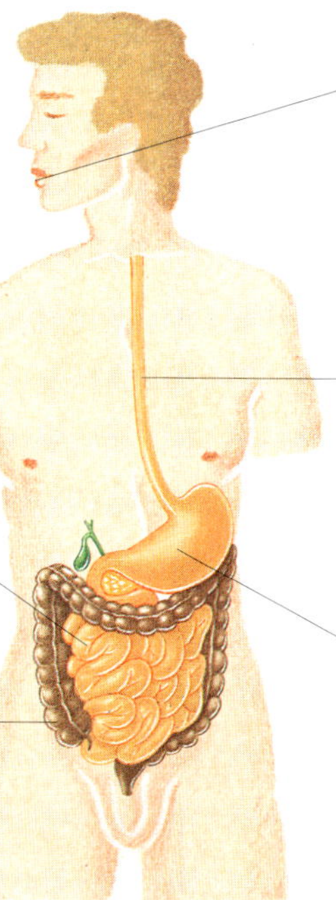

ERNÄHRUNGSPYRAMIDE

1990 entwickelten Ernährungswissenschaftler der amerikanischen Regierung die so genannte Ernährungspyramide. Sie zeigt, wie viel man aus den einzelnen Lebensmittelgruppen am Tag essen sollte.

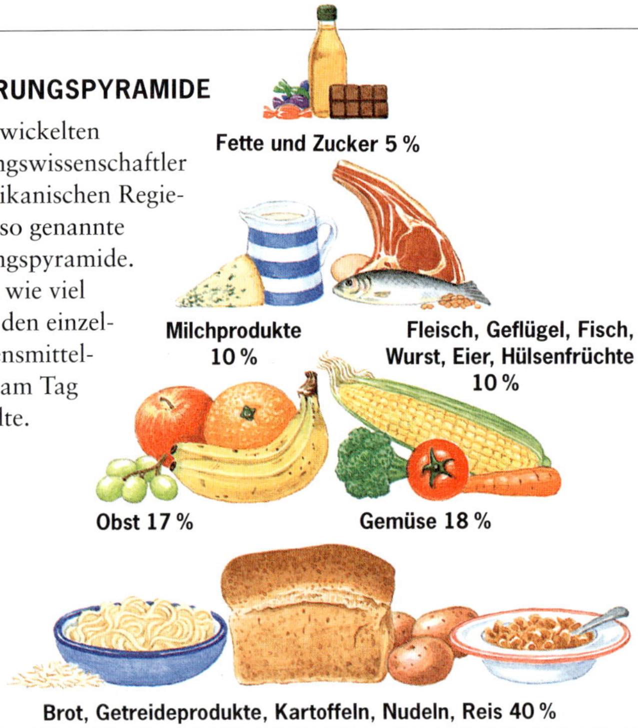

GESUNDHEITSTIP

Viele Verdauungsprobleme wie Magenverstimmungen, Geschwüre und nervöse Darmstörungen können durch ein geschwächtes Immunsystem und Stress verschlimmert werden. T'ai-Chi Ch'uan, die alte chinesische Bewegungs- und Meditationstherapie, kann diesen Störungen sowohl vorbeugen als auch zu ihrer Heilung beitragen. Indem es den Lymphfluss anregt, stärkt es das Immunsystem.

und schließlich den Dickdarm gelangt. Unterwegs steuern Magen, Leber, Bauchspeicheldrüse, Gallenblase und Darmtrakt Verdauungssäfte und andere Substanzen bei, die die Nahrung in immer kleinere Bestandteile aufspalten. Ist dies geschafft, das Essen also verdaut, wandern die kleinsten Partikel – Nährstoffe wie auch viele Begleitstoffe – durch die Wände der Verdauungsorgane in die Blutbahn und das Lymphsystem, die sie im ganzen Körper verteilen. Die nicht weiter verwertbaren Abfallprodukte werden als Urin oder Kot wieder ausgeschieden.

Sorgen Sie für Ausgewogenheit

Ärzte und Ernährungsberater empfehlen eine vielseitige, ausgewogene Kost. Dies bedeutet aber nicht etwa, dass Sie gleich viel von jeder Nahrungsmittelgruppe essen sollen. Um Ihren Körper optimal zu versorgen, müssen Sie im Gegenteil von bestimmten Speisen mehr essen als von anderen. Dabei sollten die verschiedenen Lebensmittel, die Sie zu sich nehmen, gut zueinander passen und sich ergänzen.

Diverse von Ernährungswissenschaftlern erstellte Grafiken und Tabellen zeigen, welche Lebensmittel man in größeren und welche in kleineren Mengen verzehren sollte. Wurden die einzelnen Lebensmittelgruppen früher als Teile eines Kuchens dargestellt, so hat sich heute die Pyramide als korrektere Form durchgesetzt.

Den Sockel der Ernährungspyramide bilden Lebensmittel mit komplexen Kohlenhydraten, also Vollkornbrot, -müsli und -nudeln, brauner Reis und Pellkartoffeln. Sie sollten 40 % Ihres Speisezettels ausmachen. Beachten Sie aber, dass diese Nahrungsmittel gesünder sind, wenn sie mit sehr wenig oder ganz ohne Butter bzw. schwere Saucen verzehrt werden, die zwar viele Kalorien, aber nur wenig Nährstoffe beisteuern.

Häufig sollten Sie auch bei rohem oder möglichst kurz gegartem Gemüse und bei Obst zugreifen. So führen Sie Ihrem Körper eine Fülle von Vitaminen und Mineralstoffen zu. Gemüse und Früchte bilden zusammen den relativ breiten ersten Stock der Pyramide und bestreiten idealerweise 35 % der Ernährung. Im Klartext bedeutet dies täglich etwa 250 g Obst und ebenso viel Gemüse.

Der zweite Stock ist deutlich schmaler; zu ihm gehören auf der einen Seite Fleisch, Eier und Fisch und auf der anderen Milchprodukte. Sie sind wichtige Eiweißlieferanten, haben allerdings oft einen hohen Fettgehalt und sollten deshalb nicht mehr als 20 % der täglichen Speisenmenge ausmachen.

Fett steht an der Spitze der Nahrungsmittelpyramide, um zu zeigen, wie wenig man im Vergleich zu anderen Lebensmittelgrup-

Aus Australien kommt ein neuartiges, einprägsames Ernährungskonzept: der 12345+-Plan. Für jeden Tag empfiehlt er eine Portion Fleisch oder Alternativen wie Hülsenfrüchte, zwei Portionen Milch und Molkereiprodukte, drei Portionen Obst, vier Portionen Gemüse und fünf Portionen Brot, Kartoffeln und Getreide plus eine Miniportion von dem, worauf Sie gerade Lust haben.

pen davon täglich essen sollte. Je mehr Fett ein Nahrungsmittel enthält, desto weniger brauchen Sie davon. Gleiches gilt für Erzeugnisse mit einem hohen Anteil an raffiniertem Zucker. 5 % Fette und Zucker sind absolut ausreichend.

Wer seinen Speisezettel nach diesen Richtlinien für eine ausgewogene Kost zusammenstellt, kann sichergehen, dass er seinen Körper damit gesund und leistungsfähig erhält und auch keine überflüssigen Pfunde auf die Waage bringt. Die Empfehlungen gelten für den größten Teil der Menschen. Kinder, Schwangere, stillende Mütter sowie kranke oder ältere Personen müssen sich jedoch nach abweichenden Ernährungsplänen richten, die in einem späteren Kapitel vorgestellt werden.

Bedenken Sie, dass gleich große Portionen nicht unbedingt die gleiche Menge Energie liefern. So schlagen 60 g Schinkenspeck mit 380 Kilokalorien zu Buch, während eine ebenso schwere Tomate nur 12 Kilokalorien hat.

NÄHRWERTTABELLE

MILCHPRODUKTE	GEWICHT Gramm	KILO-KALORIEN	EIWEISS Gramm	FETT Gramm	KOHLENHYDRATE Gramm
Emmentaler Käse	30	115	9	9	Spuren
Sahnejoghurt mit Früchten	115	172	4	9	18
Fettarmer Joghurt	115	65	6	1	9
GETREIDE					
Vollkornbrot (2 mittelgroße Scheiben)	70	153	6	1,8	29
Weißbrot (2 Scheiben)	80	200	6	1	40
Cornflakes (ohne Milch)	25	108	2,5	0,2	26
FLEISCH					
Lammkoteletts, gegrillt (2 Stück)	175	207	26	11,5	0
Hackfleisch, gemischt	100	260	20	20	0
Leberkäse	125	405	14	36	0
Rinderbraten (Filet, mager)	115	259	32	14,5	0
Schweinebraten (Keule, mager)	115	213	35	7,9	0
FISCH					
Sardinen (gepökelt, in Dosen)	115	198	25	11	0
Forelle (gebacken)	115	155	27	5	0
Schellfisch (gedämpft)	115	116	27	1	0
Lachs (pochiert)	115	227	23	15	0
OBST					
Apfel	115	54	0,4	0	14
Banane	125	123	1,5	0,3	30
Birnen (frisch)	140	56	0,4	0	14
Birnen (in Dosen, mit Saft)	125	43	0,4	0	11
GEMÜSE – ROH					
Kohl	50	13	1	Spuren	2,1
Möhren (gerieben)	50	18	0,3	Spuren	3,9
Blumenkohl	50	17	2	Spuren	1,5
Brokkoli	50	17	2	Spuren	0,9
Spinat	50	13	2	Spuren	0,8
GEMÜSE – GEGART					
Kohl	100	14	1	0	2
Möhren	100	24	0,6	0	5
Blumenkohl	100	28	3	1	2
Brokkoli	100	24	3	1	1
Spinat	100	19	2	1	1

Spinat enthält von Haus aus nur sehr wenig Kalorien, doch bereits wenige Flöckchen Butter obendrauf heben den Wert kräftig an. Die in nebenstehender Tabelle angegebenen Kalorien für eine Portion gelten jeweils ohne Extras. So zählt bei einer Portion Rindfleisch die Bratensauce nicht mit, und das Gemüse ist lediglich in Wasser gegart.

Ernährungsberatung

Ein qualifizierter Ernährungsberater verschafft sich zunächst ein genaues Bild von den Essgewohnheiten eines Hilfe Suchenden und gibt ihm dann Ratschläge, wie er auf eine gesündere Kost umstellen bzw. Krankheiten positiv beeinflussen kann.

Ernährungsberater empfehlen, dass man täglich 200–300 g Obst und ebenso viel Gemüse essen sollte.

Bei einer Gruppenberatung gibt die Ernährungsspezialistin viele wertvolle Tips zur richtigen Zusammenstellung und Zubereitung gesunder Speisen.

Die meisten Ernährungsberater arbeiten im Auftrag von Krankenkassen oder Verbraucherzentralen, für die sie Beratungen durchführen. Einige haben auch eine eigene Praxis. Sie unterziehen das Essverhalten der Rat Suchenden einer genauen Prüfung und fragen nach möglichen Krankheiten. Nach dieser Anamnese erstellen sie auf die individuellen Bedürfnisse abgestimmte Speisepläne.

Was passiert beim ersten Besuch?
Sie sind zum ersten Mal bei der Ernährungsberaterin. Zunächst erkundigt sie sich nach Ihren Zielen (ob Sie z. B. Ihr Gewicht reduzieren oder ein bestimmtes Leiden wie Diabetes in den Griff bekommen wollen), Ihrem Gesundheitszustand und Ihrer derzeitigen Kost. Auch Ihre Lebensweise, Vorlieben und Abneigungen beim Essen, mögliche Allergien oder Verdauungsprobleme sowie eine freiwillige Kosteinschränkung, etwa bei Vegetariern, sind für sie von Interesse.

Wahrscheinlich wird sie Sie bitten, ein paar Tage lang über alle Speisen und Getränke Buch zu führen, die Sie verzehrt haben. Darüber wird dann beim nächsten Besuch gesprochen. Falls Sie zu- oder abnehmen möchten, notiert die Beraterin vermutlich auch Ihr Gewicht und Ihre Maße (Brust, Taille und Hüfte).

Was ist ein Ernährungsprotokoll?
Ein Ernährungstagebuch ist eine der besten Möglichkeiten, um herauszufinden, was man wirklich alles zu sich nimmt. Darin schreiben Sie über einen Zeitraum von drei bis sieben Tagen exakt auf, was und wie viel Sie essen und trinken, also auch jede Tasse Kaffee und jeden Keks.

Anhand dieses Tagebuchs kann die Spezialistin sodann Ihre Ernährungsweise analysieren, Ihre Nahrungsaufnahme mit den empfohlenen Richtwerten vergleichen, auf Defizite hin überprüfen – etwa an Folsäure, Eisen oder Kalzium – und Ihnen genau sagen, wie Sie Ihre Kost entsprechend umstellen sollten (siehe auch S. 14).

Werden irgendwelche Tests durchgeführt?
Fehlt in Ihrem Speiseplan ein spezieller Nährstoff und vermutet die Ernährungsspezialistin, dass Sie unter Mangelerscheinungen leiden, schickt sie Sie vielleicht zum Arzt, damit dieser einen Test macht – beispielsweise zum Nachweis einer möglichen Anämie. Ursache dafür könnte ein Eisenmangel in Ihrer Nahrung sein.

Bekommen Sie Rezeptvorschläge?
Aus Ihrem Ernährungsprotokoll geht hervor, ob Sie unausgewogen oder unregelmäßig essen. Sind Sie des Öfteren zu beschäftigt, um eine richtige Mahlzeit zuzubereiten – lassen Sie etwa das Frühstück ausfallen und essen dafür zu viel zwischendurch –, wird Ihnen die Ernährungsberaterin nahrhafte, wohlschmeckende Rezepte geben, die Sie schnell und bequem zu Hause zubereiten können.

Als Vegetarier erhalten Sie Vorschläge, wie Sie Gerichte mit Bohnen, Getreide und anderen Lebensmitteln zusammenstellen können, um Ihren Körper mit genügend hochwertigem Eiweiß zu versorgen. Außerdem prüft die Beraterin anhand des Tagebuchs, ob Sie genug Eisen zu sich nehmen. Stellt sie einen Mangel fest, nennt sie Ihnen Rezepte mit eisenhaltigen Bestandteilen wie Getreideflocken, dunkelgrünem Blattgemüse und Eidotter. Sie sagt Ihnen, wie Sie, um die Eisenaufnahme in den Körper zu verbessern, eisenhaltige Lebensmittel mit solchen kombinieren können, die einen hohen Gehalt an Vitamin C haben. Zum Frühstücksmüsli kann man etwa frische Erdbeeren geben.

Wie lange dauert es, bis sich das neue Essverhalten auswirkt?
Das hängt davon ab, was Sie ändern müssen und wie rasch Sie es umsetzen können. Die meisten Menschen spüren schon nach zwei bis drei Wochen eine Verbesserung. Möchten Sie Ihr Gewicht reduzieren, sollten Sie pro Woche 0,5 – 1 kg verlieren – mehr ist nicht zu empfehlen –, sodass Sie nach zwei, drei Wochen einen merklichen Unterschied sehen müssten.

FETTARM BACKEN

Der Ernährungsberater gibt u. a. Tips, wie man seine Lust auf Süßes auch mit weniger Fett stillen kann, z. B. mit einem solchen Rezept für einen leckeren fettarmen Kuchen mit vielen Vitaminen obendrauf.

1 3 Eier und 40 g Zucker sämig verquirlen. 70 g Mehl, 1 Esslöffel Magermilch und 1 Teelöffel geriebene Zitronenschale einrühren. In eine 18 cm große Kuchenform füllen und bei 180 °C (Gasherd Stufe 4) 20 Minuten backen.

2 Abkühlen lassen. Halbieren und mit Magerjoghurt und frischen Früchten füllen bzw. belegen.

Wie oft soll man zum Ernährungsberater gehen?
Mitunter genügt schon ein einziger Besuch, um die Hauptprobleme zu erörtern und zu erfahren, wie man sein Ziel erreichen kann. Weitere Beratungen werden nötig sein, wenn die Fortschritte überwacht und neue Ziele gesteckt werden sollen.

WAS SIE ZU HAUSE TUN KÖNNEN

Schreiben Sie die Ziele auf, die Sie durch eine veränderte Ernährung erreichen möchten, etwa „Ich will mich aktiver und gesünder fühlen" oder „Ich möchte 4 kg abnehmen". Führen Sie mindestens drei Tage lang genau Buch über alles, was Sie essen und trinken. Analysieren Sie mithilfe dieser Aufzeichnungen, was an Ihren Essgewohnheiten gut ist und was noch verbessert werden muss.

- Achten Sie darauf, wann Sie essen. Frühstücken Sie? Sind Ihre Mahlzeiten regelmäßig über den Tag verteilt? Lassen Sie Mahlzeiten aus? Essen Sie tagsüber wenig, aber dafür abends ein üppiges Mahl? Letzteres sollten Sie vermeiden.
- Prüfen Sie, was und wie viel Sie zu sich nehmen. Große Mengen fettreicher Speisen wie z. B. Cremetorten sind ungesund; stattdessen sollten Sie mehrmals am Tag zu Obst und Gemüse greifen.
- Ernähren Sie sich ausgewogen? So sollten Sie nicht jeden Tag die gleichen Nahrungsmittel essen, sondern Ihren Speiseplan möglichst abwechslungsreich gestalten.
- Schreiben Sie ein paar Änderungen auf, die Sie leicht umsetzen können – etwa „Wieder frühstücken", „Keine Mahlzeiten auslassen", „Obst statt Schokolade essen". Nehmen Sie aber immer nur eine Änderung in Angriff.

Brennstoff für den Körper

Unabhängig davon, ob wir uns viel oder wenig bewegen, verwendet unser Körper bis zu 70 % seines täglichen Energieumsatzes darauf, die Körpertemperatur zu halten, Zellen zu erneuern, Schäden zu beheben und Gewebe aufzubauen.

Das Richtige für den kleinen Hunger

Manchmal braucht man einfach eine Kleinigkeit zwischendurch, um in Schwung zu bleiben. Behalten Sie dabei jedoch Ihre Ernährung als Ganzes im Blick und achten Sie darauf, dass Sie nicht zu viel Fett und Kalorien aufnehmen.

Kartoffelchips, Pommes frites oder Nüsse enthalten sehr viel Fett und sind wahre Kalorienbomben. Daher sollte man sich solche Snacks nur hin und wieder gönnen. Greifen Sie stattdessen lieber zu Obst, Vollkornkeksen oder frischem Gemüse, das Sie in eine fettarme Sauce dippen können.

Alle Lebensmittel haben abweichende Energie- bzw. Brennwerte, da sie Eiweiß, Kohlenhydrate, Fett und Wasser in unterschiedlicher Menge und Zusammensetzung enthalten. So liefern 50g Blumenkohl nur 12 kcal, während ein gleich schweres Vollkornbrötchen 135 hat.

Kilokalorien und Kilojoule

Beim Verbrennen von Nahrung wird Energie bzw. Wärme produziert. Diese Energie, oder der Brennwert der Nahrung, wird in Kalorien (cal) oder der kleineren Einheit Joule (J) gemessen. 1 cal bezeichnet die Energiemenge, die nötig ist, um 1 ml Wasser um 1 °C zu erwärmen. Da dies so winzige Mengen sind, sprechen Gesundheits- und Ernährungsspezialisten meist vom Tausendfachen, also von Kilokalorien (kcal) oder neuerdings Kilojoule (kJ). Da den meisten Menschen die Einheit kcal immer noch vertrauter ist, wird der Brennwert in diesem Buch in kcal angegeben. 1 kcal entspricht 4,184 kJ.

Die Grundnährstoffe haben einen unterschiedlich hohen Energiegehalt. 1 g Kohlenhydrate liefert ebenso wie 1 g Eiweiß 4 kcal, 1 g reines Fett dagegen 9 kcal. Gar keine Kalorien haben Wasser, Vitamine und Mineralstoffe. Der Brennwert eines Nahrungsmittels sagt lediglich etwas über die Energie aus, die es liefert, aber nichts über die Gewichtung der Nährstoffe. Somit ist ein kalorienreiches Lebensmittel nicht zwangsläufig auch reich an Nährstoffen.

Jeder Mensch benötigt eine bestimmte Menge Energie in Form von Nahrung, damit er auch im Ruhezustand seine grundlegenden Vitalfunktionen wie Atmung, Blutzirkulation und Körpertemperatur aufrechterhalten kann. Dies bezeichnet man als Grundumsatz (GU). Sobald wir eine Tätigkeit ausüben, brauchen wir mehr Kalorien. Dabei ist der Kalorienbedarf individuell ganz verschieden und abhängig von Geschlecht, Alter, Körpergröße und anderen Faktoren wie etwa Hormonen. So verbrennt z. B. eine 65-jährige Frau mit 60 kg Körpergewicht, die vorwiegend sitzt, rund 1700 kcal pro Tag, wohingegen eine gleich schwere 18-Jährige rund 2400 kcal benötigt.

Unter bestimmten Umständen kann sich der Grundumsatz eines Menschen und infolgedessen auch sein Kalorienbedarf ändern. Während einer Krankheit oder unter Stress

RUND 1000 KCAL SIND ENTHALTEN IN

2 Tafeln Zartbitterschokolade (je 100 g)
3 Packungen Erdnüssen (je 50 g)
4 Portionen Pommes frites (je 82 g)
5 Paar Wiener Würstchen (je 70 g)
7 Dosen Cola (je 0,33 l)
10 Scheiben Weißbrot (je 40 g)
12 Gläsern Weißwein (je 125 ml)
14 Gläsern Buttermilch (je 0,2 l)
15 mittelgroßen Orangen (je 130 g)
17 Scheiben Schinken (je 30 g)
60 Möhren (je 60 g)
200 Portionen Kopfsalat (je 50 g)

Dieses Bild spricht Bände: Sie können entweder zwei 250-g-Cheeseburger oder aber 95 Tomaten essen, um auf 1000 kcal zu kommen.

verlangsamt sich der Grundumsatz vielleicht und der Energiebedarf sinkt. In der Schwangerschaft und Stillzeit dagegen wird der Grundumsatz beschleunigt. Eine schwangere Frau braucht rund 300, eine stillende Mutter sogar 650 kcal zusätzlich pro Tag.

Aktive Menschen verbrauchen weitaus mehr Energie als Personen, die die meiste Zeit sitzen. Bei der Gartenarbeit oder beim Joggen etwa steigt der Energiebedarf deutlich. Ein Mann um die 40, der mit dem Auto zur Arbeit fährt, einen sitzenden Beruf ausübt und in seiner Freizeit überwiegend fernsieht, braucht am Tag nur 2400 kcal, während ein gleichaltriger Athlet, der täglich trainiert, 4000–5000 kcal verbrennt.

So halten Sie Ihr Gewicht

Wer sein Idealgewicht halten will, muss die Energieaufnahme mit dem Verbrauch in Einklang bringen. Liefert die Nahrung mehr Kalorien als durch die täglichen Aktivitäten verbrannt werden, wird der Überschuss in Form von Fett in den Zellen abgelagert. Deckt sie dagegen den Energiebedarf nicht, so greift der Stoffwechsel auf alle im Gewebe eingelagerten Fettreserven zurück und man nimmt ab. Sobald diese Depots erschöpft sind, beginnt der Körper Muskelgewebe, einschließlich des Herzmuskels, abzubauen.

Ihre Waage ist der beste Kontrolleur, ob Sie zu viel oder gerade richtig essen. Ob man ab- oder zunimmt, hängt davon ab, wie viele Kalorien der Speiseplan insgesamt enthält, und nicht unbedingt von den einzelnen Lebensmitteln, die gegessen werden. Trotzdem kann es sich lohnen, bei Lebensmitteln mit hohem Zuckergehalt kürzer zu treten, da deren Kalorien leer, d. h. ohne Nährwert sind.

Brauchen Sie drei Mahlzeiten am Tag?

Wie oft man am Tag isst, ist u. a. eine Frage von persönlichen Vorlieben. Viele arbeiten und fühlen sich optimal, wenn sie vier bis fünf kleine Mahlzeiten zu sich nehmen.

Ein Kohlenhydratschub am Vor- und Nachmittag, z. B. in Form von Bananen oder Vollkornbrot, kann dazu beitragen, die Blutzuckerwerte stabil zu halten und Ihre Müdigkeit zu vertreiben. Man sagt, dass ein üppiges Frühstück, ein kleineres Mittagessen und ein bescheidenes Abendessen der Verdauung am zuträglichsten sind. Das entspricht der alten Regel: Speise morgens wie ein Kaiser, mittags wie ein König und abends wie ein Bettler. Dadurch kann der Verdauungsapparat die Nahrung während der aktiven Phase des Tages aufschließen und den Körper stetig mit Nährstoffen versorgen. Nimmt man dagegen abends ein üppiges Mahl zu sich, wird die Nahrung unter Umständen nicht mehr vollständig verdaut.

ALTERSABHÄNGIGER ENERGIEBEDARF

Ein Kind im Alter von sechs Jahren benötigt täglich in etwa die gleiche Kalorienzahl wie seine 75-jährige Großmutter. Dies liegt daran, dass beide die Energie ganz unterschiedlich verwerten. Während das Kind viel Energie zum Wachsen und für seine Entwicklung braucht, verwendet sie der ältere Mensch in erster Linie dazu, die lebenserhaltenden Funktionen des Körpers aufrechtzuerhalten.

ALTER	AKTIVITÄTSGRAD	BENÖTIGTE ENERGIE (kcal)
KLEINKIND		
4–12 Monate		800
KIND		
4–6 Jahre		1800
JUNGEN		
13–14 Jahre		2500
MÄDCHEN		
13–14 Jahre		2300
MÄNNER		
19–24 Jahre	Sitzend	2600
	Aktiv	2900
	Sehr aktiv	3350
25–50 Jahre	Sitzend	2400
	Aktiv	2750
	Sehr aktiv	3350
51–64 Jahre	Sitzend	2200
Über 65 Jahre	Sitzend	1900
FRAUEN		
19–50 Jahre	Sitzend	2000–2200
	Aktiv	2150
	Sehr aktiv	2500
	Schwangerschaft	2300–2500
	Stillzeit	2650–2850
51–64 Jahre	Sitzend	1800
	Aktiv	2000
Über 65 Jahre	Sitzend	1700

Mangelerscheinungen

Nicht nur schwere Mangelkrankheiten wie Skorbut oder Beriberi werden durch nährstoffarme Kost verursacht, sondern auch weniger gravierende, dafür umso häufiger verbreitete Beschwerden. Eine Ernährungsumstellung kann Abhilfe schaffen.

Erschöpfung und Kurzatmigkeit können ihre Ursache in einer Blutarmut haben. Dazu kann es kommen, wenn Sie nicht genügend eisenhaltige Nahrungsmittel essen. Tierische Produkte wie Fisch und rotes Fleisch sind die besten Eisenlieferanten. Auch grünes Gemüse ist gut, doch muss man es zusammen mit Vitamin C, etwa einem Glas Orangensaft, zu sich nehmen.

Wenn Sie sich abgespannt und träge fühlen, müssen Sie nicht zwangsläufig krank sein. Für diese Symptome gibt es viele mögliche Ursachen: Vielleicht treiben Sie nicht genug Sport, schlafen zu wenig oder leiden unter Angstzuständen. Möglicherweise ernähren Sie sich auch falsch. Zu viele Süßigkeiten, Kuchen oder gesüßte Getränke wie z. B. Cola heben zwar vorübergehend den Blutzuckerspiegel an, langfristig aber schrauben sie Ihr Energieniveau herunter.

Zu den häufigsten Verdauungsbeschwerden zählt die Verstopfung, die meist von ballaststoffarmer Kost herrührt. Essen Sie daher reichlich Vollkornbrot, Müsli und Speisen mit Erbsen oder Bohnenkernen sowie viel frisches Obst und Gemüse.

Viele Menschen leiden unter Verstopfung. Meistens stehen auf ihrem Speisezettel viele stark verarbeitete Speisen, aber zu wenig natürliche Lebensmittel mit einem hohen Anteil an Ballaststoffen. Weizenkleie etwa macht den Stuhl breiiger und regt die Darmtätigkeit an.

Mischen Sie täglich einen Esslöffel Kleie unter Ihr Frühstücksmüsli oder andere Speisen.

ABHILFE FÜR KLEINERE BESCHWERDEN

Eine Reihe verbreiteter Gesundheitsprobleme kann durch eine Unterversorgung mit bestimmten Nährstoffen ausgelöst werden. Mit gezielter Auswahl der Nahrungsmittel lassen sich die Beschwerden lindern oder gar beheben. Bringt die Kostumstellung jedoch nicht den gewünschten Erfolg, sollten Sie zum Arzt gehen. Vielleicht liegt die Ursache woanders.

PROBLEM	MÖGLICHER MANGEL AN	ESSEN/TRINKEN SIE MEHR
MUND		
Zahnfleischbluten	Vitamin C	Zitrusfrüchte, Paprika, Kartoffeln
Wunde Zunge, eingerissene Mundwinkel, hartnäckige Geschwüre, aufgesprungene oder trockene Lippen	Vitamin B_{12}, B_2, B_6, Folsäure	Hefeextrakt, Kartoffeln, Schweinefleisch, Milch, Spinat, angereicherte Frühstückszerealien
HAUT		
Trockene, raue Haut	Vitamin A, B_2, E, essenziellen Fettsäuren	Milch, dunkelgrüne und orangegelbe Gemüse, Pflanzenöle, Fisch
HAARE		
Spröde, mangelndes **Wachstum**	Vitamin A, Zink, essenziellen Fettsäuren	Milch, dunkelgrüne und orangegelbe Gemüse, ölhaltigen Fisch
NÄGEL		
Brüchig, abgeflacht und konkav oder löffelförmig gerundet	**Eisen**	Rotes Fleisch, Spinat, Vollkornbrot

Warum das Frühstück so wichtig ist

Im Schlaf fastet unser Körper und die Blutzuckerwerte sinken. Ein Frühstück mit komplexen Kohlenhydraten in Form von Vollkornbrot oder Getreidemüsli hebt den Blutzuckerspiegel wieder an und gibt uns die Energie, die wir bis zum zweiten Frühstück oder Mittagessen brauchen.

Ein abwechslungsreicher Speiseplan

Essen Sie im Lauf des Tages Speisen aus verschiedenen Nahrungsmittelgruppen. Wenn auf Ihrem Speiseplan z. B. morgens Müsli mit Obst, als Mittagessen Fisch mit Kartoffeln und Gemüse und abends Vollkornbrot mit Kräuterquark steht, ernähren Sie sich gesund. Freilich gibt es hin und wieder Anlässe, die es uns schwer machen, jeden Tag auf Abwechslung zu achten. Das ist nicht weiter tragisch. Achten Sie einfach darauf, dass Ihre Kost über eine Spanne von 3–4 Tagen ausgewogen ist. Naschen Sie also an einem Tag zu viel Schokolade, sollten Sie die folgenden beiden Tage viel Obst und Gemüse, aber wenig Fett essen und auf Süßigkeiten und Desserts ganz verzichten.

Vollkornkekse als Zwischenmahlzeit liefern gesunde Kalorien und wertvolle Ballaststoffe.

JE MEHR BEWEGUNG, DESTO HÖHER DER ENERGIEVERBRAUCH

Unser Körper ruht sich niemals aus. Rund um die Uhr, selbst wenn wir schlafen, ist er damit beschäftigt, Kalorien zu verbrennen. Er benötigt die Energie für all die Organfunktionen, die ständig in Gang gehalten werden müssen. Dazu gehören die Atmung ebenso wie die Herztätigkeit, der Stoffwechsel und die Körpertemperatur. In dem Maß, wie wir uns bewegen, steigt auch unser Energiebedarf. Schon ganz leichte Tätigkeiten wie Schreiben, Autofahren oder Essen verbrennen Kalorien. Ungleich mehr Energie wird bei anstrengender körperlicher Arbeit und beim Sport verbraucht, und zwar in erster Linie für die Arbeit der Muskeln. Die Tabelle rechts zeigt, wie viel Kalorien bei den einzelnen Sportarten im Durchschnitt pro Stunde verbrannt werden.

Auch Haus- und Büroarbeit erfordern Energie, wie die folgenden Beispiele zeigen: Fensterputzen verbraucht 200 kcal/h, Aufräumen 114, Kochen 96, Wäscheaufhängen 300, Bügeln 162, Staubsaugen 192, Gartenarbeit 220, Schneeschippen 420, Nähen mit der Maschine 183 und Maschinenschreiben 240.

SPORTART	VERBRAUCH PRO STUNDE (KCAL)
Fußball	800
Schnelles Laufen (15 km/h)	780
Bergsteigen	760
Eislauf	750
Brustschwimmen (50 m/min)	680
Skilanglauf	600
Joggen	600
Basketball	550
Skilaufen (4 km/h)	500
Sportliches Radfahren	380
Tanzen	350
Tischtennis	320
Gymnastik	310
Wandern mit Last	300
Brustschwimmen (20 m/min)	270
Spazierengehen	165

Selbst im Schlaf verbraucht der Körper zur Erhaltung seiner Funktionen Energie, wenn auch nicht sehr viel. Bei acht Stunden Nachtruhe kommen immerhin 560 kcal zusammen.

Eine ausgesprochen gesunde Art Kalorien zu verbrennen ist das Radfahren. Es bringt den Kreislauf in Schwung, schont die Gelenke und macht außerdem eine Menge Spaß.

Bei sportlichen Wettkämpfen wird vor allem in den Muskeln enorm viel Energie verbrannt. Daher müssen Leistungssportler ihrem Körper wesentlich mehr Kalorien zuführen als Freizeitsportler.

FALLSTUDIE

Keine Zeit zum Kochen

Es ist nicht leicht, eine Familie gut zu ernähren, zumal wenn beide Elternteile berufstätig sind. Oft fehlt die Zeit, ein nahrhaftes Essen zuzubereiten, und nimmt man sie sich doch, stochern die Kinder womöglich lustlos darin herum. Da ist man leicht versucht selbst gekochte Mahlzeiten durch ungesunde Fertiggerichte zu ersetzen. Doch es geht auch anders.

Sibylle und ihr Mann Dieter, beide Anfang 40, haben zwei Kinder, die die höhere Schule besuchen. Weil sie sich zu wenig ausgelastet fühlte, hat Sibylle vor sechs Monaten eine Stelle als Krankenschwester in der städtischen Klinik angenommen, wo sie nur in der Frühschicht arbeitet. Seitdem, so stellt sie besorgt fest, werden die Essgewohnheiten der Familie immer ungesünder.

Der 11-jährige Benjamin lebt fast nur noch von Hamburgern, Pommes frites, Cola und Süßigkeiten. Er isst weder Gemüse noch Obst, von einer Banane hin und wieder mal abgesehen. Sibylle vermutet, dass er das Frühstück, das sie ihm vor der Arbeit hinstellt, nicht anrührt. Neuerdings bekommt er Akne. Auch die 15-jährige Nadine frühstückt oft nichts und isst bei Tisch so wenig wie möglich. Allerdings erwischt ihre Mutter sie häufig dabei, wie sie abends vor dem Fernseher Süßigkeiten oder Erdnussflips knabbert. Ihr Haar sieht in letzter Zeit stumpf und trocken aus.

Seit Sibylle wieder arbeitet, hat ihr Mann in die Nachtschicht gewechselt. Er schläft, wenn die Kinder frühstücken und wenn sie von der Schule kommen. Mittags versorgen sie sich mit Pizza und Pommes frites aus der Tiefkühltruhe oder sie gehen zur nahen Imbissbude. Dieter erledigt zwar den Einkauf, doch ohne System. Er hat sichtbar zugenommen, was Sibylle darauf zurückführt, dass er tagsüber anstelle einer vollständigen Mahlzeit nur Kartoffelchips knabbert. Bei der Arbeit kauft er sich in der Kantine ein belegtes Brötchen mit Cola oder Limonade und zwischendurch nascht er Schokolade.

Unter der Woche kommt Sibylle um 14.30 Uhr heim; Dieter verlässt das Haus um 18 Uhr. Sibylle und die Kinder nehmen ihr Abendessen vor dem Fernseher ein. Wegen ihres anstrengenden Jobs ist die Mutter zum Kochen meistens zu müde und bereitet stattdessen ein Fertigmenü zu. In der Regel isst die Familie nur am Wochenende gemeinsam, doch dann herrscht eine angespannte Atmosphäre, weil Sibylle und Dieter die Kinder über die Schule ausfragen.

Unregelmäßigkeit

Schichtarbeit bringt den Essensrhythmus durcheinander. Oft kommt der Hunger außerhalb der üblichen Essenszeiten.

Zeitersparnis

Essen die einzelnen Familienmitglieder zu unterschiedlichen Zeiten, greift man gern zu schnellen Fertigmenüs. Richtige Mahlzeiten zuzubereiten lohnt sich nach Meinung vieler nur, wenn die ganze Familie mitisst.

Kosten

Eine aus Fastfood, Fertigmenüs und Knabbereien bestehende Ernährung ist teurer als gute Hausmannskost.

Gesundheit

Wer keine geregelten Mahlzeiten einhält, tut sich mit einer ausgewogenen Ernährung schwer. Das führt auf die Dauer zu gesundheitlichen Problemen.

Kommunikation

Eine viel beschäftigte Familie hat bisweilen Mühe, Zeit zum Ideen- und Informationsaustausch zu finden. Wenn man nur bei Tisch miteinander spricht, wird das gemeinsame Mahl durch Spannungen und Meinungsverschiedenheiten belastet.

Was sollte die Familie tun?

Sibylle ist sich darüber im Klaren, dass sich die ganze Familie an einer Umstellung der Kost beteiligen muss, wenn sie etwas bewirken soll. Ziehen die andern nicht mit, wird sich die Situation weiter verschlechtern.

Da samstags alle frei haben, sollte Sibylle an diesem Tag ihre Lieben zusammentrommeln und ihre Bedenken äußern. Dazu erstellt sie vorher eine Liste mit allen Ernährungs- und Gesundheitsproblemen und wie sie ihrer Ansicht nach zu lösen sind. Die Zusammenstellung des Speiseplans wird die Familie etwa eine Stunde pro Woche kosten.

Als Erstes wird Sibylle ihre Familie ermuntern, sich aktiv an der Auswahl der Lebensmittel zu beteiligen, wobei die Gesundheit im Vordergrund stehen sollte. Dieter muss einsehen, dass bei ihm Abspecken ansteht – immerhin hat er seit seinem Wechsel zur Nachtschicht fast 7 kg zugenommen. Zunächst hat er seine ungesunden Knabbereien aufzugeben und zudem muss er sich überlegen, wie er sich körperlich fit halten kann.

Für die beiden Kinder wird es Zeit, auf eine gesündere Kost umzustellen: Benjamin auf eine, die weniger Fett und Zucker enthält, und Nadine muss mehr auf Ausgewogenheit achten. Schließlich sollte bei den Mahlzeiten eine lockere Atmosphäre herrschen. Gespräche über die Schule können auf einen späteren Zeitpunkt verschoben werden.

GENESUNGSPLAN

Unregelmäßigkeit

Dieter helfen, eine Liste mit leckeren, gesunden Gerichten zu erstellen, die er sich nach der Arbeit und im Lauf des Tages zubereiten kann. Ihn ermahnen, in der Firma statt Schokolade gesunde, kalorienarme Zwischenmahlzeiten zu essen.

Kosten

Vier Wochen lang Lebensmittelrechnungen sammeln und zusammenzählen, wie viel für die einzelnen Posten ausgegeben wurde. Ein Essensbudget vorgeben und einen Speiseplan aufstellen, der eine gesunde, ausgewogene Ernährung sicherstellt und obendrein billiger ist als die bisherige Kost.

Gesundheit

Alle Gesundheitsprobleme notieren, unter denen die Familie aufgrund ihrer schlechten Essgewohnheiten leidet. Dann eine Liste mit gesunden Speisen zusammenstellen, die einem Vitamin- und Mineralstoffmangel vorbeugen. Überlegen, wie sie sich in den neuen Speiseplan einbauen lassen.

Kommunikation

Bei den gemeinsamen Mahlzeiten den Kindern zuhören und nur über angenehme bzw. unverfängliche Themen sprechen. Die Kinder beim Einkauf und bei der Zubereitung der Mahlzeiten mit entscheiden lassen. Wenn sie mehr Mitspracherecht haben, interessieren sie sich auch mehr fürs Essen.

Zeitersparnis

Am Wochenende größere Mengen kochen und portionsweise einfrieren. (Diese Mahlzeiten sind schnell und bequem in der Mikrowelle heiß gemacht, wenn Dieter tagsüber Hunger bekommt. Die Kinder können sie mittags, die Mutter später am Abend zubereiten.)

WIE ERFOLGREICH WAREN DIE MASSNAHMEN?

In den ersten drei Wochen tagte der Familienrat mit Erfolg, dann aber begannen sich die Kinder zu langweilen, sodass man es bei 30 Minuten bewenden ließ.

Die Eltern setzten ein monatliches Budget für Lebensmittel fest und vereinbarten, dass nur einmal in der Woche ein Fertigmenü oder Essen von der Imbissbude auf den Tisch kommen sollte. Allerdings essen sie solche Mahlzeiten noch mindestens zweimal wöchentlich und das Budget wird überzogen. Dennoch werden schon deutliche Einsparungen erzielt.

Dieter fällt es schwer, tagsüber seine Snacks aufzugeben. Daher geht er jetzt immer stramm spazieren, sobald er hungrig wird. Beim Einkaufen versucht er ungesunde Knabbereien links liegen zu lassen und greift verstärkt zu frischem Obst und Gemüse. Der samstägliche Großeinkauf wird nun reihum erledigt, wobei Mutter oder Vater immer von einem der beiden Kinder begleitet wird. Dadurch sind die Kinder ernährungsbewusster geworden und essen nun viel weniger Fastfood. Neuerdings suchen sie ihrer Mutter sogar Kochrezepte heraus. Und Nadine liest jetzt auch Bücher über Schönheit und Gesundheit.

Nach einem Monat schlug Sibylle vor, dass künftig jeder mal im Wechsel mit den andern das Essen kochen sollte. Als Benjamin sich anbot, am Sonntag Steak mit Kartoffeln und Salat zu machen, wusste sie, dass die Ernährungsumstellung geglückt war.

Kulturelle Einflüsse auf den Speiseplan

Was bei uns auf den Tisch kommt, hängt nicht nur vom Nährwert des Essens ab. Bewusst oder unbewusst lassen wir uns von Traditionen und Werbebotschaften leiten. Wer sich das klarmacht, sieht die Nahrung vielleicht mit anderen Augen.

Unterricht für den Geschmackssinn

In Frankreich trainieren die Kinder ihren Geschmackssinn in der Schule. So stehen auf dem Lehrplan das Erkennen und Beschreiben der verschiedenen Geschmacksrichtungen – also salzig, bitter, süß und sauer – sowie Übungen, bei denen die Beschaffenheit der Lebensmittel erkundet wird.

Die Franzosen vergleichen ein vortreffliches Essen gern mit einem schönen Gemälde oder einem klassischen Musikstück. Nur wer über einen kultivierten Geschmackssinn verfügt, weiß ihrer Meinung nach das von einem Meisterkoch gezauberte Kunstwerk auch so richtig zu schätzen und bewusst zu genießen.

Die Entscheidung darüber, was wir essen, wird beileibe nicht nur vom Geschmack und Nährwert des Essens, sondern ganz wesentlich auch vom jeweiligen kulturellen Hintergrund bestimmt. So werden gewisse Lebensmittel im einen Land akzeptiert, etwa Pferdefleisch in Frankreich, während sie in einem anderen wie Großbritannien tabu sind.

Auch politische Überzeugungen können zu verändertem Essverhalten führen. Um gegen den niedrigen Lohn und die schlechte Behandlung der Erntehelfer zu protestieren, kam es z. B. in den 60er-Jahren in Kalifornien zu einem erfolgreichen Traubenembargo. Dass die Religion ebenfalls Essgewohnheiten beeinflusst, ist altbekannt. So lehnen Juden wie Moslems Schweinefleisch ab, da das Schwein bei ihnen als unrein gilt.

Unterschwellige Wünsche

Die Getränke- und Nahrungsmittelindustrie bedient sich oft subtiler Methoden, um die Kunden zum Kauf ihrer Produkte zu bewegen. Nicht zufällig hält der Held in einem Kino- oder Fernsehfilm eine ganz bestimmte Flasche in der Hand. Für diese Schleichwerbung, die in der Branche *product placement* heißt, zahlen die Hersteller eine Menge Geld. Sie rechnen dabei mit dem Wiedererkennungseffekt, der den Zuschauer beim nächsten Einkauf unbewusst zu dem so beworbenen Getränk greifen lässt.

DIE IDEALE FIGUR

Mode wird meist von gertenschlanken Models präsentiert, weil sie an ihnen angeblich am besten zur Geltung kommt. Viele Frauen eifern diesem Schönheitsideal nach und betrachten dabei die Nahrung oft als ihren Hauptfeind. Tatsächlich aber ist eine ausgewogene Kost der beste Freund, den eine gesunde Frau hat.

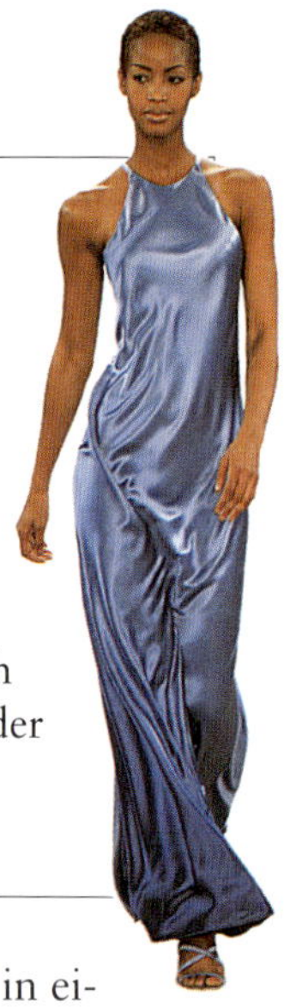

KEINE FEIER OHNE FESTESSEN

Die meisten Feste und Feierlichkeiten wären ohne Essen und Trinken undenkbar: kein Silvester ohne Bowle, kein Kindergeburtstag ohne Geburtstagskuchen, keine Heirat ohne Hochzeitstorte. Der Anschnitt dieser Schichttorte ist ein altehrwürdiger Brauch und manchmal wird eine Lage davon für den ersten Hochzeitstag oder die Taufe des ersten Kindes eingefroren.

Dabei unterscheiden sich die Nahrungsmittel, die traditionell bei bestimmten Anlässen gereicht werden, in allen Ländern. In slawischen Ländern etwa steht ein mit symbolischen Teigfiguren verziertes Hochzeitsbrot im Mittelpunkt der Vermählungsfeier. Und wird in Deutschland an Heiligabend gern eine Gans gebraten, so kommt in Großbritannien ein Truthahn auf den Tisch. In den USA wiederum ist der Truthahn das typische Erntedankessen. Eier hingegen gelten in vielen Teilen der Erde als das Symbol für Ostern schlechthin.

Häufig werden gewisse Lebensmittel auch als Zeichen der Liebe und Freundschaft verschenkt. Kindern etwa gibt man gerne Süßes oder Schokolade.

2

Die Kraft der Proteine

Proteine sind die Grundbausteine aller menschlichen Zellen. Sie steuern lebenswichtige Vorgänge, etwa den Stoffwechsel, und bilden die Basis vieler Körpergewebe wie Haut und Muskulatur. Mit ihrer Hilfe kann der Körper wachsen, Schäden reparieren und sich gegen Infektionen wappnen. Eiweißreiche Nahrungsmittel sind vorwiegend tierischer Herkunft – Fleisch, Fisch, Geflügel, Eier und Milchprodukte –, doch auch Getreide, Reis, Nüsse, Hülsenfrüchte und Kartoffeln enthalten Proteine.

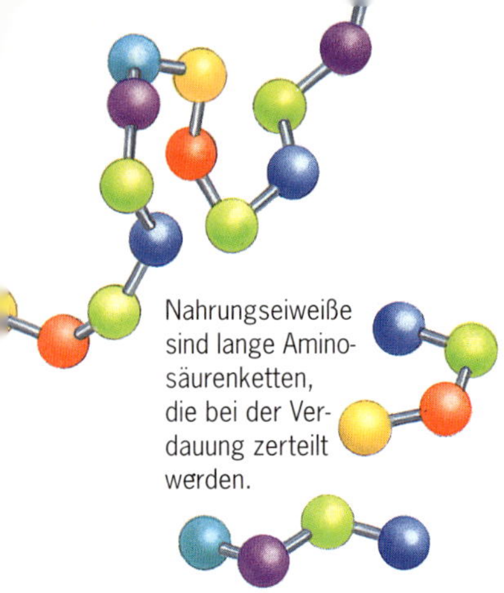

Nahrungseiweiße sind lange Aminosäurenketten, die bei der Verdauung zerteilt werden.

Dabei entstehen kürzere Polypeptidketten, die ihrerseits aufgebrochen werden.

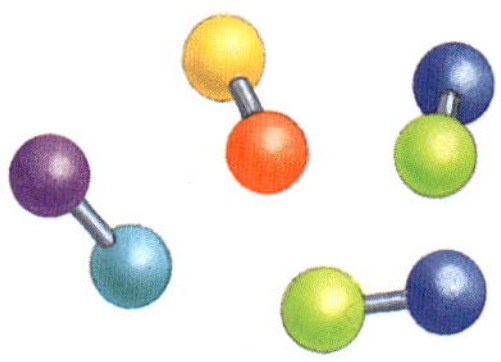

Die so entstandenen, nun sehr kurzen Peptidketten werden dann in ihre Aminosäurebausteine zerlegt.

Schließlich entstehen aus den einzelnen Aminosäuren im Körper neue Eiweiße.

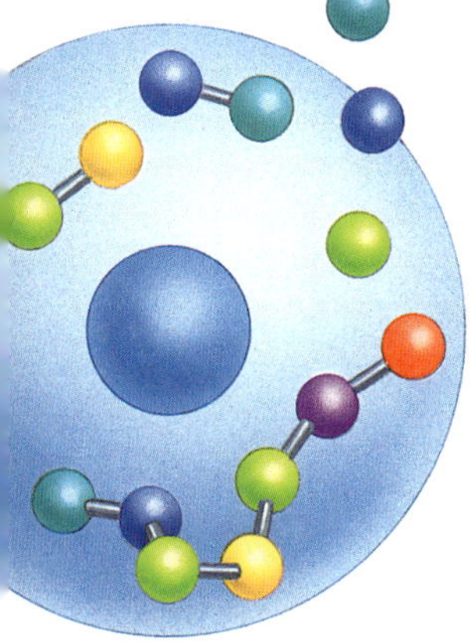

Von den Körperzellen verwertbares Protein ist anders aufgebaut als Nahrungseiweiß, obwohl beide aus den gleichen Aminosäuren bestehen. Nach ihrer Aufnahme werden die in Lebensmitteln enthaltenen Aminosäuren in neue Eiweißstrukturen umgewandelt, die der Körper braucht.

Stoff des Lebens

Die in vielen Nahrungsmitteln enthaltenen Eiweiße sind für Wachstum und Gesundheit unverzichtbar. Um sie unserem Körper in der Qualität zuzuführen, die er braucht, müssen wir aber auf die richtige Kombination achten.

Proteine oder Eiweiße sind hoch komplizierte Substanzen. Sie bestehen aus mindestens 50 bis zu einigen Tausend Aminosäuren, die in einer langen Kette miteinander verbunden sind. Dieser Strang verdreht sich zu dreidimensionalen Strukturen oder nimmt gerade, gefaltete oder kugelige Formen an; die komplexe Molekularstruktur erlaubt Tausende von Variationen. Eiweiße können vom Körper erzeugt, ihm aber auch fertig über das Essen zugeführt werden. Die Funktion der Nahrungseiweiße besteht darin, den Körper mit Aminosäurenbausteinen zu versorgen, die er in neue, speziell auf seine zahlreichen Vitalprozesse zugeschnittene Eiweiße umwandeln kann.

Der Mensch benötigt im Ganzen 22 verschiedene Aminosäuren, um daraus alle notwendigen Proteine zu bauen. Acht dieser Aminosäuren – bei Kindern sind es zehn – fallen unter die Kategorie der so genannten essenziellen, d. h. unentbehrlichen Aminosäuren. Da der Körper sie nicht selbst aufbauen kann, müssen sie ihm mit der Nahrung zugeführt werden. Nur mit ihrer Hilfe vermag er die ganze Palette von Proteinen in den Mengen zu bilden, die er für Wachstum und Erhalt der einzelnen Gewebe braucht. Die restlichen 14 Aminosäuren vermag er selbst aufzubauen. Da an der Proteinsynthese immer beide Aminosäurenklassen beteiligt sind, haben die selbst synthetisierten eine genauso große Bedeutung wie die essenziellen.

Wie der Körper Eiweiß verwertet

Die mit der Nahrung aufgenommenen Eiweiße werden von den Enzymen im Verdauungstrakt in ihre Aminosäurenbestandteile aufgespalten. Diese gelangen ins Blut, das sie zur Leber und den Körperzellen transportiert. Einige Aminosäuren werden zum Aufbau neuer Proteine, andere als Energiequelle

DIE BIOLOGISCHE WERTIGKEIT VON NAHRUNGSEIWEISSEN

Die Qualität von Nahrungseiweiß hängt von seinem Gehalt an essenziellen Aminosäuren ab. Hühnereier setzen mit einer Wertigkeit von 100 die Bestmarke. In der Tabelle rechts sehen Sie die relative Eiweißgüte von Lebensmitteln im Verhältnis zum Hühnerei.

Tierische Lebensmittel wie Fisch, Fleisch oder Kuhmilch versorgen den Körper mit genügend essenziellen Aminosäuren. Pflanzlichen Nahrungsmitteln dagegen fehlen eine oder mehrere essenzielle Aminosäuren, weshalb ihre Eiweiße minderwertiger sind. Wenn man jedoch gleichzeitig Getreide und Hülsenfrüchte wie Bohnen oder Erbsen isst, so ergänzen sie sich und liefern qualitativ höherwertiges Eiweiß.

EIWEISSQUELLE	WERTIGKEIT
Hühnerei	100
Fisch	90
Fleisch	80
Kuhmilch	80
Getreide mit Hülsenfrüchten	80
Sojabohnen	75
Haferschrot	65
Reis	57
Erbsen	48
Linsen	45
Kidneybohnen	44
Vollkornbrot	40

ACHTUNG!

Bekommt der Körper nicht genügend Energie in Form von Kohlenhydraten und Fett – etwa bei Personen, die Diät halten oder an Unterernährung leiden –, verbrennt er stattdessen Eiweiß. Dies kann gefährlich werden, weil dann vielleicht zu wenig für die Hauptaufgabe der Proteine, die Zellbildung, übrig bleibt.

benutzt und wieder andere werden in den Zellen eingelagert. Dabei hat jede Aminosäure ihre ganz spezielle Funktion. Deshalb sollte man auf eine möglichst vielseitige Ernährung achten, damit der Körper alle Aminosäuren bekommt, die er braucht.

Vollständige und unvollständige Proteine

Früher hat man Proteine in so genannte vollständige und unvollständige unterteilt. Tierisches Eiweiß, das in Fleisch, Fisch, Geflügel, Eiern, Milch und Molkereiprodukten vorkommt, galt als vollständig bzw. vollwertig, da es alle essenziellen Aminosäuren in den vom Körper benötigten Anteilen enthält. Pflanzliches Eiweiß, das wir in Form von Getreide, Nüssen, Kartoffeln und Hülsenfrüchten – Erbsen, Bohnen und Linsen – zu uns nehmen, liefert ebenfalls Aminosäuren unterschiedlicher Art und Menge. Allerdings gibt es keine Pflanze, die sämtliche essenziellen Aminosäuren enthält, weshalb pflanzliches Eiweiß als unvollständig galt.

Heute hat diese Unterscheidung ihre Bedeutung weitgehend verloren. Schließlich ist ein Mangel an einer bestimmten Aminosäure in der einen Pflanze leicht durch einen Überschuss bei einer anderen wettgemacht; man muss nur die richtigen Lebensmittel kombinieren. So enthalten z. B. Weizen und Reis reichlich Methionin, dafür aber wenig Lysin, während es sich bei Bohnen genau umgekehrt verhält.

Seit Jahrhunderten kombinieren die Köche auf der ganzen Welt Körner mit Hülsenfrüchten, sodass schon ein einziges Gericht, beispielsweise Reis mit roten Bohnen, vollständiges Eiweiß liefert. Mittlerweile stuft man Proteine nur noch nach ihrer biologischen Wertigkeit ein. Hochwertiges Eiweiß findet sich nicht nur in tierischen Produkten, sondern auch in Sojabohnen.

Wie viel Eiweiß ist genug?

Jeden Tag nimmt der Körper Eiweiß auf und gibt welches ab; schon Nägelschneiden z. B. hat einen geringfügigen Proteinverlust zur Folge. Alle vier Tage wird die halbe Auskleidung der Darmwand, eine gewaltige Fläche, ersetzt. Deshalb ist es wichtig, dem Körper täglich etwas Eiweiß zuzuführen, damit er die durch den allgemeinen Verschleiß schadhaft gewordenen Gewebe ersetzen und auch

Körpereigene Eiweiße

In unserem Körper kommen zwei Sorten von Eiweiß vor: nicht lösliche, faserförmige Scleroproteine, die aus lang gestreckten oder gefalteten Aminosäureketten bestehen, und physiologisch aktive, lösliche Proteine mit kugelförmiger Gestalt, die Sphäroproteine.

Zu den Scleroproteinen zählen das Keratin in Haaren und Nägeln, das Myosin im Muskelgewebe, das Kollagen in Stützgeweben wie Haut, Sehnen und Knorpeln sowie das bei der Blutgerinnung entstehende Fibrin.

Die physiologisch aktive Proteinklasse umfasst die meisten der am Stoffwechsel beteiligten Enzyme. Dazu gehören außerdem einige Hormone wie Insulin, das die Milchsekretion steuernde Prolaktin, das für den Sauerstofftransport im Blut zuständige Hämoglobin sowie die Antikörper im Abwehrsystem.

PROTEINE, DIE SICH ERGÄNZEN

Pflanzliche Nahrungsmittel, deren Eiweiße sich ergänzen, brauchen Sie zwar nicht in ein und derselben Mahlzeit zu sich zu nehmen, doch müssen Sie sie noch am gleichen Tag in zwei aufeinander folgenden Mahlzeiten essen. Der Körper speichert essenzielle Aminosäuren nämlich nur wenige Stunden.

Im Schaubild rechts zeigen die durchgezogenen roten Linien, welche Lebensmittelkombinationen den Körper mit hochwertigem Eiweiß versorgen. Die durch eine gestrichelte grüne Linie gekennzeichnete Kombination liefert nicht in jedem Fall vollständiges Eiweiß.

EMPFOHLENE EIWEISSAUFNAHME PRO TAG

Der Eiweißbedarf kann sich je nach Lebenssituation immer wieder ändern. So brauchen schwangere Frauen etwa 10 g, stillende Mütter sogar 15 g Proteine zusätzlich am Tag.

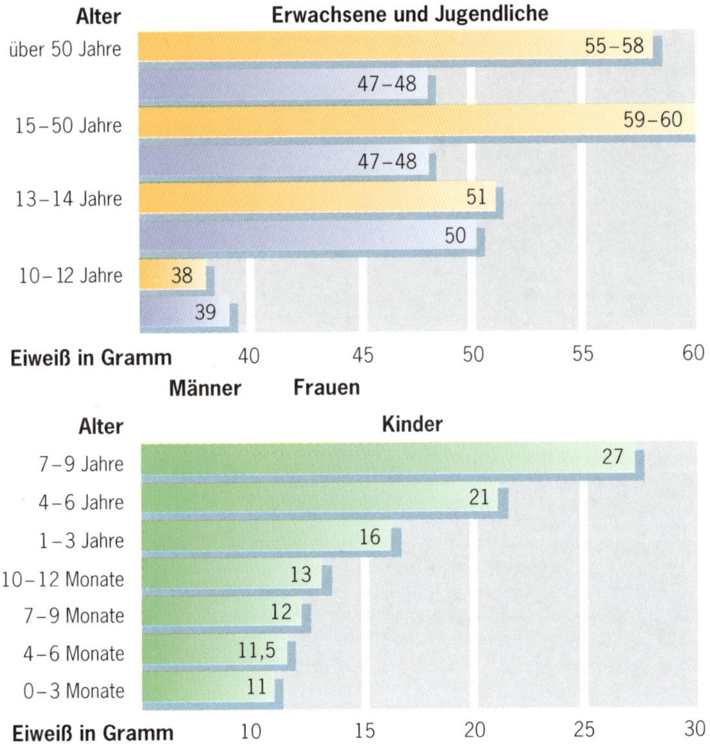

neue Blutzellen, Hormone, Enzyme sowie Antikörper bilden kann. Der individuelle Eiweißbedarf errechnet sich nach dem jeweiligen Körpergewicht: 0,8 g Eiweiß pro kg Körpergewicht gelten für einen gesunden Erwachsenen als ausreichend. Bei einem Gewicht von 60 kg beträgt der durchschnittliche Tagesbedarf an Proteinen demnach 48 g.

Da es in einer Vielzahl von Lebensmitteln vorkommt, fällt es mit einer ausgewogenen Ernährung nicht schwer, genügend Eiweiß aufzunehmen. 10–15 % der täglichen Nährstoffzufuhr sollten aus Eiweiß bestehen. So kann ein Mann mittleren Alters mit normaler Statur seinen Tagesbedarf an Eiweiß problemlos mit einem Käsebrötchen, einem Glas Milch, einer Portion Hähnchenbrust und je einer Portion Kartoffeln und Erbsen decken. Andererseits reichen bei einer Frau über 60 ein kleiner Becher Joghurt, ein Ei, ein Glas Milch, eine kleine Portion Fisch, etwas Reis und drei große Vollkornkekse aus.

Zu bestimmten Zeiten im Leben brauchen wir jedoch zusätzliches Eiweiß. Schwangere und stillende Frauen müssen unbedingt für eine höhere Eiweißzufuhr sorgen. Zu viel Eiweiß während der Schwangerschaft ist allerdings abträglich; die Einnahme von Proteinergänzungsmitteln kann sogar zu Komplikationen führen. Menschen, die sich von einer

EIWEISSHALTIGE NAHRUNGSMITTEL

Links sind Portionen eiweißreicher Lebensmittel wie Fleisch, Fisch und Milch abgebildet. Hühnereier sind ebenfalls reich an hochwertigem Eiweiß (siehe S. 30).

Rechts sehen Sie die Portionsgrößen für pflanzliche Nahrungsmittel. Da ihre Aminosäuren unvollständig sind, muss man sie durch andere ergänzen (siehe S. 31).

ZU GROSSE EIWEISSMENGEN SCHADEN DEN NIEREN

Überschüssige Aminosäuren, die der Körper nicht braucht, werden in der Leber in Harnstoff umgewandelt, der über die Blutbahn zu den Nieren gelangt. Als Teil des Harnsystems erfüllen die Nieren zwei Hauptaufgaben: Erstens reinigen sie das Blut und zweitens scheiden sie Giftstoffe und Abfallprodukte sowie überschüssiges Wasser aus. Die wichtigsten Abfallprodukte sind jene, die beim Eiweißabbau entstehen.

Eiweiß ist reich an Stickstoff, der für den Körper jedoch gefährlich ist und daher herausgefiltert werden muss. Nehmen wir zu viel eiweißreiche Kost zu uns, müssen die Nieren viel schwerer arbeiten, um die Stickstoffschlacken auszuschwemmen. Die erhöhte Harnmenge, die dabei anfällt, belastet die Nieren; sie kann ihre Funktion beeinträchtigen und sogar ihre Filtereinheiten, die so genannten Glomeruli, schädigen. Jede Niere enthält etwa 1 Million dieser Gefäßknäuel, die sich in der Nierenrinde befinden. In der Abbildung rechts sind sie stark vergrößert dargestellt. Sind die Glomeruli geschädigt, gehen Blut und Eiweiß mit dem Urin ab. In leichter Form tritt dieser Zustand häufig im Alter auf, in schweren Fällen hingegen können im Endeffekt die Nieren zerstört werden.

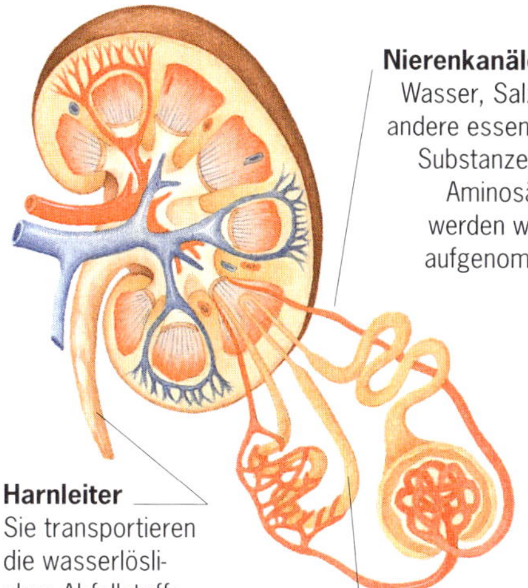

schweren Verletzung erholen, müssen ihre Eiweißaufnahme ebenfalls beträchtlich steigern, damit ihr Körper den Schaden beheben kann. Auch Kinder haben einen höheren Eiweißbedarf als ein normaler Erwachsener, da während des Wachstums permanent neues Gewebe gebildet wird. Werden sie nur einen Monat unterversorgt, kann das schon ihr körperliches Wachstum und die geistige Entwicklung hemmen.

Zu wenig Eiweiß setzt nicht nur die Leistungsfähigkeit herab, sondern führt auch zu einer Abwehrschwäche gegen Krankheitserreger. Außerdem kann es den Flüssigkeitshaushalt aus dem Gleichgewicht bringen, wodurch sich Wasser im Körper ansammelt und ein Ödem entsteht. Die aufgeblähten Bäuche von vielen Kindern in der Dritten Welt rühren daher.

WUSSTEN SIE, DASS ...

... die essenzielle Aminosäure Phenylalanin in dem künstlichen Süßstoff Aspartam enthalten ist, den man in vielen zuckerfreien Speisen und Getränken wie Diätjoghurt, Cola light usw. findet? Obwohl Aspartam von den Gesundheitsbehörden als unbedenklich beurteilt wird, sollte man es nur maßvoll verwenden.

Wie viel Eiweiß ist zu viel?

Nicht nur ein Zuwenig an Eiweiß ist ungesund, auch ein Zuviel kann schädlich sein. Und gerade Menschen in den westlichen Industriestaaten nehmen eher zu viel Eiweiß zu sich. Wer etwa zum Frühstück Apfelkuchen mit Sahne, mittags Schnitzel mit Reis und ein Glas Milch, zwischendurch ein paar Erdnüsse und zum Abendessen eine mit Käse überbackene Kartoffel und als Nachtisch Eiscreme verzehrt, hat 200 g Eiweiß zu viel und damit mehr als das Vierfache seines tatsächlichen Bedarfs aufgenommen.

Derartige Proteinmengen belasten die Nieren, denn da der Körper den Stickstoffanteil der Eiweißmoleküle nicht verwertet, müssen ihn die Nieren ausscheiden. Gespeichert kann überschüssiges Eiweiß auch nicht werden. Stattdessen wird es von der Leber in Glukose sowie Nebenprodukte wie Harnstoff umgewandelt oder verbindet sich direkt mit Sauerstoff, um Wärme und Energie abzugeben. Sämtliches Eiweiß, das nicht auf diese Weise Verwertung findet, wird in Fett

Erhöhter Bedarf

Infolge von Knochenbrüchen und schweren Verletzungen kann es zu einem massiven Proteinverlust kommen, weshalb der Rekonvaleszent viel Eiweiß essen sollte. Bei schwachem Appetit gibt man statt Fleisch eher Fisch, Milch, Eier und Nüsse und reichert die Mahlzeiten mit Milchpulver, Trockenhefe und Sojamehl an. Auch auf genügend Kohlenhydrate und Fett ist zu achten, damit der Körper nicht seinen Eiweißvorrat aufzehrt.

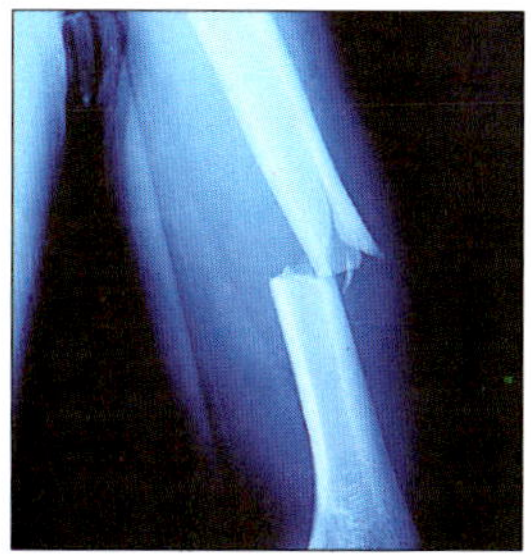

Bis zu 60 g Eiweiß pro Tag können infolge einer Verletzung verbraucht werden.

Grüne Erbsen oder Bohnen in der Schote werden nicht als Hülsenfrüchte bezeichnet. Normalerweise spricht man hier von Frischgemüse. Unter Hülsenfrüchten versteht man dagegen die getrockneten Samen dieser Schotengewächse.

umgewandelt und gespeichert. Außerdem enthalten Milchprodukte der Vollfettstufe sowie fettes Fleisch und Wurstwaren neben Eiweiß praktisch immer auch hohe Mengen an gesättigten Fettsäuren. Wer zu viel tierisches Eiweiß isst, bei dem erhöht sich daher auf lange Sicht das Risiko von Herzkrankheiten und Schlaganfall.

Darüber hinaus haben Studien gezeigt, dass der Körper mit dem Urin vermehrt Kalzium ausscheidet, wenn man zu viel proteinreiche Nahrung oder Zusätze aus reinen Aminosäuren zu sich nimmt. Ein zu hoher Kalziumverlust aber verursacht Osteoporose, Knochenschwund – eine schwere Krankheit, die verstärkt bei Frauen nach den Wechseljahren auftritt (siehe S. 69). Gefährdete Personen sollten daher eine eiweißreiche Kost meiden und darauf achten, dass sie ausreichend mit Kalzium und Vitamin D versorgt sind.

Sportler greifen gern zu Aufbaupräparaten mit einem hohen Gehalt an Aminosäuren in dem Glauben, dass dies der schnellste Weg sei, kräftiger und muskulöser zu werden. Was sie jedoch wirklich brauchen, sind zusätzliche Kohlenhydrate in Form von Nudeln beispielsweise. Sie liefern die nötige Energie für ein intensives Training.

RICHTIG ESSEN BEI GICHT

Gicht ist eine sehr schmerzhafte Stoffwechselstörung, die von zu viel Harnsäure im Blut hervorgerufen wird. Dadurch bilden sich im Gewebe, in den Nieren und in den Gelenken Harnsäurekristalle. Das Gelenk entzündet sich, schwillt an und reagiert empfindlich auf Berührung oder Druck. In der Regel ist vom ersten Gichtanfall, der ein paar Tage dauern kann, nur ein Gelenk betroffen. Bei späteren Attacken kann sich die Gicht auf weitere Gelenke ausdehnen.

Harnsäure entsteht bei der Aufspaltung von Purinen, das sind Bestandteile der Zellkerne. Wild, Geflügel, Innereien und Hülsenfrüchte sind reich an Purinen, weshalb die meisten Ärzte dazu raten, auf diese Speisen zu verzichten. Andererseits helfen grünblättriges Gemüse und frisches Obst, vor allem Kirschen, den Harnsäurespiegel zu senken. Außerdem sollten Gichtkranke reichlich Flüssigkeit trinken, sich bei Alkohol zurückhalten und Übergewicht abbauen.

FLEISCHLOSE EIWEISSLIEFERANTEN

Wenn Sie Ihren Fleischverzehr einschränken und dennoch genug Eiweiß zu sich nehmen wollen, sollten Sie diese leckeren Gerichte und Zwischenmahlzeiten probieren. Durch die Kombination bestimmter Lebensmittel erhalten Sie Eiweiß im richtigen Verhältnis und bringen Abwechslung auf den Tisch.

- Bohnen plus Körner – versuchen Sie Tofu, Linsen oder Bohnen mit Naturreis als Beilage oder Felafel (Kichererbsenklößchen) im Pittabrotmantel. Sojabohnen enthalten 30–40 % Eiweiß, weshalb Produkte wie Sojamilch, Sojajoghurt und Sojabohnenquark (Tofu) ein vorzüglicher Fleischersatz sind.
- Nehmen Sie für Gerichte wie Chili con carne mehr Bohnen und weniger Fleisch. Das bringt reichlich Eiweiß und die Speise wird fettärmer und billiger.
- Samen oder Nüsse plus Bohnen werden z. B. in Hummus, einem orientalischen Eintopf aus Kichererbsen mit Sesamkörnerauflage, kombiniert.
- Erdnüsse plus Körner – Erdnüsse liefern in Verbindung mit Getreide fast ebenso viel Eiweiß wie beispielsweise Rindfleisch. Vollkorntoast mit Erdnussbutter bestrichen ergibt eine nahrhafte Zwischenmahlzeit.
- Tacoschalen und Bohnen liefern zusammen hochwertiges Eiweiß. Mit etwas Magerjoghurt und viel Gemüse wird daraus ein ausgewogenes, herzhaftes Gericht (unten) nach mexikanischer Art.

Der vegetarische Bodybuilder

Fleisch ist zweifelsohne ein hervorragender Eiweißlieferant. Vegetarier müssen indes auf andere Quellen zurückgreifen, damit auch sie ihren Proteinbedarf ausreichend decken können. Dies betrifft speziell jene, die regelmäßig Kraftsport betreiben – heißt es doch, Bodybuilder müssten sich besonders eiweißreich ernähren.

Marc ist 29, Single und seit seiner Studienzeit Vegetarier. Im vergangenen Jahr stellte er fest, dass er zugenommen hatte. Sein Freund Oliver riet ihm, ins Fitnessstudio zu gehen, und seither trainiert Marc dreimal die Woche mit Gewichten.

In den ersten Monaten konnte er seine Kraft und Ausdauer kontinuierlich verbessern, doch dann machte er kaum noch Fortschritte. Olivers Ansicht nach liegt die Ursache des Problems darin, dass Marc als Vegetarier zu wenig Eiweiß isst.

Da Fleisch für ihn jedoch nicht in Frage kommt, besorgte sich Marc vor ein paar Wochen ein Aminosäurenpräparat. Nun leidet er unter Migräne, hat wenig Appetit und fühlt sich schlapp und kraftlos. Allmählich macht er sich Sorgen.

Was sollte Marc tun?

Er sollte zum Arzt gehen, um die Ursache seiner Symptome herauszufinden. Vielleicht schickt ihn der Mediziner zu einem Ernährungsspezialisten, der anhand einer Ernährungsanalyse feststellen kann, ob Marc die Ergänzungsmittel zur Deckung seines Eiweißbedarfs wirklich braucht.

Außerdem sollte Marc sich darüber Gedanken machen, ob er sein Übergewicht allein durch Hanteltraining in den Griff bekommt. Zusammen mit seinem Trainer könnte er ein neues Programm ausarbeiten, das seine Kraft und Ausdauer weiter verbessert. Und er muss prüfen, ob nicht Sportarten wie Schwimmen oder Radfahren besser geeignet sind, sein Gewicht zu reduzieren und zu halten, als reines Krafttraining.

GENESUNGSPLAN

Gesundheit

Zum Arzt gehen, um die Ursache von Migräne, Appetitlosigkeit und fehlender Energie festzustellen.

Ernährung

Einen Ernährungsspezialisten konsultieren, um herauszufinden, ob der Speiseplan genug Eiweiß enthält. Er wird Marc zeigen, welche vegetarischen Lebensmittel er im Rahmen einer ausgewogenen Kost kombinieren kann und soll.

Fitness

Prüfen, welche Sportarten noch geeignet sind, abzunehmen und Kraft und Ausdauer zu erhöhen. Vielleicht bietet das Studio Aerobic an.

Fitness

Um Kraft und Ausdauer zu steigern, übt man am besten mehr als eine Sportart aus.

Ernährung

Da eiweißreiches Fleisch auf ihrem Speisezettel fehlt, müssen Vegetarier darauf achten, pflanzliche Proteine richtig zu kombinieren.

Gesundheit

Nahrungsergänzungsmittel können bei anfälligen Personen Probleme wie Migräne verursachen. Vor der Einnahme sollte man daher einen Arzt oder Ernährungsberater fragen.

WIE ERFOLGREICH WAREN DIE MASSNAHMEN?

Der Arzt erklärte Marc, dass die Nahrungszusätze mitverantwortlich für seine Symptome sind und obendrein nichts zum Muskelaufbau beitragen. Sein Trainer riet ihm, er solle an den trainingsfreien Tagen zum Abspecken mindestens eine halbe Stunde Rad fahren oder schwimmen. Der Ernährungsberater bestätigte Marc, dass seine Nahrung, die reichlich Bohnen und Weizen enthält, genug Eiweiß liefert. Nach ein paar Tagen ohne das Aminosäurenpräparat war Marcs Migräne verschwunden.

Fleischlose Kost

Die Zeiten sind vorbei, als Vegetarier noch als „Körnerfresser“ verlacht wurden. Immer mehr Menschen entscheiden sich heute bewusst für eine Ernährung ohne Fleisch. Die Forschung bestätigt diesen Trend: Vegetarier sind in der Regel gesünder.

Was ist ein Vegetarier?

Per Definition isst ein Vegetarier weder Fleisch noch Fisch, doch sind nicht alle vegetarischen Ernährungsformen gleich streng.

- Semivegetarier verzehren Fisch und mitunter auch Hähnchen, aber kein rotes Fleisch.
- Ovo-Lacto-Vegetarier nehmen Milch und Milchprodukte sowie Eier zu sich, aber weder Fleisch noch Fisch.
- Lacto-Vegetarier essen Milch, Joghurt und aus pflanzlichem Lab hergestellten Käse, verzichten aber auf Fleisch bzw. Wurst, Fisch und Eier.
- Veganer lehnen sämtliche Produkte vom Tier ab; Fleisch, Fisch, Milch und Eier sind tabu.
- Rohköstler verzichten auf alle tierischen Lebensmittel sowie Getreide und Hülsenfrüchte. Sie essen nur Obst, Gemüse, Honig und Nüsse.
- Makrobiotiker folgen einem 7-Stufen-Ernährungsplan, der zunehmend strenger wird. Zuerst lässt man tierische Lebensmittel weg, später auch Obst und Gemüse und zuletzt isst der überzeugte Makrobiotiker nur noch braunen Reis.

Die Zahl derjenigen, die Fleisch und Wurst von ihrem Speisezettel streichen, wächst ständig – und das nicht erst seit Rinderwahnsinn und Schweinepest. Bereits 1989 bezeichneten sich in der damaligen Bundesrepublik rund 4 % der Bevölkerung als Vegetarier.

Pluspunkte für die Gesundheit

Vegetarier folgen im Großen und Ganzen den aktuellen Richtlinien für eine gesunde Ernährung. Da sie kein Fleisch essen, nehmen sie insgesamt weniger gesättigtes Fett zu sich, dafür aber mehr Ballaststoffe in Form von frischem Obst und Gemüse sowie Vollkornerzeugnissen. Überdies enthalten diese Lebensmittel viel Betakarotin, Vitamin C und E, die alle oxidationshemmend wirken und den Körper vor bestimmten Krankheiten schützen können (siehe S. 94 f.).

In einer 1980 begonnenen Langzeitstudie haben Forscher der Universität Oxford von mehr als 6000 Vegetariern und einer Kontrollgruppe von über 5000 Fleischessern Daten über Gesundheit und Sterblichkeit gesammelt und ausgewertet. Unter Berücksichtigung weiterer Faktoren, die Einfluss auf die Sterberate haben – Rauchen, relatives Körpergewicht sowie soziale Stellung –, konnte die Studie deutliche Unterschiede zwischen beiden Gruppen aufzeigen.

So reduziert sich bei Vegetariern das Risiko, an Krebs zu sterben, um 40 %. Die Gefahr von Herzerkrankungen ist bei Vegetariern um 24 %, bei Veganern sogar um 57 % niedriger als bei Personen, die regelmäßig Fleisch essen. Und beim Vergleich der Blutfettwerte wurden bei Vegetariern, insbesondere Veganern, geringere Konzentrationen von LDL (Lipoproteine geringer Dichte)

ERNÄHRUNGSPYRAMIDE FÜR VEGETARIER

Die Lebensmittel des vegetarischen Speisezettels lassen sich ähnlich wie bei der gängigen Ernährungspyramide (siehe S. 18) in Gruppen einteilen. Wählen Sie aus den einzelnen Gruppen Nahrungsmittel in den empfohlenen Tagesmengen aus; so erhalten Sie eine ausgewogene Kost. Für Veganer kann die Pyramide abgewandelt werden: Sie sollten größere Mengen eiweißhaltiger Lebensmittel (Erbsen, Bohnen) und kohlenhydratreicher Nahrungsmittel (Brot) essen.

nachgewiesen – des schlechten Cholesterins, das als Hauptrisikofaktor für Herzkrankheiten gilt (siehe S. 56–58).

Das Deutsche Krebsforschungszentrum stellte 1978 in einer Studie mit 1900 Vegetariern fest, dass Herz-Kreislauf-Erkrankungen bei männlichen Vegetariern 61 %, bei Vegetarierinnen 44 % unter dem Index der Gesamtbevölkerung lagen. Die Krebssterberate war bei den Frauen um ein Viertel, bei den Männern gar um die Hälfte reduziert.

Professor Walter C. Willett von der Harvard Medical School untersuchte von 1980 bis 1986 die Häufigkeit von Dickdarmkrebs an mehr als 88000 Frauen im Alter von 34–59 Jahren. Er fand heraus, dass sich bei täglichem Verzehr von rotem Fleisch das Entstehungsrisiko im Vergleich zu Personen, die es höchstens einmal pro Woche essen, mehr als verdoppelt. Freilich kann dies auch daher rühren, dass Fleischesser in der Regel weniger Gemüse verzehren als Vegetarier – ist Gemüse doch reich an Ballaststoffen und überdies ein wertvoller Lieferant jener Antioxidantien, die vor Krebs schützen können.

Ein frühzeitiger Tod durch Krebs oder Herzleiden ist nach Meinung mancher Forscher jedoch nicht die einzige Gefahr, die der übermäßige Verzehr von Wurst und Fleisch birgt. Da damit auch zu viel Eiweiß aufgenommen wird, was z.B. zu Kalziumverlust und vermehrter Bildung von Harnsäure führt, kann es in der Folge zu Nierensteinen, Nierenversagen und Gicht kommen.

Laut Dr. Jens Kjeldsen-Kragh vom Institut für Immunologie und Rheumatologie in Oslo ist eine vegetarische Ernährung auch geeignet, die Symptome rheumatischer Arthritis zu lindern. Ihm fiel 1991 auf, dass Patienten, die schon seit längerem auf Fleisch verzichten, weniger über Schmerzen, Steifheit sowie geschwollene Gelenke klagten. Demgegenüber schien der Verzehr von viel Fleisch und wenig komplexen Kohlenhydraten jenen Personen gut zu tun, die an anderen Formen von Arthritis leiden wie etwa der Bechterewschen Krankheit.

Aufgrund solcher und ähnlicher Studien herrscht in der Fachwelt heute weitgehend Einigkeit darüber, dass eine fleischlose Kost die Lebenserwartung zu verlängern vermag. Fairerweise muss man aber hinzufügen, dass dies wohl nicht das alleinige Verdienst der Ernährung ist. Vegetarier leben insgesamt gesünder als Fleischesser, da sie weniger rauchen und trinken und mehr Sport treiben.

MIT EIWEISS DURCH DEN TAG

Außer Fleisch gibt es noch eine Vielzahl weiterer Proteinquellen. Die folgenden vegetarischen Gerichte enthalten einfache, nahrhafte Lebensmittel, die eine ausreichende Eiweißversorgung sicherstellen.

2 Scheiben Toast (4 g Eiweiß)

25g Frühstücksmüsli (2 g Eiweiß) mit 190 ml Milch (6 g Eiweiß)

115 g dicke Bohnen (6 g Eiweiß)

25 g Emmentaler (6 g Eiweiß)

2 Scheiben Toast (4 g Eiweiß)

140 g Joghurt (6 g Eiweiß)

175 g gekochte Nudeln (2 g Eiweiß)

85 g gekochte Linsen (6 g Eiweiß)

190 ml Milch (6 g Eiweiß)

Gesamteiweiß = 48 g

Vegetarischer Käse

Das zur Käseherstellung verwendete Lab stammt normalerweise aus dem Labmagen von Kälbern. Ganz strenge Vegetarier lehnen aus diesem Grund häufig den Verzehr von gewöhnlichem Käse ab. Doch zu ihrem Glück gibt es heute auch Käsesorten zu kaufen, die mit pflanzlichem Lab hergestellt werden. Es wird genetisch aus Mikroorganismen gewonnen und macht tierisches Lab überflüssig.

Pflanzliches Strukturprotein

Eine preiswerte Alternative zu Fleisch ist das aus Sojabohnen gewonnene pflanzliche Strukturprotein. Zuerst wird Öl gepresst; dann gewinnt man aus den Rückständen das Eiweiß und formt es zu einer schwammigen Masse. Sie ist meist mit B-Vitaminen und Eisen angereichert und als Sojafleisch oder Bestandteil verschiedener Reformlebensmittel erhältlich.

Mit eingeweichtem Sojafleisch oder -granulat lässt sich eine Reihe schmackhafter Gerichte zubereiten, etwa fleischlose Burger, Sojapuffer oder vegetarische Spaghetti bolognese.

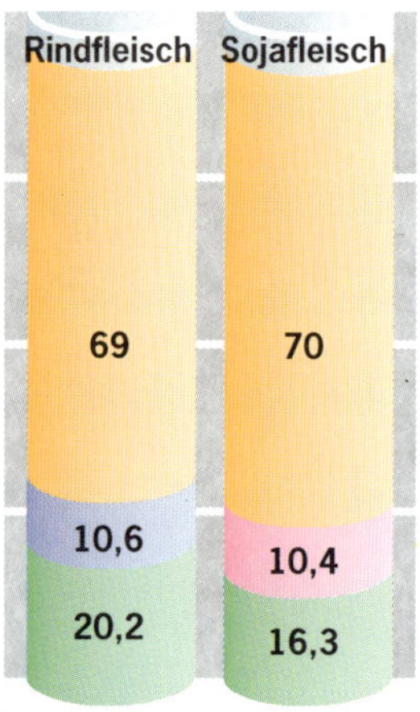

Eiweiß (g)
Fett (g)
Wasser (g)
Kohlenhydrate (g)

Sojafleisch enthält etwas weniger Eiweiß als richtiges Fleisch, dafür aber keinerlei Fett.

Fleischverzicht allein genügt nicht

Angesichts der gesundheitlichen Vorteile, die eine vegetarische Lebensform bietet, nimmt es nicht wunder, dass sie immer mehr Anhänger findet. Freilich bedarf es einer ausgewogenen Ernährung, damit ein Vegetarier gesund bleibt. Da genügt es nicht, einfach das Fleisch vom Speisezettel zu streichen und stattdessen auf ein paar eiweißreiche Nahrungsmittel wie z. B. Käse umzusatteln. Wie Fleisch enthält auch Käse eine Menge gesättigtes Fett, das im Zusammenhang mit Herzkrankheiten und Krebs genannt wird. Wählen Sie daher Magermilchprodukte wie entrahmte Milch oder fettarmen Joghurt und achten Sie darauf, dass Ihr Speiseplan Lebensmittel aus allen Gruppen der vegetarischen Ernährungspyramide (siehe S. 36) vorsieht, also viel frisches Obst und Gemüse, Nüsse, Samen, Hülsenfrüchte und Sojaprodukte, Getreide und Vollkornprodukte sowie die erwähnten Magermilcherzeugnisse.

Skeptiker meinen, eine fleischfreie Kost könne keine ausreichende Versorgung mit Vitaminen und Mineralstoffen gewährleisten, doch bekommen Vegetarier mit einem abwechslungsreichen Speisezettel in der Regel alle Nährstoffe, die sie brauchen. Gelegentlich kann es zu einem Eisen- oder Zinkmangel kommen, insbesondere wenn man viel ungesäuertes Brot verzehrt: Dieses Brot enthält Phytinsäure, die die Resorption von Mineralstoffen hemmt.

Veganer beziehen aus ihrer Nahrung eventuell nicht genug Vitamin B_{12} und D. Über einen längeren Zeitraum kann ein Mangel an Vitamin B_{12} zu Blutarmut, Magen-Darm-Erkrankungen und einer ernsten Schädigung des zentralen Nervensystems führen. Kürzlich hat man entdeckt, dass die Samenschalen des Sanddorns hohe Mengen an Vitamin B_{12} enthalten, was für strenge Vegetarier besonders interessant sein dürfte.

Eine gute Versorgung mit Vitamin D ist speziell für die Entwicklung der Knochen bei Säuglingen und Kindern wichtig, weshalb manche Lebensmittel wie Cornflakes mit D- und B-Vitaminen angereichert sind. Margarine wird meist ebenfalls Vitamin D zugesetzt. Der Körper kann das Vitamin aber auch selbst aus Cholesterin in der Haut bilden, wenn er genug Sonnenlicht bekommt. Schon 15 Minuten täglich reichen aus.

Dennoch kann es bei manchen Vegetariern, vor allem bei Makrobiotikern, unter Umständen nötig werden, Nahrungsergänzungsmittel einzunehmen. Bei Zweifeln sollten Sie daher mit Ihrem Arzt sprechen.

EIN VEGETARISCHES FAMILIENMITGLIED

Auch wenn der Rest der Familie Fleisch isst, kann man ohne großen Aufwand für einen Vegetarier mitkochen. Vielleicht lassen sich die Fleischliebhaber ja auch zu „Teilzeitvegetariern“ bekehren, wenn man zunächst einen und dann mehr fleischlose Tage pro Woche einführt.

Zum einen gibt es viele schmackhafte Gerichte, die ganz ohne Fleisch oder Fisch auskommen, und zum anderen lassen sich Mahlzeiten auch so zusammenstellen, dass mit dem gleichen Grundgericht sowohl Fleischesser als auch Vegetarier bekocht werden können. Statt zwei verschiedene Essen zuzubereiten, werden Sauce, Reisgericht oder Eintopf zunächst ohne Fleisch zubereitet und aufgeteilt. Der einen Portion fügt man dann Bohnen und Gemüse, der anderen Fleisch oder Fisch zu.

Wenn Sie fleischlose Gerichte zubereiten, kochen Sie gleich die doppelte Menge zu und frieren Sie einen Teil portionsgerecht ein. So haben Sie jederzeit ein vegetarisches Essen zur Hand. Reste von Mischgemüse eignen sich zum Füllen von Pasteten, Paprika oder Pfannkuchen.

Unten sehen Sie ein Beispiel, wie Sie aus einem Grundgericht, nämlich Folienkartoffeln mit einer vegetarischen Sauce, zwei verschiedene herzhafte Essen zaubern können – einmal mit und einmal ohne Fleisch.

Für Fleischesser
Geben Sie etwas mageres Rinderhack oder Geflügelfrikassee an die vegetarische Sauce.

Für Vegetarier
Mit Tomaten, Kräutern und Paprika gegarte Bohnen untermischen.

3

Kohlenhydrate: der optimale Treibstoff

Noch vor kurzem waren komplexe Kohlenhydrate in Form von Brot, Kartoffeln, Nudeln, Reis und Getreide bei Ernährungswissenschaftlern verpönt, da man sie wegen ihres Stärkeanteils für Dickmacher hielt. Zuckerhaltige Lebensmittel gelten aufgrund ihres hohen Fettanteils nach wie vor als ungesund, die komplexen Kohlenhydrate jedoch sind rehabilitiert: Als ausgesprochen wertvolle und sättigende Energiespender stellen sie heute die Hauptsäule einer gesunden Ernährung dar.

Energie aus Zucker

Stärkehaltige und süße Lebensmittel unterscheiden sich im Aussehen und im Geschmack erheblich, und dennoch bestehen beide in erster Linie aus demselben Baustein: Zucker. Er ist die wichtigste und beste Energiequelle unseres Körpers.

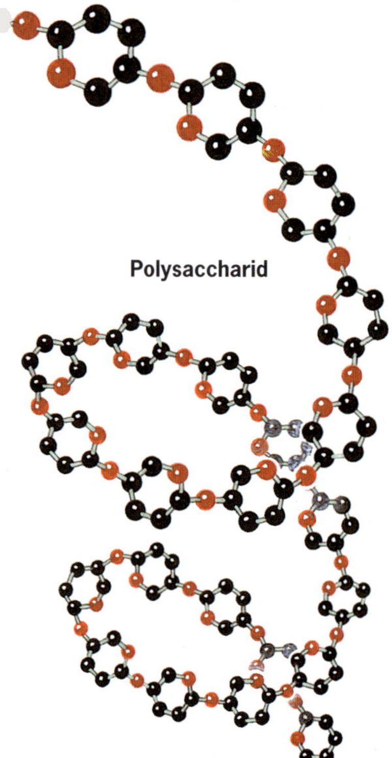

Polysaccharid

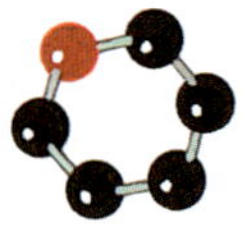

Monosaccharid

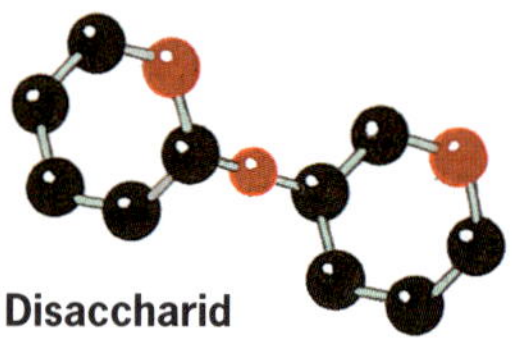

Disaccharid

Alle Kohlenhydrate bestehen aus so genannten Saccharidmolekülen. Einfachzucker wie Glucose und Fructose sind aus einzelnen ringförmigen Einheiten, den Monosacchariden, aufgebaut. Tafelzucker (Saccharose) ist ein Disaccharid, das aus zwei über eine Sauerstoffbrücke verbundenen Monosacchariden (Glukose und Fruktose) besteht. Komplexe Kohlenhydrate oder Polysaccharide sind lange, spiralig gewundene Ketten aus vielen Monosacchariden.

Jedesmal wenn Sie etwas Schweres heben, einen Spaziergang machen oder zur Bushaltestelle rennen, greift Ihr Körper auf seine diversen Energiequellen zurück, damit Sie durchhalten. Die Hauptenergiequelle des Körpers sind Kohlenhydrate, eine Gruppe von Nährstoffen mit ähnlichen chemischen Bausteinen. Im Allgemeinen unterscheidet man drei Hauptgruppen: Einfachzucker, Mehrfachzucker und Ballaststoffe.

Einfachzucker bestehen aus Einzelmolekülen, den so genannten Monosacchariden; zu ihnen gehören Glukose (Traubenzucker), Fruktose (Fruchtzucker) sowie Galaktose. Traubenzucker kommt auf natürliche Weise nur in Früchten und Honig vor und wird direkt zur Energiegewinnung verwertet.

Zu den Disacchariden, die aus je zwei Monosaccharidmolekülen zusammengesetzt sind, zählen Saccharose (Rohr- oder Tafelzucker), Laktose (Milchzucker) sowie Maltose (Malzzucker). Mehrfachzucker, die man auch als komplexe Kohlenhydrate oder Stärke bezeichnet, bestehen aus mindestens zehn, meistens aber mehr Monosacchariden. Sie kommen in vielen pflanzlichen Nahrungsmitteln wie Weizen, Reis, Kartoffeln, Maismehl, Erbsen und Bohnen vor.

SCHADET ZUCKER DER GESUNDHEIT?

Dem Zuckergenuss wurden schon viele Krankheiten zugeschrieben, darunter Diabetes, Herzleiden und Hyperaktivität bei Kindern. Obwohl Zuckerverzicht in vielen Fällen zur Besserung der Symptome führt, fehlt bislang der wissenschaftliche Beweis, dass Zucker tatsächlich für diese Störungen verantwortlich ist. Was die Mehrzahl der Ernährungsexperten allerdings bestätigen wird, ist, dass man von zu viel Zucker schlechte Zähne bekommt.

Jeder Mensch hat Bakterien im Mund, die auf den Zähnen Plaque, Zahnbelag, bilden. Zucker- oder Stärkereste sind für diese Bakterien ein gefundenes Fressen: Dann produzieren sie eine Säure, die den Zahnschmelz angreift und Löcher hineinfrisst. Wer häufig Zucker oder süße Nahrungsmittel isst, erhöht das Risiko an Karies zu erkranken. Süßigkeiten haben die Eigenschaft an den Zähnen zu kleben, weshalb etwa Karamellbonbons und Kaugummis eher Karies verursachen als z. B. Kuchen.

Da sich die Säure nur bei vorhandenem Plaque auf den Zähnen bildet, ist es notwendig, die Beläge regelmäßig nach dem Essen mit Bürste und Zahnseide zu entfernen. Außerdem empfiehlt es sich, süße Lebensmittel und Getränke mit statt zwischen den Mahlzeiten einzunehmen.

Auch bei Übergewicht spielt Zucker eine Rolle. Zwar kommt es prinzipiell auf die Gesamtmenge der aufgenommenen Kalorien an und nicht so sehr auf deren Quelle, doch enthalten viele zuckerhaltige Produkte wie Eis, Kekse und Schokolade zusätzlich reichlich Fett. Wer hier normalerweise kräftig zulangt, wird feststellen, dass er abnimmt, wenn er auf diese Dickmacher verzichtet.

Natürlicher Zucker
Er kommt in Lebensmitteln vor, die zugleich auch wertvolle Lieferanten von Vitaminen, Mineral- und Ballaststoffen sind.

Raffinierter Zucker
Er wird nicht nur als Haushaltszucker angeboten, sondern auch vielen industriell verarbeiteten Speisen und Getränken zugesetzt.

Natürliche Zucker findet man vorwiegend in Obst und Gemüse, während raffinierte Zucker aus Früchten, Mais, Zuckerrohr oder Zuckerrüben gewonnen und vielen Nahrungsmitteln zugesetzt werden. Beide gehen rasch ins Blut über und können Karies sowie Übergewicht verursachen.

KOHLENHYDRATE IN LEBENSMITTELN

Viele Nahrungsmittel enthalten sowohl Einfachzucker als auch komplexe Kohlenhydrate. Die folgende Tabelle zeigt, in welchem Verhältnis sie bei den einzelnen Lebensmitteln vorkommen. Ganz oben stehen Lebensmittel mit hohem Zucker-, ganz unten solche mit hohem Stärkegehalt. Stellen Sie sich diese Tabelle als Verkehrsampel vor: Oben zeigt sie Rot, in der Mitte Gelb und bei den Lebensmitteln unten gibt sie grünes Licht. Idealerweise sollten Sie höchstens 55 g zugesetzten Zucker pro Tag essen, und zwar am besten in ballaststoffreichen Desserts, Vollkornkuchen und -keksen.

NAHRUNGSMITTEL	KOMPLEXE KOHLENHYDRATE Gramm	EINFACHZUCKER Gramm	BEMERKUNGEN
„ROTE NAHRUNGSMITTEL“			
Geleebonbons, 10 Stück	0,3	60,8	Fast reiner Zucker
Honigpops/Smacks, 40 g	13,6	19,2	Viel zugesetzter Zucker, wenig Ballaststoffe
Biskuitrolle mit Marmelade, 1 Stück, 55 g	7,5	23,1	Kuchen sind reich an zugesetztem Zucker.
Dosenpfirsiche in Sirup, 115 g	0	16	Dem Sirup wird zusätzlich Zucker zugesetzt.
„GELBE NAHRUNGSMITTEL“			
Fruchtjoghurt, 115 g	0	20,5	Naturjoghurt mit frischen Früchten ist besser.
Banane, 1 mittelgroße	3,0	31,4	Natürliche Süße in Obst und Gemüse ist zu empfehlen.
Gebackene Bohnen, 135 g	20,7	8	Der Zuckerzusatz macht die Bohnen schmackhaft, insbesondere für Kinder.
„GRÜNE NAHRUNGSMITTEL“			
Zuckermaiskörner, 25 g	5,0	2,9	Diese Lebensmittel sind wichtige Quellen für komplexe Kohlenhydrate und liefern überdies auch andere wichtige Nährstoffe. So ist Eiweiß in Nudeln und Brot enthalten, Magnesium in Naturreis, Kalium in Kartoffeln, Phosphor in Mais und mehrere B-Vitamine in Brot. Alle naturbelassenen Lebensmittel mit einem hohen Anteil an komplexen Kohlenhydraten sind zugleich gute Ballaststofflieferanten.
Kartoffel mit Schale, 140 g	44	1,7	
Brauner Reis, 140 g, gekocht	47,4	1,1	
Weißer Reis, 140 g, gekocht	44,4	0	
Vollkornbrot, 1 Scheibe, 25 g	11,9	0,5	
Nudeln aus Weißmehl, 225 g, gekocht	50	0,7	
Weißbrot, 1 Scheibe, 25 g	14	0,8	

Süße Zugaben

Eine Vielzahl von vorgefertigten Lebensmitteln enthält Zucker als Süßstoff. Für die Verbraucher ist dies meist nicht leicht zu erkennen, da dieser Zusatz auf dem Etikett unter den verschiedensten Namen aufgeführt wird. Dextrose, Maltose, Maltodextrin, Glukosesirup, Maissirup, Invertzucker und Levulose sind alles Formen von Zucker.

Wenn Sie zum Kochen von Süßspeisen Gewürze wie Zimt, Piment, Kardamom, Nelken, Ingwer und Muskatnuss verwenden, können Sie den Zuckeranteil reduzieren, ohne jedoch Aroma einzubüßen.

Die meisten Kohlenhydrate werden während des Verdauungsprozesses in Glukose aufgespalten. Benötigt der Körper die Energie nicht sofort, wird sie in Glykogen umgewandelt und in Muskeln und Leber gespeichert, um bei Bedarf wieder abgegeben zu werden. Diese Depots sind aber schnell gefüllt und was dann noch übrig bleibt, wird schließlich in Fett umgebaut und im Körper abgelagert.

Nicht raffinierte Kohlenhydrate, wie sie in Vollkornflocken, Vollkornbrot und Naturreis vorkommen, sind äußerst nahrhaft; zu weißem Zucker oder Weißmehl raffiniert, büßen sie ihren Nährwert jedoch weitgehend ein. Naturbelassene Lebensmittel sind auch deshalb besonders zu empfehlen, weil sie meistens reich an Ballaststoffen sind. Diese nützlichen Fasern regeln wirksam die Verdauung (siehe S. 46–47). Man vermutet, dass unlösliche Ballaststoffe bei manchen Krebsarten vorbeugend wirken und lösliche den Cholesterinspiegel im Blut senken können. Darüber hinaus liefern kohlenhydratreiche Nahrungsmittel wie getrocknete Bohnen und Wurzelgemüse neben Stärke und Ballaststoffen auch lebenswichtige Vitamine und Mineralstoffe.

Zucker und Fett im Überfluss

In den letzten 100 Jahren haben sich die Ernährungsgewohnheiten in den westlichen Überflussgesellschaften dramatisch gewandelt: Der Trend geht von einer gesunden Kost mit vielen komplexen Kohlenhydraten immer mehr zu Lebensmitteln mit einem hohen Fett- und Zuckergehalt, die jedoch zumeist arm an Ballaststoffen sind. Eine Reihe von Zivilisationskrankheiten – insbesondere Karies, Herzkrankheiten, Krebs und Verdauungsstörungen –, die etwa zur selben Zeit aufkamen, führt man heute zum Teil auf diese Speisen zurück. Daher empfehlen die meisten Gesundheitsexperten die Rückkehr zur früheren Ernährungsweise.

Raffinierter Zucker – das süße Gift

Wegen seiner konservierenden Eigenschaften setzen viele Nahrungsmittelhersteller ihren Produkten Kristallzucker zu, der die Speisen zudem fülliger und geschmeidiger macht. So kann z.B. ein Becher Fruchtjoghurt bis zu 5 Teelöffel Zucker enthalten. Weitaus gesünder ist es, mageren Naturjoghurt mit frischen Früchten wie Brombeeren, Aprikosen oder Erdbeeren zu süßen.

Im Unterschied zu Lebensmitteln mit vielen Polysacchariden liefern jene, die einen hohen Gehalt an raffiniertem Zucker aufweisen, meist wenig andere Nährstoffe. Deshalb bezeichnet man sie auch gern als leere Kalorien. Kuchen, Kekse, Süßigkeiten und Schokolade enthalten viel Kristallzucker, doch keinerlei Nähr- oder Ballaststoffe zum Ausgleich.

Gebackenen Bohnen oder manchen ballaststoffreichen Frühstückszerealien werden ebenfalls Einfachzucker als Geschmacksverbesserer zugesetzt. Da diese Produkte jedoch auch reichlich andere Nährstoffe liefern und nicht übermäßig viel Zucker enthalten, können sie dennoch ein sinnvoller Bestandteil einer gesunden Mischkost sein. Zucker sollte man vorzugsweise mit solchen Lebensmitteln einnehmen, die auch andere Nährstoffe bieten. Trotz ihres Zuckergehalts

SÜSSER GENUSS OHNE REUE

Von Geburt an scheinen Babys lieber süß als sauer zu essen. Auch die meisten Erwachsenen und fast alle Kinder mögen süße Gerichte. Wenn Sie Ihren Zuckerverzehr einschränken möchten, müssen Sie aber noch lange nicht auf Süßspeisen oder Desserts verzichten. Früchte enthalten natürlichen Zucker; ersetzen Sie also Tafelzucker durch ungesüßten Fruchtsaft, frisches Obst und ungezuckerte Dosenfrüchte. So können Sie Ihre Gelüste befriedigen ohne Ihrer Gesundheit zu schaden. Auf diese Art bekommen Sie auch mehr Vitamine und Ballaststoffe.

- Wenn Sie kein frisches Obst haben, essen Sie Dosenfrüchte, die in ungesüßtem Fruchtsaft statt in Sirup eingelegt sind.
- Wo möglich ersetzen Sie Zucker durch frische pürierte Früchte.
- Süßen Sie Naturjoghurt mit frischen Früchten.
- Verfeinern Sie Süßspeisen mit süßen Gewürzen; geben Sie z. B. Zimt auf Backäpfel.
- Wählen Sie bei industriell verarbeiteten Lebensmitteln solche, bei denen der Zucker teilweise durch einen künstlichen Süßstoff wie Aspartam, Acesulfam K. oder Saccharin ersetzt wurde.

sind Früchte und fettarme Milch gesund, denn sie enthalten Vitamine, Mineralstoffe und die Milch noch dazu Eiweiß.

Komplexe Kohlenhydrate: die Hauptsäule der Ernährung

Es gibt verschiedene Möglichkeiten, mehr komplexe Kohlenhydrate und gleichzeitig weniger Fett und Zucker zu sich zu nehmen. Man sollte viel Brot essen, vor allem Vollkornsorten, da sie mehr Ballaststoffe, Vitamine und Mineralstoffe enthalten als Weißbrot. Schneiden Sie dickere Scheiben; so erhalten Sie mehr Brot und dafür weniger Butter und Konfitüre und können damit Ihre Tageskalorienzahl reduzieren.

Wer den Tag mit Getreide, etwa Haferflocken oder Frühstücksmüsli, beginnt, wird den ganzen Vormittag über mit Energie versorgt, da die darin enthaltenen Polysaccharide nur nach und nach ins Blut gelangen. Unnötiges Fett lässt sich mit fettarmer Milch vermeiden. Auch die Zwischenmahlzeit sollte viele Kohlenhydrate und wenig Fett enthalten: Müslistangen oder mit Tomaten und Salat belegte Vollkornbrötchen sind ebenso lecker wie gesund.

Ersetzen Sie bei Fleischgerichten ein Drittel des Fleischs durch getrocknete Bohnen, die sowohl Stärke als auch Ballaststoffe liefern. Geben Sie Bohnen auch an Salate, Suppen und Eintöpfe. Desserts sollten Sie auf der Grundlage von Obst und Körnern zubereiten: Bieten Sie statt einer süßen Mehlspeise Obstsalat an, probieren Sie fettarmen Joghurt mit einer Auflage aus gerösteten Haferflocken und süßen Sie Milchreis mit frischen oder getrockneten Früchten.

NEHMEN SIE GENÜGEND KOHLENHYDRATE ZU SICH?

Die aktuellen Richtlinien für eine gesunde Ernährung sehen vor, dass man seinen Energiebedarf (Kalorien) zu rund 55% über komplexe Kohlenhydrate decken soll. Der Verbrauch von raffinierten Zuckern sollte nach Meinung der meisten Ernährungsexperten auf 10% der Gesamtkalorienaufnahme gesenkt werden.

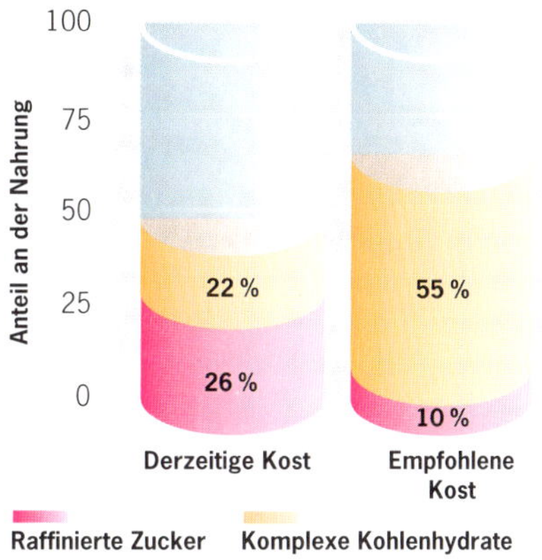

Zwischen den Ernährungsempfehlungen und dem, was die meisten Menschen tatsächlich an Kohlenhydraten zu sich nehmen, klafft eine große Lücke.

Ideal zum Abnehmen

Da Lebensmittel mit einem hohen Anteil an komplexen Kohlenhydraten auch gut sättigen, eignen sie sich vorzüglich zur Gewichtsreduktion. Früher hielt man kohlenhydrathaltige Lebensmittel irrtümlich für Dickmacher. Heutzutage weiß man jedoch, dass es

BRINGEN SIE GESUNDHEIT AUF DEN TISCH

Es ist nicht schwer, genügend komplexe Kohlenhydrate zu sich zu nehmen. Achten Sie einfach auf das richtige Verhältnis der einzelnen Lebensmittelportionen: Reis, Nudeln, Brot oder Kartoffeln sollten zwei Fünftel des Tellers füllen, Gemüse oder Salat ebenfalls mindestens zwei Fünftel und Fleisch, Fisch, Käse oder Eier den Rest.

Die ausgewogene Mahlzeit rechts wurde nach den Empfehlungen der Ernährungspyramide (siehe S. 18) zusammengestellt: Vier Fünftel werden von knackigem Salat und herzhaftem Reis bestritten, das nötige Eiweiß liefert ein kleines Lachsfilet.

Kreuzzug gegen das Weißmehl

Im 19. Jahrhundert führte der presbyterianische Reverend Sylvester Graham aus Philadelphia einen regelrechten Kreuzzug gegen das Weizenauszugsmehl. Er verdammte das Weißbrot in Grund und Boden und machte es mit für den Niedergang der amerikanischen Gesellschaft verantwortlich.

Den Aussiebungsvorgang beschrieb der streitbare Geistliche als „Trennung dessen, was Gott zusammengefügt hat". Er ermahnte seine Mitmenschen, mehr Vollkornbrot zu essen, und schrieb eine lange Abhandlung über dessen Bedeutung für das moralische, geistige und körperliche Wohlbefinden der Menschheit.

Später wurden das Vollkornweizenmehl sowie eine kastenförmige Brotart nach ihm benannt, die auch hierzulande sehr beliebt ist: das Grahambrot.

Besser ohne Fett

Fette Nahrungsmittel enthalten mehr als doppelt so viele Kalorien wie komplexe Kohlenhydrate. Stärkehaltige Lebensmittel wie Nudeln und Kartoffeln sind von Natur aus kalorienarm, doch wenn Sie Butter oder ein öliges Dressing dazu reichen, machen Sie diesen Vorzug wieder zunichte.

Eine große, mit der Schale gebackene Ofenkartoffel enthält knapp 200 kcal. Geschält und frittiert hat dieselbe Kartoffel schon ca. 500 kcal und zu Kartoffelchips verarbeitet bringt sie es auf stolze 600 kcal.

in erster Linie am Gesamtkaloriengehalt der Nahrung liegt und daran, wie viel Sport man treibt, ob man voraussichtlich abnehmen, zunehmen oder sein Gewicht halten wird. Außerdem ist mittlerweile bekannt, dass das Übergewicht in zahlreichen Fällen von zu viel Fett kommt. Eine reduzierte Fettzufuhr ist somit eine der effektivsten Möglichkeiten, die Gesamtkalorienzahl zu senken, denn während 1 g Fett 9 kcal (38 kJ) hat, bringt es 1 g Kohlenhydrate oder Eiweiß bloß auf 4 kcal (17 kJ).

Eiweiß oder Kohlenhydrate?

Wer früher eine Diät machte, wurde dazu angehalten, eiweiß- statt kohlenhydratreich zu essen, und noch immer glauben viele, mit einer derartigen Kost könne man besser abspecken. Eiweißreiche Lebensmittel wie Käse oder Fleisch enthalten aber häufig viel Fett und liefern deswegen viele Kalorien. Obendrein ist ein Speiseplan mit einem hohen Eiweiß- und einem geringen Kohlenhydratanteil meist auch arm an Ballaststoffen und infolgedessen weniger sättigend, weshalb sich der Hunger schneller wieder meldet. Die meisten Ernährungsfachleute vertreten heute die Ansicht, dass am leichtesten abnimmt, wer bei gleichbleibender Kohlenhydratzufuhr die Fettaufnahme reduziert. Damit die Diät anschlagen kann, dürfen die kohlenhydrathaltigen Speisen nicht mit Öl bzw. Fett gegart oder angemacht werden.

Tatsächlich sind in der Regel große Mengen fettarmer, ballaststoffreicher Lebensmittel ideal zum Abnehmen. In einem Versuch wurde eine Gruppe junger Iren auf eine Diät gesetzt, bei der sie täglich knapp 1 kg Kartoffeln essen mussten. Darüber hinaus durften sie essen, was und wie viel sie wollten. Trotzdem hatten nach drei Monaten fast alle Männer abgenommen. Die Kartoffeln hatten sie so gesättigt, dass sie von anderen kalorienreichen Lebensmitteln automatisch weniger aßen.

Abnehmen ist nicht leicht, darin sind sich die Fachleute einig. Wenn man ein paar Wochen lang streng Diät hält, purzeln zwar die Pfunde, doch mit der Rückkehr zu den alten Essgewohnheiten kommen sie rasch wieder, was eine erneute Diät nach sich zieht. Dieses Phänomen ist auch als Jo-Jo-Effekt bekannt. Viel erfolgversprechender ist es daher, wenn Sie langfristig auf eine Kost umstellen, die ihren Schwerpunkt auf komplexe Kohlenhydrate legt und fettreiche Nahrungsmittel weitgehend meidet.

ABNEHMEN UNTER AUFSICHT

Wenn Ihnen Ihr Übergewicht Sorgen macht, konsultieren Sie einen Ernährungsberater. Er wird Ihnen eine Reduktionskost empfehlen, die optimal auf Ihre Persönlichkeit und Ihre Bedürfnisse zugeschnitten ist, und Ihre Fortschritte überwachen.

DIE SPEISE DER GÖTTER

Seit Jahrtausenden erfreuen sich die Menschen am Honig, jenem klebrigen Süßungsmittel, das der römische Dichter Vergil als Geschenk des Himmels bezeichnete.

Die Einfachzucker Glukose und Fruktose, die dem Honig seine Süße verleihen, übertreffen an Süßkraft selbst den Tafelzucker (Saccharose), der zu den Disacchariden gehört. Darin liegt der wahre Wert des Honigs: Man braucht weniger, um eine Speise zu süßen, und aufgrund seines hohen Wassergehalts enthält er überdies auch noch weniger Kalorien (304 kcal/100 g) als die gleiche Menge Zucker (385 kcal/100 g). Nichtsdestoweniger ist das „flüssige Gold“ ein zuckerhaltiges Lebensmittel; verwenden Sie ihn also maßvoll.

Der nahrhafte Vorrat der Bienen wird von den Tieren im Stock in kunstvollen Gebilden aus Wachszylindern eingelagert (oben). Honig ist jedoch nicht nur ein beliebter Energielieferant für Tiere und Menschen, er wird auch bei vielen Beschwerden als Heilmittel geschätzt.

SATT DURCH BALLASTSTOFFE

Vergleichen Sie Art und Menge der Lebensmittel in den beiden Speiseplänen. Sie enthalten etwa gleich viel Kalorien und liefern Eiweiß, Vitamine und Mineralstoffe, doch steuert das ballaststoffreiche Menü I mehr Masse bei und sättigt mehr als Menü II.

Menü I
Ballaststoffreiche Mahlzeiten

Frühstück
25 g Vollkornflakes mit fettarmer Milch und einer kleinen, in Scheiben geschnittenen Banane; eine Scheibe Vollkornbrot oder Vollkorntoast mit einem Teelöffel Butter oder Margarine; Kaffee mit fettarmer Milch = 5,3 g Ballaststoffe

Vormittags
Kaffee mit 30 ml (2 Esslöffel) fettarmer Milch = 0 g Ballaststoffe

Mittagessen
2 Vollkornbrötchen, gefüllt mit 115 g Thunfisch und einem Teelöffel Mayonnaise, dazu ein kleiner Salat; 225 ml fettarme Milch, ein Apfel und 140 g Naturjoghurt mit Himbeeren = 7,4 g Ballaststoffe

Abendessen
85 g Hühnchen (in Streifen geschnitten), kurz angebraten mit Brokkoli, rotem Paprika und Frühlingszwiebel; 115 g brauner Reis; 115 g Obstsalat = 6,1 g Ballaststoffe

Vor dem Zubettgehen
200 ml Milch, fettarm = 0 g Ballaststoffe

Ballaststoffe insgesamt = 18,8 g

Menü II
Ballaststoffarme Mahlzeiten

Frühstück
25 g Smacks mit fettarmer Milch; eine Scheibe Weißmehltoast mit einem Teelöffel Butter oder Margarine; 125 ml Orangensaft; Kaffee mit fettarmer Milch = 0,8 g Ballaststoffe

Vormittags
Kaffee mit 30 ml (2 Esslöffel) fettarmer Milch = 0 g Ballaststoffe

Mittagessen
Ein Tafelbrötchen, gefüllt mit 25 g Emmentaler, einem Teelöffel Mayonnaise und Salat; eine Banane; 140 g Joghurt mit Fruchtgeschmack; 225 ml fettarme Milch = 2,5 g Ballaststoffe

Abendessen
225 g gegrilltes Rumpsteak; 100 g grüner Salat mit einem Esslöffel Vinaigrette; 225 ml Tomatensaft = 4,6 g Ballaststoffe

Vor dem Zubettgehen 225 ml fettarme Milch= 0 g Ballaststoffe

Ballaststoffe insgesamt = 7,9 g

Künstlicher Zucker

Wenn Sie Ihren Verbrauch an Tafelzucker reduzieren möchten, können Sie Speisen und Getränke stattdessen mit kalorienfreien künstlichen Süßstoffen wie Aspartam oder Saccharin süßen. Auch die Industrie verwendet sie in Diätgetränken wie z. B. Cola light.

Saccharin ist seit über 50 Jahren auf dem Markt und gilt allgemein als unbedenklich. Zwar haben Experimente an Laborratten gezeigt, dass große Mengen Saccharin Blasenkrebs verursachen können, doch gibt es bislang keine Berichte über Krebsfälle beim Menschen.

Aspartam besteht aus zwei Aminosäuren – Asparaginsäure und Phenylalanin. Nach der Verdauung werden sie resorbiert und vom Körper wie andere Aminosäuren verwertet (siehe S. 30–31).

Saccharin und Aspartam sind 200- bis 300-mal süßer als Zucker, verursachen jedoch keine Zahnschäden. Dennoch ist es nicht ratsam, künstliche Süßstoffe in großen Mengen zu sich zu nehmen, da die langfristigen Auswirkungen hoher Dosen auf den Menschen noch nicht bekannt sind.

Ballaststoffe: Müllabfuhr des Darms

In den 80er-Jahren wurden die Ballaststoffe stürmisch gefeiert: Man hatte festgestellt, dass die Pflanzenfasern Herzkrankheiten und Darmkrebs vorbeugen und den Cholesterinspiegel senken. Trotzdem essen die meisten Menschen immer noch zu wenig davon.

Haferkleie

Als ergiebige Quelle löslicher Ballaststoffe ist Haferkleie ein wertvoller Verbündeter im Kampf gegen zu hohe Cholesterinwerte. In den 80er-Jahren lobten medizinische Berichte ihre besonderen Vorzüge, wodurch der Verbrauch spürbar anstieg. Andere Lebensmittel mit einem hohen Anteil an löslichen Ballaststoffen, wie Bohnen, Äpfel, Haferflocken und Kartoffeln, senken den Cholesterinspiegel allerdings ebenso gut.

Ein Müsli mit Haferflocken ist ein ideales Frühstück. Haferflocken lassen sich vielseitig einsetzen; Sie können sie rösten und etwa über Süßspeisen oder Desserts streuen und so Ihre Ballaststoffzufuhr erhöhen.

Während die Rolle der Ballaststoffe als Stimulans für die Darmtätigkeit schon in der Antike bekannt war, weiß man erst seit kurzem um ihre Bedeutung für die Krankheitsvorbeugung. In den 70er-Jahren wurde dieser Aspekt von den britischen Ärzten Burkitt und Trowell ins Bewusstsein der Öffentlichkeit gerückt. Nach Studien in Ostafrika stellten sie die Hypothese auf, dass zahlreiche Krankheiten, die in den Industrieländern häufig, in Afrika dagegen nur sehr selten vorkommen, zumindest teilweise auf einem Mangel an Ballaststoffen in der westlichen Kost beruhen.

Warum Pflanzenfasern so wichtig sind

Unter Ballaststoffen versteht man eine Reihe pflanzlicher Fasern, die der menschliche Organismus zwar nicht verdauen kann, die jedoch für den Stoffwechsel sehr wichtig sind. Sie sind z. B. Bestandteile der pflanzlichen Zellwände und bestehen häufig aus Kohlenhydraten; dazu zählen u. a. Zellulose, Hemizellulose und Pektin. Die meisten wandern unverändert durch den Verdauungstrakt in den Dickdarm. Man unterscheidet lösliche und unlösliche Ballaststoffe, die wohl teilweise unterschiedlich wirken; die Forschungen sind jedoch noch nicht abgeschlossen.

Alle Ballaststoffe, besonders aber die unlöslichen, binden Wasser und quellen somit den Nahrungsbrei im Dickdarm auf. Dadurch wird die Stuhlmenge vergrößert, der Stuhl weicher und die Muskulatur des unteren Darmtrakts angeregt, die Abfallprodukte schneller nach außen zu befördern – daher der Vergleich mit der Müllabfuhr. Teilweise werden die Faserstoffe im Dickdarm von

UNLÖSLICHE UND LÖSLICHE BALLASTSTOFFE

Weizen, Reis, Weizenkleie, Nüsse, Vollkornflocken und -brot sind wertvolle Lieferanten von unlöslichen Ballaststoffen. Lösliche Fasern sind u. a. in Haferflocken und -kleie, Erbsen, Bohnen, Wurzelgemüsen und Zitrusfrüchten enthalten. Lösliche wie unlösliche Ballaststoffe kommen in Äpfeln, Birnen, Gerste, Bananen, Pflaumen und Kohl vor. Der linke Kreis zeigt Nahrungsmittel mit unlöslichen, der rechte mit löslichen Ballaststoffen. Die Schnittmenge bilden Lebensmittel, die beides liefern.

DIE AUSSCHEIDUNG VON CHOLESTERIN

Lösliche Ballaststoffe binden das Cholesterin aus der Nahrung bzw. der Gallenflüssigkeit (siehe Darstellung rechts) und verhindern dadurch, dass es in die Blutbahn gelangt. Die so gebundene Substanz wird dann ausgeschieden. Wenn die Cholesterinreserven, die zur Bildung der Gallenflüssigkeit notwendig sind, zur Neige gehen, nimmt die Leber Cholesterin aus dem Blut auf und senkt damit die Blutfettwerte. So verringert sich das Arterioskleroserisiko.

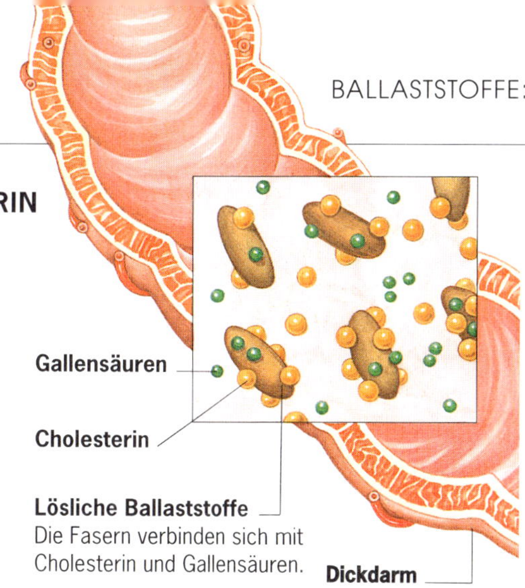

Mikroorganismen aufgespalten, wobei Fettsäuren entstehen, die den Zellen der Darmwände als Energiequelle dienen.

Die Faserstoffe schützen auch vor Dickdarmkrebs, indem sie die Schlacken rascher durch den Körper schleusen und so einen längeren Kontakt der Giftstoffe mit der Darmwand verhindern. Dagegen kann eine Kost mit einem niedrigen Anteil vor allem an unlöslichen Ballaststoffen zu Verstopfung, Hämorrhoiden und Divertikulose (Ausstülpungen in der Darmwand) führen.

Lösliche Faserverbindungen tragen überdies zu einer Senkung des Cholesterinspiegels im Blut bei (siehe Kasten oben) und verringern damit das Risiko von Herz- und Arterienkrankheiten. Bei einer Studie ließ man Männer mit hohem Cholesterinspiegel zusätzlich zu ihrer normalen Kost täglich eine halbe Tasse gekochte Trockenbohnen essen; nach 21 Tagen waren die Werte um 13 % gesunken. Außerdem verzögern lösliche Ballaststoffe die Abgabe von Glukose in die Blutbahn und können so u. a. Diabetes und Unterzucker (Hypoglykämie) vorbeugen.

Abnehmen mit Ballaststoffen

Pflanzenfasern enthalten keine oder nur sehr wenig Kalorien, wodurch der Energiegehalt der Nahrung stark herabgesetzt wird. Zudem füllen ballaststoffreiche Lebensmittel rasch den Magen und unterdrücken so den Hunger. Da man sie gründlich kauen muss, isst man langsamer. Dies gibt dem Körper wiederum Zeit, dem Gehirn zu melden, dass der Magen voll ist. Größere Portionen ballaststoffreicher Kost liefern oft ähnlich viele Kalorien wie kleinere Portionen industriell verarbeiteter Erzeugnisse. So haben z. B. sechs Stück Milchschokolade fast den gleichen Brennwert (ca. 180 kcal) wie eine rund 200 g schwere Folienkartoffel mit Schale.

Bitte schön langsam

Wenn Sie auf eine ballaststoffreiche Ernährung umstellen möchten, fallen Sie nicht gleich mit der Tür ins Haus. Nehmen Sie die entsprechenden Nahrungsmittel ganz allmählich in Ihren Speiseplan auf, damit sich Ihr Körper daran gewöhnen kann. Bestimmte faserreiche Lebensmittel wie getrocknete Erbsen, Bohnen und Linsen verursachen allerdings häufig Blähungen. Essen Sie daher zunächst mehr Getreide, Gemüse und Obst und führen Sie die Hülsenfrüchte erst später ein. Da Ballaststoffe Flüssigkeit binden, denken Sie bitte daran mehr zu trinken als bisher.

SO ERHÖHEN SIE DIE BALLASTSTOFFZUFUHR

Die Deutsche Gesellschaft für Ernährung (DGE) empfiehlt eine tägliche Ballaststoffaufnahme von 30–40 g. Diese Menge ist wichtig zur Regelung der Verdauung, zur Senkung des Cholesterinspiegels und zum Schutz vor Darmkrebs. Da wir aber zu viele industriell verarbeitete Lebensmittel verzehren, bringen wir es im Schnitt nur auf 19–25 g. Den empfohlenen Wert erreicht, wer jeden Tag einige der aufgeführten Lebensmittel isst. Anhand der Ernährungspyramide auf S. 18 können Sie sehen, wie Sie dabei auch für Ausgewogenheit sorgen.

Getreideprodukte

Vollkornfrühstücksflocken (50 g) = 6,5 g Ballaststoffe
Vollkornspaghetti, gekocht (100 g) = 3,5 g Ballaststoffe
Vollkornbrot (2 Scheiben) = 3 g Ballaststoffe

Obst und Gemüse

Gedörrte Aprikosen (100 g) = 6,3 g Ballaststoffe
Kartoffel mit Schale (200 g) = 5,4 g Ballaststoffe
Apfel mit Schale (140 g) = 2,7 g Ballaststoffe
Möhren (100 g) = 2,5 g Ballaststoffe
Grüne Bohnen (85 g) = 2 g Ballaststoffe

Hülsenfrüchte

Feuerbohnen (100 g) = 4 g Ballaststoffe
Gekochte Linsen (200 g) = 4 g Ballaststoffe

Stete Energiezufuhr

Der Blutzuckerspiegel steigt und fällt mehrmals im Lauf des Tages, wenn die energiereichen Bausteine aus den Kohlenhydraten der Nahrung in die Blutbahn gelangen. Bei manchen Menschen jedoch ist der Energiehaushalt gestört.

Einfachzucker werden nach dem Verzehr rasch ins Blut aufgenommen, was zu einem plötzlichen Anstieg der Glukosekonzentration bzw. des Blutzuckerspiegels führt. Komplexe Kohlenhydrate müssen erst in Einfachzucker aufgespalten werden. Da sie vor der Resorption verdaut und umgewandelt werden müssen, gehen die Spaltprodukte langsamer in die Blutbahn über.

Der Blutzuckerspiegel

Die meisten gesunden Menschen verkraften einen plötzlichen Anstieg der Blutzuckerkonzentration. Diabetiker hingegen kommen damit nicht zurecht, da sie nicht genügend von dem Hormon Insulin haben, das den Blutzuckerspiegel reguliert. Wer schon seit der Kindheit an Diabetes leidet, benötigt zur Steuerung des Zuckerspiegels regelmäßig Insulinspritzen. Viele Menschen, die erst in fortgeschrittenen Jahren an Diabetes erkranken, können ihre Blutzuckerwerte aber mit einer speziellen Diät in den Griff bekommen, die reich an komplexen Kohlenhydraten und vor allem löslichen Ballaststoffen ist. Letztere sorgen dafür, dass der Traubenzucker langsam und gleichmäßig vom Darm ins Blut übergeht (siehe S. 47).

Gehirn und Nervensystem reagieren sehr fein auf Schwankungen der Blutzuckerkonzentration. Bei hohen Werten fühlt man sich schläfrig, bei niedrigen schwindelig. Den meisten Menschen macht dies nicht allzu viel aus, bei einigen aber können sich Anzeichen von Unterzucker oder Hypoglykämie zeigen, wenn ihr Zuckerwert rapide abfällt. Sie reagieren mit kaltem Schweiß, Schwindel, Hunger, Herzklopfen und Schwäche.

Mit einer nahrhaften Zwischenmahlzeit lässt sich der Zuckerspiegel rasch wieder anheben. Wer an Unterzucker leidet, muss seine Mahlzeiten daher gleichmäßig über den Tag verteilen und auf eine ausgewogene Kost achten. Für zwischendurch eignen sich Lebensmittel mit vielen Ballaststoffen und komplexen Kohlenhydraten, z.B. frisches Obst, rohes Gemüse oder Vollkornbrot. Diese Form der Hypoglykämie darf aber nicht mit den niedrigen Zuckerwerten bei Diabetes verwechselt werden.

Studien haben gezeigt, dass sich eine ballaststoffreiche Kost mit vielen komplexen Kohlenhydraten bei Diabetikern positiv auswirkt. Patienten, die wenig Pflanzenfasern und dafür zuckerreiche Lebensmittel essen, neigen zu einem raschen Anstieg des Blutzuckerspiegels. Nahrungsmittel wie Bohnen, Getreide und Gemüse hingegen sorgen für eine langsame, aber stetige Erhöhung der Werte.

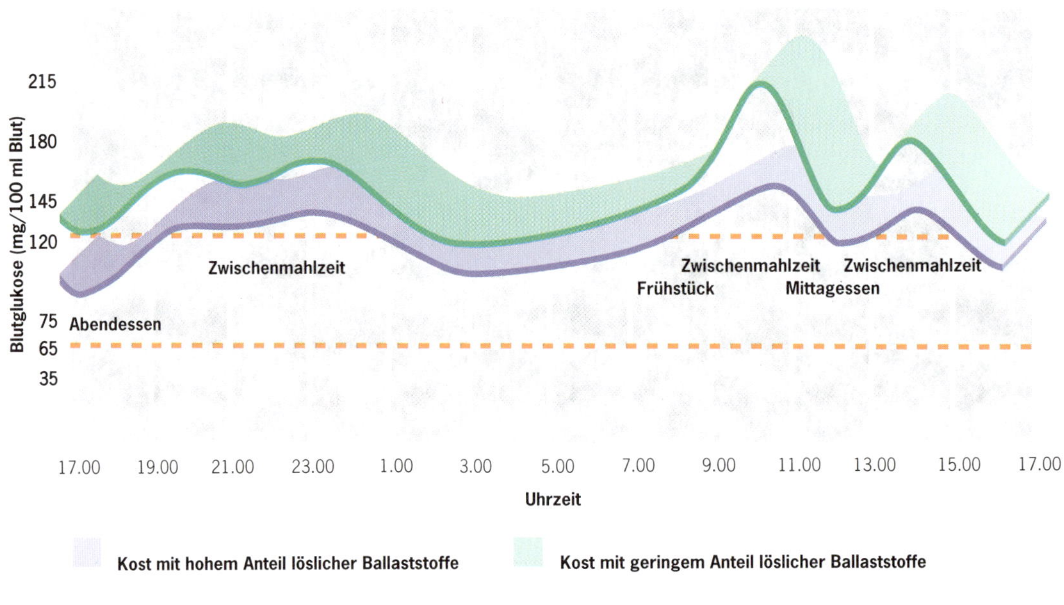

4

Unverzichtbare Fette

Vor knapp drei Jahrzehnten wurde der üppige Konsum von Lebensmitteln mit einem hohen Gehalt an gesättigten Fettsäuren erstmals in Zusammenhang mit Herzkrankheiten gebracht. Viele Menschen haben seitdem ihre Essgewohnheiten geändert.
Dennoch sind Fette hervorragende Energiespender und erleichtern die Aufnahme bestimmter Vitamine. Vor allem die ungesättigten Fettsäuren in bestimmten Pflanzenölen erwiesen sich als unverzichtbar für eine gesunde Ernährung.

Fett ja – aber welches?

Obwohl es oft pauschal verteufelt wird, ist Fett ein unentbehrlicher Nährstoff. Wer sichergehen will, dass er sich gesund ernährt, muss freilich wissen, welche Fette und Öle gut und welche schädlich sind und wie viel Fett der Mensch überhaupt braucht.

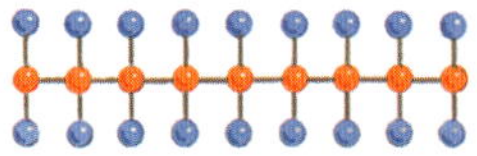

Gesättigte Fettsäure

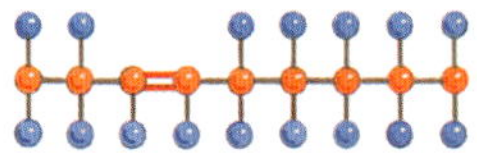

Einfach ungesättigte Fettsäure

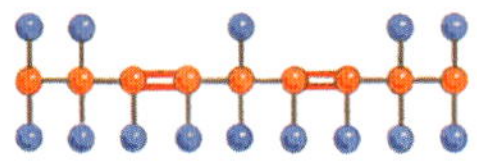

Mehrfach ungesättigte Fettsäure
● Wasserstoffatom
● Kohlenstoffatom

Die Zahl der Wasserstoffatome in einer Fettsäurenkette bestimmt deren Sättigungsgrad. Bei einer gesättigten Fettsäurenkette sind alle Plätze mit Wasserstoffatomen besetzt, wodurch der Körper mehr Mühe hat, sie aufzubrechen. Solche Fette gelten als Hauptursache von Herzkrankheiten. Einfach ungesättigten Fetten fehlen nur zwei, mehrfach ungesättigten Fetten dagegen vier oder mehr Wasserstoffatome. Diese guten Fette helfen das Risiko von Herzerkrankungen herabzusetzen.

Fett ist nicht gleich Fett. Während manche Sorten zu Arterienverkalkung und Herzkrankheiten bis hin zum Schlaganfall führen können, senken andere das Risiko von Arterienverengung und -verschluss.

Zum Frühstück ein mit Wurst belegtes Butterbrot, ein weiches Ei und dazu Kaffee mit Vollmilch, mittags gut durchwachsenes Schweinefleisch mit Bratensauce, Bratkartoffeln und wenig Gemüse, nachmittags ein Stück Obsttorte mit Sahne und abends zwei Brötchen mit Vollfettkäse oder deftiger Leberwurst – dies ist kein vernünftiger Speiseplan, sondern eine Anleitung zum Herzinfarkt. Wer seinem Körper so viel Fett und noch dazu das falsche zumutet, ist auf dem besten Weg, seine Gesundheit zu ruinieren.

Diese Tatsache hat sich mittlerweile zumindest teilweise herumgesprochen. Heute sind fette Speisen die verbotenen Früchte einer gesunden Ernährung, wurde doch in einer Reihe von Studien nachgewiesen, dass mit steigendem Konsum bestimmter Fettsorten auch Erkrankungen der Herzkranzgefäße zunehmen. Darüber hinaus gibt es ernst zu nehmende Hinweise auf einen Zusammenhang zwischen fettreicher Kost und bestimmten Krebsarten, namentlich Brust-, Darm- und Bauchspeicheldrüsenkrebs. Da Herzkrankheiten und Krebs die häufigsten Todesursachen unter Erwachsenen in der westlichen Welt sind, gilt zu viel Fett in der Nahrung zu Recht als hohes Gesundheitsrisiko – was aber keineswegs heißt, dass alle Fette schädlich sind. Tatsächlich kann eine Kost ohne Fett ebenso gefährlich werden wie eine, die Fett im Übermaß enthält.

Ohne Fett wäre der menschliche Körper nicht funktionsfähig. Die Membranen jeder einzelnen Zelle enthalten fettige Substanzen.

FETTE IN UNSERER NAHRUNG

Zahlreiche Lebensmittel enthalten Fett, und zwar fast alle mehr als nur eine Art. Den höchsten Gehalt an gesättigtem Fett weisen Fleisch- und Wurstwaren sowie Milchprodukte auf. Die fettigsten Teile beim Fleisch sind die Schichten sichtbaren Fetts und bei Hähnchen und anderem Geflügel die Haut. Auch industriell verarbeitete Nahrungsmittel wie Fertiggerichte, Kartoffelchips, Kuchen und Süßigkeiten enthalten meist hohe Mengen an gesättigtem Fett. Sogar Olivenöl, das hauptsächlich aus einfach ungesättigtem Fett besteht, enthält 14 % gesättigte Fettsäuren (siehe Tabelle S. 52). Mehrfach und einfach ungesättigte Fette finden sich in Fisch, Nüssen und Samen.

Geflügelhaut, gut durchwachsenes Fleisch, Wurst, Eidotter, Hartkäse und viele Fertigprodukte sind reich an gesättigten Fettsäuren.

Makrelen, Sardinen und Lachs sowie viele Nüsse und Samen liefern mehrfach ungesättigte, Oliven- und Rapsöl einfach ungesättigte Fettsäuren.

IST BUTTER BESSER ALS MARGARINE?

Jahrelang betonte die Fachwelt, ungesättigte Fette wie Weizenkeimöl seien gesünder als gesättigte wie Butter. Aufgrund dieser Empfehlung wechselten viele Menschen von Butter zu Margarine in dem Glauben, sie hätten damit die bessere Wahl getroffen. Mittlerweile weiß man aber, dass sich beim Aushärten der flüssigen Pflanzenöle zu fester Margarine ein Teil der darin enthaltenen Fettsäuren in so genannte Transfettsäuren verwandelt, die den Cholesterinspiegel und damit auch das Risiko von koronaren Herzkrankheiten und Herzinfarkt erhöhen. Achten Sie daher beim Kauf auf Produkte mit einem hohen Gehalt an ungesättigten Fetten.

Im Gesamtfettgehalt sind Butter und Margarine gleich: Sie bestehen jeweils zu 80 % aus Fett. Dagegen bringt es Halbfettmargarine lediglich auf 40 % und ein so genanntes Lightprodukt nur auf 25 %.

Fette erfüllen vielseitige Aufgaben: Sie helfen dem Körper bei der Bildung zahlreicher Hormone, und Fettgewebe schützt und stützt die Organe. Die Fettschicht unter der Haut dient als eine Art Isolierdecke, die den Körper warm hält. Fettlösliche Vitamine und Betakarotin gelangen nur mithilfe einer bestimmten Fettmenge durch die Darmwand in den Blutkreislauf. Nicht zuletzt sind Fette erstklassige Energiespender, die zur späteren Verwendung gespeichert werden können.

Gesättigt oder ungesättigt

Wichtigster Bestandteil aller Fette sind neben Glyzerin Fettsäuren, die entweder gesättigt oder ungesättigt sind. Der Unterschied liegt darin, aus wie viel Atomen sie bestehen und wie diese angeordnet sind (siehe Abb. S. 50). Sind alle Plätze der Kohlenstoffkette mit Wasserstoffatomen besetzt, spricht man von einer gesättigten Fettsäure. Demgegenüber besitzen die Moleküle ungesättigter Fettsäuren weniger Wasserstoffatome.

Beide Sorten lassen sich leicht auseinanderhalten: Gesättigte Fettsäuren, einschließlich gesättigter Öle, sind bei Raumtemperatur fest, ungesättigte dagegen flüssig. Die gesättigten Fette finden wir vorwiegend in Tierprodukten wie Fleisch und Milcherzeugnissen, aber auch in tropischen Ölen wie Palmöl, Kokosöl und Kakaobutter.

Ungesättigte Fettsäuren treten in zwei Formen auf: einfach und mehrfach ungesättigt, und beide sind in pflanzlichen Ölen zu finden. Oliven-, Erdnuss-, Sesam- und Rapsöl enthalten hauptsächlich einfach ungesättigte, Soja-, Weizenkeim-, Distel- und Sonnenblumenöl überwiegend mehrfach ungesättigte Fette. Wer viel gesättigte Fette isst, so die Meinung vieler Wissenschaftler, kann leichter herzkrank werden als jemand, der mehr ungesättigte Fette zu sich nimmt.

Die meisten Fettsäuren, in erster Linie gesättigte und einfach ungesättigte, kann der Körper aus verschiedenen Nährstoffen selber herstellen; sie sind somit kein unbedingt notwendiger Bestandteil des Essens. Manche muss er aber über die Nahrung beziehen, weshalb sie essenzielle, lebenswichtige Fettsäuren genannt werden. Dabei handelt es sich um bestimmte mehrfach ungesättigte Fettsäuren, die von der Wissenschaft in zwei Gruppen unterteilt werden: die Omega-3-Gruppe auf der Basis von Linolensäure, die in Soja- und Rapsöl, Walnüssen und fettem Fisch vorkommt, und die Omega-6-Gruppe aus Linolsäure, die in pflanzlichen Ölen wie Oliven- und Sonnenblumenöl zu finden ist. Als Bausteine sämtlicher Körperzellen und zur Synthese hormonähnlicher Stoffe, der Prostaglandine, sind die essenziellen Fettsäuren unverzichtbar.

Wie viel Fett braucht der Mensch?

Um bei bester Gesundheit zu bleiben, benötigt ein durchschnittlicher Erwachsener eine Mindestmenge von 30 g Fett am Tag, wovon 4 g essenzielle Fettsäuren enthalten sollten. Da jedes Gramm Fett 9 kcal liefert, summiert sich dies auf 270 kcal, was 13 % des

Fettmoleküle

Der größte Teil der Fettsäuren im Körper liegt in Form so genannter Triglyzeride vor. Dabei handelt es sich um drei Fettsäuremoleküle, die an einem Glyzerinmolekül hängen. In den Geweben des Körpers werden die Triglyzeride nach Bedarf aufgebaut oder zerlegt.

Viele Triglyzeride wandern durch den Körper und werden in den Fettdepots, etwa im Oberarm oder Bauch, gespeichert, bis sie gebraucht werden, um Energie zu liefern.

Verstecktes Fett

Leider ist ein Großteil des Fetts in unserer Nahrung nicht sichtbar; Gebäck etwa enthält eine Fülle versteckter Fette. Es lohnt sich, vor dem Kauf das Etikett zu lesen, da manchmal der Gehalt an den verschiedenen Fettsorten detailliert angegeben ist.

Aus geschmacklichen und optischen Gründen geben die Hersteller Fett an ihre Backwaren. So werden etwa Kräcker mit Kokosöl besprüht, was ihnen nicht nur einen knusprigen Überzug, sondern auch einen appetitlichen Glanz verleiht.

Knoblauchbrot

Diese Mittelmeerspezialität schmeckt lecker als Beilage zu Speisen. Bereiten Sie das Brot nicht mit Butter, sondern nach italienischer Art mit Olivenöl und frischen Kräutern zu.

Die Baguettescheiben leicht knusprig antoasten und von beiden Seiten mit der frischen Schnittfläche einer halbierten Knoblauchzehe abreiben.

Dann das Brot auf einer Seite mit etwas nativem kaltgepresstem Olivenöl bepinseln.

Mit frischen, gehackten Kräutern wie Petersilie bestreut und sofort serviert, ergibt Knoblauchbrot auch eine leckere Vorspeise.

NAHRUNGSFETTE IM VERGLEICH

Der Anteil an gesättigten, einfach ungesättigten und mehrfach ungesättigten Fettsäuren in den Speisefetten schwankt erheblich. Gleiches gilt für die essenziellen Fettsäuren Linol- und Linolensäure, die Grundstoffe von mehrfach ungesättigtem Fett.

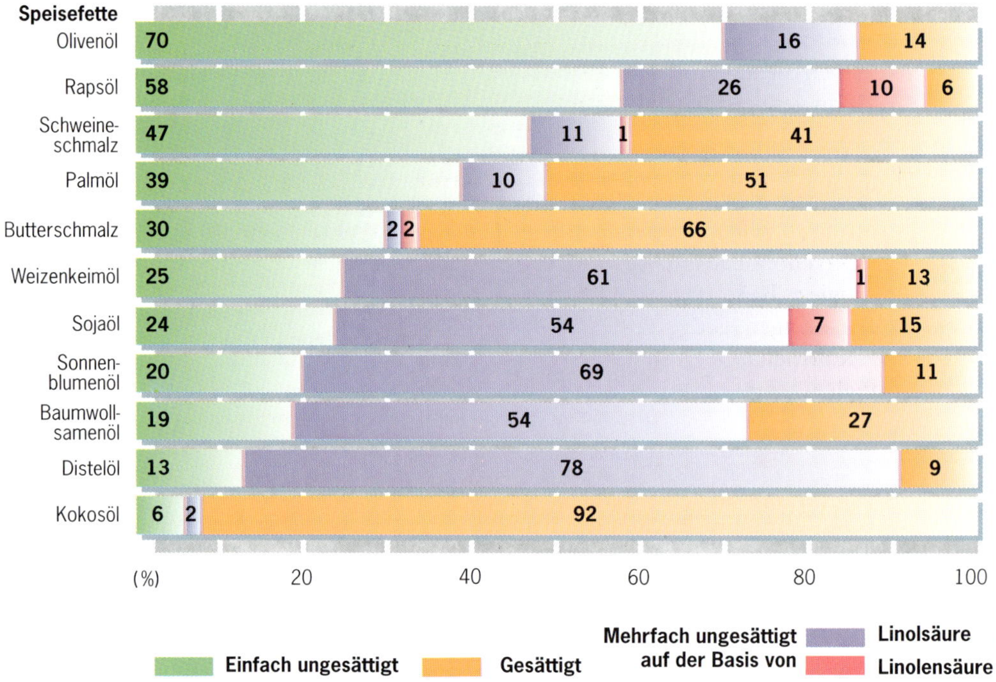

täglichen Energiebedarfs (2200 kcal) entspricht. Als Obergrenze empfiehlt die Deutsche Gesellschaft für Ernährung 30 %. Der tatsächliche Fettkonsum der meisten Bundesbürger liegt aber deutlich darüber. Im Schnitt nimmt ein Erwachsener 3600 kcal zu sich, wovon gut 40 % oder rund 1450 kcal aus Fett bestehen.

Fett reduzieren leicht gemacht

Verzehren auch Sie zu viel Fett? Dann beherzigen Sie die folgenden Tips, die Sie ohne großen Aufwand umsetzen können: Entfernen Sie beim Fleisch alles sichtbare Fett, kaufen Sie nur fettreduzierte Milchprodukte, streichen Sie Butter oder Margarine dünner aufs Brot, steigen Sie auf fettarme Garmethoden wie Dämpfen oder Dünsten statt Braten und Schmoren um und verwenden Sie eine beschichtete Pfanne. Essen Sie weniger Butter, Eier, Käse und andere Milchprodukte sowie Fleisch, Wurstwaren und Hähnchen, da diese Lebensmittel einen hohen Anteil an gesättigten Fettsäuren haben. Wenn Sie es nicht schaffen, ganz auf Fleisch zu verzichten, dann garen Sie es so, dass Sie das Fett abschöpfen können. Kochen Sie also Saucen, Suppen oder Eintöpfe auf Fleischbasis einen Tag im Voraus und stellen Sie sie über Nacht in den Kühlschrank; das Fett setzt sich oben ab, wird fest und kann bequem entfernt werden.

Vegetarier ernähren sich in der Regel fettärmer als andere Menschen, da Gemüse und Körner praktisch cholesterinfrei sind (siehe S. 56) und kaum Fett beinhalten. Freilich kann auch fleischlose Kost unerwünschte Nahrungsfette wie Vollmilchprodukte enthalten. Ein Nudelauflauf mit einer Sauce aus Butter, Sahne und Emmentaler Käse treibt den Fettkonsum nicht weniger in die Höhe als ein Frühstück mit Speck und Eiern.

Mithilfe fettarmer Milchprodukte wie Magermilch lässt sich der Fettgehalt der Mahlzeiten reduzieren ohne Eiweiß einzubüßen. Manche Snacks und Nachspeisen sind zwar wahre Fett- und Kalorienbomben, doch brauchen Sie nicht ganz auf leckere Zwischenmahlzeiten zu verzichten – steigen Sie einfach auf andere Lebensmittel um. Verzichten Sie weitestgehend auf Süßigkeiten, Gebäck und Kartoffelchips, denn solche

Speisen tun allenfalls dem Gaumen gut, sind ansonsten aber sehr ungesund, da sie tropische Öle und reichlich gehärtetes Fett (siehe Kasten S. 51) enthalten, die jeweils hoch gesättigt sind. Als gesündere Alternative für zwischendurch bieten sich Brötchen mit magerem Belag, Obst und Fruchtdesserts an.

Essen Sie gute Fette

Ihr Verbrauch an gesättigten Fetten und teilgehärteter Pflanzenmargarine mit ihren bedenklichen Transfettsäuren lässt sich zudem senken, indem Sie fürs Kochen statt Butter, Margarine und tropischen Ölen das einfach ungesättigte Olivenöl oder ein mehrfach ungesättigtes Öl wie z. B. Sonnenblumenöl verwenden. Zwar bringen es diese Öle auf genauso viele Kalorien wie ihre gesättigten Pendants, doch wirken sie sich positiv auf den Cholesterinstoffwechsel aus und können so Erkrankungen der Herzkranzgefäße (siehe S. 110) vorbeugen. Besonders wertvoll sind gewisse Fischöle. Sie enthalten jene Omega-3-Fettsäuren, die nachweislich den Cholesterinspiegel senken und die Bildung von Blutpfropfen in den Arterien verhindern. In Seefisch wie Makrele, Thunfisch, Hering und Lachs findet man reichlich davon. Gesundheitsexperten empfehlen zweimal wöchentlich eine solche Fischmahlzeit.

WUSSTEN SIE, DASS ...

... zwar manche Produkte vom Schwein wie Bauchspeck oder Brat- und Mettwurst viel Fett enthalten, magerer Schinken dagegen mit 5 % Fettgehalt selbst noch mageres Rindfleisch unterbietet? Rumpsteak etwa hat einen Fettanteil von 7 %.

HIER KÖNNEN SIE FETT EINSPAREN

FETTREICHE ZUBEREITUNG	GESÜNDERE ALTERNATIVE
Pommes frites	
Frittieren	Im Backofen in ungesättigtem Öl backen und anschließend mit Küchenkrepp abtupfen
Geflügel	
Mit Haut braten Mit Butter bestreichen	Haut vor dem Braten entfernen Mit Gemüsebrühe einpinseln
Fleisch	
Stark durchwachsene Stücke Bratenfonds in der Pfanne	Magere Stücke wählen bzw. Fett wegschneiden Fett von der erkalteten Sauce abschöpfen
Teigwaren	
Mit Fleisch- oder Sahnesauce servieren	Saucen auf Gemüsebasis zubereiten Die Nudeln mit etwas Olivenöl und Kräutern anmachen
Fisch	
In Fett braten	Pochieren, in Folie backen, dünsten oder in der Mikrowelle garen
Eintopfgerichte	
Fleisch als Hauptbestandteil	Fett vom Fleisch wegschneiden und vom Gericht abschöpfen, mehr Gemüse und Hülsenfrüchte verwenden; Zutaten mit möglichst wenig Fett oder Olivenöl anbraten
Käseauflage	
Mit Vollfettkäse überbacken	Magerkäse verwenden oder mit Semmelbröseln, Kräutern und Knoblauch bestreuen
Knoblauchbrot	
Mit Butter bestreichen	Mit Olivenöl oder Gemüsepaste bestreichen

Kann man zu wenig Fett essen?

Die meisten Menschen essen zu viel Fett, doch gibt es auch den umgekehrten Fall. Wer zum Abnehmen eine strenge Diät macht, läuft Gefahr, zu wenig Fett zu bekommen. Das gilt besonders für eine stark fettreduzierte Kost auf der Basis von überwiegend komplexen Kohlenhydraten. Ohne Fett aber kann der Mensch nicht leben; im Minimum müssen es 30 g täglich sein. Manche Fachleute meinen, dass Patienten, die an Appetitlosigkeit oder Bulimie (Ess-Brech-Sucht) leiden, Unfruchtbarkeit droht. Ihnen fehlen die für die normale Hormonproduktion notwendigen Fette.

Während ein Erwachsener seinen Tagesenergiebedarf zu 25–30 % mit Fett decken sollte, brauchen Kinder zur Deckung ihres hohen Energiebedarfs mehr Fett, nämlich 30–40 %, Säuglinge sogar 40–50 %. Ein Umstieg auf fettarme Produkte wie Magermilch kann daher negative Folgen für die Kleinen haben. Bis zum Alter von zwei Jahren sollten Kleinkinder unbedingt Vollmilch trinken.

Heilpraktiker

Immer mehr Menschen, die ihr Vertrauen in die Schulmedizin verloren haben, suchen Hilfe beim Heilpraktiker. Ganzheitlich orientiert, stärkt er mithilfe natürlicher Methoden die Selbstheilungskräfte des Patienten, damit dieser gesunden kann.

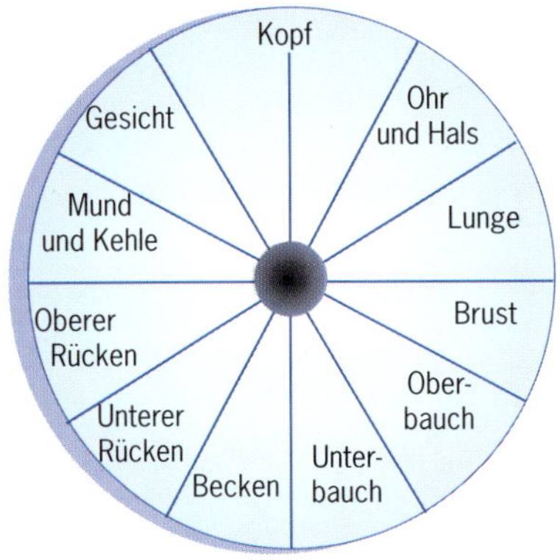

Der Irisdiagnose liegt die Beobachtung zugrunde, dass die einzelnen Zonen der Iris – ähnlich wie die Fußreflexzonen – mit bestimmten Körperteilen und Organen in Verbindung stehen. Dabei wird die gesamte Iris in Abschnitte eingeteilt. Zeigt sich an gewissen Stellen der Iris ein spezifisches Merkmal, so kann der Heilpraktiker Rückschlüsse auf den Zustand des dazugehörigen Organs ziehen.

Von der Schulmedizin kritisch beäugt, können erfahrene Heilpraktiker durchaus beeindruckende Erfolge nachweisen. Den Besuch beim Heilpraktiker sowie die verordneten Arzneien muss der Patient zumeist aus eigener Tasche bezahlen, da diese Behandlung von gesetzlichen Krankenkassen noch kaum anerkannt wird.

Welche Therapien werden angewendet?

Dem Naturheilkundigen steht eine breite Palette alternativer Methoden und Medikamente zur Verfügung. Sie reicht von Homöopathie und Pflanzenheilkunde über Ernährungs-, Reflexzonen-, Neural- und Wassertherapie bis hin zu Chiropraktik, Akupunktur und Ausleitungsverfahren. Die meisten Heilpraktiker haben sich auf ein paar davon spezialisiert.

Welche Erkrankungen kann der Heilpraktiker behandeln?

Heilpraktiker können eine Vielzahl von Störungen und Krankheiten therapieren. Akute Zustände wie Erkältung oder Magen-Darm-Katarrh lassen sich ebenso mit natürlichen Heilweisen kurieren oder lindern wie manche chronische Leiden, z. B. Arthritis, Rheuma, Asthma, Akne oder Herz-Kreislauf-Beschwerden. Dabei geht es nie darum, Symptome einfach zu unterdrücken, sondern den ganzen Menschen gesund zu machen. Meldepflichtige übertragbare Krankheiten, Geschlechts- und Zahnkrankheiten dürfen Heilpraktiker hierzulande allerdings nicht behandeln.

Wann ist der Besuch in der Naturheilpraxis sinnvoll?

Wenn Sie mehr Eigenverantwortung für Ihre Gesundheit übernehmen möchten und natürliche Heilmethoden vorziehen, sind Sie beim Naturheilkundigen wahrscheinlich gut aufgehoben. Auch als Begleittherapie zu einer konventionellen Behandlung kann die Naturheilkunde zuweilen sinnvoll sein. Für manche, die von der Schulmedizin austherapiert sind, wird der Heilpraktiker gar zur letzten Anlaufstation. Obwohl auch er sie dann meist nicht mehr heilen kann, gelingt es ihm doch manchmal, zumindest die Beschwerden zu lindern.

VOR 2400 JAHREN ...

Obgleich sich der Begriff Naturheilkunde erst gegen Ende des 19. Jahrhunderts durchgesetzt hat, geht dieses medizinische System auf den griechischen Arzt Hippokrates (um 460–370 v. Chr.) zurück, der bereits vor gut 2400 Jahren feststellte, der Körper könne sich mithilfe natürlicher Heilmittel, wozu auch eine gesunde Ernährung zählt, selbst heilen. Einer seiner Leitsätze lautete: „Eure Nahrung sei euer Heilmittel, und euer Heilmittel sei eure Nahrung."

Auf die Heilkräfte der Natur vertrauten ab dem ausgehenden 18. Jahrhundert auch Pioniere wie der Arzt Samuel Hahnemann, der die Homöopathie begründete, Pfarrer Sebastian Kneipp mit seiner Wasserkur oder Maximilian Bircher-Benner, der in seiner Schweizer Privatklinik Patienten u. a. mit der von ihm ausgearbeiteten Diät behandelte. Diese Vorkämpfer der modernen wissenschaftlichen Naturheilkunde sprachen sich entschieden für eine naturbelassene, fett- und kochsalzarme Kost aus, wie sie heute von Gesundheitsexperten gefordert wird.

Wie entscheidet ein Heilpraktiker, welche Behandlung angezeigt ist?

Bei Ihrem ersten Besuch befragt Sie der Heilpraktiker eingehend zu Ihren gesundheitlichen Beschwerden, Ihrer Ernährung, Lebensweise und psychischen Verfassung. Ziel ist es, die Gesamtpersönlichkeit des Patienten zu erfassen. Da er auch über ein solides medizinisches Grundwissen verfügt, wird er Sie eingehend untersuchen, wobei er Verfahren wie Iris- oder Reflexzonendiagnostik einsetzen kann. Falls nötig, überprüft er anhand von Blut- und Harnuntersuchungen, ob Sie genug Vitamine, Mineralstoffe und Spurenelemente zu sich nehmen. Erst dann arbeitet er ein speziell auf Sie zugeschnittenes Gesundheitsprogramm aus, zu dem oft auch Empfehlungen für eine vitalstoffreiche, naturbelassene Kost gehören.

Der Heilpraktiker weiß um seine Grenzen: In kritischen Fällen wie z. B. einer akuten Blinddarmentzündung überweist er seine Patienten an einen Arzt oder eine Klinik.

Wie hilft die Naturheilkunde bei Infektionen?

Heilpraktiker sehen in vielen akuten Erkrankungen, vor allem solchen, die mit Fieber einhergehen, ein Zeichen dafür, dass die Selbstheilungskräfte des Körpers aktiv sind. Denn sobald das Immunsystem den Kampf gegen die Infektion aufnimmt, steigt die Körpertemperatur allgemein oder lokal an. Und dieses Symptom sollte nach Meinung der Naturheilkundler nicht unterdrückt werden. Stattdessen empfehlen sie ihren Patienten zu fasten oder – in Fällen, wo dies nicht ratsam erscheint – eine strenge Diät. Die kann beispielsweise darin bestehen, dass der Kranke 2–3 Tage lang nur Obst zu sich nimmt, was den Körper in die Lage versetzt, sich selber von den Giftstoffen zu befreien. Vielleicht zeigt Ihnen der Behandler auch, wie Sie mit kalten Umschlägen die Entgiftung fördern, die Temperatur regulieren und Ihre Immunreaktion unterstützen können.

Wie sind die Erfolgsaussichten bei chronischen Erkrankungen?

Haben chronisch-degenerative Leiden wie Arthritis einmal ihren Tribut gefordert, stößt das Selbstheilungsvermögen des Körpers vielleicht an seine Grenzen. Dann vermag die Naturheilkunde aber immer noch so weit Linderung zu verschaffen, dass der Patient zumindest teilweise auf Schmerzmittel verzichten kann. Der Ernährung kommt dabei eine besonders tragende Rolle zu. Patienten mit Herz-Kreislauf-Problemen empfiehlt der Heilpraktiker z. B. die schwer verdaulichen Fette auf ihrem Speiseplan durch ungesättigte Fette zu ersetzen. Auch wird er den Betroffenen bestimmte körperliche Betätigungen und Stress mindernde Entspannungsübungen nahe legen.

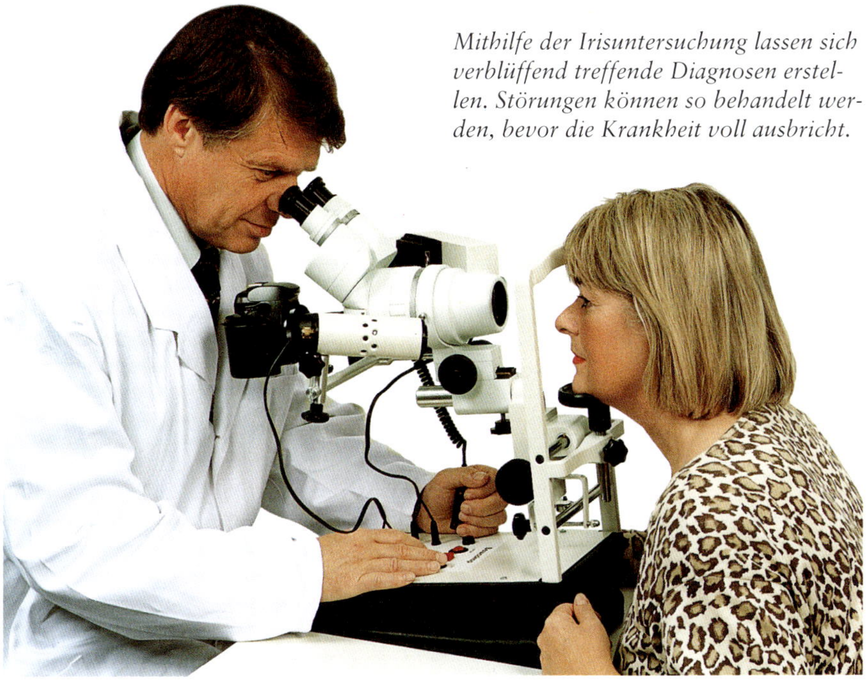

Mithilfe der Irisuntersuchung lassen sich verblüffend treffende Diagnosen erstellen. Störungen können so behandelt werden, bevor die Krankheit voll ausbricht.

Wie finde ich einen Heilpraktiker?

Die meisten Heilpraktiker arbeiten selbstständig in ihrer eigenen Praxis und halten Sprechstunde nach Vereinbarung. Adressen bekommen Sie über den Heilpraktikerverband. Hier können Sie sicher sein, dass die eingetragenen Naturheilkundler eine solide Ausbildung haben. Diese dauert in der Regel 2–3 Jahre.

WAS SIE ZU HAUSE TUN KÖNNEN

Fast jeder leidet irgendwann einmal an Durchfall oder Erbrechen. Schuld daran kann verdorbenes Essen oder eine Magen-Darm-Grippe sein. In beiden Fällen wird die folgende Diät vermutlich gut ansprechen. Wenn Sie allerdings an einer chronischen Erkrankung wie Diabetes oder Epilepsie leiden, müssen Sie vorher Ihren Arzt fragen.

ZEIT	ERNÄHRUNG
In den ersten 24 Stunden	Regelmäßig alle 2–3 Stunden langsam ein Glas Mineralwasser trinken. Dadurch können sich Magen und Darm von ihrem vergorenen Inhalt wie auch von Reizstoffen befreien.
Am zweiten Tag	Morgens: etwas Magerjoghurt. Mittags: einen Teller fein geriebenen Apfel. Abends: wenn Sie sich besser fühlen, eine Tasse Gemüsesuppe.
Am dritten Tag	Morgens: Obst und Joghurt. Mittags und abends: Suppe oder gedünstetes Gemüse mit fein gewürztem Naturreis.

Allzu viel ist ungesund

Fettreiche Kost ist mitverantwortlich für eine erhöhte Zahl von Todesfällen infolge von Herzerkrankungen, Gehirnschlag und Krebs. Diesen Schluss legen viele internationale Studien nahe. Eine Kontrolle der Cholesterinwerte ist daher besonders wichtig.

Steigende Cholesterinwerte

Viele Faktoren können dazu beitragen den Cholesterinspiegel im Blut in die Höhe zu treiben. Als Mitverursacher gelten gesättigte Fette, die hauptsächlich in Fleisch, Geflügel sowie Milchprodukten vorliegen, aber auch die Transfettsäuren in teilgehärteter Pflanzenmargarine erhöhen die Blutfettwerte. Bei erhöhtem Cholesterinspiegel gilt es, auch das Nahrungscholesterin in Innereien, Eigelb, Krusten- und Schalentieren zu reduzieren.

Umfasst der Speiseplan viele Milchprodukte der Vollfettstufe und fette Fleisch- und Wurstwaren, steigt das schlechte Cholesterin (LDL) und damit das Risiko von Herzkrankheiten an. Die fettreichen Avocados dagegen enthalten ungesättigtes, für die Arterien ungefährliches Fett.

Das Bindeglied zwischen einer allzu fettreichen Ernährung und lebensbedrohlichen Krankheiten wie Bluthochdruck, Thrombosen, Angina pectoris und anderen Herzleiden ist eine fettartige, wächserne Substanz namens Cholesterin. Man unterscheidet zwei Arten: das Nahrungscholesterin, das mit dem Essen aufgenommen wird, und das Blut- oder Plasmacholesterin. Das Letztere wird vom Körper selbst produziert, hauptsächlich in Leberzellen, und macht den Großteil des Cholesterinvorkommens aus.

Gutes und schlechtes Cholesterin

Das Cholesterin wird von so genannten Lipoproteinen – eiweißhaltigen Fetttröpfchen – im Blut durch den gesamten Organismus befördert. Es gibt drei Arten: Während zwei in zu hoher Dosis schädlich sind, wirkt sich die dritte positiv auf die Arterien aus. Lipoproteine geringer Dichte (LDL) und sehr geringer Dichte (VLDL), die das Cholesterin zu den Körperzellen befördern, haben die fatale Neigung, sich an den Innenwänden der Arterien abzulagern. Lipoproteine hoher Dichte (HDL) dagegen lösen überschüssiges Cholesterin aus dem Gewebe sowie Cholesterinrückstände aus den Arterien und transportieren sie zur Leber, wo sie abgebaut werden. Die Werte dieses schützenden Cholesterins steigen durch eine fettarme Kost mit viel Obst und Gemüse. Auch regelmäßiger Sport, kleine Mengen Alkohol, vor allem Rotwein, und fetter Fisch wie Thunfisch, Makrele, Lachs oder Hering, die reich an Omega-3-Fettsäuren sind, begünstigen das gute HDL-Cholesterin.

Gefahr durch erhöhte Werte

Ein Zuviel an Nahrungscholesterin – Innereien und Eigelb etwa enthalten hohe Mengen davon – hat zwar auch einen negativen Einfluss auf die Gesundheit, doch geht die Hauptgefahr für das Herz von einem erhöhten Plasmacholesterinwert aus. Gesättigte Fette treiben diesen Wert nachgewiesenermaßen in die Höhe, und viele Forscher gehen davon aus, dass dadurch die Gefahr von koronaren Herzkrankheiten steigt.

Lagert sich überschüssiges Cholesterin über Jahre hinweg stetig an den Wänden der Arterien ab, können sie regelrecht zugekleistert werden. Diesen Zustand bezeichnet man als Arteriosklerose oder Arterienverkalkung. Das Blut kann dann nicht mehr richtig durch die verengte Ader hindurchfließen, was zu erhöhtem Blutdruck führt. Und der kann seinerseits gefährliche Folgen haben (siehe S. 58).

VORSICHT: ERHÖHTES KREBSRISIKO

Krebs kann viele Ursachen haben, doch wird bei bestimmten Arten ein ernährungsbedingter Zusammenhang vermutet. Durch zu viel tierisches Fett wird mehr Galle produziert, die im Darm Krebs erregende Stoffe erzeugen kann. Außerdem agiert Fett als Brennstoff, der das Tumorwachstum fördert. Neuere Forschungen deuten darauf hin, dass ein Übermaß an Fett den Tumorüberwachungsmechanismus des Immunsystems schwächen kann. Der vollständige Beweis für eine Verbindung zwischen Ernährung und Krebs steht bislang allerdings noch aus. Manche Wissenschaftler halten inzwischen oxidiertes Fett und Cholesterin für die Verursacher und weisen darauf hin, dass andererseits hohe Mengen von Antioxidantien (siehe S. 94–95) aus Obst, Gemüse und Pflanzenölen vor Krebs schützen können.

FALLSTUDIE

Hoher Cholesterinspiegel

Cholesterin ist ein natürlicher Bestandteil des Bluts, doch bei ständig erhöhten Werten droht Gefahr für die Gesundheit. Ein hoher Cholesterinspiegel kann verschiedene Ursachen haben, z. B. die Ernährung, Alkoholmissbrauch oder Erbkrankheiten. Schon eine Änderung im Speiseplan lässt die Blutfettwerte sinken.

Beate ist 40 und kümmert sich in erster Linie um den Haushalt, ihren Mann und die beiden halbwüchsigen Buben. Vor kurzem bemerkte eine Freundin, dass Beate weiße Ringe um die Iris hat. Dies und einige kleine Schwellungen, die sie auf ihrem Handrücken feststellte, veranlassten sie, ihren Hausarzt aufzusuchen. Erschrocken hörte sie dort, dass ihre Symptome Anzeichen für gefährlich hohe Cholesterinwerte im Blut sind. Der Arzt erklärte ihr, ein hoher Cholesterinspiegel könne mitverantwortlich sein für Bluthochdruck, Herzinfarkt und Gehirnschlag, doch ließen sich ihre gesundheitlichen Probleme durch Medikamente, eine fettarme Diät und den Verzicht auf Zigaretten in den Griff bekommen. Außerdem meinte er, dass ihre Form von Hypercholesterinämie erblich sein dürfte.

Was sollte Beate tun?

Sie muss die Medikamente einnehmen, die ihr der Arzt verschrieben hat, um ihren Cholesterinspiegel zu senken, und sollte sich regelmäßig untersuchen lassen. Ferner ist zu veranlassen, dass auch bei ihren Söhnen die Blutfettwerte geprüft werden – und zwar nicht nur einmal, sondern alle fünf Jahre.

Ihr Arzt und sie sollten eine spezielle Diät ausarbeiten, mit der sie einerseits ihre Zufuhr an gesättigten Fetten und Cholesterin reduzieren kann und andererseits mehr lösliche Ballaststoffe erhält (siehe S. 46–47). Beate muss sich nicht nur über fettarmes Kochen informieren, sondern auch ihre Familie vor den Gefahren falscher Essgewohnheiten daheim und außer Haus warnen. Zusätzlich ist es erforderlich, dass sie sich das Rauchen abgewöhnt.

Gesundheit

Fettreiche Kost und Zigaretten fördern die Ausbildung eines erhöhten Cholesterinspiegels.

Familie

Die Veranlagung zu hohen Cholesterinwerten kann Beate auch ihren Kindern vererbt haben.

GENESUNGSPLAN

Gesundheit

Einen Ernährungsberater aufsuchen. Sich häufiger untersuchen lassen. Jetzt das Rauchen aufgeben.

Familie

Die Cholesterinwerte der Kinder prüfen lassen. Versuchen, die ganze Familie zu einem stärkeren Gesundheitsbewusstsein und vernünftigerem Essverhalten zu erziehen.

WIE ERFOLGREICH WAREN DIE MASSNAHMEN?

Ihr Hausarzt überwies Beate an eine Ernährungsberaterin, die ihre derzeitigen Essgewohnheiten und Lebensweise unter die Lupe nahm. Sie empfahl ihr eine ausgewogene, fettreduzierte Kost mit mehreren Portionen Obst und Gemüse pro Tag. Mit diesem gesünderen Speiseplan fühlte sich Beate energiegeladener, doch bringt sie zwischenzeitlich wieder mehr Fertiggerichte und Tiefkühltorten auf den Tisch. Sie weiß, dass dies nicht gut ist, zumal die Cholesterinwerte ihrer Söhne tatsächlich erhöht waren. Nun möchte sie noch einmal zur Ernährungsberaterin, diesmal mit den Jungs, um sich weitere Anregungen zu holen. Das Rauchen hat sie sich noch nicht ganz abgewöhnt, aber immerhin hat sie ihren Konsum reduziert.

So senken Sie Ihren Cholesterinspiegel

Durch eine Ernährungsumstellung können Sie Ihre Gesamtcholesterinwerte niedrig halten bzw. senken, falls sie zu hoch sind, und obendrein den Wert des guten HDL-Cholesterins verbessern.

- Reduzieren Sie Ihren Verzehr von gesättigten Fetten.
- Essen Sie mehr Obst und Gemüse.
- Essen Sie mehr Nahrungsmittel, die wasserlösliche Ballaststoffe enthalten, z. B. Hülsenfrüchte und Haferkleie (siehe S. 46).

Lachs, Hülsenfrüchte, Obst, Gemüse und Rotwein bauen das schlechte LDL-Cholesterin ab und bewirken, dass das Blut nicht so leicht klumpt und die Arterien verstopft.

Da das Blut unter höherem Druck durch die verengten Adern gepumpt werden muss, werden die Arterienwände zusätzlich belastet. Sie können allmählich erschlaffen und Ausbuchtungen, so genannte Aneurysmen, bilden. Brechen diese schließlich auf, kann es zum Schlaganfall oder Herzstillstand kommen. Beim Schlaganfall platzt eine Arterie im Gehirn, der Herzstillstand tritt ein, wenn die Blutzufuhr zum Herzen unterbunden wird. Daneben kann Bluthochdruck auch Nieren- oder Netzhautschäden verursachen.

Wenngleich noch kontrovers diskutiert, haben weltweite Großstudien einen Zusammenhang zwischen einer Kost mit einem hohen Anteil an gesättigtem Fett und Herzkrankheiten hergestellt. Die Einwohner Japans und der Mittelmeerländer, die wenig gesättigtes Fett essen – viel Fisch und wenig Fleisch –, neigen weniger zu Herzerkrankungen als die Menschen in Nordeuropa oder den USA, deren Fettkonsum ungleich höher ist. Überdies wird im Mittelmeerraum viel mit ungesättigtem Olivenöl gekocht.

Dass es auf die Art des Nahrungsfetts ankommt, bestätigt auch die gesundheitliche Verfassung der Inuit auf Grönland. Obwohl sie überaus fettreich essen, sind bei ihnen Herzleiden und Schlaganfall praktisch unbekannt. Ihr Nahrungsfett stammt nämlich von fettem Seefisch und Robbenspeck und ist überwiegend ungesättigt. Außerdem sind diese Speisen reich an Omega-3-Fettsäuren, die das schlechte Cholesterin abbauen, die Blutgefäße erweitern und einem Verklumpen des Bluts vorbeugen.

FETTARM ODER KALORIENARM?

Dass zu viel Nahrungsfett krank macht, hat sich mittlerweile herumgesprochen. Deshalb fragen immer mehr Menschen nach Lebensmitteln, die wenig oder gar kein Fett enthalten. Wer allerdings meint, dass fettlose Produkte die Garantie zum Abnehmen gleich mitliefern, hat sich getäuscht. Nullfettprodukte können nur dann helfen das Gewicht zu reduzieren, wenn Sie weniger Kalorien zu sich nehmen, als Sie verbrennen. Fettfrei heißt nicht kalorienfrei, denn die Kohlenhydrate und Eiweiße in der Nahrung enthalten immer Kalorien, weshalb der übermäßige Verzehr von fettfreien Nahrungsmitteln gewiss nicht schlank macht. Sie können sogar schädlich sein, wenn sie zu oft auf dem Speisezettel stehen.

Auch wer Diät hält, muss darauf achten, seinem Körper ausreichend Fett zuzuführen. Wenn Sie Salate mit etwas Olivenöl anmachen, Speisen um Samen und Sojaprodukte ergänzen und zweimal die Woche fetten Fisch essen, so bringt das zwar ein paar Kalorien, doch investieren Sie damit bleibend in Ihre Gesundheit.

Eine hohe Übereinstimmung zwischen dem Auftreten von Brustkrebs und dem Fettgehalt der Nahrung haben die Studien ebenfalls aufgezeigt. In Europa und den USA, wo sehr fettreich gegessen wird, ist die Brustkrebsrate hoch, in Japan und anderen Ländern mit geringerem Fettkonsum indessen niedriger. Auch Dick- und Mastdarmkrebs treten in den Industriestaaten gehäuft auf.

FETTARME ALTERNATIVEN

NEHMEN SIE	ANSTELLE VON	UND SIE SPAREN
1 Eiweiß	1 Vollei	5 g Fett
25 g Mozzarella	25 g Emmentaler Käse	4 g Fett
25 g Hüttenkäse	25 g Streichkäse	9 g Fett
2 Scheiben Brot mit fettarmem Aufstrich	2 Scheiben Brot mit Butter	11 g Fett
30 g gekochten Schinken, ganz mager	30 g harter Salami	12 g Fett
1 Schweinekotelett, nur mager, gegrillt	1 Schweinekotelett, durchwachsen, gegrillt	19 g Fett
115 g Thunfisch in Salztunke	115 g Thunfisch in Öl	7 g Fett
1 Folienkartoffel (115 g)	1 Portion Pommes frites (100 g)	14 g Fett
1 Banane	1 Stück Käsesahnetorte (120 g)	14 g Fett
55 g Sorbet	55 g Eiscreme	10 g Fett

5

Vitamine und Mineralstoffe

Der Körper braucht nur winzige Mengen von Vitaminen und Mineralstoffen, doch wenn es ihm daran mangelt, kann dies schlimme Folgen haben. Eine ausgewogene Kost liefert diese Substanzen in reicher Fülle, eine ungesunde kann sie dem Körper dagegen entziehen. Statt teure Vitamin- und Mineralstoffpräparate einzunehmen, ist es aber viel sinnvoller, die richtigen Lebensmittel zu kaufen und sie sachgerecht zu lagern und zuzubereiten.

Klein, aber oho

Vitamine sind lebenswichtige organisch-chemische Verbindungen, die der Körper braucht, um voll funktionsfähig zu bleiben. Ebenso unerlässlich für Aufbau und Erhalt der diversen Körperfunktionen sind die anorganischen Mineralstoffe.

Erdnüsse
42 g haben
6 mg Niazin.

Thunfischtoast
enthält 6 mg Niazin.

Ein kleines Schälchen Erdnüsse liefert ebenso viel Niazin wie zwei Scheiben Toastbrot, die mit 25 g Thunfisch belegt sind.

Ernährungswissenschaftler unterscheiden zwei große Nährstoffgruppen: die so genannten Makronährstoffe – Eiweiße, Kohlenhydrate sowie Fette – und die Mikronährstoffe, wozu Vitamine und Mineralstoffe gehören. Im Unterschied zu den Makronährstoffen liefern Vitamine aber weder Energie noch dienen sie als Baumaterial. Vielmehr sorgen sie dafür, dass der Körper optimal funktioniert, indem sie in biochemische Vorgänge wie Wachstumsstoffwechsel, Zellaufbau, Verdauung und den Sauerstofftransport im Blut eingreifen.

Da der Körper sie nicht oder nicht in ausreichender Menge selbst herstellen kann, müssen Vitamine mit der Nahrung aufgenommen werden. Wasserlösliche Vitamine, zu denen die Vertreter des B-Komplexes und Vitamin C gehören, bleiben nur sehr begrenzte Zeit im Körper, weshalb man sie ihm ständig neu zuführen muss. Überschüssige Mengen gehen mit dem Urin wieder ab. Weist der Speiseplan ein erhebliches Defizit an diesen Vitaminen auf, können binnen Wochen Mangelerscheinungen auftreten.

Die vier fettlöslichen Vitamine A, D, E und K werden mit Nahrungsfetten über den Darm aufgenommen und, mit Ausnahme von Vitamin K, in Leber und Fettgewebe gespeichert. Sie können je nach zugeführter Menge bis zu einem Jahr eingelagert werden, Vitamin A sogar noch länger. Es ist daher nicht nötig, jeden Tag große Mengen davon zu sich zu nehmen. Tatsächlich kann sich ein erhebliches Zuviel an fettlöslichen Vitaminen sogar schädlich auswirken.

Der B-Komplex

Noch vor rund 15 Jahren ging man davon aus, dass die B-Komplex-Gruppe acht Vitamine umfasst, doch wurden seither immer wieder neue entdeckt. Jedes hat andere Aufgaben, alle aber sind sie wichtig für einen leistungsfähigen Stoffwechsel. Sie spielen eine entscheidende Rolle bei der Energieerzeugung, indem sie mit Enzymen – körpereigenen Eiweißstoffen, die die Nahrung aufschließen – zusammenwirken und Kohlenhydrate und Fette in Brennstoff umwandeln. Auch für das Funktionieren von Nerven- und Immunsystem sind sie unabdingbar.

Thiamin (B_1) wandelt die Nahrung in Energie um und ist für eine normale Funktion von Herz und Nervensystem nötig. Riboflavin (B_2) spielt bei der Energieverwertung aus Kohlenhydraten und Fetten eine Rolle und hilft die gewonnene Energie in Muskelaktivität umzusetzen. Niazin (B_3) ist beteiligt an der Freisetzung von Energie, am

DIE LEBER IM FETTSTOFFWECHSEL

Die Leber produziert Galle, einen bitteren Saft, der für die Verdauung von Nahrungsfetten besonders wichtig ist. Im Dünndarm spaltet die Galle Fette und bildet gemeinsam mit den Teilstücken, fettlöslichen Vitaminen und anderen Nährstoffen eine Suspension von kleinen Kügelchen. Diese wandern anschließend durch die Zellwand des Dünndarms ins Blut. Überschüssige Mineralstoffe und Vitamine – darunter auch die fettlöslichen Vitamine A, D und E –, die der Körper nicht sofort braucht, werden zur Leber befördert und dort für später gespeichert.

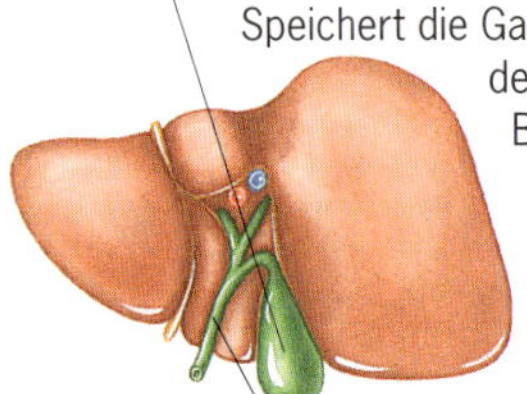

Gallenblase Speichert die Galle und sondert sie bei Bedarf ab.

Gallengang Führt in den Zwölffingerdarm.

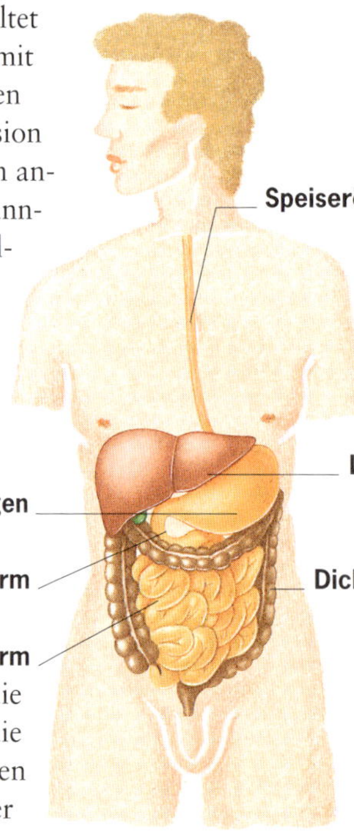

B_{12} UND DER INTRINSISCHE FAKTOR

Die Magenwand besteht aus drei Lagen glatter Muskulatur. In der inneren Magenschleimhaut sondern dieselben Zellen, die auch die Magensäure herstellen, eine Substanz namens Intrinsischer Faktor ab. Sie verbindet sich mit Vitamin B_{12} und schafft so die Voraussetzung, dass das Vitamin vom Darmtrakt in die Blutbahn gelangt.

Personen, die den Intrinsischen Faktor nur in geringen Mengen oder gar nicht produzieren können – dies ist beispielsweise der Fall, wenn der ganze Magen operativ entfernt wurde –, muss regelmäßig Vitamin B_{12} intravenös gespritzt werden.

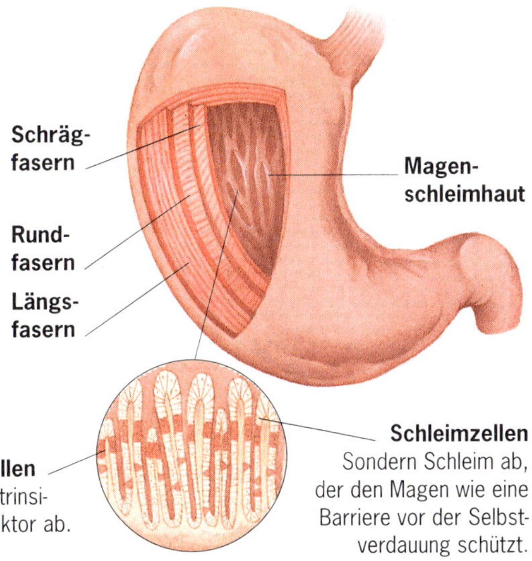

Eiweißstoffwechsel und an der Produktion bestimmter chemischer Botenstoffe im Gehirn. Im Unterschied zu Thiamin und Riboflavin, die allein über die Nahrung zu beziehen sind, kann der Körper Niazin teilweise aus der Aminosäure Tryptophan bilden.

Auch Pantothensäure (B_5) ermöglicht es dem Körper, Energie aus der Nahrung zu gewinnen, und hilft ihm beim Aufbau einiger wichtiger Hormone. Sie gewährleistet ein funktionierendes Nervensystem und gesundes Wachstum und hemmt Entzündungen.

Pyridoxin (B_6) erleichtert die Aufnahme und Verwertung von Proteinen. Je mehr eiweißreiche Kost Sie essen, z. B. Fleisch, desto mehr Vitamin B_6 benötigen Sie. Das Vitamin hält das zentrale Nervensystem gesund und ist zusammen mit Folsäure und Vitamin B_{12} an der Bildung von Hämoglobin beteiligt, dem roten Blutfarbstoff, der Sauerstoff bindet und in alle Zellen transportiert. Es spielt eine wichtige Rolle im Stoffwechsel essenzieller Fettsäuren (siehe S. 51) und ist an über 80 biochemischen Reaktionen beteiligt.

Vitamin B_{12} (Cobalamin) ist unverzichtbar für die Produktion gesunder roter Blutkörperchen und zur Vorbeugung von Blutarmut. Dabei wird es von Folsäure unterstützt und beide spielen eine Rolle beim Aufbau von genetischem Material. Zudem unterstützt Vitamin B_{12} den Aminosäurenstoffwechsel und sorgt für ein reibungsloses Funktionieren des Nervensystems.

Biotin schließlich erleichtert ebenfalls die Verwertung essenzieller Fettsäuren und ist für die Energieproduktion aus Kohlenhydraten, Eiweißen und Fett nötig.

Vitamin C

Eine herausragende Rolle bei der Heilung von Verletzungen und Brandwunden spielt Vitamin C, da es beim Aufbau von Kollagen, dem Grundbaustoff des Bindegewebes, hilft. Außerdem unterstützt es die Eisenaufnahme aus Getreide und Blattgemüse. Entgegen der landläufigen Meinung konnte in Studien noch nicht nachgewiesen werden, dass hohe

Schonender Umgang mit Vitaminen

Vitamine sind sehr empfindliche Nährstoffe, die leicht zerstört werden können. Vitaminverluste lassen sich so gering wie möglich halten, wenn Sie

- Lebensmittel an einem kühlen, dunklen Ort lagern. Licht beschleunigt den Vitaminzerfall, insbesondere bei den Vitaminen A, B_2 und D.
- Obst und Gemüse unter fließendem Kaltwasser abbrausen – nicht einweichen, da sonst die Vitamine ausgelaugt werden.
- Gemüse mit wenig Wasser dünsten, im Dampfkochtopf oder in der Mikrowelle garen, sonst gehen die Vitamine ins Kochwasser über.

NÄHRSTOFFKOMBINATIONEN

Gemeinsam entfalten bestimmte Vitamine und Mineralstoffe eine stärkere Wirkung im Körper. Oft muss man Lebensmittel entsprechend zusammenstellen, manche jedoch enthalten von Natur aus beides.

Vitamin D und Kalzium
Das Fleisch der Sardine enthält Vitamin D, ihre extrem feinen Gräten Kalzium. Bei guter Vitamin-D-Zufuhr kann der Körper Kalzium effektiver verwerten.

Vitamin E und essenzielle Fettsäuren
Sonnenblumenkerne liefern Vitamin E. Es verhindert, dass die im Olivenöl vorhandenen Fettsäuren beim Braten oxidieren.

Vitamin B_{12} und Folsäure
Das reichlich in Eiern enthaltene Vitamin B_{12} fördert zusammen mit der Folsäure des Spinats die Zellbildung im Körper.

Vitamin C und Eisen
Tomatensauce versorgt den Körper mit Vitamin C, das die Aufnahme von Eisen aus Reis und Gemüse unterstützt.

Eine Orange enthält 54 mg Kalzium.

Ein Glas Milch (225 ml) enthält 270 mg Kalzium.

Schon mit zwei Scheiben Vollkorntoast, 50 g Käse, einem Glas Milch und einer Orange decken Sie drei Viertel Ihres täglichen Kalziumbedarfs.

Gaben von Vitamin C eine Erkältung ganz abwehren oder heilen können. Doch die Forschungsergebnisse legen nahe, dass es die Dauer der Erkältung tatsächlich verkürzt. Darüber hinaus ist Vitamin C ein wirksames Antioxidans, das die gefährlichen freien Radikale neutralisiert und unschädlich macht. Denn diese instabilen Moleküle begünstigen Herzkrankheiten, Krebs und vorzeitige Alterung (siehe S. 94–95). Außerdem konnte nachgewiesen werden, dass Vitamin C die Bildung bestimmter Krebs erzeugender Substanzen, der so genannten Nitrosamine, unterdrückt. Sie entstehen im Magen aus in der Nahrung enthaltenen Nitraten.

Fettlösliche Vitamine

Vitamin A (Retinol) ist entscheidend an der Umwandlung von Licht in elektrische Signale beteiligt und daher unverzichtbar für gutes Sehen. Zudem unterstützt es den Aufbau von gesunder Haut und Schleimhäuten. Ein gesundes Wachstum und eine normale Entwicklung hängen ebenfalls von einer ausreichenden Vitamin-A-Zufuhr ab. Betacarotin, eine Vorstufe, die im Körper in Vitamin A umgewandelt wird, ist ein starkes Antioxidans, das freie Radikale abfängt. Carotinoide heißen deshalb so, weil man sie zuerst in Karotten isoliert hat. Der Körper wandelt sie teils in der Darmwand in Vitamin A um, teils kann er sie direkt aufnehmen.

Vitamin D (Calciferol) ist überaus wichtig für die Entwicklung und den Erhalt von Knochen und Zähnen, indem es die Aufnahme von Kalzium und Phosphor ermöglicht. Es wird vom Körper selbst hergestellt, und zwar bildet es sich in der Haut, wenn diese der UV-Strahlung der Sonne ausgesetzt wird. Vitamin D kommt auch in einer Reihe von Nahrungsmitteln wie Lebertran vor.

Vitamin E (Tocopherol) ist ein Sammelbegriff für eine Gruppe von Antioxidantien, die gegen freie Radikale vorgehen und die Oxidation essenzieller Fettsäuren verhindern. Neuere Forschungen deuten darauf hin, dass das Vitamin vorbeugend gegen Krebs und Herzkrankheiten wirkt.

EMPFOHLENE TÄGLICHE VITAMINZUFUHR

ALTER	A mg	D µg	C mg	E mg	B_1 mg	B_2 mg	B_6 mg	FOLSÄURE µg	B_{12} µg
KLEINKINDER									
0–3 Monate	0,5	10	40	3	0,3	0,3	0,3	80	0,5
4–12 Monate	0,6	10	50	4	0,4	0,5	0,6	80	0,8
KINDER									
1–3 Jahre	0,6	5	55	6	0,7	0,8	0,9	120	1
4–6	0,7	5	60	8	1,0	1,1	1,2	160	1,5
7–9	0,8	5	65	9	1,1	1,2	1,4	200	1,8
JUNGEN/MÄNNER									
10–14	0,9–1,1	5	70–75	10–12	1,2–1,4	1,4–1,5	1,6–1,8	240–300	2–3
15–18	1,1	5	75	12	1,6	1,8	2,1	300	3
19–24	1,0	5	75	12	1,4	1,7	1,8	300	3
25–50	1,0	5	75	12	1,3	1,7	1,8	300	3
über 50	1,0	5	75	12	1,3	1,7	1,8	300	3
MÄDCHEN/FRAUEN									
10–14	0,9–1,0	5	70–75	10–12	1,2	1,3–1,4	1,5–1,6	240–300	2–3
15–18	0,9	5	75	12	1,3	1,7	1,8	300	3
19–24	0,8	5	75	12	1,2	1,5	1,6	300	3
25–50	0,8	5	75	12	1,1	1,5	1,6	300	3
über 50	0,8	5	75	12	1,1	1,5	1,6	300	3
Schwangere	1,1	10	100	14	1,5	1,8	2,6	600	3,5
Stillende Mütter	1.8	10	125	17	1,7	2,3	2,2	450	4

mg = Milligramm µg = Mikrogramm

Nach den Nährstoffempfehlungen der Deutschen Gesellschaft für Ernährung (DGE)

Vitamin K (Phyllochinon) ist an der Produktion jener Substanzen in der Leber beteiligt, die für die Blutgerinnung notwendig sind. Es kommt in vielen Lebensmitteln vor, und da es auch von Darmbakterien aufgebaut wird, ist bei den meisten Menschen die Grundversorgung gesichert. Neugeborene aber haben nur geringe Vorräte, sodass bei ihnen die Gefahr von Hautblutungen besteht. Daher bekommen heute fast alle Babys das Vitamin routinemäßig verabreicht.

Mineralstoffe

Mineralstoffe sind für das körperliche Wohlbefinden von entscheidender Bedeutung. Sie kräftigen die Zähne und Knochen, halten das Immunsystem gesund und helfen bei der Aufschlüsselung der Nahrung.

Kalzium, Phosphor, Magnesium, Kalium, Natrium und Chlorid bezeichnet man als Makrominerale, da der Körper relativ große Mengen davon benötigt. Kalzium ist unentbehrlich für die Festigkeit von Knochen und Zähnen. Etwa 99 % des Kalziums im Körper sind in den Knochen und Zähnen eingelagert, der Rest verteilt sich auf Zellen, Blut und Körperflüssigkeiten. Um unseren Knochen Dichte und Festigkeit zu erhalten, sind wir ein Leben lang auf eine gute Versorgung mit diesem Mineral angewiesen. Je höher die Knochendichte in jungen Jahren, desto geringer die Gefahr, dass die Knochen im Alter porös werden (siehe S. 69). In den Zellen sorgt Kalzium u. a. für eine normale Blutgerinnung und dafür, dass Nerven und Muskeln richtig arbeiten. Für die Aufnahme ist Vitamin D erforderlich.

Magnesium hat für die korrekte Funktion von Nerven und Muskeln sowie den Erhalt der Knochensubstanz eine große Bedeutung. Darüber hinaus unterstützt es den Fettstoffwechsel, die Steuerung der Körpertemperatur wie auch die Proteinsynthese.

Phosphor arbeitet beim Aufbau und Erhalt von Knochen und Zähnen eng mit Kalzium und Magnesium zusammen und ist auch an der Freisetzung von Energie aus

Erdbeeren bringen 0,6 mg Eisen.

Spinat hat 4 mg Eisen.

Ein Glas Preiselbeersaft (225 ml) liefert 0,8 mg Eisen.

Eine Mahlzeit, bestehend aus einem Steak (115 g), 100 g Feuerbohnen, der gleichen Menge Spinat, 85 g Bulghurweizen, 140 g Erdbeeren und einem Glas Preiselbeersaft, liefert 13,6 mg Eisen.

EMPFOHLENE TÄGLICHE MINERALSTOFFZUFUHR

ALTER	KALZIUM mg	PHOSPHOR mg	MAGNESIUM mg	EISEN mg	NATRIUM* mg	KALIUM* mg
			KLEINKINDER			
0–3 Monate	500	250	40	6	130	450
4–12 Monate	500	500	60	8	180	650
			KINDER			
1–3 Jahre	600	800	80	8	300	1000
4–6	700	1000	120	8	410	1400
7–9	800	1200	170	10	460	1600
			JUNGEN/MÄNNER			
10–14	900–1000	1400–1500	230–310	12	510–550	1700–1900
15–18	1200	1600	400	12	550	2000
19–24	1000	1500	350	10	550	2000
25–50	900	1400	350	10	550	2000
über 50	800	1200	350	10	550	2000
			MÄDCHEN/FRAUEN			
10–14	900–1000	1400–1500	250–310	5–15	510–550	1700–1900
15–18	1200	1600	350	15	550	2000
19–24	1000	1500	300	15	550	2000
25–50	900	1400	300	15	550	2000
über 50	800	1200	300	10	550	2000
Schwangere	1200	1600	300	30	550	2000
Stillende Mütter	1300	1700	375	20	550	2000

mg = Milligramm *= Mindestbedarf

Nach den Empfehlungen der Deutschen Gesellschaft für Ernährung (DGE)

Kohlenhydraten sowie am Fetttransport im Körper beteiligt. Kalium spielt bei der Übermittlung von Nervenimpulsen eine bedeutende Rolle. Es reguliert den Blutdruck und Herzschlag wie auch den Flüssigkeits- und Elektrolythaushalt. Dabei arbeitet es Hand in Hand mit Chlorid und Natrium. Letzteres sorgt auch dafür, dass Muskeln und Nerven gesund bleiben.

Eisen, Zink, Jod, Mangan, Selen, Chrom, Kupfer und Fluor werden Spurenelemente genannt, weil der Körper nur winzige Mengen davon braucht. Dennoch sind sie ebenso wichtig wie die Makrominerale. Ohne Eisen, das auch ein wichtiger Baustein vieler Enzyme ist, kann der Körper keinen roten Blutfarbstoff bilden. Zink brauchen wir für eine normale geistige, körperliche und ge-

VORKOMMEN UND WIRKUNG DER VITAMINE

Über die wunderbare Wirkung der Vitamine kursieren die phantastischsten Geschichten – und einige davon sind tatsächlich wahr. Andere Behauptungen dagegen übertreiben gewaltig. Die folgende Tabelle zeigt Ihnen, wo die einzelnen Vitamine vorkommen, was sie angeblich können und wozu sie in Wirklichkeit gut sind.

VITAMIN	KOMMT VOR IN	SOLL ANGEBLICH	TATSÄCHLICHE WIRKUNG
A	Leber, Fisch, Milchprodukte, Eier, grünes und orangegelbes Gemüse	Adleraugen bringen, Krebs heilen, jugendliches Aussehen bewahren	Sehr wichtig für gutes Sehen, wichtig für gesunde Haut und Abwehrkräfte
B_1	Weizenkeime, Schweinefleisch und anderes mageres Fleisch, Milch, Eier, Hefe, getrocknete Bohnen	Müdigkeit vorbeugen, Depressionen heilen	Wird für das Funktionieren von Gehirn, Nervenzellen und Herz gebraucht
B_2	Milch, Milchprodukte, Eier, Fleisch, grünes Blattgemüse, Nüsse, Leber	Sehkraft verbessern, Kahlköpfigkeit kurieren	Wird zur Energiefreisetzung aus der Nahrung benötigt
NIAZIN	Erdnüsse, Geflügel, Fleisch, Milch, Eier, Vollkornerzeugnisse, Leber	Bei Schizophrenie helfen, Depressionen heilen	Hält Haut, Nerven und Verdauungssystem gesund
B_5	Eier, Milchprodukte, Fisch, Getreide, Hülsenfrüchte, Bierhefe	Stress mindern, ergrautem Haar Naturfarbe zurückbringen, Allergien lindern	Für die Synthese zahlreicher Körperstoffe unentbehrlich
B_6	Bananen, Vollkornbrot, Fleisch, Eier, getrocknete Bohnen, Nüsse, Hühnchen, Fisch, Leber	Bei Arthritis helfen, Übelkeit vertreiben, beruhigend wirken, nervöse oder Muskelstörungen beseitigen	Wichtig bei chemischen Reaktionen zwischen Eiweißen und Aminosäuren. Unterstützt die Bildung roter Blutkörperchen
B_{12}	Eier, Schalentiere, Fleisch, Milch, Geflügel, Sanddorn	Nervöse Störungen heilen	Aufbau roter Blutzellen, Erhalt des Nervensystems
BIOTIN	Eier, Milchprodukte, Leber, Getreide	Bei Muskelschmerzen helfen, gegen Haarlosigkeit und Dermatitis helfen	Hilft Aminosäuren, Kohlenhydrate und Fette umzusetzen
FOLSÄURE	Grünes Blattgemüse, Hülsenfrüchte, Leber, Hefe	Geisteskrankheit lindern, Geburtsdefekten vorbeugen, Blutarmut heilen	Produziert gemeinsam mit B_{12} Hämoglobin, wichtig bei der DNA-Synthese. Beugt Schäden am Neuralrohr vor *(Spina bifida)*
C	Zitrusfrüchte, schwarze Johannisbeeren, Erdbeeren, Tomaten, Melonen, Kartoffeln, Paprika	Allergien heilen, Arthritis heilen, Erkältungen heilen und vorbeugen, Arteriosklerose vorbeugen, bestimmte Krebsarten verhindern	Hält Zahnfleisch, Zähne und Bindegewebe gesund, unterstützt die Wundheilung, bekämpft freie Radikale, stärkt das Immunsystem
D	Lebertran, fetter Seefisch, Eigelb, Butter, Käse, Milch und Margarine	Arthritis heilen	Sorgt für kräftige Knochen und Zähne, beugt Knochenerweichung und Rachitis vor
E	Pflanzenöle, Sonnenblumensamen, Nüsse, Weizenkeime, grünes Blattgemüse	Potenz und Abwehrkräfte steigern, Brandwunden und Narben heilen, den Alterungsprozess aufhalten	Schützt Gewebe vor oxidationsbedingten Schäden
K	Grünes Blattgemüse, Sojabohnen, Getreide		Notwendig zur normalen Blutgerinnung

schlechtliche Entwicklung, für die Wundheilung und die Produktion von Insulin. Für die Schilddrüse ist Jod unabdingbar, das auch das gesunde Wachstum von Haut, Haaren und Nägeln fördert.

Mangan unterstützt Zellfunktionen sowie das Knochenwachstum und wird zur Bildung von Schilddrüsen- und Sexualhormonen gebraucht. Selen dient als wichtiges Antioxidans und wirkt als solches im Verbund mit den Vitaminen A, C und E. Chrom hält die Blutzuckerwerte normal und verstärkt die Wirksamkeit des Insulins.

Kupfer benötigen wir in geringen Mengen zur Bildung roter Blutzellen und zum Aufbau von Knochen und Bindegewebe. Fluor schließlich leistet wertvolle Dienste bei der Festigung von Knochen und Zähnen.

VORKOMMEN UND WIRKUNG DER MINERALSTOFFE

Viele Geschichten preisen auch die besonderen Eigenschaften von Mineralstoffen. Manche wurden vermutlich erfunden, damit die Kinder ihr „Grünzeug" aßen, andere haben ihre Wurzeln in alter Volksweisheit und jahrhundertelanger Beobachtung. Die folgende Tabelle sagt Ihnen, was dran ist und in welchen Lebensmitteln diese Stoffe zu finden sind.

MINERALSTOFF	KOMMT VOR IN	SOLL ANGEBLICH	TATSÄCHLICHE WIRKUNG
KALZIUM	Milchprodukte, Sojabohnen, Sardinen und Lachs in Dosen (mit Gräten), grünes Blattgemüse, Haselnüsse, Mandeln	Knochen und Zähne aufbauen	Baut gesunde Knochen und Zähne auf, steuert die Blutgerinnung, schützt vor Muskelkrämpfen
CHROM	Bierhefe, Weizenkeime, Käse	Bei Unterzucker helfen, Diabetes heilen	Wichtig für Glukosestoffwechsel und Insulinproduktion, die zur Verhütung von Diabetes und Unterzucker erforderlich sind
KUPFER	Leber, Nieren, Nüsse, Kakao	Blutarmut heilen	Für die Bildung roter Blutkörperchen und zur Eisenaufnahme notwendig
FLUOR	Fluoriertes Wasser, Seefisch, Getreide	Krebs auslösen	Stärkt Knochen und Zähne
JOD	Meerestiere, jodiertes Salz, Milcherzeugnisse	Blutarmut verursachen	Hält Haut, Haare und Nägel gesund, sorgt für normale Schilddrüsenfunktion, beugt Kropfbildung vor
EISEN	Rotes Fleisch, Leber, Innereien, Eier, getrocknete Bohnen, grünes Blattgemüse	Bei Alkoholismus und Menstruationsbeschwerden helfen, Blutarmut heilen	Unverzichtbar für die Erzeugung von Hämoglobin und Myoglobin
MAGNESIUM	Nüsse, Bananen, Trockenobst, Kakao, Weizenkeime, Sojabohnen	Herzleiden kurieren, bei Alkohol- und Prostataproblemen helfen, Nierensteine heilen	Reguliert den Herzrhythmus, für das Knochenwachstum nötig
MANGAN	Grünes Blattgemüse, Tee, Nüsse, Vollgetreide	Diabetes heilen, bei Müdigkeit und Asthma helfen, Unfruchtbarkeit heilen	Für normale Zellfunktion, Sexualhormone und Knochenwachstum nötig
KALIUM	Bananen, Fleisch, Kartoffeln, Gemüse, Hülsenfrüchte, Nüsse, Dörrobst	Herzleiden kurieren, Akne und Arthritis heilen, Alkoholismus lindern, Brandwunden heilen	Reguliert den Wasserhaushalt in Geweben und Zellen, steuert Muskelkontraktion und Blutdruck
PHOSPHOR	Milchprodukte, Fleisch, Fisch, Nüsse, Vollkornerzeugnisse, industriell verarbeitete Lebensmittel	Arthritis heilen, kindliches Wachstum beschleunigen, Stress abbauen	Fördert starke Zähne und Knochen, für den Energieumsatz notwendig
SELEN	Meerestiere, Hülsenfrüchte, Nieren, Vollgetreide	Krebs und Arthritis heilen	Bekämpft in Verbindung mit Vitamin E Zellschäden
NATRIUM	Tafelsalz, behandelte Lebensmittel (z. B. Speck, Räucherfisch)	Fieber senken, vor Krämpfen schützen, Blutdruck erhöhen	Sorgt für ausgeglichenen Wasserhaushalt im Körper, hält den Blutdruck oben
ZINK	Austern, Fleisch, Geflügel, Leber, Weizenkeime, Milchprodukte	Linderung bei Angina und Leberzirrhose bringen	Wichtig für normales Wachstum, fötales Wachstum, Geschlechtsentwicklung und Wundheilung

Mangelerscheinungen

Während eine abwechslungsreiche Kost mit viel Obst und Gemüse in der Regel sämtliche Nährstoffe bietet, die gesund erhalten, kann eine ungenügende Versorgung mit Vitaminen und Mineralstoffen zu ernsten Erkrankungen führen.

Das Licht der Sonne ist eine wichtige Quelle für Vitamin D. Es wird im Körper produziert, wenn die ultraviolette Strahlung auf eine Substanz in der Haut trifft. Wer sich ständig im Haus aufhält, riskiert einen Vitamin-D-Mangel, was schließlich zu Knochenerweichung führen kann.

Im Jahr 1746 bewies der Schiffsarzt James Lind, dass seine Matrosen durch den Verzehr von einer Zitrone am Tag vor Skorbut geschützt waren. Diese Krankheit hatte bis dahin auf längeren Schiffsreisen oftmals die halbe Mannschaft dahingerafft. Es sollte freilich noch 170 Jahre dauern, bis die Wissenschaft hinter die Ursache der Krankheit kam: Vitamin-C-Mangel. Wenig später fand man auch die Ursachen anderer Mangelerkrankungen: So führt ein Mangel an Vitamin A zum völligen Verlust des Augenlichts, an Vitamin B_1 zu Beriberi, die mit teilweiser Lähmung einhergeht. Fehlt Niazin, entsteht Pellagra, die Schwachsinn, Dermatitis und Durchfall verursacht, und Vitamin-D-Mangel hat Rachitis zur Folge, bei der sich die Knochen verbiegen. Während diese Mangelkrankheiten in der westlichen Welt selten geworden sind, erleidet ein Fünftel der Weltbevölkerung durch eine unzureichende Versorgung mit Vitaminen und Mineralstoffen immer noch schwere Gesundheitsschäden.

Wenn Sie sich abwechslungsreich ernähren und neben reichlich Obst und Gemüse auch Fisch auf Ihrem Speisezettel steht, wird Ihr Körper mit allen nötigen Vitalstoffen versorgt. Dennoch können bestimmte Personenkreise auch hierzulande Mangelerscheinungen bekommen. Veganer und Vegetarier, die weder Fleisch noch Eier essen, erhalten unter Umständen zu wenig Vitamin B_{12} über die Nahrung. Liegt hier ein Mangel vor, entwickeln sich die neuen roten Blutkörperchen abnorm und es wird nicht ausreichend Hämoglobin gebildet, das den Sauerstoff durch den Körper transportiert. Diese Krankheit bezeichnet man als perniziöse Anämie. Trotz eines zunehmenden Gefühlsverlusts in Händen und Füßen wird sie bei Kindern oder älteren Menschen leider oft erst dann bemerkt, wenn das Nervensystem bereits ernsthaft geschädigt ist.

Wer nur selten das Haus verlässt, etwa Heimbewohner und hochbetagte Menschen, entwickelt möglicherweise einen Vitamin-D-Mangel, der bei Kindern Rachitis und bei Erwachsenen Knochenerweichung verursachen kann.

Empfohlene Richtwerte

Die Deutsche Gesellschaft für Ernährung (DGE) hat Richtwerte für die durchschnittliche Menge von Vitaminen und Mineralstoffen ermittelt, die bestimmte Personengruppen täglich zu sich nehmen sollten, damit keine Mangelerscheinungen entstehen (siehe S. 62 f.). Mit Besorgnis beobachten die

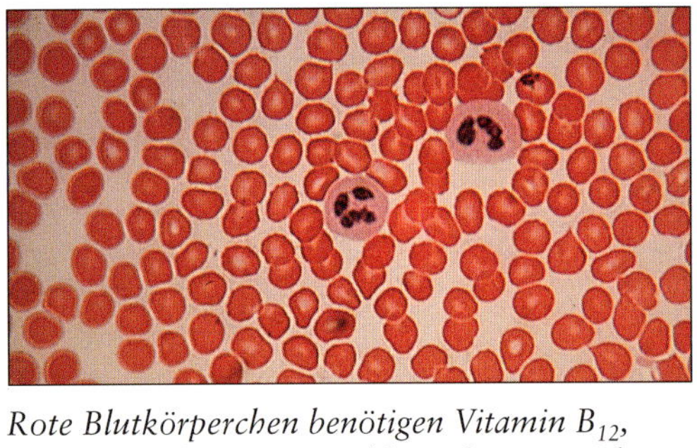

Rote Blutkörperchen benötigen Vitamin B_{12}, Folsäure und Eisen zur Bildung des roten Blutfarbstoffs Hämoglobin. Dieses Pigment versorgt die Körperzellen mit Sauerstoff und führt Kohlendioxid ab.

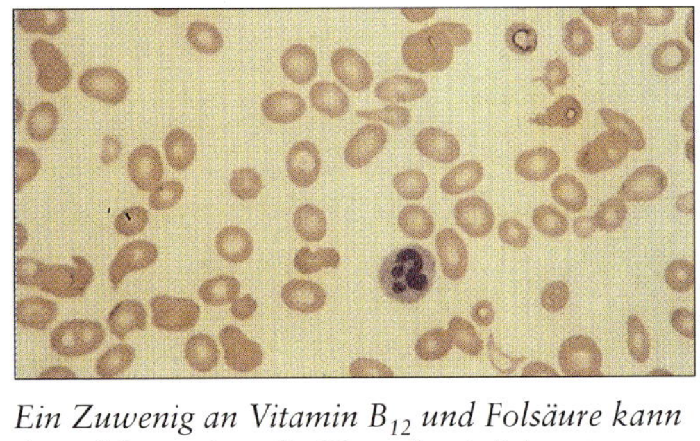

Ein Zuwenig an Vitamin B_{12} und Folsäure kann dazu führen, dass die Blutzellen infolge eines Hämoglobinmangels ihre Qualität als Sauerstoffträger einbüßen. Die Folge ist Blutarmut, die mit Vitamingaben behandelt werden muss.

Ernährungsexperten, dass viele Menschen statt einer abwechslungs- und vitaminreichen Kost mit reichlich Obst und Gemüse zu viel Fastfood zu sich nehmen. Aufgrund dieser mangelhaften Ernährung liegen bei ihnen die Werte für Vitamine und Mineralstoffe im unteren Grenzbereich. Besonders bedenklich ist die Situation bei Eisen, Kalzium, Zink, Magnesium, Chrom und Selen sowie den Vitaminen A, C und E.

Eisen

Das Eisen in den roten Blutkörperchen wird in hohem Maß wieder verwertet und nur ein Bruchteil geht mit Ausscheidungsprodukten und aus dem Magen gelösten Zellen verloren. Doch obwohl der Mineralstoff im Körper gespeichert wird, ist Eisenmangel weltweit die häufigste Form von Mineralmangel. Er tritt dann auf, wenn der Körper über einen längeren Zeitraum nicht genug Eisen bekommt oder wenn ihm andere, zur Eisenresorption erforderliche Nährstoffe wie Vitamin B_6, Folsäure und Magnesium fehlen.

Schätzungen zufolge verfügen in den Industriestaaten 20–30 % der Frauen im gebärfähigen Alter nur über unzureichende Eisenreserven. Verursacht wird ein Eisenmangel hauptsächlich durch zu geringe Zufuhr, schlechte Aufnahme und menstruationsbedingten Blutverlust. Häufige Anzeichen sind Schwäche, Müdigkeit und Kurzatmigkeit.

Alkohol und manche Medikamente wie Antihistaminika setzen die positiven Wirkungen von Vitamin A herab.

URSACHEN VON VITAMIN- UND MINERALSTOFFVERLUSTEN

Wertvolle Vitamine gehen verloren, wenn die Lebensmittel Licht oder Wärme ausgesetzt sind oder in zu viel Wasser gekocht werden.

Durch bestimmte Stoffe oder Präparate wird die positive Wirkung von Vitaminen und Mineralstoffen im Körper herabgesetzt.

NÄHRSTOFF	VERLUST VOR DEM VERZEHR DURCH	VERLUST NACH DEM VERZEHR DURCH
A	Licht, Luft, hohe Temperaturen, Töpfe aus Eisen oder Kupfer	Übermäßigen Alkoholkonsum, Rauchen, Antihistaminika, Säure bindende Mittel
B_1	Backpulver, Schwefeldioxid (Konservierungsstoff), Auswaschung ins Kochwasser, Wasserverlust beim Auftauen	Übermäßigen Alkoholkonsum
B_2	Licht, Hitze, basisches Milieu (Backen mit Natriumbicarbonat), Ausschwemmung ins Kochwasser	Antibabypille
NIAZIN	Auswaschung ins Kochwasser, Wasserverlust beim Auftauen	Isoniazid (Antituberkulosemittel)
B_6		Zu viel eiweißreiche Kost, Antibabypille
B_{12}	Basisches Milieu (Kochen mit Natriumbicarbonat)	Übermäßigen Alkoholkonsum, Rauchen
FOLSÄURE	Behandlung bei sehr hohen Temperaturen, Licht, Ausschwemmung ins Kochwasser	Übermäßigen Alkoholkonsum, Antibabypille
C	Licht, Backen, Luft, basisches Milieu, Töpfe aus Eisen oder Kupfer, Auswaschung ins Wasser beim Einweichen	Rauchen
D	Verarbeitung, Einfrieren	Barbiturate, Abführmittel, Diuretika (Harn treibende Mittel), Antikonvulsiva (Mittel zur Verhinderung von Krämpfen)
E		Mehrfach ungesättigte Fettsäuren
K		Antibiotika, Abführmittel, Diuretika
KALZIUM UND ZINK	Nicht alle Mineralstoffe werden bei der Zubereitung oder beim Garen zerstört, manche werden jedoch ins Kochgerät ausgelaugt	Rauchen und Koffein beeinflussen Kalzium; Alkohol, Koffein und Östrogen Zink

Um den Nährstoffverlust so gering wie möglich zu halten, sollten Sie Gemüse nur kurz und in ganz wenig Wasser kochen.

Da ein Teil der Vitamine ins Kochwasser übergeht, schütten Sie es nicht weg, sondern verwenden Sie es für Suppen oder Saucen.

Ein Folsäuremangel der Mutter birgt für das Baby das erhöhte Risiko, mit einem Schaden wie einer Wirbelspalte (Spina bifida) *zur Welt zu kommen. Schwangere müssen daher mehr folsäurehaltige Nahrungsmittel essen. Frauen, die sich ein Kind wünschen, sollten überdies entsprechende Zusatzpräparate einnehmen, weil der Defekt bereits zwischen dem 26. und 28. Tag nach der Zeugung auftritt – zu einer Zeit, in der viele Frauen noch nichts von ihrem Mutterglück wissen.*

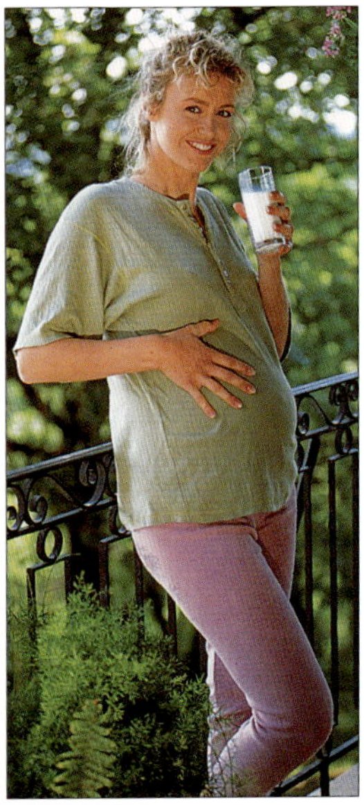

Laut Angaben der Weltgesundheitsorganisation (WHO) leiden rund 700 Millionen Menschen unter einer Form von Eisenmangelanämie.

Während Männer sowie Frauen nach den Wechseljahren normalerweise genügend Eisen haben – ihr Körper speichert und verwertet es mit hoher Effizienz –, ist bei anderen Gruppen eine hinlängliche Deckung des Eisenbedarfs nicht immer gesichert. In ihren fruchtbaren Jahren sind Frauen auf eine erhöhte Zufuhr angewiesen, da sie während der Periode Blut verlieren. Schwangere brauchen zusätzliches Eisen wegen des erhöhten Blutvolumens und weil die Plazenta und der heranwachsende Fötus versorgt sein wollen.

Da sie sehr rasch wachsen, benötigen auch Säuglinge, Kinder und Jugendliche verhältnismäßig mehr Eisen. Studien haben gezeigt, dass selbst ein scheinbar unbedeutender Eisenmangel bei Kindern das nonverbale Lernen und das logische Denkvermögen beeinträchtigen kann. Wer eine Abmagerungskur macht, bekommt ebenfalls zu wenig Eisen. Je weniger er isst, desto höher das Risiko, dass der Bedarf an Eisen und anderen Nährstoffen nicht gedeckt wird. Vegetarier, insbesondere junge Frauen, sowie Personen, die wenig rotes Fleisch essen, sollten sich zum Ausgleich an andere eisenhaltige Nahrungsmittel wie getrocknete Aprikosen und Vollkornprodukte halten.

So bekommen Sie genug Eisen. Man unterscheidet tierisches und pflanzliches Nahrungseisen, wobei das an das Hämoglobin gebundene tierische Eisen vom Körper wesentlich besser aufgenommen wird. Die Resorptionsrate beträgt bei Eisen aus Fleisch durchschnittlich 23 %, bei pflanzlichem indes nur 3–8 %. Verbessern lässt sich die Aufnahme des pflanzlichen Eisens allerdings, wenn man gleichzeitig Lebensmittel isst, die viel Vitamin C enthalten wie Tomaten oder Kohl. Kalziumreiche Nahrungsmittel dagegen behindern die Resorption. Der Eisengehalt einer Speise wird auch davon beeinflusst, wie sie gegart wird. So kann z. B. das im Fleisch enthaltene Eisen in schlechter verwertbares Eisen umgewandelt werden, wenn es lange Zeit bei sehr hohen Temperaturen gekocht bzw. gebraten wird.

Kalzium

Die Knochen dienen dem übrigen Körper als dynamisches Kalziumdepot. Ständig wird in ihnen – abhängig von den jeweiligen Bedürfnissen des Körpers – Kalzium abgebaut oder aufgenommen. Hormone helfen den Kalziumspiegel im Blut und in anderen Körperflüssigkeiten konstant zu halten und sorgen dafür, dass Überschüsse entweder im Knochen eingelagert oder daraus abgezogen werden, wenn sie woanders vonnöten sind.

Maximale Knochenmasse. In den Entwicklungsjahren nimmt das Skelett stark an Größe zu und dafür benötigen die Knochen zusätzliches Kalzium. Auch wenn das Längenwachstum bereits abgeschlossen ist – bei jungen Männern mit etwa 21, bei jungen Frauen mit ungefähr 18 Jahren –, nimmt die Knochenmasse immer noch zu. Erst im Alter von etwa 30 Jahren ist die so genannte maximale Knochenmasse erreicht. Sie hängt davon ab, wie viel Kalzium sowie andere Nährstoffe wie Vitamin D, Zink, Kupfer und Mangan über die Nahrung zugeführt wurden. Danach setzt dann ein ganz allmählicher Rückgang der Knochensubstanz ein, da nun mehr Knochen vom Körper aufgebraucht als gebildet wird.

Aufgrund von hormonellen Veränderungen nimmt die Knochenmasse bei Frauen nach den Wechseljahren in deutlich stärkerem Maß ab. Bei ausreichenden Kalziumvorräten führt dies normalerweise nicht zu Problemen. War die Kalziumaufnahme während der ersten drei Lebensjahrzehnte allerdings ungenügend, so kann der schleichende Substanzverlust nun nicht mehr aufgefangen werden, und es kommt zur Mangelkrankheit Osteoporose (siehe S. 69).

Wer besonders aufpassen muss. Wenn entweder zu wenig Kalzium zugeführt und aufgenommen wird oder aber zu viel verloren geht, kann leicht ein Mangel entstehen. Zu den gefährdeten Personen zählen Säuglinge, Kinder und Jugendliche, Schwangere wie auch stillende Mütter, die viel Kalzium an das Ungeborene bzw. mit der Muttermilch an das Baby abgeben.

Am stärksten von einem Kalziummangel bedroht sind heranwachsende Mädchen, Frauen nach den Wechseljahren (immerhin jede zweite leidet unter einer Herabsetzung der Knochendichte) sowie Personen mit einem übermäßigen Tabak- und Alkoholkonsum. Für alle Risikogruppen gilt: Da der Körper in den ersten drei Lebensjahrzehnten das Mineral am effektivsten aufnehmen und für spätere Jahre speichern kann, sollte man in dieser Lebensphase besonders viel davon zu sich nehmen.

Vitamin- und Mineralstoffpräparate

Viele Erwachsene schlucken mehr oder weniger regelmäßig Vitamin- und Mineralstoffergänzungspräparate. Allerdings ist noch nicht erwiesen, dass derlei künstliche Zusätze für Menschen, die sonst bei guter Gesundheit sind, wirklich von Nutzen sind.

Eine ausgewogene Kost mit viel Obst und Gemüse liefert in der Regel alle notwendigen Vitamine und Mineralstoffe. Oft genug jedoch ist die Ware in den Geschäften alles andere als frisch. Außerdem zerfallen bestimmte Vitamine, allen voran Vitamin C, besonders rasch. So kann man etwa bei Erdbeeren, Äpfeln und Brokkoli hohe Schwankungen im Vitamin-C-Gehalt feststellen.

Der Transportweg vom Feld zum Markt oder in die Läden, die Lagerzeit und die Lagerbedingungen – all das hat einen maßgeblichen Einfluss auf den Nährwert der Lebensmittel. Überdies nimmt der Vitamingehalt je nach Zubereitungsart und Garzeit oft um einen beträchtlichen Prozentwert ab. Hinzu kommt, dass bei vielen Menschen die Zeit nur für einen Imbiss an der nächsten Bude reicht, was aufgrund fehlender Vitamine auf Dauer zu Defiziten führen kann.

Bestimmte Personenkreise haben einen überdurchschnittlich hohen Nährstoffbedarf: kranke und ältere Menschen, Alkoholiker und Kettenraucher, strikte Vegetarier und Veganer, Sportler, Kinder, schwangere und stillende Frauen sowie heikle Esser und Leute, die eine radikale Abmagerungskur machen. Für diejenigen, die sich unausgewogen ernähren, kann es unter gewissen Umständen sinnvoll sein Ergänzungspräparate einzunehmen oder angereicherte Lebensmittel wie Frühstückszerealien zu essen.

Überdosierung. Frei nach dem Motto „Viel hilft viel" werden vielfach große Mengen bestimmter Ergänzungspräparate, vor allem

Der Eisengehalt gewisser Speisen erhöht sich, wenn man sie in gusseisernen Töpfen kocht. Säuerliche Lebensmittel wie Tomaten lösen das Metall aus dem Topf, das dann mit dem Essen aufgenommen wird.

WENN DIE KNOCHEN BRÜCHIG WERDEN

Unsere Knochen brauchen Kalzium, damit sie gesund bleiben; ohne diesen Mineralstoff werden sie porös und brechen bereits bei kleineren Stürzen. Diesen Zustand, von dem Frauen weit stärker betroffen sind als Männer, bezeichnet man als Osteoporose.

Östrogen, ein für den Kalziumstoffwechsel unabdingbares Hormon, wird von beiden Geschlechtern produziert. Hauptlieferant bei den Frauen sind die Eierstöcke, die jedoch in den Wechseljahren die Hormonausschüttung einstellen. Von da an wird das Kalzium nicht mehr so effizient in die Knochensubstanz eingebaut und geht auch rascher verloren. Die Knochen werden zunehmend brüchiger. Das Risiko, an Osteoporose zu erkranken, ist größer, wenn eine Frau bereits in jungen Jahren eine mangelhafte Knochendichte hatte, wenn sie raucht oder zu wenig Kalzium zu sich nimmt.

Viele Gynäkologen empfehlen Frauen mit einem hohen Osteoporoserisiko eine Östrogentherapie, die aber mit Nebenwirkungen verbunden sein kann, sowie kalziumreiche Lebensmittel wie dunkelgrüne Blattgemüse, Nüsse, Milch und Milchprodukte. Frauen über 40, die sich keiner Hormontherapie unterziehen, sollten 1500 mg Kalzium pro Tag einnehmen. Durch kleine Mengen Zink, Kupfer und Mangan kann die Kalziumaufnahme verbessert werden.

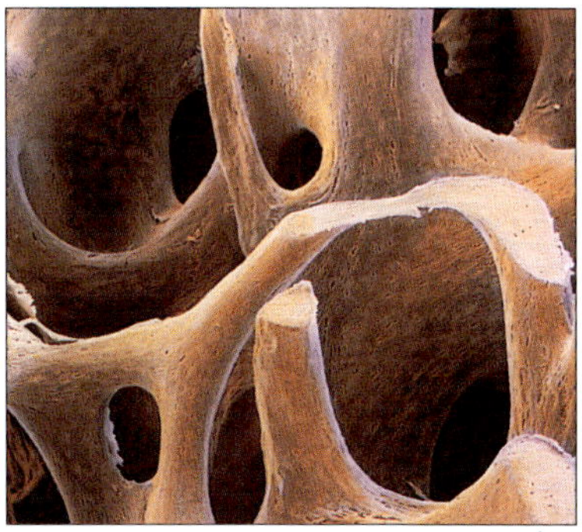

Ein gesunder, kalziumreicher Knochen hat eine elastische Gewebsstruktur. Auf diese Art ist er weitgehend gegen Brüche gefeit. Eine kalziumreiche Kost und regelmäßiges körperliches Training tragen das ihre dazu bei, die Knochen auch im Alter stabil zu halten.

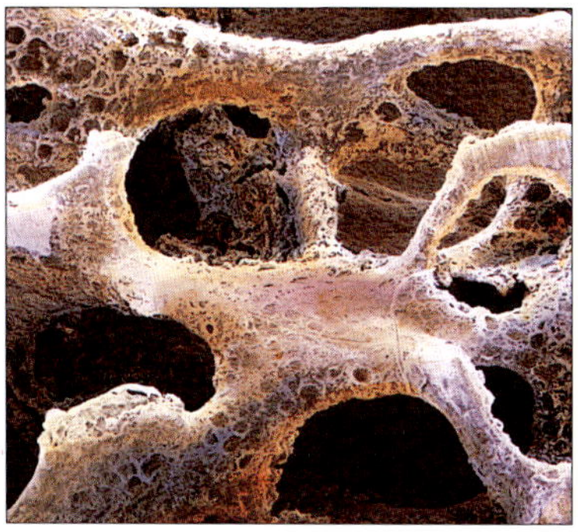

Osteoporotisches Knochengewebe ist poröser und viel weniger dicht als gesundes und damit bruchanfälliger. Ob Sie einst an Knochenschwund erkranken werden, hängt ganz wesentlich von Ihrer Ernährung ab und ob Sie sich, besonders in jüngeren Jahren, regelmäßig bewegen.

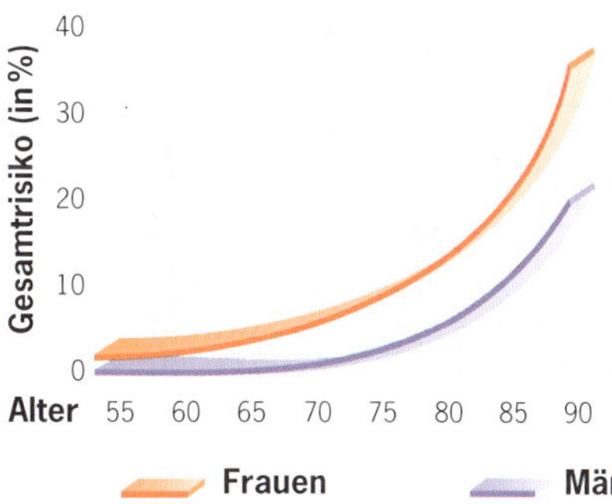

Die in der zweiten Lebenshälfte naturgemäß niedrigen Östrogenwerte erhöhen zusammen mit einer unzureichenden Kalziumzufuhr das Risiko von Knochenbrüchen. Hat man die 50 überschritten, nimmt die Gefahr osteoporotischer Hüftfrakturen stetig zu.

Vegetarische Kost in der Schwangerschaft

Während einer Schwangerschaft ist der Nährstoffbedarf erhöht. Daher raten die Ärzte Vegetarierinnen, auf eine höhere Zufuhr von Vitamin B_{12}, Eisen und Kalzium zu achten. Was aber nicht heißt, dass sie diese Nährstoffe nur in Tablettenform einnehmen sollen. Vielmehr gilt es, mehr Nahrungsmittel zu essen, die einen hohen Gehalt an diesen Nährstoffen aufweisen.

Um ausreichend mit Vitamin B_{12} versorgt zu sein, sollten Vegetarierinnen Eier und Milch verzehren. Veganer dagegen müssen auf Bierhefe, Sanddornpräparate oder angereicherte Lebensmittel zurückgreifen.

Ein Speisezettel mit viel Vollkornbrot, dunkelgrünem Blattgemüse und Linsen liefert in der Regel genügend Eisen. Die Eisenaufnahme lässt sich aber noch verbessern, wenn man gleichzeitig Vitamin C zuführt.

Milch, Käse und Joghurt garantieren eine ausreichende Versorgung mit Kalzium. Veganer freilich können hier Mangel leiden; sie sollten reichlich dunkelgrünes Gemüse, Sesamsamen, Hülsenfrüchte und Tofu essen.

Vitamin C und Eisen, konsumiert. Allerdings können Megadosen, bei denen die empfohlene Tageszufuhr um das Zehnfache überschritten wird, durchaus schädlich und gefährlich sein.

Da die Vitamine A, D und E im Körperfett gespeichert werden, kann bei regelmäßiger Einnahme bereits eine fünf- bis zehnfache Überdosis von Vitamin A und D toxisch wirken. So sind nach reichlichem Verzehr von tierischer Leber, die sehr viel Vitamin A enthält, schon schwere Erkrankungen aufgetreten. Lebertran ist ein hervorragender Lieferant von Vitamin A und D, doch trinkt man zu viel davon, muss man sich übergeben.

Keinerlei Gefahr scheint dagegen von einer anhaltend hohen Zufuhr von Betakarotin auszugehen. Als einzige Nebenwirkung tritt eine Gelbfärbung der Haut auf, vor allem an den Handflächen und Fußsohlen. Auch Vitamin E ist selbst in hohen Dosen nicht toxisch. Schon 100 mg täglich können offenbar Herzkrankheiten vorbeugen. Manche Leute nehmen jedoch wesentlich mehr ein, weil sie von seiner lebensverlängernden Wirkung überzeugt sind. Freilich konnte

ANZEICHEN VON NÄHRSTOFFMANGEL

Jeder Mensch ist auf eine ausgewogene Zufuhr von Vitaminen und Mineralstoffen angewiesen. Personen mit speziellen Bedürfnissen allerdings brauchen mehr. Werden sie nicht ausreichend versorgt, können ernste Störungen und Krankheiten auftreten.

NÄHRSTOFF	MANGELSYMPTOME	AM STÄRKSTEN GEFÄHRDET SIND
A	Trockene Augen, Nachtblindheit, Wachstums- und Entwicklungsstörungen, Atemwegsbeschwerden, geschwächte Abwehr	Kleinkinder
B_1	Müdigkeit, Muskelschwäche, Übelkeit und Appetitlosigkeit. Kann zu Beriberi mit Herzversagen führen.	Alkoholiker und Personen, die sich hauptsächlich von poliertem Reis ernähren
B_2	Trockene und rissige Haut, blutunterlaufene Augen, aufgesprungene Lippen und Zunge	Personen, die keine Milch trinken
NIAZIN	Müdigkeit, Depression, Hautausschlag, der vor allem bei Sonneneinwirkung auftritt. Führt in schlimmen Fällen zu Pellagra, die mit Dermatitis, Durchfall und Schwachsinn einhergeht.	Vegetarier, die keine Hülsenfrüchte und Nüsse essen
B_6	Krämpfe	Keine Risikogruppen bekannt
B_{12}	Müdigkeit, megaloblastische Anämie, Degeneration des Rückenmarks, was zu Lähmung und Tod führt. Kann bei älteren Menschen auch geistige Verwirrung auslösen.	Veganer, Vegetarier, Alkoholiker, schwangere und stillende Frauen. Ursache ist in den meisten Fällen eine Resorptionsstörung, selten ein Ernährungsmangel
C	Müdigkeit, Appetitverlust, Parodontose, langsame Wundheilung, Neigung zu Blutergüssen, erhöhte Infektanfälligkeit, innere Blutungen, Skorbut	Raucher und ältere Menschen
D	Rachitis (Knochen härten nicht aus und verbiegen sich bei Kindern), Osteomalazie (Knochenerweichung bei Erwachsenen)	Kinder, ältere und ans Haus gebundene Menschen, Personen, deren Kost viel ungesäuertes Brot (Pitta) und Naturreis enthält
E	Hämolytische Anämie, Nervenschäden	Personen, deren Kost viel mehrfach ungesättigte Fette, vor allem Fischtran, enthält
KALZIUM	Rachitis, Osteomalazie, Osteoporose	Kinder, Heranwachsende, schwangere und stillende Frauen, Veganer und ältere Menschen
EISEN	Müdigkeit, Kurzatmigkeit, Eisenmangelanämie	Frauen mit starker Regelblutung, Schwangere, Vegetarier, kranke oder ältere Menschen

eine verstärkte Wirkung durch größere Mengen bislang nicht nachgewiesen werden, weshalb man besser darauf verzichtet.

Die wasserlöslichen Vitamine des B-Komplexes und Vitamin C müssen dem Körper regelmäßig zugeführt werden, da sie nicht gespeichert und alle Überschüsse mit dem Urin ausgeschieden werden. Das macht sie, mit Ausnahme von Niazin, Vitamin B_6 und Folsäure, bei einer eventuellen Überdosierung harmlos. Megadosen von Niazin können Übelkeit, Erröten und Blutdruckabfall auslösen, und zu viel B_6, das manche Frauen gegen prämenstruelle Beschwerden einnehmen, kann irreparable Nervenschäden verursachen. Dosen von mehr als 25 mg pro Tag sollten deshalb vermieden werden. Unvermittelt hohe Gaben von Vitamin C können Magenverstimmungen hervorrufen.

Im Idealfall sollten Sie Vitamin- und Mineralstoffpräparate nur auf Anraten Ihres Arztes einnehmen. Mithilfe von Tests kann er ermitteln, ob eine Ergänzung angezeigt ist oder nicht, vor allem, wenn Sie Eisen, Selen oder Zink zuführen möchten. Diese Mineralien vermögen sich zu toxischen Mengen anzusammeln, die Körpergewebe einschließlich Leber, Bauchspeicheldrüse und Herz schädigen. Kein Mineralstoff sollte routinemäßig in Dosen von mehr als dem Zehnfachen des empfohlenen Tagesrichtwerts eingenommen werden, und auch dann nur über einen befristeten Zeitraum.

Kann man Erkältungen mit Vitamin C behandeln?

Für den grammweisen Einsatz von Vitamin C zur Abwehr und Behandlung von Erkältungen sprach sich 1970 der amerikanische Biochemiker Linus Pauling aus, der später sogar die Behauptung aufstellte, das Vitamin wäre in der Lage, sämtliche Krankheiten einschließlich Krebs verhindern zu können.

▷ ▷ *Seite 74*

VITAMINE – WIRKSAME WAFFEN GEGEN KRANKHEITEN

Wer große Mengen an Lebensmitteln isst, die Antioxidantien enthalten, also Vitamin C, E und Betakarotin, ist weniger gefährdet, an Krebs, Herzleiden, grauem Star und Schlaganfall zu erkranken. Das geht aus über 300 Studien hervor. Vitamin D hilft Osteoporose vorzubeugen und Obst und Gemüse enthalten natürliche Substanzen, die die Aufnahme von Vitamin C fördern und weitere schützende Eigenschaften besitzen. Dabei ist es das Nahrungsmittel selbst, das so wertvoll ist, und nicht etwa der isolierte Nährstoff, wie er in Zusatzpräparaten vorliegt.

Rote, gelbe und orangefarbene Gemüse und Früchte liefern reichlich Betakarotin und andere Karotinoide, die dazu beitragen, das Lungenkrebsrisiko zu senken. Ihre Ballaststoffe können zudem die Gefahr von Dickdarmkrebs verringern.

Fetter Seefisch, Eigelb und Butter sind gute Vitamin-D-Quellen, die für kräftige Knochen sorgen. Pflanzenöle, Sonnenblumensamen und Nüsse tragen mit ihrem Vitamin-E-Gehalt dazu bei, eventuelle Schäden durch Fettsäuren zu verhindern.

Zitrusfrüchte, Brokkoli und Kartoffeln enthalten viel Vitamin C, ein Antioxidans, das wirksam vor Krebs schützen kann. Auch die Bildung von ebenfalls Krebs erzeugenden Nitrosaminen hilft es zu verhindern.

Vitamine und Mineralien als Arznei

Vitamine und Mineralstoffe beugen nicht nur Krankheiten vor, sondern werden auch zur Therapie zahlreicher Störungen und Krankheiten eingesetzt. Bevor Sie aber die im Folgenden genannten Zusatzpräparate einnehmen, sollten Sie mit Ihrem Arzt sprechen.

- Die fettlöslichen Vitamine A, D, E und K sollen bei zystischer Fibrose und Erkrankungen der Bauchspeicheldrüse helfen.
- Vitamin-A-Säure wird bei Akne verordnet.
- Vitamin-B_{12}-Spritzen helfen Patienten nach einer Magen- oder Dünndarmoperation. Sie werden auch in Fällen verabreicht, in denen der Vitamin-B_{12}-Stoffwechsel gestört ist.
- Vitamin B_6 lindert das prämenstruelle Syndrom.
- Vitamine des B-Komplexes senken die Blutfettwerte und werden Personen mit Alkoholproblemen empfohlen. Sie tragen dazu bei, durch übermäßiges Trinken entstandene Schäden zu heilen.
- Vitamin C zeigt gute Erfolge bei Zahnfleischbluten.
- Vitamin E kann die Hitzewallungen während der Wechseljahre mildern.
- Chrom soll bei einer Glukoseunverträglichkeit korrigierend wirken.

FALLSTUDIE

Eine Frau in den Wechseljahren

Die Zeit vor der Menopause ist für eine Frau nicht einfach. Die allmähliche Hormonumstellung bringt nicht nur körperliche Beschwerden wie Hitzewallungen oder Gelenkschmerzen mit sich, sie wirkt sich auch auf die Psyche aus. Mit einer vernünftigen Ernährung, Bewegung und einer positiven Einstellung wird jedoch vieles erträglicher.

Ellen ist eine ledige Geschäftsfrau im Alter von 47 Jahren. Vor einiger Zeit hat sie sich mit einer kleinen Werbeagentur selbstständig gemacht und seitdem lebt sie praktisch nur noch für die Arbeit. Für Freunde und Sport bleibt keine Zeit mehr und auch ihre Ernährung ist ihr ziemlich gleichgültig.

Den Tag beginnt sie mit vier Tassen Kaffee und bis zum Mittagessen lebt sie von Keksen, Schokolade, Chips und Ähnlichem. Mittags isst sie meist ein Nudelgericht und zur Entspannung trinkt sie ein, zwei Gläser Wein. Trotz ihrer schlechten Essgewohnheiten und ihrem Bewegungsmangel hat sie keine Gewichtsprobleme und bis vor kurzem fühlte sie sich noch ausgezeichnet. Doch nun ist sie andauernd müde, aber auch launisch und gereizt. Ellens Zyklus ist unregelmäßig geworden; zudem schwitzt sie viel. Anfangs hatte sie jeden Nachmittag einen Schweißausbruch, inzwischen schon zweimal täglich.

Ihr Zustand bedrückt sie, und weil sie dafür den Stress in der Agentur verantwortlich macht, gönnt sie sich zwei Wochen Urlaub. Jetzt hat sie Zeit, darüber nachzudenken, was mit ihr los ist. Die Wechseljahre zieht sie zwar in Betracht, verwirft den Gedanken aber wieder, da sie ihrer Meinung nach erst viel später einsetzen.

Nach dem Urlaub stürzt sich Ellen wieder in die Arbeit, doch registriert sie nun eine Verschlimmerung ihrer Symptome. Um ihre Leistungsfähigkeit zu erhalten, trinkt sie mehr Kaffee und knabbert mehr Süßigkeiten. Abends trinkt sie jetzt auch ein Glas Wein. Doch egal, wie viel Zucker und Koffein sie in sich hineinschüttet, es fehlt ihr der rechte Schwung. Als auch der abendliche Wein bald keine Entspannung mehr bringt, beschließt Ellen, Hilfe zu suchen.

Ernährung

Für Frauen mittleren Alters ist eine gute Kalziumversorgung wichtig, da der Körper nun mehr davon verliert. Eine ausgewogene Kost (siehe S. 18) kann viele Beschwerden der Wechseljahre lindern und wirkt sich überdies positiv auf die Stimmung aus.

Gesundheit

Körperliche Symptome wie Hitzewallungen, nächtliche Schweißausbrüche, Gelenkschmerzen und nachlassende Belastbarkeit sind nur ein paar von vielen Beschwerden, die Frauen zu Beginn der Menopause zu schaffen machen können.

Fitness

Ohne sportlichen Ausgleich können sich die seelischen Begleiterscheinungen verstärken. Der Bewegungsmangel erhöht zudem das Risiko für Osteoporose und Herzerkrankungen.

Essgewohnheiten

Wer in den Beruf stark eingebunden ist, hat meist wenig Zeit, seine Mahlzeiten selbst zuzubereiten und sie in Muße einzunehmen. Doch gerade das kann Spannungen abbauen.

Seelische Gesundheit

Die meisten Frauen leiden in dieser Zeit unter Stimmungsschwankungen. Der geringste Anlass kann sie zum Weinen bringen, doch schon im nächsten Moment können die Tränen in Euphorie umschlagen.

Was sollte Ellen tun?

Statt zu Kaffee, Zucker und Alkohol zu greifen, sollte Ellen ihr Leben einmal unvoreingenommen betrachten. Obwohl die berufliche Belastung im Grund gleich geblieben ist, kommt sie ganz offensichtlich weniger gut damit zurecht. Sie sollte jetzt ihren Hausarzt oder Gynäkologen aufsuchen, um festzustellen, ob sie schon in den Wechseljahren ist. Die Menopause birgt einige gesundheitliche Risiken – allen voran Osteoporose (siehe S. 69) und Herzkrankheiten.

Um sich ein Bild von den Vorgängen in ihrem Körper zu machen, könnte sich Ellen in Büchern über den weiblichen Körper und die Wechseljahre informieren. Darüber hinaus nützt es, mit Freundinnen zu reden, die bereits Erfahrungen mit den Wechseljahren haben.

Ferner kann sich Ellen mit den diversen Therapien vertraut machen, mit denen Wechseljahresbeschwerden zumindest gelindert werden können. Eine Hormontherapie wirkt sich günstig auf Hitzewallungen und Schweißausbrüche aus und beugt Osteoporose und Herzleiden vor. Entspannungstherapien wie Meditation oder autogenes Training, die beruhigend auf Körper und Geist wirken, bringen ebenfalls Erleichterung.

All diese Informationen werden Ellen das Gefühl vermitteln, mehr Kontrolle über die Vorgänge in ihrem Körper zu haben und somit auch besser damit umgehen zu können.

GENESUNGSPLAN

Ernährung

Sich informieren, welche Kost für die Wechseljahre empfohlen wird. (Kalziumreiche Nahrungsmittel wie Milchprodukte beugen Osteoporose vor.) Reichlich Vitamin D zuführen, um Kalziumaufnahme und -stoffwechsel zu unterstützen. Koffein meiden, da es die Kalziumausscheidung verstärkt.

Fitness

Regelmäßig Sport treiben – mindestens dreimal die Woche. Strammes Gehen, Joggen und Aerobic helfen die Knochensubstanz zu kräftigen und verringern damit das Osteoporoserisiko. Sich entscheiden, ob man eine bestimmte Sportart anfängt oder einem Fitnesscenter beitritt.

Gesundheit

Termin beim Arzt vereinbaren. (Eventuell Untersuchung von Brust und Unterleib einschließlich Abstrich und Mammographie sowie Messung von Gewicht, Blutdruck und Cholesterin.) Hormonspiegel durch Bluttest bestimmen lassen. Einmal im Monat Selbstuntersuchung der Brust.

Seelische Gesundheit

Die örtliche Selbsthilfegruppe aufsuchen. Stimmungswechsel vorhersehen lernen und verschiedene natürliche wie medikamentöse Heilmethoden ausprobieren. (Manche pflanzliche Mittel etwa wirken beruhigend.) Eine Hormontherapie hilft bei seelischen Symptomen und steigert die Leistungsfähigkeit.

Essgewohnheiten

Sich Zeit fürs Kochen nehmen. Wenn das unter der Woche nicht klappt, am Wochenende aufwändigere Gerichte zubereiten und die Reste portionsweise einfrieren. Nach der Arbeit oder dem Training aufwärmen. Keine Schokolade und Kekse mehr naschen. Öfter kleine Mahlzeiten essen.

WIE ERFOLGREICH WAREN DIE MASSNAHMEN?

Von ihrem Gynäkologen erfährt Ellen, dass sie wirklich in den Wechseljahren ist. Diese Phase, die mehrere Jahre dauern kann, geht der letzten Regelblutung voraus. Die Hormonwerte beginnen zu fallen und es kann zu körperlichen Symptomen wie häufigen Hitzewallungen und nächtlichen Schweißausbrüchen kommen. Der Arzt empfiehlt Ellen einen Ernährungsberater, der für sie einen Diätplan ausarbeitet, damit ihr Körper mit den Veränderungen besser zurechtkommt. Die neue Kost besteht aus vier ausgewogenen, fettarmen und ballaststoffreichen Mahlzeiten am Tag. Ellen nimmt nun reichlich Vollkornprodukte, frisches Obst und Gemüse sowie kleine Mengen Fisch und mageres Fleisch zu sich.

Sie trinkt jetzt nur noch eine Tasse Kaffee am Tag und verzehrt weniger Fastfood. Weil sie so stark schwitzt, trinkt sie mehr Wasser. Zwischendurch greift sie zu kalziumreichen Lebensmitteln wie fettarmer Milch, Joghurt oder Käse. Dank der regelmäßigen nahrhaften Mahlzeiten hat sie deutlich mehr Energie und ist psychisch ausgeglichener.

Abends verlässt Ellen ihr Büro eine Stunde früher und geht einen Teil des Heimwegs zu Fuß. Mit einer Freundin trainiert sie mehrmals die Woche in einem Fitnessstudio. Dadurch kann sie nun auch besser abschalten.

Beim Verzehr von nur 70 g Brokkoli nimmt man die empfohlene Tageszufuhr an Vitamin C zu sich.

Mit 100 g Möhren ist der durchschnittliche Tagesbedarf an Betakarotin gedeckt.

Pflanzliche Öle sind gute Vitamin-E-Quellen. Nehmen Sie zum Kochen statt der schädlicheren gesättigten Fette wie Butter lieber ungesättigte Öle, z. B. Olivenöl.

Die These, dass man mit Vitamin C Erkältungen in den Griff bekomme, wurde in vielen Studien überprüft, doch bescheinigten die meisten davon nur einen relativ geringen Einfluss auf die Dauer der Erkrankung sowie die Schwere ihrer Begleiterscheinungen. Indem das Vitamin unser Immunsystem stärkt, kann es aber durchaus dazu beitragen, dass wir uns gar nicht erst anstecken.

Antioxidantien gegen freie Radikale

Mit der Entdeckung der so genannten freien Radikale hat die moderne Wissenschaft wahrscheinlich einen der auslösenden Faktoren einer Reihe von degenerativen Krankheiten wie Krebs und Herzleiden gefunden. In weiteren Forschungen wurde daraufhin die Wirkung von Antioxidantien unter die Lupe genommen, die diese chemisch sehr aktiven Moleküle neutralisieren und somit vermutlich das Erkrankungsrisiko verringern. Zu diesen Stoffen zählen die Vitamine A, C, E und Betakarotin sowie die Mineralstoffe Selen, Kupfer und Zink. Obwohl ihre Rolle bei der Verhütung von Krankheiten noch nicht hundertprozentig geklärt ist, lassen doch mehrere Studien den Schluss zu, dass Antioxidantien bestimmte Krebsarten, etwa Brustkrebs, verhindern können.

Der Nachweis, dass Vitamin E das Risiko von Herzerkrankungen senkt, ist noch eindeutiger. Im Rahmen einer Studie wurden 16 000 Männer im Alter zwischen 40 und 59 Jahren aus 16 europäischen Städten untersucht. Je höher der Vitamin-E-Gehalt in ihrem Blut, umso niedriger die Sterberate infolge von Herzleiden. Ähnliches hat man auch bei Vitamin C und Betakarotin festgestellt. Es sieht ganz so aus, als ob diese Antioxidantien eine Art Schutzbrigade gegen freie Radikale bilden – mit Vitamin C in der ersten, Vitamin E in der mittleren und Betakarotin in der hinteren Verteidigungslinie.

Diese Entdeckungen bedeuten aber nicht, dass Sie nun Oxidationshemmer in Form von Ergänzungspräparaten einnehmen sollten. Auch wenn die Wirkungsweise von Vitaminpräparaten noch diskutiert wird, so steht doch zweifelsfrei fest, dass eine ausgewogene Ernährung mit viel Obst, Gemüse und Körnern, die alle einen hohen Gehalt an Antioxidantien haben, allemal gesünder ist. Gestalten Sie Ihren täglichen Speiseplan nach den Empfehlungen der Ernährungspyramide (siehe S. 18) und Sie können sicher sein, dass ihr Körper mit sämtlichen Vitaminen, Mineral- und anderen Nährstoffen versorgt wird, die er braucht.

ALUMINIUM UND ALZHEIMER

Die Alzheimer-Krankheit ist bis heute unheilbar. Bei ihr kommt es infolge fortschreitender Degeneration der Nervenzellen im Gehirn zu einer Schrumpfung des Hirns und damit zum Verlust der Geistesfunktionen. Die Ursachen sind noch nicht eindeutig geklärt; u. a. steht auch Aluminium im Verdacht, zum Entstehen der Krankheit beizutragen. In diversen Studien hat man auf den zerstörten Zellstrukturen im Gehirn von Alzheimer-Patienten Aluminiumablagerungen gefunden und in Gegenden mit stark aluminiumhaltigem Trinkwasser gibt es eine Häufung von Kranken.

Allerdings halten es manche Experten für möglich, dass die hohen Aluminiumwerte nicht die Ursache, sondern vielmehr eine Folge des durch Alzheimer ausgelösten Schadens sind. Sie argumentieren, dass Alzheimer nämlich durchaus den Eintrag von Aluminium und anderen Metallen ins Gehirn erleichtern könnte.

Angesichts dieses möglichen Zusammenhangs zwischen Alzheimer und Aluminium empfiehlt es sich, säurehaltige Nahrungsmittel nicht in Aluminiumtöpfen zu kochen. Manchmal reagiert die Säure mit dem Metall, das sich herauslöst und ins Kochgut übergeht. Als Alternative bietet der Markt eine breite Palette von Töpfen und Pfannen aus anderen Materialien, vor allem Edelstahl und Email.

6

Wasser – Elixier des Lebens

Ohne Wasser funktioniert der menschliche Körper nicht. Es ist der Grundstoff von Blut, Lymphe und Speichel, es schmiert Gelenke und Augen, transportiert Nährstoffe zu den Zellen und schwemmt Abfallstoffe aus. Was, wann und wie viel wir trinken, ist daher für eine gesunde Ernährung ebenso wichtig wie das, was wir essen. Gesund sind Wasser, Kräuter- und Früchtetees sowie verdünnte Fruchtsäfte, während alkoholische und koffeinhaltige Getränke bei übermäßigem Genuss schaden können.

Trinken Sie genug Wasser?

Auf feste Nahrung können Menschen mehrere Wochen verzichten, ohne Wasser sterben wir schon nach wenigen Tagen, denn unser Körper besteht zu gut 60 % aus Wasser. Leitungswasser oder Mineralwasser eignet sich besonders zum Auffüllen der Reserven.

Die Menge macht's

Als groben Richtwert empfiehlt die Weltgesundheitsorganisation am Tag acht Glas Wasser à 200 ml zu trinken. Erhöhen Sie die Menge, wenn

- Sie intensiv Sport treiben;
- es sehr heiß ist;
- Sie sich in großer Höhe aufhalten;
- Sie krank sind, speziell bei Durchfall oder Fieber;
- Sie die Wechseljahre durchleben und unter Hitzewallungen sowie nächtlichen Schweißausbrüchen leiden.

Im Jahr 1987 wurde Griechenland von einer zehntägigen Hitzewelle mit Temperaturen bis zu 43 °C heimgesucht. Mehr als 1000, hauptsächlich ältere Menschen starben – die meisten an den Folgen von Dehydration, dem Entzug von Flüssigkeit und Körpersalz. Dies ist ein extremes Beispiel dafür, was passieren kann, wenn der Körper nicht ausreichend mit Wasser versorgt wird. Doch auch bei niedrigeren Temperaturen ist es unverzichtbar, dass man genug Wasser trinkt, um die durch Atmung, Schweiß, Urin und Stuhl verloren gegangene Flüssigkeit wieder zu ersetzen.

Im Schnitt verliert der Mensch pro Tag 1–2 l Wasser; durch große körperliche Anstrengung oder den Aufenthalt in Regionen mit sehr heißem Klima kann der Bedarf aber erheblich ansteigen, im Extremfall auf bis zu 5 l. Solange dieser Flüssigkeitsverlust durch eine gesteigerte Flüssigkeitszufuhr aufgefangen werden kann, steht nichts zu befürchten. Fieber, Erbrechen, Durchfall und Blutverlust jedoch haben alle eine Dehydration zur Folge und lassen den Wasserverlust des Körpers bedrohlich ansteigen. Die Behandlung dieser Krankheiten beinhaltet folgerichtig immer auch den Ersatz von verlorenem Wasser.

Gefährlicher Wassermangel

Wenn der Körper nicht genug Flüssigkeit bekommt, wird den Zellen Wasser entzogen, um an anderer Stelle eingesetzt zu werden, wo es für bestimmte Körperfunktionen gebraucht wird, etwa zur Verdünnung und Ausschwemmung von Giften. Als Folge trocknen die Zellen aus, sie schrumpfen und können nicht mehr korrekt arbeiten. Unser Körper reagiert prompt auf Wassermangel:

WENN HITZE ZUR GEFAHR WIRD

Ungenügende Wasserzufuhr ist eine der Hauptursachen für den Hitzekollaps, der sich durch Krämpfe, Übelkeit und Kopfschmerzen ankündigt. Die Atmung ist flach und die Haut fühlt sich klamm an. Wird dies nicht behandelt, kann es zum Hitzschlag kommen: Die Haut schwitzt nicht mehr, rötet sich und der Patient kann das Bewusstsein verlieren.

Treffen Sie sofort folgende Maßnahmen: Überhitzte Personen in den Schatten legen und ihnen schluckweise eine Rehydrationslösung zu trinken geben (ein Teelöffel Salz und 8 Teelöffel Zucker auf 1 l Wasser, siehe S. 155). Bei Ohnmacht den Kopf leicht hochlagern, bis der Patient wieder zu sich kommt, und dann die Rehydrationslösung verabreichen. Sofort ärztliche Hilfe holen.

Auf starke Überhitzung reagiert der Körper mit Übelkeit und heftigem Schwitzen. Die Abbildung unten zeigt, was in der Haut vor sich geht.

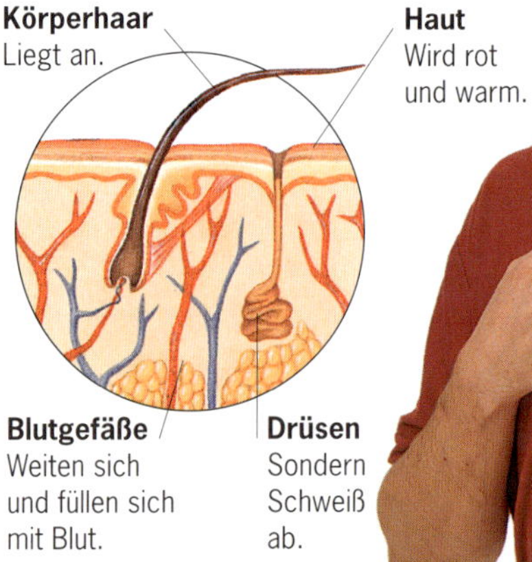

Schon ein Verlust von 1 % genügt, um Durst zu verspüren, während eine extreme Dehydration zum Hitzschlag führen und sogar tödlich enden kann. Lebensbedrohlich wird es, wenn eine Person schnell 10 % ihres Körpergewichts in Form von Wasser verliert.

Über das Durstgefühl signalisiert der Körper, dass er mehr Flüssigkeit braucht. Ein trockener Mund rührt daher, dass das Blut hochgradig salzig wird und zur Wiederherstellung des Gleichgewichts Feuchtigkeit aus den Speicheldrüsen abzieht. In der Regel reichen 1–2 Glas Wasser aus, den Durst zu löschen; diese Menge schützt aber unter Umständen nicht vor Dehydration. Durst ist kein perfektes Warnsystem, denn es spricht erst an, wenn die Austrocknung bereits begonnen hat. Und oft verstummt dieses Signal, noch bevor man ausreichend Wasser getrunken hat. Es empfiehlt sich daher, erst den Durst zu löschen und dann ein weiteres Glas zu trinken. Übermäßiger Durst kann auch ein Hinweis auf Diabetes mellitus sein.

Leitungswasser

Leitungswasser gilt hierzulande als gesundheitlich unbedenklich; dennoch zweifeln manche Verbraucher an seiner Qualität und befürchten, dass zu viele Schadstoffe ins Trinkwasser gelangen. Die steigenden Verkaufszahlen von Mineral- und Tafelwasser spiegeln dieses allgemeine Unbehagen wider.

Etwa zwei Drittel unseres Leitungswassers stammt aus Grundwasser, der Rest aus Oberflächengewässern. Zu Letzteren zählen Seen, Talsperren und Flüsse, während das Grundwasser aus unterirdischen Quellen wie Höhlenkomplexen gespeist wird, in denen sich das Wasser sammelt. 98 % des Trinkwassers werden aus öffentlichen Versorgungsanlagen zu den Haushalten geleitet.

Trinkwasseraufbereitung. Mit ihren diversen Filter-, Belüftungs- und Desinfektionsstufen sind moderne Klärwerke technisch hoch entwickelt, sodass das an die Haushalte gelieferte Wasser in aller Regel bedenkenlos genossen werden kann. Wo jedoch Wasser aus privaten Brunnen geschöpft wird, ist erhöhte Vorsicht geboten.

Für die hohe Qualität und mikrobiologische Reinheit sorgen zahlreiche gesetzliche Bestimmungen wie die Trinkwasserverordnungen. Wasserwirtschaftsämter, chemische Untersuchungsämter und Gesundheitsämter wachen äußerst streng darüber, dass die zulässigen Höchstmengen an Kolibakterien,

WASSERHALTIGE LEBENSMITTEL

Die Hälfte des Wassers holt sich der Körper von Lebensmitteln. Obst und Gemüse enthalten mehr Wasser als feste Speisen.

Kopfsalat und Wassermelonen bestehen fast nur aus Wasser und auch Möhren und Bananen haben einen hohen Wassergehalt. Geflügel enthält ungefähr 65 %, Weißbrot aber nur noch 35 % Wasser.

WELCHES GETRÄNK IST AM BESTEN?

Zum Auffüllen der Wasserreserven eignet sich fast jede Flüssigkeit, am besten aber ist einfaches reines Wasser oder Mineralwasser. Auf den weiteren Plätzen folgen Kräuter- und Früchtetees sowie verdünnte Fruchtsäfte. Koffein- oder alkoholhaltige Getränke ersetzen verlorenes Wasser nicht, da sie harntreibend wirken und die Nieren zu vermehrter Urinbildung anregen. Limonaden sind ebenfalls nicht zu empfehlen, da sie stark gezuckert sind.

Trinken Sie statt Alkohol, Cola oder Limonade gesunde Durstlöscher: pures Wasser, Mineralwasser, Früchte- und Kräutertees oder verdünnte Fruchtsäfte.

Richtig trinken beim Sport

Wenn man sich beim Sport längere Zeit stark anstrengt wie etwa beim Radfahren oder beim Marathonlauf, ist es ganz besonders wichtig, den entstandenen Flüssigkeitsverlust immer wieder auszugleichen. Manche Ernährungswissenschaftler empfehlen Ausdauersportlern hierfür isotonische Getränke, die kleine Mengen Kohlenhydrate und Mineralstoffe wie Natrium enthalten und vom Körper rascher aufgenommen werden als Wasser. Überdies liefern die Kohlenhydrate Energie.

Trinken Sie bei anstrengenden Sportarten alle 15–20 Minuten ein isotonisches Getränk, ein Glas Apfelsaftschorle oder ein Glas Wasser.

Wasserfilter

Wasserfilter sind eine preisgünstige Methode, Leitungswasser von Kalk zu befreien; bei falschem Gebrauch allerdings können sie der Gesundheit schaden. Meist handelt es sich dabei um Systeme, bei denen das Wasser durch eine Filterpatrone in ein Gefäß läuft. Die Patronen enthalten Aktivkohle und Ionenaustauscher, die dem Wasser vor allem Kalzium, Chlorungsrückstände und bestimmte Schwermetalle entziehen. Wechselt man die Filterkartuschen aber nicht regelmäßig nach den Angaben des Herstellers aus, werden zum einen die Schadstoffe wieder ins Wasser abgegeben und zum anderen können sie sich zur Brutstätte von Bakterien entwickeln.

Schwermetallen und Umweltgiften nicht überschritten werden. Trotz alledem kann Trinkwasser Rückstände bestimmter Schadstoffe enthalten, da unsere Gewässer durch Chemikalien und Schwermetalle belastet sind, die durch Industriebetriebe und neuzeitliche Agrarmethoden in die Umwelt gelangen. Wenn Sie Bedenken wegen der Qualität Ihres Trinkwassers haben, sollten Sie sich mit Ihrem zuständigen Wasserwerk oder Gesundheitsamt in Verbindung setzen, das Ihnen gerne Auskunft gibt. Denn Aussehen, Geschmack und Geruch des Wassers sagen nichts über seine Güte aus. Im Zweifelsfall bereitet man Säuglings- und Kleinkindernahrung nicht mit Trinkwasser zu, sondern mit Tafel- oder Mineralwasser.

Organische Schadstoffe. Die Verschmutzung durch chemische Schadstoffe ist nicht neu. Die meisten dieser Verbindungen entstehen bei Fäulnisprozessen und kommen daher natürlich vor. Daneben können im Trinkwasser auch Spuren von synthetischen organischen Verbindungen aus industriellen Lösungsmitteln, Pestiziden und Herbiziden auftreten. Ob natürlich oder synthetisch, in der Regel enthält unser Wasser nur winzige Konzentrationen organischer Chemikalien. Die Europäische Union hat Richtwerte für rund 60 im Trinkwasser vorhandene Substanzen festgelegt, die von den Wasserbehörden regelmäßig überprüft werden.

Nitrate. Diese Stoffe werden in der Landwirtschaft als Düngemittel eingesetzt. Wenn sie aus dem Erdreich ausgewaschen werden, gelangen sie unweigerlich ins Trinkwasser. Im Darm werden die Nitrate in Nitrite umgewandelt und gehen dann in den Blutkreislauf über. Über den Speichel kommen sie in den Magen, wo sie sich mit Aminen zu den gefährlichen Nitrosaminen verbinden können, die u. a. Magenkrebs auslösen. In den vergangenen Jahren ist die Nitratkonzentration im Grundwasser stetig angestiegen. Die Nitratwerte im Trinkwasser werden streng überwacht und dürfen 50 mg/l nicht überschreiten. Hohe Werte sind besonders auch für Babys gefährlich.

Chlor. Chlor oder Chlordioxid dient als Desinfektionsmittel, um sämtliche im Wasser befindlichen Bakterien und Keime abzutöten bzw. zu inaktivieren. Sodann wird das Chlor zum größten Teil wieder ausgefiltert bis auf eine kleine Restmenge, die die Qualität des Wassers auf seinem Weg durch das Leitungsnetz sicherstellt und einen strengen Grenzwert nicht überschreiten darf. Der Gehalt an Chlorungsrückständen in Ihrem Leitungswasser kann unterschiedlich hoch sein und hängt u. a. davon ab, wie weit Ihr Haus vom Wasserreservoir entfernt liegt. Den lästigen Chlorgeschmack im Wasser bekommt man übrigens weg, wenn man es eine Weile in den Kühlschrank stellt oder abkocht.

GEFAHREN FÜR DIE TRINKWASSERVERSORGUNG

Durch sauren Regen, Pestizideinschwemmung in ländlichen Gebieten, Regenablauf in den Städten sowie Industrieabfälle können unsere Oberflächengewässer in vielfältiger Weise verschmutzt werden. Das Grundwasser ist zwar durch weniger, dafür aber meist höher konzentrierte Schadstoffe gefährdet als Bäche, Flüsse und Seen: durch Düngemittel, die im Erdreich versickern, sowie chemische Abfallstoffe beispielsweise von ungesicherten Mülldeponien, aus schlecht gewarteten unterirdischen Öltanks oder aus Hausmüll, der achtlos weggeworfen wird.

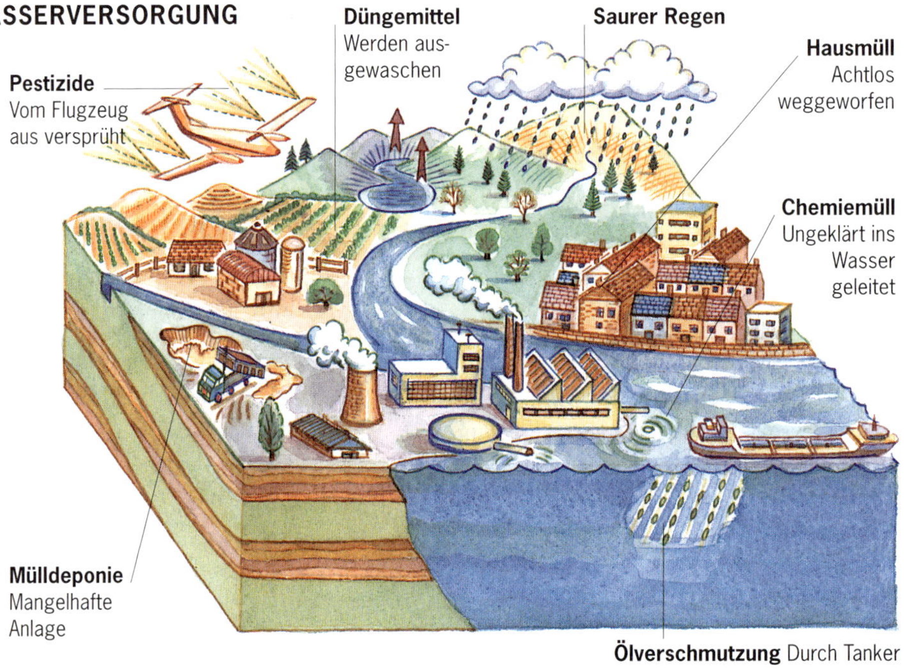

WENIGER BLEI IM TRINKWASSER

Wenn Sie in einer Gegend mit weichem Wasser leben, können Sie mit einfachen Maßnahmen den Bleigehalt reduzieren.

- Zum Trinken oder Kochen kein heißes Wasser verwenden, da dieses mehr Blei aus den Rohren löst.
- Morgens erst eine Weile das Kaltwasser laufen lassen, da sich in den Rohren über Nacht Blei ansammelt. Indem man die WC-Spülung betätigt oder das Kaltwasser in der Dusche aufdreht, lassen sich ebenfalls gefährliche Bleikonzentrationen aus den Leitungen waschen.
- Tagsüber das Kaltwasser erst einen Moment laufen lassen, bevor Sie es trinken.

Schwermetalle. In Gegenden mit Kreide- oder Kalkböden ist das Wasser hart. Es enthält Kalziumsalze, die es schwach alkalisch machen. Aus Granitregionen stammt dagegen weiches Wasser, das leicht sauer ist. In Gegenden mit weichem Wasser sickern Blei, Kupfer und Kadmium in das Versorgungsnetz, da das weiche Wasser die in den Leitungen verwendeten Metalle stärker angreift als hartes Wasser.

Von allen Schwermetallen ist Blei wohl am giftigsten und gefährlichsten. Normalerweise kommt es in Quellwasser nicht vor, doch gelangt es aufgrund der Korrosionswirkung des weichen Wassers aus Bleirohren ins Trinkwasser. Früher wurden diese Rohre häufig für Zuleitungen zur Hauptwasserleitung verwendet. Mittlerweile hat man die meisten ersetzt, vereinzelt trifft man sie jedoch noch auf älteren Anwesen an. Eine Gefahr geht auch von bleiverlöteten Kupferrohren aus. Im Zweifelsfall können Sie Ihre Leitungen überprüfen lassen.

Umstrittenes Fluorid. Fluorid ist ein lebenswichtiger Mikronährstoff, der in Böden und Gesteinen natürlich vorkommt und auch im Trinkwasser zu finden ist. Es härtet durch die Bildung mineralischer Kristalle die Zähne insbesondere von Kindern und beugt Karies vor. In manchen Ländern wie der Schweiz oder den USA wird dem Trinkwasser Fluorid eigens zugesetzt, in Deutschland dagegen ist die Fluoridierung verboten, da ein Zuviel für den Organismus schädlich sein kann. Eine Reihe von Studien hat auf einen möglichen Zusammenhang mit einer erhöhten Krebsrate, Nervenkrankheiten und einer verminderten Aktivität der Schilddrüse hingewiesen, doch sind sie aufgrund ihres umstrittenen methodischen Ansatzes nicht allgemein anerkannt.

Tatsache ist allerdings, dass in Gegenden, deren Trinkwasser von Natur aus hohe Fluoridwerte aufweist, vor allem bei Kindern Fälle von Dentalfluorose aufgetreten sind. Dabei bekommt der Zahnschmelz Flecken und die Zähne werden brüchig. Kinder, die noch ihre Milchzähne haben, sind besonders fluorosegefährdet und sollten deshalb eine Zahncreme mit ganz niedrigem Fluoridgehalt verwenden.

Ist Mineralwasser gesünder als Leitungswasser?

Weil es ihnen besser schmeckt, aber auch weil manche Verbraucher Zweifel an der Qualität des Leitungswassers haben, greifen die meisten hierzulande zu abgefülltem Wasser, wenn sie ihren Durst löschen wollen. Zur Wahl stehen Mineral-, Tafel- und Heilwasser. Mineralwässer werden direkt aus unterirdischen Quellen abgefüllt und enthalten von Natur aus gelöste Mineralsalze, Spurenelemente sowie Kohlensäure. Diese erfrischenden Getränke dienen vor allem dazu, durch Schwitzen verursachte Salzverluste auszugleichen. Die darin am häufigsten enthaltenen Mineralien sind Kalzium, Magnesium, Kalium und Sulfat. Viele Mineralwässer haben auch einen hohen Natriumgehalt, der allerdings Bluthochdruck begünstigen kann. Wer dazu neigt, sollte zu einem Produkt greifen, das maximal 200 mg Natrium pro Liter enthält. Lesen Sie daher stets das Etikett. Aufgrund ihres hohen Mineralstoffgehalts sind Mineralwässer für Kleinkinder eher ungeeignet. Tafelwässer sind industriell hergestellte Getränke aus Trinkwasser und Meerwasser, denen Sole und Salze zugesetzt werden. Heilwässer schließlich sind natürliche Mineralwässer aus unterirdischen Wasservorkommen, die zur Linderung von Krankheiten bestimmt sind.

Dass diese abgefüllten Wässer tatsächlich der Gesundheit zuträglicher sind, ist nicht nachgewiesen. In jedem Fall sollte man Tafelwasser aber in jenen Ländern trinken, wo die Reinheit des Trinkwassers fragwürdig ist, und es dort auch zum Zähneputzen verwenden. Obst oder Gemüse sollte ebenfalls damit gewaschen werden. Auf diese Weise können sich Urlauber wirkungsvoll vor Krankheiten schützen.

Boomendes Geschäft mit Mineralwasser

Der Verbrauch von Mineralwasser in Deutschland steigt seit Jahren beständig an. Wurden 1990 noch 4900 Mio. l verkauft, so waren es lediglich sechs Jahre später bereits 6800 Mio. l. Rechnet man noch das Heilwasser hinzu, ergibt sich für das Jahr 1996 ein Absatz von 7200 Mio. l, was einem Pro-Kopf-Verbrauch von 89,9 l entspricht. Ob aus Gesundheitsgründen oder persönlicher Vorliebe – der Markt wächst jedes Jahr schneller.

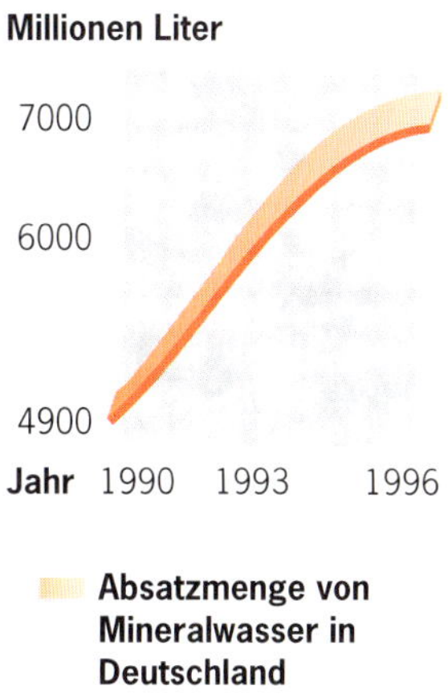

Zum Wohl!

In Maßen genossen können sich Kaffee und bedingt auch Alkohol durchaus positiv auf Lebensgefühl und Gesundheit auswirken. Wer allerdings zu viel davon trinkt, kann ernsthaft erkranken. Fruchtsäfte indes sind aufgrund ihrer Vitamine immer gut.

Trinken mit Verstand

Alkohol kann entspannen, aber wenn Sie zu viel trinken, verlieren Sie leicht die Kontrolle. Halten Sie sich daher beim Trinken an folgende Tips:

Das sollten Sie tun

- Nippen Sie nur an Ihrem Glas und setzen Sie es zwischendurch ab.
- Trinken Sie Wasser und Wein im Wechsel.
- Halten Sie sich an Ihre Grenzen.
- Führen Sie zwei alkoholfreie Tage pro Woche ein.

Das sollten Sie vermeiden

- Sich an Trinkrunden beteiligen.
- Drinks mischen.
- Alkohol als Durstlöscher trinken. Nehmen Sie dafür lieber Wasser.
- Sofort nachschenken, wenn das Glas leer ist.

Achten Sie darauf, dass Sie etwas im Magen haben, bevor Sie Alkohol trinken; auch dazu sollten Sie etwas essen.

Obwohl die französische Küche sehr cholesterinreich ist und die Franzosen als Europas stärkste Raucher und Weintrinker gelten, die obendrein wenig Sport treiben, treten in Frankreich Herzerkrankungen deutlich seltener auf als im übrigen Europa oder in Amerika.

Schützt Rotwein das Herz?

Ein Franzose trinkt im Schnitt 2,5 Glas Rotwein am Tag und oft genug dürfen auch die Kinder mit Wasser verdünnten Wein zu den Mahlzeiten kosten. Einige Wissenschaftler haben in den letzten Jahren die These aufgestellt, dass dieser gewohnheitsmäßige Rotweinkonsum das Risiko von Herzerkrankungen verringert – eine Ansicht, die sich immer mehr durchsetzt.

Alkohol bewirkt einen Anstieg der Lipoproteine hoher Dichte (HDL) im Blut, die aktiv Cholesterin aus dem Gewebe lösen und es zur Leber transportieren, wo es abgebaut wird. Je niedriger der Cholesterinspiegel im Blut, desto geringer das Risiko, dass sich die Arterien mit fettigen Ablagerungen zusetzen und einen Herzanfall auslösen.

In Maßen getrunken hat jeder Alkohol diese Wirkung, doch vermutet man, dass die im Rotwein natürlich vorkommenden Gerbsäuren sowie einige andere Inhaltsstoffe die Oxidation der Lipoproteine bremsen und diese so länger aktiv bleiben.

Wie viel ist gesund? Das Zauberwort beim Alkohol heißt Mäßigung. Nur bei sehr maßvollem Genuss, so betonen die Experten, kann der Alkohol eine mögliche positive Wirkung entfalten. Im Klartext heißt dies für Männer rund 20 g Alkohol am Tag – das entspricht 0,5 l Bier, 0,25 l Wein oder 0,06 l Spirituosen – und nur die Hälfte für Frauen. Wer regelmäßig mehr trinkt, muss dagegen mit negativen Folgen rechnen.

Rotwein reduziert offenbar auch die Neigung zu Blutgerinnseln, da Wein wie auch anderer Alkohol das Blut dünnflüssiger machen. Für Bluter kann dies jedoch gefährlich werden. Sie sollten Alkohol meiden, da sonst Hirnblutungen auftreten können.

MASSVOLL GENIESSEN

1926 kam eine amerikanische Studie zu dem Ergebnis, dass Personen, die Alkohol in Maßen trinken, ihre abstinenten Zeitgenossen um 2–5 Jahre überleben. Dutzende Untersuchungen haben seither diese Beobachtung bestätigt.

Allerdings gehen die Meinungen darüber, was maßvolles Trinken bedeutet, bei den verschiedenen nationalen Ernährungsbehörden auseinander. Die Deutsche Gesellschaft für Ernährung (DGE) rät von regelmäßigem Alkoholkonsum ab. Wenn überhaupt getrunken wird, sollte die Grenze für Männer bei 20 g Alkohol am Tag, für Frauen bei 10 g liegen. 8–10 g Alkohol entsprechen etwa einem Drink.

Beispiele für 1 Drink

Ein einfacher Bourbon (25 ml)

Ein Glas Wein (125 ml)

Ein Aperitif (50 ml)

Ein kleines Helles (250 ml)

Weitere Pluspunkte. Rotwein enthält Polyphenole, hochwirksame Quellen von Antioxidantien, die freie Radikale neutralisieren. Letztere sind Moleküle, die schädliche Substanzen im Körper binden, sich jedoch auch gegen körpereigene Zellen richten können. Man vermutet, dass eine Übersättigung mit freien Radikalen zu zahlreichen degenerativen Erkrankungen von Herzkrankheiten bis hin zu Krebs beiträgt, ja sogar den Alterungsprozess beschleunigt. Ferner unterstützt Rotwein, wenn er zu den Mahlzeiten getrunken wird, die Eisenaufnahme.

Eine ungelöste Kontroverse. Freilich sind die gesundheitlichen Vorzüge, die man dem Rotwein zuschreibt, noch nicht restlos erforscht und die Mediziner durchaus geteilter Meinung. Es besteht immerhin die Möglichkeit, dass die positiven Auswirkungen mehr mit den Rotweinkonsumenten zusammenhängen als mit dem Wein selbst. In einer Studie im kalifornischen Oakland fand man nämlich heraus, dass Weintrinker mehr als Biertrinker zur Mäßigung neigen, weniger oder gar nicht rauchen sowie besser in Ernährungsfragen Bescheid wissen.

Die mediterrane Trinkkultur – Wein wird in moderaten Mengen zu den Mahlzeiten gereicht, die mit frischem Gemüse, magerem Fleisch und Olivenöl zudem gesünder sind – kann ein weiterer Schlüssel zur Lösung dessen sein, was die Ernährungswissenschaftler als französisches Paradoxon bezeichnen. Vielleicht wirken diese Speisen vorbeugend gegen Herzkrankheiten (siehe S. 114).

Die positiven Gesundheitsaspekte von Rotwein dürfen keine Rechtfertigung für übermäßigen Alkoholkonsum sein; der kann zu Leberzirrhose und anderen schweren Krankheiten führen. In Frankreich ist Krebs im Mund- und Rachenraum weit verbreitet. Außerdem kann Rotwein bei manchen Personen Migräne oder allergische Reaktionen auslösen.

DIE RISIKEN ÜBERMÄSSIGEN ALKOHOLKONSUMS

Angesichts der wachsenden Zahl von Berichten, die die positiven Wirkungen eines maßvollen Alkoholgenusses loben, übersehen viele die Gefahren, die ein übermäßiger Konsum birgt. Alkohol verlangsamt die Reaktionszeit und bewirkt Orientierungsstörungen; daher kann Maschinenarbeit, Autofahren oder selbst das Überqueren einer Straße gefährlich werden. Freilich trinkt eine ganze Reihe von Menschen regelmäßig, ohne allzu betrunken zu sein, und folgert daraus, dass die Alkoholmenge, die sie verbraucht, harmlos ist. Wer jedoch gewohnheitsmäßig erhebliche Mengen konsumiert, kann Leber, Herz und Gehirn dauerhaft schädigen und sein persönliches Krebsrisiko erhöhen. Tödliche Erkrankungen wie Leberzirrhose hängen unmittelbar mit dem Verzehr von Alkohol zusammen.

Abgesehen von diesen verheerenden Langzeitfolgen greift der Alkohol aber auch ganz unmittelbar bestimmte Körpersysteme an, und obwohl wirkliche Schäden erst bei ständigem Alkoholmissbrauch auftreten, kann bereits ein Kater alarmierende Auswirkungen haben. Personen, bei denen irgendein alkoholbedingtes Gesundheitsproblem diagnostiziert wurde, sollten als erste Maßnahme unverzüglich mit dem Trinken aufhören.

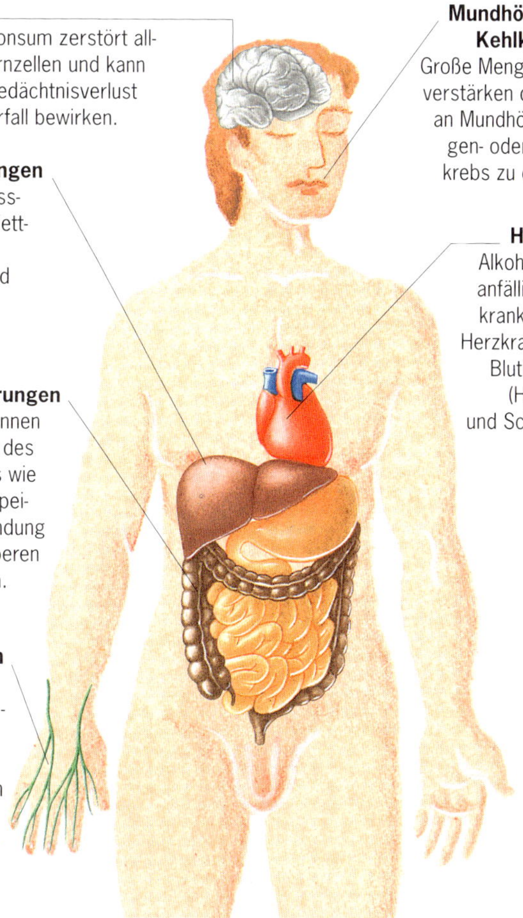

Kolanüsse

Schwarztee

Kakaobohnen

Kaffeebohnen

Koffeinhaltige Produkte aus Schwarztee, Kolanüssen, Kakao- und Kaffeebohnen werden auf der ganzen Welt verzehrt.

Frauen und Alkohol

Wie viel Alkohol im Blut als harmlos gelten darf, hängt auch von Alter, Gewicht, Ernährung, Krankheitsgeschichte und Veranlagung ab. Ganz allgemein sollten Frauen weniger Alkohol trinken als Männer. Und zwar nicht nur, weil sie in der Regel einen zierlicheren Körperbau haben und damit eine kleinere Leber; ihr Körper enthält auch mehr Fett, in dem sich der Alkohol nicht auflöst. Da Frauen zudem weniger Wasser im Körper haben, wird der aufgenommene Alkohol nicht im gleichen Maß verdünnt. Trinkt also eine Frau die gleiche Menge Alkohol wie ein gleich schwerer Mann, so wird bei ihr der Blutalkoholgehalt höher sein. Aus diesem Grund sind Frauen anfälliger für Leberschäden, und einigen Forschungen zufolge erhöht übermäßiger Alkoholkonsum auch das Brustkrebsrisiko.

Trinken in der Schwangerschaft. Alkohol in der Schwangerschaft kann beim Neugeborenen zum so genannten fetalen Alkoholsyndrom führen. Das Krankheitsbild wurde Mitte der 70er-Jahre von Forschern der Universität Washington identifiziert. Sie untersuchten Geburtsschäden und Wachstumsanomalien bei Neugeborenen, deren Mütter Alkoholikerinnen waren. Solche Babys sind untergewichtig, haben ein flaches Gesicht und können mit Anomalien wie Gaumenspalte, Herzfehlern und deformierten Gliedmaßen zur Welt kommen. Oft sind sie geistig zurückgeblieben und leiden an Wachstumsstörungen. Bereits zwei Glas Wein am Tag schaffen ein Risiko von 1:10, dass das Baby am Alkoholsyndrom erkrankt.

Die Ärzte raten daher Frauen, die sich ein Kind wünschen oder in den ersten zwölf Wochen der Schwangerschaft sind, die Hände ganz vom Alkohol zu lassen. Allerdings bestätigen viele Mediziner, dass ein paar Gläser Wein, die die werdende Mutter kurz vor der Bestätigung ihrer Schwangerschaft getrunken hat, kaum Schaden anrichten.

Pro und contra Koffein

Koffein ist zu einem unverzichtbaren Teil des modernen Lebens geworden. Kaum jemand, der nicht morgens erst mit einer Tasse Tee oder Kaffee in Schwung kommt. Kaffee ist das Lieblingsgetränk der Deutschen; 90 % der Erwachsenen sind Kaffeetrinker und genießen im Schnitt vier Tassen am Tag.

Vorteile. Die aufputschende, wach haltende Wirkung des Koffeins ist allseits bekannt. Fernfahrer, Nachtarbeiter oder Studenten in der Examensvorbereitung wissen den Kick zu schätzen, den ihnen Kaffee gibt. Nach nur zwei Tassen Kaffee ist manch einer ein besserer Fahrer. Denn Koffein beugt nicht nur Müdigkeit vor; indem es für eine bessere Durchblutung des Gehirns sorgt, verhilft es auch zu klarerem Denken, schärft die Konzentration sowie die sensorische Wahrnehmung und verbessert die Reaktionszeit. Überdies verringert Koffein Kopfschmerzen, hat eine leicht abführende Wirkung und erhöht den Grundumsatz, wodurch Kalorien schneller verbrannt werden.

Nachteile. Wer eine Tasse Kaffee nach der anderen trinkt, schadet seiner Gesundheit. Hohe Dosen Koffein können den Puls nach oben treiben und Herzklopfen verursachen.

KOFFEINGEHALT VERSCHIEDENER GETRÄNKE

Eine Tasse Bohnenkaffee (150 ml) enthält im Schnitt 80 mg Koffein, und löslicher Kaffee bringt es noch auf 65 mg. Auch der Koffeingehalt anderer Getränke ist zum Teil recht hoch. So enthalten eine ebenso große Tasse Schwarztee 60 mg und eine Dose Colagetränk (350 ml) immerhin noch 40 mg Koffein.

Allerdings kann der Koffeingehalt je nach Sorte und Zubereitung enorm variieren. Die „Stärke" von Kaffee oder Tee gibt einen verlässlichen Hinweis auf die jeweilige Koffeinmenge. Ein starker Tee wie der Assam hat, wenn man ihn lange ziehen lässt, ebenso wie auch der unfermentierte Grüntee, mehr Koffein oder genauer gesagt Tein als die schwächeren China- oder Ceylonteesorten. Am wenigsten Koffein schließlich enthalten eine Tasse Kakao und eine Tasse entkoffeinierter Kaffee.

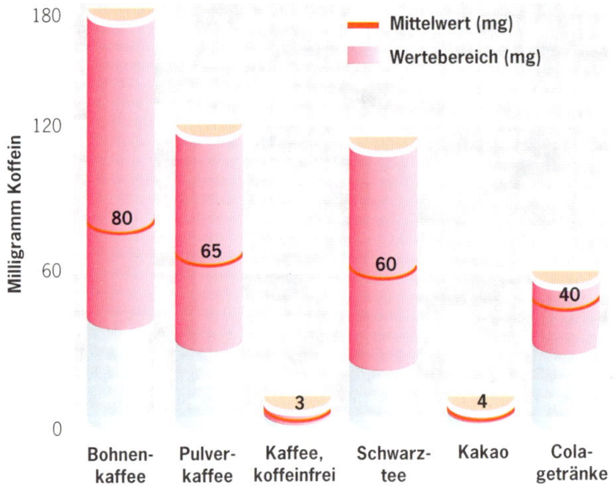

Zu viel Koffein kann auch zu Muskelzittern, beschleunigtem Atem und Schlaflosigkeit führen. Personen, die regelmäßig bis zu zwölf Tassen Bohnenkaffee am Tag trinken, klagen über Symptome wie Schweißausbrüche bis hin zu Angstzuständen. Schon nach 36 Stunden ohne Kaffee verschwinden diese unangenehmen Erscheinungen. Wer an nervösem Magen oder Magengeschwüren leidet, sollte Koffein meiden, da es die Produktion von Magensäure ankurbelt.

In Studien wurde nachgewiesen, dass Kaffee den Knochen Kalzium entzieht und die Ausscheidung dieses Mineralstoffs verstärkt. Gerade Frauen sollten daher nicht mehr als 3–4 Tassen am Tag trinken, da sich sonst ihr Risiko erhöht, in späteren Jahren an Osteoporose zu erkranken.

Für Personen, die eine Abmagerungskur machen, ist Koffein eine zweischneidige Sache. Es trägt nicht nur zum schnelleren Verbrennen von Kalorien bei, sondern regt auch die Insulinausschüttung an. Dadurch fällt der Blutzuckerspiegel ab, was wiederum Hunger auslöst. Somit ist Koffein nur dann eine Hilfe beim Abnehmen, wenn man den nagenden Hunger, der sich anschließend einstellt, erfolgreich ignorieren kann.

Kinder und Koffein. Schon Kinder und Jugendliche zählen zu den Koffeinkonsumenten, da der Stoff nicht nur in Kaffee und Tee, sondern auch in Cola und anderen Softdrinks, Kakao und Schokolade enthalten ist (siehe auch S. 100). Aufgrund ihrer geringeren Körpergröße nehmen Kinder mit jeder Flasche Cola proportional mehr Koffein auf als Erwachsene, was eine dementsprechend

ENTKOFFEINIERTER KAFFEE

Da die zur Entkoffeinierung von Kaffee eingesetzten Lösungsmittel im Verdacht stehen, Krebs zu erregen, hat man Methoden auf Wasserbasis entwickelt. Beim Schweizer Verfahren werden die Bohnen in aromatisiertem Wasser vorgeweicht. Gängiger ist das folgende Verfahren:

Kaffeeextrakt Zur Gewinnung des Kaffeearomas werden die grünen Bohnen mit Wasser berieselt.

Entzug von Koffein Dieser Extrakt passiert einen Aktivkohlefilter, der ihm das Koffein entzieht.

Rearomatisierung Der entkoffeinierte Aromaextrakt wird den Bohnen wieder zugesetzt, die nun geröstet werden.

Kürzer treten beim Koffein

Zum Wohl der Gesundheit empfiehlt es sich, die tägliche Koffeinzufuhr auf 200–250 mg oder drei Tassen Bohnenkaffee zu beschränken. Wenn Sie das Koffein allmählich reduzieren, vermeiden Sie Entzugserscheinungen. Kopfschmerzen, Lethargie und Gereiztheit treten gern auf, wenn man von heute auf morgen ganz auf Kaffee verzichtet. Hier ein paar Tips, wie Sie Ihre Koffeinaufnahme behutsam herunterschrauben können.

- Trinken Sie Kaffee oder Tee normalerweise aus einem großen Becher? Nehmen Sie jetzt eine kleinere Tasse.
- Steigen Sie von Bohnen- auf Pulverkaffee um.
- Trinken Sie jede zweite Tasse koffeinfrei.
- Mischen Sie koffeinfreien mit normalem Kaffee.
- Wechseln Sie von starkem Tee zu einer schwächeren Sorte.
- Lassen Sie den Tee kürzer als sonst ziehen.
- Trinken Sie koffeinfreie Colagetränke und andere Softdrinks.

ES MUSS NICHT IMMER KAFFEE SEIN

Wenn Sie Ihre Koffeinzufuhr reduzieren möchten, achten Sie darauf, dass Sie nicht auf ungesündere Getränke umsteigen. Viele Softdrinks etwa enthalten hohe Mengen an Zucker, Farb- und Konservierungsstoffen.

Früchte- und Kräutertees sind in aller Regel gesunde Alternativen, doch bei manchen ist Vorsicht geboten. So soll ein Tee aus den Wurzeln der Kawapflanze Halluzinationen und Sehschwächen bewirken, ein anderer aus der Wurzelrinde des Safranbaums zu Depressionen und Unterkühlung führen. Das Gros der gängigen Kräutertees ist freilich absolut harmlos und hat in Maßen genossen sogar eine gesundheitsfördernde Wirkung. Beliebte Sorten sind z. B. Hagebutte, Kamille, Melisse, Fenchel und Minze. Sie eignen sich auch gut als Durstlöscher für Kinder.

Wohlschmeckender und gesunder Ersatz für Kaffee sind auch heißes Wasser mit einem Spritzer frische Zitrone sowie diverse mit heißem Wasser vermischte Fruchtsäfte.

Nahrhaft und lecker

Aus Obst und Gemüse können Sie konzentrierte Fruchtsäfte mischen.

Papaya-Ananas-Saft kann bei Magenverstimmung helfen. Die Fruchtenzyme Papain und Bromelain sollen Schmerzen im Oberbauch lindern.

Cocktails aus rotem Paprika und Möhren enthalten viel Betakarotin und Vitamin C. Beide Antioxidantien beugen Krebs vor.

Frische Zitrussäfte sind ideal zu Mahlzeiten. Sie enthalten reichlich Vitamin C, das die Eisenaufnahme aus der Nahrung verbessert.

stärkere Wirkung entfaltet. Eine kleine Flasche Cola kann auf ein Kind die gleiche Wirkung haben wie vier Tassen Kaffee auf einen Erwachsenen. In vielen Ländern wurde der Koffeingehalt von Colagetränken zwar reduziert, doch sind für Kinder koffeinfreie Getränke allemal besser. Am gesündesten löschen sie ihren Durst mit Kräutertee, Wasser oder Mineralwasser.

Fruchtsäfte

Frische Obst- und Gemüsesäfte haben in den letzten Jahren weithin an Beliebtheit gewonnen. Viele Menschen beginnen den Tag mit einem Glas frisch gepresstem Orangensaft. Da diese Säfte aber viele Nährstoffe und Kalorien enthalten, sind sie flüssige Nahrungsmittel, die man nicht gewohnheitsmäßig als Durstlöscher trinken sollte. Freilich lassen sie sich auch mit Wasser verdünnen.

Gesunde Fitmacher. Frische Früchte und Gemüse sind meist hervorragende Quellen der oxidationshemmenden Vitamine Betakarotin, C und E, die die schädlichen Auswirkungen der freien Radikale neutralisieren. Die in den Säften enthaltenen Säuren regen überdies die Verdauung an und manche Säfte sollen sogar Symptome wie Halsweh und Schlaflosigkeit lindern. Fruchtsäfte wie Apfel- oder Zitrussäfte enthalten allerdings rund 10 % Zucker und verursachen bei häufigem Genuss Karies.

Selbst gepresste Säfte. Säfte bringen zwar nicht den gleichen Nährstoffschub wie die rohen, ballaststoffreichen Früchte und Gemüse, schmecken dafür aber oft besser. Zudem sind sie wahre Vitaminbomben. In den meisten Fällen liefert ein Glas frischer Saft ein Mehrfaches der empfohlenen Vitamin- und Mineralstoffmengen.

Frisch gepresste Säfte sind besser als Fertigprodukte aus dem Laden, da Vitamin C relativ schnell zerfällt. Außerdem sind sie frei von Zusatzstoffen. Zitrusfrüchte können Sie leicht von Hand auspressen, für Äpfel oder Karotten benötigen Sie allerdings eine Saftmaschine. Waschen Sie das Obst und Gemüse vor dem Pressen gründlich ab, um Spuren von Insektiziden und Düngemitteln zu entfernen.

Fertigsäfte. Viele Hersteller versehen ihre abgefüllten Säfte mit Zusatzstoffen und pasteurisieren sie, um sie haltbar zu machen. Oftmals handelt es sich freilich um natürliche und nicht zwangsläufig schädliche Nebenprodukte der Pflanzen. Der häufigste Zusatzstoff ist Kristallzucker. Lesen Sie beim Kauf immer das Etikett, um sicherzugehen, dass der Saft keine Zucker- oder Farbzusätze enthält, insbesondere wenn er für Kinder bestimmt ist. Kleinere Kinder sollten reine Fruchtsäfte nur verdünnt trinken. Viele sind recht sauer und können unverdünnt Kinderzähne schädigen und Durchfall verursachen.

FRUCHTSÄFTE UND IHRE VITAMINE UND MINERALSTOFFE

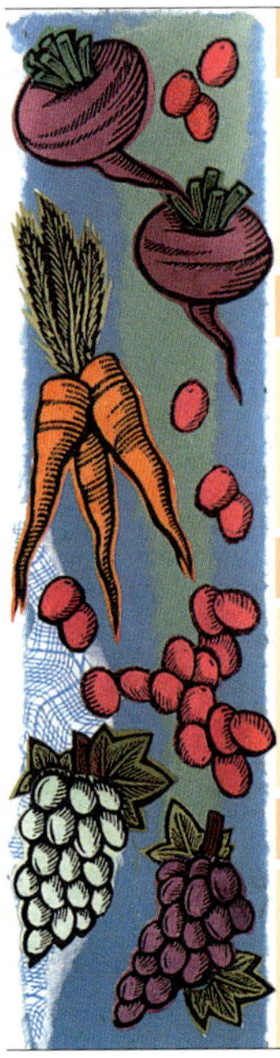

ROTE BETE (GEKOCHT)	Betakarotin, Folsäure, Magnesium, Kalium, Kalzium, Eisen
MÖHRE	Betakarotin, Folsäure, Kalium, Magnesium, Phosphor; Vitamin C (zugesetzt)
PREISELBEERE	Vitamin C, Betakarotin, Folsäure, Magnesium, Kalium
TRAUBE	Magnesium, Phosphor, Kalium; Vitamin C (zugesetzt)

MANGO	Betakarotin, Vitamin C, Magnesium, Kalium
ORANGE	Vitamin C, Betakarotin, Folsäure, Magnesium, Phosphor
PAPAYA	Vitamin C, Betakarotin, Phosphor, Kalium
ANANAS	Vitamin C, Folsäure, Magnesium

7

Gesunde und ungesunde Nahrung

Was wir Tag für Tag zu uns nehmen, hat einen ganz direkten Einfluss auf unsere körperliche Verfassung. Doch welche Nahrungsmittel vermögen nun Krankheiten vorzubeugen bzw. zu ihrer Heilung beizutragen? Welche fördern im Gegenteil die Entstehung von Krebs, Herzleiden oder Übergewicht? Und wie wirken sich die verschiedenen industriellen Verarbeitungsmethoden und der steigende Konsum von Fastfood aus?

Frisch oder konserviert?

Konservierte oder industriell verarbeitete Nahrung bietet eine Reihe von Vorteilen, ist aber nicht immer gesund. Wer sich nur davon ernährt, wird seinen Nährstoffbedarf schwerlich decken. Frische, möglichst unbehandelte Lebensmittel sind in der Regel besser.

Bitte möglichst frisch!

Obwohl Frischware von der Ernte bis zum Verkauf an Nährwert verliert, können Sie das Beste herausholen, wenn Sie:

- Frische Produkte öfter als einmal die Woche einkaufen.
- Lokale Saisonware bevorzugen.
- Gemüse und Obst möglichst umgehend verzehren. Ist das nicht möglich, lagern Sie Wurzelgemüse und Zwiebeln ungewaschen in einem dunklen, gut belüfteten Schrank. Anderes Gemüse gehört in den Kühlschrank.

Von Pfirsichen über Schweinefleisch bis hin zu Kartoffeln und Getreide wird eine bunte Palette von Lebensmitteln von der Industrie mit diversen Verfahren haltbar gemacht. Sie werden erhitzt, gefrostet, bestrahlt und chemischen Prozessen unterzogen, damit sie unabhängig von der Saison und ihrem Ursprungsort immer und überall verfügbar sind.

Viele Deutsche geben an, dass sie sich gesund zu ernähren versuchen. So ist der jährliche Zuckerkonsum pro Kopf von 34,5 kg im Jahr 1990 auf 33 kg im Jahr 1995 gesunken und der Verzehr von Fleisch und Fleischerzeugnissen gar von 95,3 kg auf 91,7 kg. An Obst und Gemüse dagegen wurden statt 210,3 kg nur 206,7 kg konsumiert. In die Höhe geschnellt ist aber der Verbrauch von Tiefkühlkost: Wurden 1990 insgesamt noch 2 046 000 t verkauft, so waren es 1995 bereits 2 477 000 t. Alles in allem besteht der Speisezettel der meisten Menschen größtenteils aus industriell vorgefertigter Nahrung.

Eine wohl ausgewogene Kost sollte alle Vitamine und Mineralstoffe beinhalten, die der Körper braucht, um richtig arbeiten zu können, dazu Eiweiß zum Aufbau und Erhalt von Muskelmasse, Fette und Kohlenhydrate als Energiespender sowie Ballaststoffe zur Unterstützung der Darmtätigkeit. Fertigkost aber vermag diese Vielfalt nicht zu bieten, wenn man sich ausschließlich davon ernährt.

Weniger Nährstoffe

Bei der industriellen Verarbeitung von Lebensmitteln geht ein Teil der lebenswichtigen Vitamine und Mineralstoffe verloren. Wird etwa Gemüse vor der Abfüllung in Dosen erhitzt, verringert sich sein Gehalt an

In der Schale und unmittelbar darunter stecken wertvolle Nährstoffe. Schälen Sie deshalb das Gemüse nicht, sondern schrubben Sie es mit einer weichen Bürste ab. Bei Kartoffeln müssen allerdings die Augen ausgeschnitten werden.

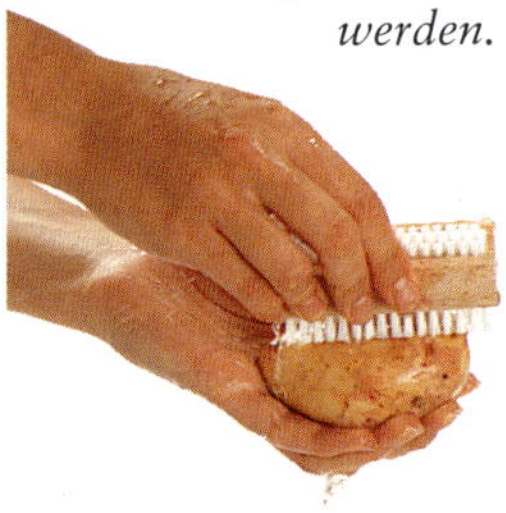

DER NÄHRWERT VON FRISCHER UND KONSERVIERTER WARE

PRODUKT	MENGE	KILOKALORIEN	EIWEISS (g)	KOHLENHYDRATE (g)	FETT (g)	NATRIUM (mg)
HUHN						
Gebraten, mit Haut	100 g	216	22,6	0	14	72,2
Gebraten, ohne Haut	100 g	148	25,2	0	5,4	80,9
Konserve	100 g	226	12,2	0	17,4	1057
PFIRSICHE						
Frisch	1 St., 125 g	52,5	1	11,8	0,1	1,25
Konserve in Sirup	125 g	85	0,5	20,3	0,12	2,5
Konserve in Saft	125 g	49	0,8	12,1	0,12	15
KARTOFFELN						
Gekocht, mit Salz	100 g	75	1,5	17,8	0,3	120
Konserve	100 g	63	1,5	15	0,04	250
Kartoffelflockenpüree	100 g	67	1,8	11,8	1,3	232
ERBSEN						
Frisch	100 g	84	6,6	12,6	0,5	2
Konserve	100 g	75	5,2	11,9	0,4	211
Tiefgekühlt	100 g	70	6	9,6	0,4	2,2

Vitamin B und C. Mineralstoffe sind zwar nicht wärmeempfindlich, doch werden sie in die Dosenflüssigkeit ausgelaugt. So können bei Magnesium und Zink z. B. Verluste von bis zu 50 % auftreten, wenn das Gemüsewasser weggeschüttet wird. Verwenden Sie es deshalb für Suppen und Eintöpfe.

Bei einer über einjährigen Lagerung verliert Dosengemüse noch mehr Vitamine, sofern die Lagertemperatur nicht unter 18 °C liegt. Andererseits sind derart konservierte Nahrungsmittel wirkungsvoll vor Bakterien und Pilzen geschützt.

Leider büßen auch manche vorgegarte Tiefkühlgerichte beim Aufwärmen Nährstoffe ein. Selbst vorgegarte Speisen bester Qualität sind meist arm an Vitamin C.

Problematisch bei Fertigkost ist aber nicht nur die Tatsache, dass viel Gutes verloren geht, sondern auch, dass einiges hinzugefügt wird, was nicht unbedingt wünschenswert ist. So weisen bestimmte Produkte erhöhte Mengen an Salz und Zucker auf, während Fertigmenüs mit Saucen sowie Konditoreiwaren in der Regel viel gesättigtes Fett und wenig Ballaststoffe enthalten.

Wie frisch sind „frische“ Lebensmittel?
Zwischen erntefrischen und marktfrischen Nahrungsmitteln besteht ein großer Unterschied. Waren, die als frisch angeboten werden, sind nicht unbedingt so nahrhaft, wie sie aussehen. Frischobst stammt vielfach aus dem Ausland oder anderen Landesteilen und hat tage- bis wochenlange Transport- und Lagerzeiten hinter sich. Selbst Gemüse aus lokalem Anbau wird vor dem Verkauf oft noch gelagert. Vom Augenblick der Ernte an beginnen Früchte und Gemüse aber Nährstoffe zu verlieren. Idealerweise sollten Obst und Gemüse daher noch am Tag der Ernte verzehrt werden. Doch leider ist das, abgesehen vom Eigenanbau, nur selten möglich.

Obst und Gemüse aus der Tiefkühltruhe können dagegen so nahrhaft sein wie Frischware. Da sie stets zum optimalen Zeitpunkt

Für eine leckere, nahrhafte Erbsensuppe brauchen Sie 120 g tiefgekühlte Erbsen, Gemüsebrühe, eine Zwiebel, 1/2 Bund Suppengemüse, einen Teelöffel Olivenöl und zum Garnieren einen Esslöffel Naturjoghurt. Verglichen mit einer Dosenerbsensuppe schneidet die frische Suppe viel besser ab: Sie enthält ganze 16 mg Natrium, die gleiche Menge aus der Dose jedoch 1550 mg.

INDUSTRIELL VERARBEITETER FISCH

Fisch ist ein wichtiger Lieferant von Eiweiß und anderen Nährstoffen, doch längst nicht überall frisch zu haben. Da der Weg zum Endverbraucher in der Regel lang ist, muss der Fisch haltbar gemacht werden. Verschiedene Verfahren stehen zur Wahl: Er wird entweder tiefgekühlt, geräuchert oder – am häufigsten – in Dosen eingelegt.

Tiefgekühlter Fisch hat noch viel von seinem ursprünglichen Nährwert. Die Fische werden gleich auf den Fischtrawlern verarbeitet und tiefgefroren. Die Produktpalette umfasst ganze Fische, Filets, panierte Stücke, Schalentiere und Fertiggerichte, die man nur noch erhitzen muss. Achten Sie beim Kauf von Tiefkühlfisch auf Verfärbungen – ein möglicher Hinweis darauf, dass die Ware vielleicht schon angetaut war und erneut eingefroren wurde.

Manche öligen Fische und Schalentiere wandern in die Dose. Ihr hoher Eiweißgehalt macht Sardinen, Lachs, Thunfisch, Krabbenfleisch und Muscheln aus der Dose zu nahrhaften Mahlzeiten. Ölhaltige Fische sind eine wertvolle Quelle von Omega-3-Fettsäuren, die das Risiko von Herzkrankheiten reduzieren (siehe S. 53). Dosensardinen und -lachs mitsamt Gräten enthalten viel Kalzium.

Manche Fische wie Schellfisch und Lachs eignen sich auch zum Räuchern. Sie werden gesalzen und für eine gewisse Zeit in einen Räucherofen gehängt. Aufgrund der chemischen Eigenschaften des Rauchs sollte Räucherfisch nur gelegentlich verzehrt werden. Der Salzgehalt dieser Fische kann variieren (Mengenangabe siehe Etikett) und mag für Menschen, die kochsalzarm essen, zu hoch sein.

Selbst gemachtes Dörrobst

Getrocknete Früchte sind köstlich und gesund und leicht im Ofen herzustellen. Nehmen Sie dazu frische, feste Früchte, die gerade reif sind. Beeren dürfen am Stück bleiben, anderes Obst aber sollte geschält, entkernt und in dünne Scheiben geschnitten werden. Damit Früchte wie Äpfel nicht braun werden, diese mit Zitronensaft und Wasser beträufeln. Ein Umluftherd eignet sich besonders gut zum Dörren. Haben Sie einen normalen Backofen, lassen Sie die Tür einen Spaltbreit offen und blasen mit einem Ventilator Luft hinein. Für gute Raumbelüftung sorgen. Den Ofen auf 50–60 °C einstellen. Das Obst auf Backbleche legen und gelegentlich wenden. Die Früchte sind fertig, wenn sie sich weich und ledrig anfühlen.

geerntet und schockgefrostet werden, bleibt der Nährstoffgehalt nahezu voll erhalten. Tatsächlich können gefrorene Früchte mehr von ihrem Vitamin C behalten als frische, die weiteratmen und möglichen Transport- und Lagerschäden ausgesetzt sind.

Die Mischung macht's

Wird ein Speiseplan mit einem hohen Anteil an Fertigkost täglich durch mehrere Portionen Frischobst und -gemüse ergänzt, kann der Körper daraus alle nötigen Nährstoffe beziehen. Was freilich nicht heißt, dass diese Ernährung gesund oder ausgewogen ist – sie kann trotzdem zu viel Fett, Salz und Zucker enthalten und zu wenig Ballaststoffe, wenn Vollkornprodukte und -brot fehlen und zu viele Desserts und Knabberartikel auf den Tisch kommen. Da aber bei vielen die Zeit für den Einkauf und die Zubereitung frischer Nahrungsmittel knapp bemessen ist, können vorgefertigte Speisen durchaus hilfreich sein, ohne der Gesundheit zu schaden. Sorgfältig ausgewählt, sind bestimmte Fertigprodukte wie Vollkornbrot, Dosensardinen, Tiefkühlgemüse und fettarme Milch physiologisch sogar ausgesprochen wertvoll.

Verarbeitung und Verpackung

Lebensmittel werden u. a. durch chemische Zusätze, Trocknen, Einfrieren, Erhitzen, Bestrahlen, Raffinieren und Vergären haltbar gemacht. Danach wird die Ware in Metalldosen, Kartons oder Folie verpackt. Manche dieser Verfahren sind allerdings umstritten, da sie der Nahrung möglicherweise schaden.

Bestrahlung. Von allen Konservierungsmethoden hat die Bestrahlung am meisten Ängste geschürt. Dass bestrahlte Lebensmittel radioaktiv sein könnten, wurde eindeutig widerlegt, und eine Gesundheitsgefährdung konnte bislang auch noch nicht nachgewiesen werden. Dennoch ist das Verfahren in Deutschland verboten, da andererseits auch seine Unbedenklichkeit nicht bewiesen ist. Eine Ausnahme sind Gewürze: Da ist die Bestrahlung schon lange üblich. Und über Importe gelangt bestrahlte Ware schließlich doch in unsere Läden.

Beim Bestrahlen werden die Lebensmittel Gammastrahlen ausgesetzt, die aus einer radioaktiven Quelle kommen. Hierbei werden krank machende wie auch andere, natürlich vorkommende Bakterien abgetötet, damit sie sich nicht vermehren und Giftstoffe produzieren können. Bereits eine schwache Bestrahlungsdosis kann bei Kartoffeln ein Auskeimen verhindern. Da das Verfahren auch den Reifungsprozess bei Obst und Gemüse verlangsamt, bleiben diese länger genießbar.

Nicht alle Lebensmittel eignen sich für die Bestrahlung. Fette z. B. können oxidieren und ranzig werden, weshalb das Verfahren für die meisten Milchprodukte sowie fettige oder ölige Nahrungsmittel wie etwa Sardinen nicht in Frage kommt.

BESTRAHLTE LEBENSMITTEL

In manchen Ländern werden Tomaten und andere frische Früchte und Gemüse bestrahlt, um Bakterien abzutöten und den Reifeprozess zu verzögern. Dabei werden Gammastrahlen aus einer radioaktiven Quelle auf die verpackte Ware gerichtet. Die Strahlen dringen in die Nahrung ein und spalten die DNS der darin natürlich enthaltenen Bakterien auf, die so abgetötet werden.

Durch die Bestrahlung braucht man weniger Konservierungsstoffe und Zusätze und die Ware behält beim Transport und im Laden ihr appetitliches Aussehen. In Deutschland ist das Verfahren noch verboten, da Gesundheitsrisiken nicht ausgeschlossen werden können.

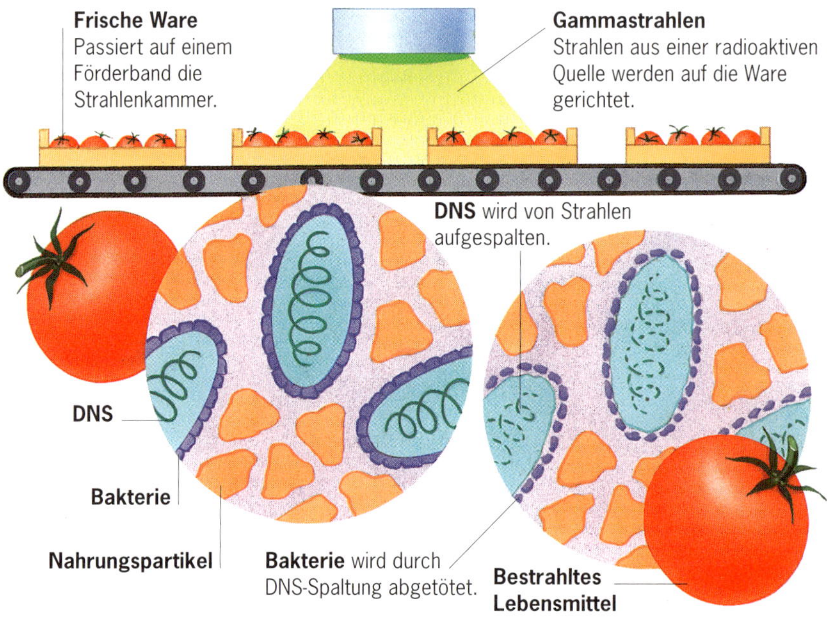

Die Gegner der Bestrahlung führen als weiteres Gegenargument Nährstoffverluste an. Betroffen sind die Vitamine A, E und K, die B-Gruppe einschließlich Folsäure sowie möglicherweise Vitamin C.

Tiefkühlung. Im Gegensatz zur Bestrahlung ist das Einfrieren eine der besten Möglichkeiten, den Nährwert von Lebensmitteln zu erhalten. Tatsächlich gehen hierbei weniger Nährstoffe verloren als bei irgendeinem anderen Konservierungsverfahren. Die Aktivität vitaminschädigender Bakterien und Enzyme wird eingestellt, weil das Wasser in der Nahrung in Form von Eis gebunden ist. Da die Bakterien und Enzyme nicht abgetötet werden, können sie beim Auftauen jedoch erneut aktiv werden.

Durch den Tiefkühlprozess können sich allerdings Aroma und Konsistenz mancher Lebensmittel verändern, vor allem, wenn sie nicht schnell genug oder gar wiederholt eingefroren werden. So entfalten Knoblauch und grüner Paprika ein kräftigeres Aroma, während Zwiebeln an Würzkraft verlieren. Salbei bekommt einen bitteren Geschmack und Gebratenes schmeckt oftmals fade.

Wie sehr die Verbraucher Tiefkühlkost zu schätzen wissen, dokumentiert folgende Statistik: Von 1970 bis 1995 hat sich der Verzehr in Deutschland verachtfacht.

Verpackung. Nicht jede Verpackungsart ist unbedenklich. Insbesondere die Sicherheit von Frischhaltefolie wird oftmals in Frage gestellt. Supermärkte verkaufen viele Lebensmittel wie Fleisch, Käse, Brötchen, Obst und Gemüse in dehnbarer PVC-Folie. Um die Haftfähigkeit zu verbessern, werden der Folie Weichmacher beigemengt, die in die eingewickelten Speisen übergehen können.

Amerikanischen Untersuchungen zufolge können diese Weichmacher bei Versuchstieren Krebs auslösen. Dabei wird der Weichmacher Di-2-Äthylhexyl (DEHA) achtmal leichter in die Nahrung abgegeben als andere. Da die in Weichmachern enthaltenen Schadstoffe fettlöslich sind, gehen sie besonders in fettreiche Produkte wie Fleisch, Wurst und Käse über, die eng mit der Folie umwickelt sind. Füllen Sie die Lebensmittel deshalb daheim in andere Behältnisse um.

Bei Speisen, die mitsamt der Verpackungsfolie in der Mikrowelle erhitzt wurden, hat man die größte Absorption von Weichmachern festgestellt. Verwenden Sie also keinesfalls DEHA-haltige Erzeugnisse in der Mikrowelle. Nehmen Sie entweder speziell für die Mikrowelle entwickelte Töpfe und Behälter oder verwenden Sie PVC-freie Folie bzw. Folie ohne Weichmacher.

Aluminium. Als Verpackungsmaterial fragwürdig ist auch Aluminium. Mehrere Studien ergaben, dass dieses Leichtmetall älteren Menschen, insbesondere Personen mit Nierenproblemen, gefährlich werden und zu Blutarmut und Alzheimer beitragen kann. Es ist denkbar, dass Aluminium unter besonderen Bedingungen über Lebensmittel und Getränke in den Körper gelangt, die in Aludosen verpackt waren oder in Alufolie oder -töpfen gegart wurden (siehe S. 74).

TROCKNUNGSVERFAHREN

Einst breitete man Hülsenfrüchte, Obst wie Aprikosen, Datteln oder Trauben sowie in Streifen geschnittene Fleisch- oder Fischstücke in der Sonne zum Dörren aus, um sie für später zu konservieren; Letztere wurden zum Trocknen auch geräuchert. Eine Vielfalt moderner Trocknungsverfahren gestattet heute das Dörren von weit mehr Nahrungsmitteln. Manche Früchte und Gemüse werden in Tunnelöfen mit Heißluft überblasen, bis ihr Feuchtigkeitsgehalt nur noch 25 % beträgt. Kartoffeln, Milch und Eier werden gar bis auf 2–10 % Restfeuchte entwässert. Durch das Trocknen werden auch Bakterienvermehrung und Enzymaktivität unterbunden.

Bei der schnelleren Gefriertrocknung wird einem zuvor tiefgekühlten Lebensmittel alle Feuchtigkeit entzogen. Mit diesem Verfahren werden beispielsweise Instantkaffee und die bei Campern beliebten gefriergetrockneten Früchte und Gemüse hergestellt. Geschmack und Farbe dieser Produkte sind, nachdem sie in Wasser eingeweicht wurden, meist von guter Qualität und halten in der Regel durchaus dem Vergleich mit frischer Ware stand.

Küchenfolie in der Mikrowelle

Wenn Sie die Speisen zudecken, bleibt die Feuchtigkeit beim Erhitzen im Mikrowellenherd erhalten, und der entstehende Dampf verkürzt die Garzeit. Statt eines Deckels können Sie auch mikrowellenfeste, PVC-freie Folie verwenden.

Achten Sie darauf, dass die Küchenfolie beim Zudecken die Speise nicht berührt.

Durch den heißen Dampf kann die Folie reißen. Lassen Sie daher an einer Seite eine Öffnung, durch die der Dampf entweichen kann.

Damit Sie sich beim Entfernen der Folie nicht verbrühen, ziehen Sie sie vom hinteren Rand vorsichtig nach vorne ab.

Richtiger Umgang mit Bionahrung

Da sie weniger Chemierückstände enthalten, sind ökologisch angebaute Nahrungsmittel von Haus aus gesünder. Allerdings gilt es, bei Auswahl, Zubereitung und Lagerung solcher Lebensmittel einige Vorsichtsmaßregeln zu befolgen.

- Achten Sie auf ein Gütesiegel, das die Einhaltung strenger ökologischer Anbaurichtlinien garantiert – z. B. Bioland, Demeter oder Naturland.
- Unmittelbar vor dem Verzehr alle Früchte und Gemüse unter fließendem Kaltwasser abspülen.
- Damit nichts ranzig wird, gehören Nahrungsmittel, die viele Nüsse, Samen und Öle enthalten, in den Kühlschrank. Nicht länger als ein paar Wochen aufbewahren.
- Beim Einmachen oder Abfüllen von Lebensmitteln – ob aus konventionellem oder ökologischem Landbau – streng nach Vorschrift arbeiten.

Bionahrungsmittel

Die Angst vor manipulierten Produkten und den ökologischen Folgen intensiver Landwirtschaft hat Lebensmitteln aus biologischem Landbau zu wachsender Beliebtheit verholfen. Dabei kommen weder chemische Düngemittel noch Pestizide zum Einsatz. Dafür verwenden die Ökolandwirte traditionelle Anbaumethoden wie Mischkultur, Fruchtwechsel, Flachpflügen und Düngen mit Kompost. Natürliche Verfahren wie die biologische Schädlingsbekämpfung werden groß geschrieben und bei einer nachfolgenden Verarbeitung wird ganz auf weitere Zusätze oder Konservierungsstoffe verzichtet.

Ist ökologisch angebaute Ware besser?

Nach Aussagen ihrer Anhänger sind Lebensmittel aus biologischem Landbau nahrhafter und wohlschmeckender, und da sie keine Pestizid- und Düngemittelrückstände enthalten, obendrein auch gesünder. Ob sie der Gesundheit zuträglicher sind als Produkte aus konventionellem Anbau, steht und fällt aber damit, ob die Mengen und Konzentrationen der Chemikalien, die in der Intensivlandwirtschaft eingesetzt werden, Auswirkungen auf unsere Gesundheit haben.

Pestizide auf dem Prüfstand

Wie gefährlich manche Schädlingsbekämpfungsmittel sein können, zeigt der Fall DDT. Das Insektizid kam 1945 in den Handel, wurde aber bereits in den 70er-Jahren in vielen Ländern wegen zum Teil verheerender Auswirkungen auf das menschliche Nervensystem verboten. In der Folge gerieten alle Agrochemikalien unter Beschuss, die eingesetzt werden, um die Ernte gegen Schädlinge zu schützen und damit die Erträge zu steigern. DDT freilich wird in vielen Entwicklungsländern noch heute eingesetzt.

In den Industrienationen sind die Zulassung und Anwendung von Pestiziden gesetzlich geregelt. Da bei einigen Wirksubstanzen im Tierversuch nachgewiesen wurde, dass sie Krebs erregen und das Erbgut schädigen können, werden seit den 80er-Jahren immer mehr dieser Mittel verboten. Auch andere Erkrankungen wie Schlafstörungen, Störungen der Motorik und übermäßige Aggressivität können durch bestimmte Pestizide verursacht werden. Angaben der Weltgesundheitsorganisation zufolge erleiden Jahr für Jahr ungefähr 3 Millionen Menschen Vergiftungen durch Schädlingsbekämpfungsmittel und 220 000 Betroffene müssen sterben.

Um das Risiko hierzulande wie auch in anderen Industrieländern zu minimieren, hat man Höchstwerte für Pestizidrückstände in Lebensmitteln festgelegt. Nach Meinung mancher Wissenschaftler sind sie aber teilweise immer noch zu hoch angesetzt. Vorgeschrieben ist auch der Zeitraum, der zwischen der letzten Behandlung der Pflanzen mit Pestiziden und der Ernte liegen muss; damit will man erreichen, dass die Schadstoffe weitgehend abgebaut sind, wenn die Erzeugnisse zum Verkauf kommen. In Deutschland werden die Chemikalien in Nahrungsmitteln regelmäßig von den Lebensmittelbehörden der Länder überwacht. Europaweit werden

BESSER MIT SCHÖNHEITSFEHLERN

Lassen Sie sich beim Kauf von frischer Ware nicht blenden. Erzeugnisse aus konventionellem Anbau haben zwar meist ein ansprechenderes Äußeres, was jedoch über die inneren Werte gar nichts aussagt. Die Schadstoffe werden hier gratis mitgeliefert und Ware aus dem Ausland kann überdies bestrahlt oder genmanipuliert sein. Ökologisch angebaute Nahrungsmittel hingegen (Abb. rechts) haben manche Schönheitsfehler und eine unregelmäßigere Form, sind aber in jedem Fall gesünder. Oft sind sie stärker von Läusen befallen, die aber völlig harmlos sind und leicht abgewaschen werden können.

Äpfel werden gewachst, damit sie schön glänzen.

Pestizide hinterlassen oft sichtbare Rückstände auf herkömmlichen Produkten.

momentan rund 800 Substanzen von einer EU-Kommission untersucht; das Programm dürfte bis zum Jahr 2003 abgeschlossen sein.

Solange nicht eindeutig feststeht, dass alle chemischen Mittel, die heute in der Agrarwirtschaft zugelassen sind, tatsächlich unbedenklich für die Gesundheit sind, muss man wohl davon ausgehen, dass sie eine potenzielle Gefahr darstellen, gerade auch für Kinder, die noch empfindlicher darauf reagieren als Erwachsene. Und somit schneiden Bionahrungsmittel in jedem Fall besser ab.

Perfekte Lebensmittel – gibt es das?

Für eine ausgewogene Ernährung ist normalerweise eine Kombination vieler Lebensmittel unverzichtbar. Manche Nahrungsmittel enthalten allerdings von Natur aus eine derart große Fülle an lebenswichtigen Nährstoffen, dass man sie als nahezu perfekt bezeichnen kann. Dazu gehören Weizen, Bananen und Milch.

Weizen

Bisweilen als Stoff des Lebens bezeichnet, stellt Weizen in der Ernährung der meisten Menschen 15–60 % der Kalorien- und Eiweißzufuhr. Von den 44 bekannten essenziellen Nährstoffen fehlen diesem Korn ganze fünf: die Vitamine A, B_{12}, C und D sowie Jod. Das Weizenkorn enthält 22 Vitamine, dazu Mineralstoffe, Ballaststoffe und Protein; Letzteres ist jedoch unvollständig. Um vollwertiges Eiweiß zu bekommen, muss der Weizen deshalb mit einer ergänzenden Eiweißquelle wie getrockneten Bohnen, Linsen oder Nüssen kombiniert werden.

ACHTUNG!

Bionahrungsmitteln fehlen die Konservierungsstoffe herkömmlich produzierter Lebensmittel. Achten Sie deshalb immer auf optimale Frische. Schimmelpilze können ein ernstes Gesundheitsrisiko darstellen, da sie die Entstehung von Krebs begünstigen.

Der massive Einsatz von Kunstdünger und Pestiziden in der Landwirtschaft ist rückläufig. Viele Landwirte bauen heutzutage auf integrierte Schädlingsbekämpfung mit weit geringeren Mengen chemischer Mittel. Deren Einsatz sichert freilich hohe Erträge und beugt dem Verderb vor, wodurch die Ware billiger wird.

AUS DEM GARTEN DER NATUR: BIOWEIN

Ein Glas Wein kann zum noch größeren Genuss werden, wenn es nur wenig künstliche Zusätze enthält. Wein aus ökologischem Anbau wird aus Trauben gekeltert, die ohne Kunstdünger und Pestizide reifen durften. Bei der Herstellung sind nur geringe Mengen Schwefeldioxid zulässig. Dies setzt das Risiko einer allergischen Reaktion bei solchen Menschen herab, die an Asthma oder Bronchialproblemen leiden. Auch wer eine Sulfitüberempfindlichkeit hat (siehe S. 105), reagiert bei diesem Wein wahrscheinlich weniger stark.

Ökoweine sind auf dem Etikett am Symbol einer biologischen Kellerei zu erkennen. Auf französischen Flaschen steht mitunter *Production de l'agriculture biologique* (Erzeugnis aus biologischem Landbau).

Auch Weinstöcke, die weder Kunstdünger noch Pestizide erhalten, können hervorragende Rebsäfte hervorbringen. Die Qualität dieser Bioweine ist so mannigfaltig wie die herkömmlicher Weine. In Bukett und Charakter ähneln sie meist ebenfalls den konventionell ausgebauten Weinen derselben Rebsorte und Region.

So wenig Rückstände wie möglich

Falls Sie keine Produkte aus biologischem Landbau bekommen, ergreifen Sie geeignete Maßnahmen, um das Gesundheitsrisiko durch Pestizide und andere Chemikalien, die Erzeugnissen aus konventionellem Anbau anhaften können, möglichst gering zu halten.

- Viele verschiedene Nahrungsmittel essen. So erhalten Sie keine allzu großen Mengen von einem bestimmten Pestizid.
- Saisonware essen. Importierte oder einheimische, außerhalb der Saison gezogene Gemüse und Früchte dürften eher mit chemischer Unterstützung gereift sein.
- Erzeugnisse aus einheimischem Anbau kaufen. Importware – vor allem aus Entwicklungsländern – wird oft unter weit weniger strenger Kontrolle angebaut.
- Gemüse und Obst vor dem Verzehr waschen. Oberflächliche Rückstände sind oft wasserlöslich und können weggespült werden.
- Produkte mit glänzender Oberfläche grundsätzlich schälen. Durch das Wachs werden Rückstände auf der Schale versiegelt.
- Obst und Gemüse kappen. Rückstände finden sich oft konzentriert in den Spitzen und äußeren Blättern.
- Früchte und Gemüse selbst anbauen. Für Hobbygärtner gibt es eine Reihe von Methoden, die Schädlinge ohne Chemie bekämpfen.

Wunder der Natur

Jedes Weizenkorn birgt eine Fülle wertvoller Nährstoffe. Die äußeren Schichten seiner Schutzhülle, die man Kleie nennt, bestehen überwiegend aus Ballaststoffen. Dazu hat es einen hohen Anteil an B-Vitaminen, einige Mineralstoffe und Eiweiß. Der Weizenkeim enthält mehrfach ungesättigtes Fett, viele B-Vitamine, Vitamin E und Eiweiß. Das Endosperm oder Nährgewebe versorgt den wachsenden Samen. Es besteht vor allem aus Stärke und Eiweiß sowie einigen B-Vitaminen.

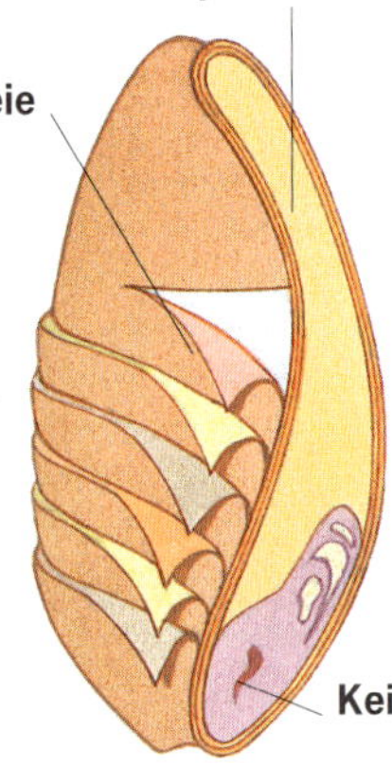

Steingemahlen ist Vollkornmehl am gesündesten, da die Inhaltsstoffe des Weizenkorns weitestgehend erhalten bleiben.

Weißmehl oder Vollkornmehl? Die Nährstoffe sind im Weizenkorn nicht gleichmäßig verteilt. Viele sind in den äußeren Schichten, also der Kleie, und im Keim konzentriert, die beide beim Feinmahlen verloren gehen. Ausgesiebtes Weizenmehl hat deutlich weniger Nährstoffe als das volle Korn und nur etwa ein Drittel seiner Ballaststoffe. Vollmehl dagegen verfügt über nahezu den gesamten Ballaststoffgehalt, daher sind Vollkornprodukte ungleich gesünder als Weißmehl.

Macht Weizen dick? Weizen hatte in der Vergangenheit nicht immer den besten Ruf. Wegen seines Kohlenhydratgehalts galt er als Dickmacher. In Wahrheit sind Kohlenhydrate wichtige Energiespender und besonders wertvoll, wenn sie in der natürlichen Form des vollen Korns vorliegen. Nicht der Weizen an sich macht dick, sondern die Butter und fettreichen Aufstriche, die aufs Brot kommen, und die sahnigen Saucen, mit denen viele Nudelgerichte serviert werden.

Bananen

Mit nur 123 kcal und fast 0 % Fett ist die Banane die perfekte Zwischenmahlzeit und Energiespritze, was u. a. die vielen Tennisspieler, die sie in den Satzpausen essen, bestätigen können. Die Früchte enthalten viel Kalium, das den Blutdruck und die Herztätigkeit reguliert und dadurch Herzinfarkt, Schlaganfall und Herzrhythmusstörungen vorbeugen hilft. Zudem deckt eine Banane 30 % des Tagesbedarfs an Vitamin B_6 und fast 20 % an Vitamin C.

Milch

Milch ist in den meisten Phasen des Lebens eine wichtige Nahrungsquelle. Für die Entwicklung der kindlichen Knochen und Zähne unverzichtbar, trägt Milch auch bei Erwachsenen bis ins hohe Alter hinein dazu bei, die Gesundheit zu erhalten. Milch ist reich an Kalzium und anderen wichtigen Mineralstoffen, vor allem Zink, Phosphor, Magnesium und Kalium. Außerdem enthält sie hochwertiges Eiweiß sowie eine Vielzahl von Vitaminen – A, B_1, B_2, B_6 und B_{12}. Kohlenhydrate liegen in Form eines einfachen Disaccharids, der Laktose, vor. Vollmilch ist reich an gesättigtem Fett, doch durch den Kauf von teilentrahmter Milch, die nur einen Fettgehalt von 1,5 – 1,8 % hat, bzw. entrahmter Milch, deren Fettgehalt unter 0,3 % liegt, lassen sich die Vorzüge der Milch genießen, ohne zu viel Fett aufzunehmen.

Trotz einer Fülle wichtiger Nährstoffe ist Milch dennoch kein perfektes Lebensmittel. Sie enthält keine Ballaststoffe und nur ganz wenig Nahrungseisen und Vitamin C. Selbst bei Muttermilch ist nach den ersten Lebensmonaten eines Säuglings die Ergänzung durch andere Nährmittel erforderlich, damit er alles bekommt, was er braucht.

Ganz wichtig: Kalzium. Gesundes Wachstum und der Erhalt der Knochen- und Zahnsubstanz hängen wesentlich von einer guten Versorgung mit Kalzium ab; wichtig sind auch Zink, Kupfer, Mangan, Fluorid und Eiweiß. Der Blutdruck wird ebenfalls durch Kalzium beeinflusst. Amerikanische Forscher haben nachgewiesen, dass Kinder mit der höchsten Kalziumaufnahme die niedrigsten Blutdruckwerte hatten. Von besonderer Bedeutung ist Kalzium für Mädchen und Frauen. Bekommen heranwachsende Mädchen zu wenig Kalzium, kann dies zu Lasten ihres Knochenmassenaufbaus gehen. In späteren Jahren sind sie dann anfälliger für Osteoporose, eine schleichende Aushöhlung des Knochengewebes, die zu Brüchen führen kann (siehe S. 69). Schwangere und

ACHTUNG!

Kinder sollten keine fettarme Milch trinken, bevor sie zwei Jahre alt sind, und auch dann nur, wenn sie ansonsten abwechslungsreich ernährt werden. Magermilch ist für Kinder unter fünf Jahren nicht zu empfehlen.

NÄHRSTOFFGEHALT DER WEIZENMEHLSORTEN (pro 100 g)

MEHL	KILOKALORIEN	EIWEISS (g)	KOHLENHYDRATE (g)	FETT (g)	NATRIUM (mg)	BALLASTSTOFFE (g)
Volles Korn	309	11,7	61	2	8	10,3
Vollmehl Type 1700	302	11,2	59,7	2,1	2	9,8
Feinmehl Type 405	332	9,8	70,9	1	2	4

WELCHE MILCH IST AM BESTEN?

Je nachdem, welcher Behandlung die Milch unterzogen wurde, ändern sich ihre Zusammensetzung und ihr Nährwert. Schauen Sie deshalb vor dem Kauf aufs Etikett. Der Großteil der Milch im Handel ist pasteurisiert. Um Bakterien abzutöten, wird sie auf 72 °C erhitzt, wobei 10 % der B-Vitamine und 25 % des Vitamin C verloren gehen.

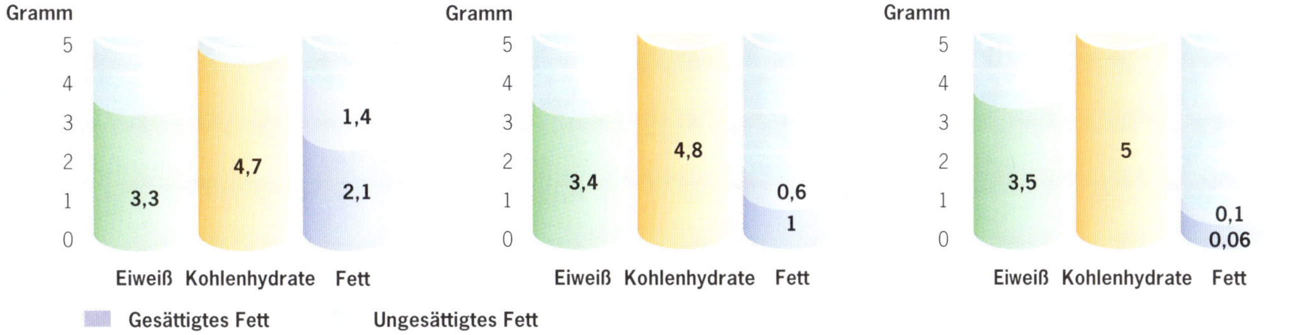

VOLLMILCH

Der durchschnittliche Fettgehalt von pasteurisierter Vollmilch liegt bei 3,5 %. 100 ml Vollmilch enthalten 3,3 g Eiweiß, 4,7 g Kohlenhydrate und 3,5 g Fett, wovon 2,1 g aus gesättigten Fettsäuren bestehen.

FETTARME MILCH

Fettarme bzw. teilentrahmte Milch besitzt nur noch rund 1,6 % Fett und verliert auch einen Teil ihres Gehalts an Vitamin A und D. 100 ml fettarme Milch enthalten 3,4 g Eiweiß, 4,8 g Kohlenhydrate und 1,6 g Fett, wovon 1 g gesättigt ist. Fettarme Milch ist nicht geeignet für Kinder unter zwei Jahren.

MAGERMILCH

Magermilch oder entrahmte Milch enthält mit unter 0,3 % fast kein Fett mehr. Sie behält das Kalzium der Vollmilch, büßt jedoch mit dem Fett mehr Vitamin A und D ein. 100 ml Magermilch enthalten 3,5 g Eiweiß, 5 g Kohlenhydrate und 0,1 g Fett, wovon 0,06 g gesättigt sind. Für Kinder unter fünf ist sie nicht geeignet.

stillende Frauen benötigen das Mineral als Wachstumshilfe für ihr Baby vor und nach der Geburt. In der Menopause kann eine gesteigerte Kalziumzufuhr dem durch nachlassende Östrogenwerte verursachten Abbau der Knochenmasse entgegenwirken.

Kinder unter elf Jahren sollten mindestens zwei bis drei Glas Milch am Tag trinken, Teenager und junge Erwachsene vier Tassen, ältere Erwachsene zwei bis drei Tassen und stillende Mütter und Frauen nach den Wechseljahren vier Tassen oder mehr.

Milchallergien. Nicht jeder verträgt Milch. Manche Völker – insbesondere Inuit, Asiaten, Afrikaner, Indianer und bis zu 40 % der Kaukasier – besitzen keine ausreichenden Mengen des Enzyms Laktase im Darm, das die in der Milch enthaltene Laktose aufschließt (siehe S. 108). Auch hierzulande leidet eine Reihe von Personen unter Milchunverträglichkeit. Für diese Menschen empfiehlt sich als Alternative Milch mit einem reduzierten Laktosegehalt, Sojamilch oder Joghurt. Joghurt enthält weniger Laktose als Milch und ist dennoch reich an Eiweiß und Milchnährstoffen. Zudem liefert er Kalzium in konzentrierterer Form (siehe S. 102 f.).

DIE IDEALE NAHRUNG

Muttermilch ist zweifellos das Beste, was ein Säugling bekommen kann. Sie kostet nichts, muss nicht sterilisiert werden, hat genau die richtige Temperatur und liefert alle lebenswichtigen Nährstoffe in einer für das Baby optimalen Zusammensetzung. Einige dieser Nährstoffe, z. B. Eisen und Vitamin D, werden aus der Muttermilch viel effektiver aufgenommen als aus Milchfertignahrung. Die reife Frauenmilch enthält 1,2 g Protein, 3,5 g Fett und 7 g Milchzucker bzw. Kohlenhydrate. 100 ml versorgen das Kleine mit rund 70 kcal.

Darüber hinaus enthält die Muttermilch wichtige Abwehrstoffe, die das Baby, das noch nicht genügend Abwehrkräfte hat, schützen. Viruserkrankungen, Atemwegsinfektionen, Infektionen des Magen-Darm-Trakts sowie Allergien treten bei Stillkindern wesentlich seltener auf als bei Flaschenkindern.

Heilkräftige Lebensmittel

Manche Nahrungsmittel wie z. B. Kohl sind wahre Tausendsassas: Sie enthalten spezielle Nährstoffe oder chemische Verbindungen, die die Entstehung bestimmter Krankheiten verhüten oder Beschwerden lindern können. Andere versorgen uns rasch mit Energie.

Unter gewissen Umständen entstehen in den Zellen freie Radikale, die andere, gesunde Moleküle angreifen und ihnen ein Elektron entreißen. Dadurch werden diese ihrerseits zum Radikal und berauben andere Moleküle ihres Elektrons. Damit beginnt eine Kettenreaktion, die erst bei Anwesenheit eines Antioxidans unterbrochen wird. Es kann dem instabilen Molekül ein Elektron abtreten ohne dadurch zum Radikal zu werden.

Hunderte von Studien belegen, dass Obst und Gemüse einen wirksamen Schutz vor Krankheit bieten. Die effektivste Waffe gegen Krebs und andere Leiden sind offenbar Kreuzblütler bzw. Kohlgewächse. Diese Gemüse enthalten so genannte Antioxidantien; dabei handelt es sich um Antikrebsstoffe, die bestimmte Moleküle, die freien Radikale, angreifen.

Freie Radikale werden in allen Zellen als Teil der normalen biochemischen Reaktionen des Körpers und seiner Abwehrmechanismen freigesetzt. Nimmt ihre Zahl infolge zunehmender Belastung durch UV-Strahlung, Umweltverschmutzung oder Rauchen überhand, richten sie sich gegen den Körper selbst. Eine ungehinderte Radikalaktivität aber führt zu vorzeitigem Altern und kann durch eine Schädigung der DNS, der genetischen Erbsubstanz, bestimmte Krebsformen verursachen.

Segensreiche Antioxidantien

Während die stabilen Moleküle im Körper vollständige Bindungselektronenpaare besitzen, ist bei freien Radikalen mindestens eine Bindung ungesättigt, was sie instabil macht. Um einen stabilen Zustand zu erreichen, rauben sie anderen Molekülen ein Elektron. Diese werden nun ihrerseits zu instabilen Radikalen und holen sich Elektronen von vollständigen Molekülen. Damit wird eine verhängnisvolle Kettenreaktion in Gang gesetzt. Aber zum Glück gibt es die Antioxidantien: Diese Substanzen neutralisieren die freien Radikale, indem sie ihnen ein Elektron abgeben, ohne dadurch selbst instabil zu werden. Danach werden die Antioxidantien sicher aufgeschlüsselt und vom Körper aufgenommen.

Zu den wichtigsten Antioxidantien zählen die Carotinoide, allen voran Betakarotin (die pflanzliche Vitamin-A-Quelle z. B. in Möhren und Orangen), die Vitamine C und E, die Mineralstoffe Selen, Zink, Kupfer und Magnesium sowie Eiweiß, besonders Glutathion, eine Kombination der Aminosäuren Glutamat, Glycin und Cystein. Diese oxidationshemmenden Stoffe kommen in einer Vielzahl von Früchten und Gemüsen vor.

Am intensivsten wurden bislang Betakarotin, Vitamin C und E erforscht. In Versuchsreihen hat man festgestellt, dass eine hohe Aufnahme von Betakarotin sowohl die

GESUNDES AUS DEM KRÄUTERGARTEN

Petersilie gehört zu den Doldengewächsen, die wie die Kreuzblütler derzeit auf ihre krankheitsbekämpfenden Eigenschaften hin erforscht werden. Die zweijährige Pflanze enthält Betakarotin und viel Vitamin C, die vor Krebs und Herzleiden schützen können und das Immunsystem kräftigen. Die bekanntesten Arten sind die besonders häufig angebaute krausblättrige Petersilie und die glattblättrige Blattpetersilie. Die Blätter enthalten B-Vitamine, Eisen, Kalzium, Magnesium, Ballaststoffe sowie Antioxidantien. Sie eignen sich zum Würzen etwa von Eintöpfen, Salaten und Kartoffeln oder man kann sie als essbare Garnierung verwenden. Das Kauen roher Petersilie sorgt nach dem Genuss von Knoblauch für frischen Atem.

Gefahr von Herzkrankheiten wie auch von Mund-, Kehlkopf-, Speiseröhren-, Lungen-, Magen-, Gebärmutter- und Blasenkrebs reduzieren konnte. Andere Studien wiesen einen Zusammenhang zwischen einer hohen Vitamin-C-Zufuhr und einer geringeren Anfälligkeit für grauen Star, Herz- und Gehirnerkrankungen sowie nichthormonale Krebsformen wie Magen-, Lungen- und Kehlkopfkrebs nach. Und viel Vitamin E, das in Pflanzenölen und Sonnenblumensamen vorkommt, senkte das Risiko von Lungenkrebs, Magen-Darm-Krebs und Thrombose.

Machtlos gegen Nikotin. Gegen die Folgen des Rauchens aber können selbst Antioxidantien offenkundig nichts ausrichten. Eine vom Nationalen Krebsforschungsinstitut der Vereinigten Staaten in Zusammenarbeit mit dem staatlichen finnischen Gesundheitsamt durchgeführte Studie an 29 000 Langzeitrauchern über 50 kam zu dem Resultat, dass regelmäßige Gaben von Vitamin E und Betakarotin das Lungenkrebs- oder Schlaganfallrisiko nicht reduzierten. Vielmehr traten diese Krankheiten gerade bei den Personen, die die Vitamine bekamen, häufiger auf als in einer Vergleichsgruppe, die nichts einnahm. Eine mögliche Erklärung für dieses verblüffende Ergebnis wäre, dass der Krebs bereits latent im Körper existierte und Oxidationshemmer wohl nur vorbeugend, nicht aber therapeutisch wirken.

ACHTUNG!

Manche heilsamen Eigenschaften von Antioxidantien und sekundären Pflanzenstoffen gehen durch langes Kochen verloren. Gemüse sollten Sie daher roh essen, kurz dämpfen oder in der Mikrowelle garen.

Sekundäre Pflanzenstoffe

Erst 1978 entdeckt, werden sekundäre Pflanzenstoffe bzw. phytochemische Substanzen inzwischen als die neue Hoffnung im Kampf gegen den Krebs gefeiert. Bei diesen Stoffen, von denen buchstäblich Tausende in Früchten und Gemüsen vorkommen, handelt es sich weder um Vitamine noch um Mineralsalze, sondern um chemische Verbindungen, die die Pflanzen vor Krankheiten und Verletzungen schützen. Beim Menschen scheinen sie offenbar stark krebshemmend zu wirken oder natürliche Mechanismen auszulösen, die schädliche Verbindungen inaktivieren. Kohlgewächse sind besonders reich an diesen Stoffen, doch auch Zitrusfrüchte und Mais beispielsweise enthalten viel davon.

Wie wirken diese Substanzen? In Laborversuchen hat man herausgefunden, dass die Bildung Krebs bekämpfender Enzyme stark angekurbelt wird, wenn man menschlichen Zellkulturen den sekundären Pflanzenstoff

Wirksam gegen Krebs

Antioxidantien und sekundäre Pflanzenstoffe kommen in allen Früchten und Gemüsen vor. Neben Kreuzblütlern, also den Kohlgewächsen, enthalten auch weitere Nahrungsmittel Stoffe, die dem Krebs den Kampf ansagen: Spargel, Möhren, Sellerie, Maiskolben, Zwiebeln, Knoblauch, Erbsen, Kürbisse, Sojabohnen, Süßkartoffeln, Tomaten, Datteln, Feigen, Bananen, Weintrauben, Pampelmusen, Orangen und Kiwis.

DIE WIRKUNGSWEISE PHYTOCHEMISCHER SUBSTANZEN

Sulforaphen, ein in Kreuzblütlern vorkommender Pflanzenstoff, hilft die Entstehung von Krebs in den Zellen zu verhindern. Offenbar gelangt es bereits wenige Stunden nach der Einnahme in die Blutbahn, wo es einen körpereigenen Abwehrmechanismus aktiviert, der Krebs erregende Substanzen unschädlich macht. Derzeit arbeitet die Forschung daran, Sulforaphen synthetisch herzustellen. Eine der ergiebigsten natürlichen Quellen ist Rosenkohl.

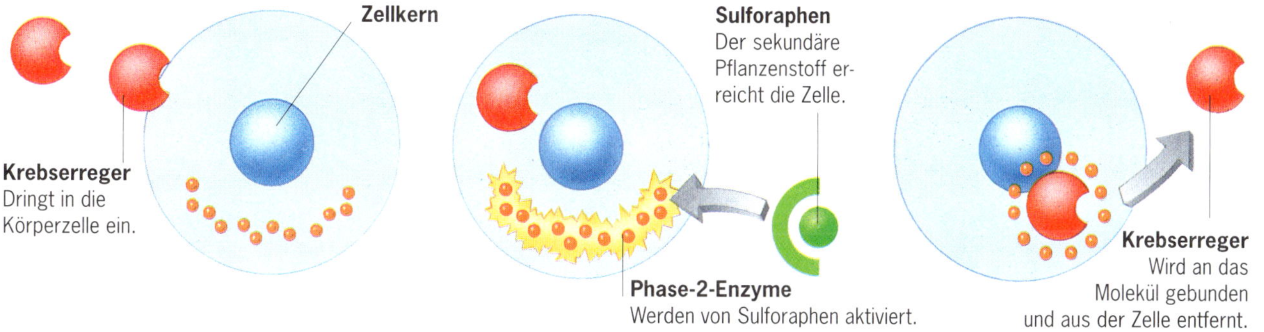

Der Prozess der Krebsentstehung setzt ein, wenn ein Krebs erregendes Molekül oder Mutagen in eine Zelle eindringt.

Bei Zufuhr von Sulforaphen werden Phase-2-Enzyme aktiviert, das sind Krebs bekämpfende Eiweißstoffe, die natürlich in den Zellen vorkommen.

Die Phase-2-Enzyme binden den Krebserreger an ein Molekül, das ihn aus der Zelle hinausbefördert, bevor er den Zellkern schädigt.

GEMÜSESORTEN, DIE KREBS VORBEUGEN KÖNNEN

Kohl und Spinat sind wertvolle Beilagen zu den Mahlzeiten. Genießen Sie die verschiedenen Sorten roh als Salat, als gedämpftes Gemüse, eventuell mit Sesamkörnern bestreut, oder als Teil eines Eintopfs. Essen Sie täglich mindestens eines dieser Gemüse im Rahmen eines Ernährungsplans, der fünfmal täglich Obst und Gemüse vorsieht. Wählen Sie aber nicht immer die gleiche Sorte, da jede einzelne besondere Nährstoffe enthält.

	GEMÜSE	EINKAUF	LAGERUNG	ZUBEREITUNG
	BROKKOLI			
	Brokkoli, der Star unter den Kohlgewächsen, enthält eine Fülle von Betakarotin, Vitamin C, Kalium, Kalzium, Folsäure sowie mehrere sekundäre Pflanzenstoffe.	Die Röschen sollten knackig sein, fest geschlossen und von dunkelgrüner bis purpurähnlicher Färbung. Keine Ware mit braunen oder fleckigen Stängeln kaufen.	Im Kühlschrank ungewaschen im offenen Plastikbeutel etwa 4 Tage haltbar. Gekocht bis zu 3 Tage in einem fest verschlossenen Behälter aufbewahren.	Gründlich unter fließendem kaltem Wasser waschen. Die Stiele einige Zentimeter unter den Röschen abschneiden und in die Schnittflächen stechen, damit das Gemüse gleichmäßig gegart wird.
	ROSENKOHL			
	Rosenkohl ist ein ergiebiger Lieferant von Sulforaphen und anderen sekundären Pflanzenstoffen sowie Antioxidantien. Er ist eine der besten Ballaststoffquellen unter allen Gemüsen.	Das Gemüse sollte hellgrün und hart sein, mit festen Röschen. Auf etwa gleich große Röschen achten, damit das Gemüse gleichmäßig garen kann. Keine Ware mit gelben Blättern kaufen.	Im Kühlschrank ungewaschen im perforierten Plastikbeutel bis zu 5 Tage haltbar.	Gründlich waschen. Stielenden kappen. Jede Schnittfläche x-förmig einschneiden; so wird das Gemüse gleichmäßig gar.
	KOPFKOHL			
	Die vielen verschiedenen Kohlsorten enthalten zahlreiche antioxidative Stoffe. Chinakohl ist besonders reich an Betakarotin, Vitamin C, Kalium und Kalzium.	Kohlköpfe sollten nur drei bis vier lose Außenblätter haben, die biegsam, aber nicht lasch sein dürfen. Keine Ware mit beschädigten Blättern oder gespaltenen Stielen kaufen.	Im Kühlschrank im perforierten Plastikbeutel lagern. Ungeschnittener Kohl ist etwa 2 Wochen haltbar. Ist er geschnitten, innerhalb weniger Tage aufbrauchen.	Außenblätter entfernen. Den Kohl vierteln und in Keile schneiden, dann das Innere entfernen. Zum Hobeln den Kern im Keil belassen, damit sich die Blätter nicht lösen.
	BLUMENKOHL			
	Blumenkohl ist reich an Vitamin C, Kalium, Ballaststoffen und mehreren sekundären Pflanzenstoffen.	Blumenkohl sollte einen festen weißen oder cremefarbenen Kopf haben. Die Außenblätter sollten frisch grün und knackig sein. Keine Ware mit Flecken oder lockeren Röschen kaufen.	Im Kühlschrank ungewaschen, mit der Stielseite nach oben, bis zu 5 Tage haltbar. Vorgeschnittene Röschen sollten binnen 24 Stunden nach dem Kauf verzehrt werden.	Die Blätter entfernen und den Kern herausschneiden. Den Kopf am Stück oder in Röschen geteilt dünsten.
	SPINAT			
	Spinat enthält viermal mehr Betakarotin als Brokkoli, dazu die Vitamine C und E. Er ist reich an Ballaststoffen, enthält jedoch Oxalsäure, einen chemischen Stoff, der die Aufnahme von Kalzium und Eisen hemmt.	Die Blätter sollten dunkelgrün, frisch und knackig sein. Keine ramponierte oder zerdrückte Ware kaufen. Auf dünne Stängel achten.	Im Kühlschrank ungewaschen im Plastikbeutel bis zu 4 Tage haltbar.	Stängel kappen und die Blätter gründlich waschen. Spinat, der gegart werden soll, nicht abtrocknen, da das an den Blättern haftende Wasser den Spinat ohne Zugabe von weiterer Kochflüssigkeit dämpft.

Sulforaphen hinzufügt. Enzyme sind Eiweißstoffe, die als Katalysatoren wirken, Nahrung aufschließen und den Stoffwechsel unterstützen. Wie Polizisten, die Störenfriede aus einer Menschenmenge herausholen, entfernen sie potenzielle oder tatsächliche Mutagene und Karzinogene – Krebs erregende Stoffe – aus den Zellen, indem sie sie an ein Molekül binden und hinausbefördern, bevor sie bleibende Schäden anrichten.

Sekundäre Pflanzenstoffe verfügen über ein beeindruckendes Repertoire an Taktiken, mit denen sie dem Krebs Einhalt gebieten. Die beiden Pflanzenstoffe Chlorogensäure und p-Cumarsäure etwa, die in Tomaten sowie anderen Früchten und Gemüsen gefunden wurden, können die Bildung von Karzinogenen schon im Ansatz verhindern. Eine andere Methode besteht im Abriegeln feiner Haargefäße, über die reifende Tumore mit Nährstoffen versorgt werden. Die Metastasenbildung eines bereits bestehenden Krebses vermögen phytochemische Substanzen freilich nicht zu verhindern.

Kampf dem Brustkrebs. Brustkrebs steht ziemlich sicher im Zusammenhang mit einem hohen Konsum sauerstoffgebundener, also oxidierter Fette, kann aber auch durch einen zu hohen Östrogenspiegel angeregt werden. Neuere Forschungen zeigen, dass sekundäre Pflanzenstoffe in der Nahrung dazu beitragen können, diesen Krebs zu besiegen, indem sie die Krebs fördernde Wirkung der Östrogene verringern. Eine von einem New Yorker Krebsforschungslabor durchgeführte Studie ergab, dass die Östrogenwerte bei solchen Frauen drastisch absanken, die viel Kohlgemüse aßen. Vermutlich setzt einer der in Kohl vorhandenen Pflanzenstoffe, das Indol-3-Karbinol, starke Östrogene außer Gefecht und beugt so der Tumorbildung in östrogensensiblen Zellen, besonders in der Brust, vor.

Ein wirksamer phytochemischer Helfer bei der Verhütung von Brustkrebs wurde auch in Sulforaphen gefunden (siehe S. 95). Der Stoff kommt in Kohlgemüsen, Möhren, weißen Rüben und Frühlingszwiebeln vor und beschleunigt ebenfalls die Ausscheidung von Östrogen.

Hoffnung für die Zukunft? Die Untersuchung der sekundären Pflanzenstoffe steckt noch in den Kinderschuhen und bislang fehlen Langzeitstudien an Menschen, die Klärung bringen könnten, ob ein bereits bestehender Krebs durch eine hohe Dosis dieser Substanzen gebremst oder gar besiegt werden kann. Nach Ansicht vieler Wissenschaftler passen die Erkenntnisse über die sekundären Pflanzenstoffe sehr gut zu den Ergebnissen von zahlreichen Studien, in denen ein Zusammenhang zwischen einer Kost mit viel frischem Obst und Gemüse und einer niedrigeren Krebsrate nachgewiesen wurde.

In Ost und West

Frauen gleich welchen Alters sollten eine Reihe von Kohlgemüsen in ihren Speiseplan aufnehmen und viel Kopfkohl, Blumenkohl und Rosenkohl essen. Nach den Wechseljahren produzieren die Eierstöcke zwar kein Östrogen mehr, doch sind im Körperfett noch Reserven vorhanden.

Die traditionelle Kost der Japaner besteht aus großen Mengen grüner Blattgemüse und tatsächlich ist dort die Brustkrebshäufigkeit seit je niedriger als im Westen. Zwischen 1975 und 1985 war jedoch ein dramatischer Anstieg um 58 % zu verzeichnen. Nach Meinung mancher Forscher ist diese Zunahme damit zu erklären, dass sich viele Japaner eine westlich orientierte, fettreiche Ernährung angewöhnt haben.

KREBSFAKTOR ERNÄHRUNG

Nach Ansicht einiger Wissenschaftler liegt zahlreichen Krebsleiden eine mangelhafte Ernährung zugrunde. Drei Hauptrisikofaktoren sollen demnach die Krebsentstehung begünstigen: zu wenige Antioxidantien und Ballaststoffe in der Nahrung sowie ein starker Konsum bestimmter Fette.

Es gibt aber auch Krebsformen, die vermutlich nicht ernährungsbedingt sind, sondern andere Ursachen haben: Gehirntumor (oft aus Metastasen von Brust- oder Eierstockkrebs), Hautkrebs (zu viel Sonne und Sonnenbrand) und Blutkrebs (viele verschiedene Faktoren, u. a. Strahlung).

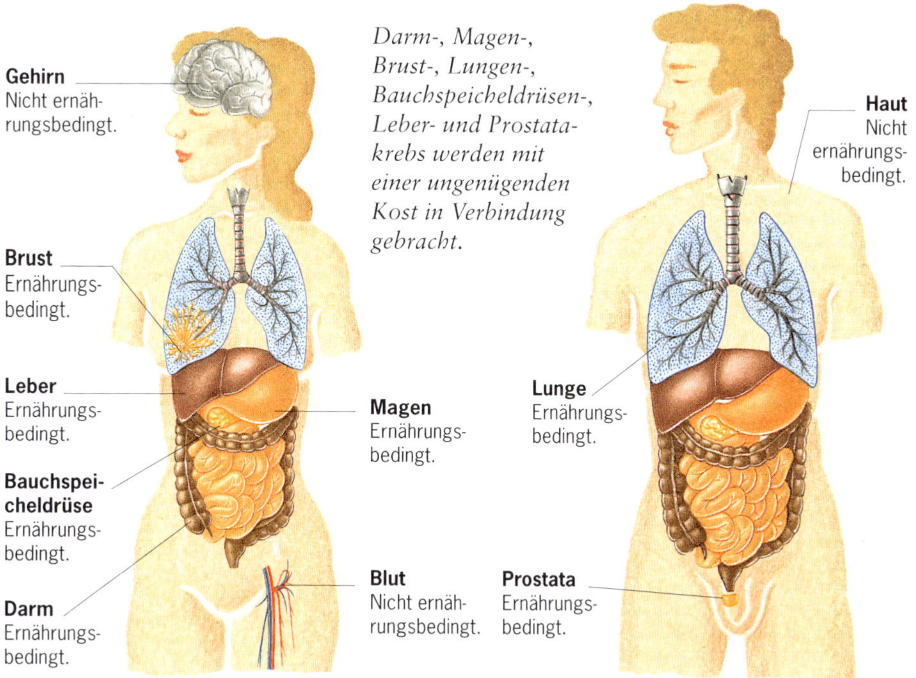

Darm-, Magen-, Brust-, Lungen-, Bauchspeicheldrüsen-, Leber- und Prostatakrebs werden mit einer ungenügenden Kost in Verbindung gebracht.

Heilsame Säfte

Die besten Frucht- oder Gemüsesäfte sind pur, unverdünnt und ohne Zuckerzusatz. Alle abgebildeten Getränke liefern antioxidative Vitamine; einige Beerensäfte schützen zudem vor Blaseninfektionen.

Frisch gepresster Orangensaft mit Mangosaft enthält die oxidationshemmenden Vitamine C und Betakarotin.

Preiselbeersaft beugt Blasenentzündung vor. Dazu Preiselbeeren mit Bananenscheiben und etwas Wasser sämig verquirlen.

Erdbeeren mit fettarmer Milch und Naturjoghurt verquirlen – fertig ist ein Shake mit viel Vitamin C und Kalzium.

Können Lebensmittel heilen?

Tausende Männer und Frauen leiden unter Blasenentzündung, Herpes oder Unfruchtbarkeit, und viele würden sich freuen, wäre diesen Beschwerden mit einfachen, natürlichen Mitteln beizukommen. In den letzten Jahren gab es etliche Studien, die bestimmte Nahrungsmittel auf ihre heilsamen Eigenschaften hin überprüften. Vollmundige Behauptungen wurden insbesondere für Preiselbeeren, Algen und Erdbeeren aufgestellt.

Preiselbeeren gegen Blasenentzündung

Wer regelmäßig Preiselbeersaft trinkt, kann der schmerzhaften Entzündung der Harnblase vorbeugen, die oft wiederholt auftritt. Die Erreger der Zystitis sind Kolibakterien *(Escherichia coli)*. Sie leben normalerweise im Darm, können jedoch in den Harntrakt eindringen, wo sie sich an die Blasenzellen anheften und die Infektion ausbreiten. Zu den Symptomen zählen neben Schmerzen beim Wasserlassen und ständigem Harndrang auch Bauchschmerzen und Fieber. Frauen sind häufiger betroffen als Männer, da der Ausgang der weiblichen Harnröhre näher beim After liegt, wodurch Bakterien aus dem Darm wesentlich leichter eindringen können.

Preiselbeeren sind ein altes Hausmittel gegen Blasenentzündung. Früher glaubte man, das darin enthaltene Vitamin C mache den Urin saurer und zerstöre damit die Bakterien. Erst 1991 gelang es israelischen Forschern, zwei Verbindungen im Preiselbeersaft zu isolieren, die den Mechanismus hemmen, mit dem sich die Kolibakterien an den Wänden der Harnwege festsetzen. Ohne diesen Halt aber werden sie mit dem Urin ausgeschwemmt, sodass die Infektion keine Chance hat sich einzunisten.

Wie viel Preiselbeersaft ist nötig? Offenbar genügt bei einer Neigung zur Blasenentzündung bereits ein Glas Preiselbeersaft täglich als Schutz gegen eine Infektion mit dem *Escherichia-coli*-Bakterium. Eine Studie an 72 Frauen nach den Wechseljahren ergab, dass die Wahrscheinlichkeit von Blaseninfektionen bei der Einnahme von 300 ml Preiselbeersaft am Tag um 58 % niedriger lag.

In einer weiteren Studie wurde bewiesen, dass durch einen Tageskonsum von 450 ml Preiselbeersaft über einen Zeitraum von drei Wochen 73 % der Probandinnen vor neuerlichen Infektionen geschützt waren. Nachdem sie den Saft abgesetzt hatten, erlitt die Hälfte von ihnen binnen sechs Wochen einen Rückfall. Dabei genügen in den meisten Fällen schon 125–175 ml Preiselbeersaft pro Tag zur Prophylaxe, wie eine Studie im Jahr 1991 zeigte. Sollten Sie ebenfalls auf diese Art einer Entzündung vorbeugen wollen, bedenken Sie aber bitte, dass der Saft viel Zucker enthält.

Während Preiselbeersaft also Blasenentzündung oder deren neuerliches Auftreten wirksam verhindern kann, sollte er nicht zur Behandlung bereits bestehender Infektionen zum Einsatz kommen. Bei verdeckten Symptomen kann die Infektion nämlich die Nieren befallen und ernste Probleme verursachen. Setzen Sie daher bei beginnender Zystitis den Preiselbeersaft ab und begeben Sie sich in ärztliche Behandlung.

INFEKTIONEN DER HARNWEGE

Eine der Hauptursachen von Blasenentzündung sind *Escherichia-coli*-Bakterien, die normalerweise harmlos im Mast- und Dickdarm sowie auf der Haut der Analregion leben. Sie kann aber auch durch Reizung der Harnröhre ausgelöst werden.

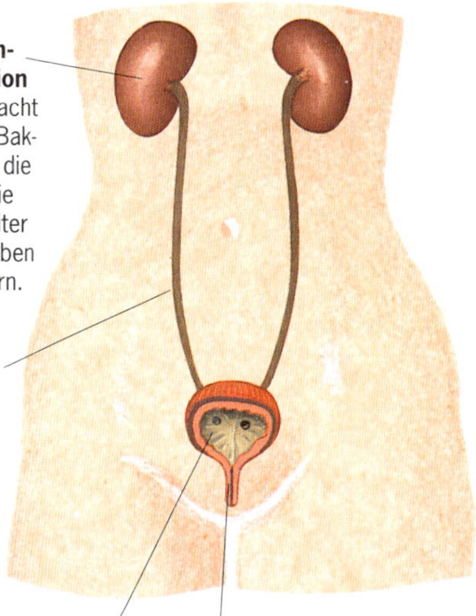

Niereninfektion Verursacht durch Bakterien, die über die Harnleiter nach oben wandern.

Harnleiter

Blaseninfektion Von der Harnröhre aufsteigende Bakterien verursachen eine Reizung und Entzündung der Blasenwand.

Harnröhreninfektion Entsteht, wenn sich aus dem Darm übertragene Bakterien in der Harnröhre rasch vermehren.

Algen gegen Herpes

Wer sich Herpes im Genitalbereich zugezogen hat, bekommt in der Regel zu hören, dass die Krankheit unheilbar und lebenslang mit Rückfällen zu rechnen sei. Diese Rückfälle ließen sich allerdings in ihrer Heftigkeit stark abmildern, wenn nicht gar ganz vermeiden, wenn sich die Ergebnisse von Reagenzglastests mit Meeresalgen aus jüngster Zeit auch im Menschenversuch bestätigen.

Wie können Algen helfen? Forscher der University of California untersuchten Extrakte von essbarem Seetang aus der Familie der Rotalgen. Wenn sie sie zu Kulturen aus mit dem Herpesvirus infizierten menschlichen Zellen gaben, verlangsamte sich daraufhin die Ausbreitung des Virus um 50 %. Zellen, die vor dem Kontakt mit dem Virus dem Algenextrakt ausgesetzt waren, zeigten sich sogar immun gegenüber der Infektion.

Bislang ist nicht bekannt, welche chemische Verbindung in der Alge das Herpesvirus außer Gefecht setzt. Seetang enthält 13 Vitamine, 20 Aminosäuren, 24 Spurenelemente sowie viele Mineral- und sekundäre Pflanzenstoffe. In der Naturheilkunde wird er seit je für die Behandlung diverser Leiden wie Erkältung und Verstopfung eingesetzt. Vor übermäßigem Verzehr wird jedoch gewarnt, da die Schilddrüse Schaden nehmen kann.

Seetang, der in asiatischen Ländern zu den Grundnahrungsmitteln zählt, ist hierzulande vor allem in Tabletten- und Pulverform erhältlich. Das Pulver wird zum Trinken mit Wasser aufgegossen oder dient als Kochsalzersatz. Aufgrund seines Jodgehalts hat es allerdings einen ausgeprägten Geschmack.

DIE HEILKRAFT FERNÖSTLICHER PILZE

Feinschmecker lieben Shiitakepilze, weil sie vielen asiatischen Gerichten ein köstliches Aroma verleihen. Gesundheitsbewusste Verbraucher hingegen rühmen sie wegen ihrer segensreichen Wirkungen: Sie senken hohe Cholesterinwerte und hemmen die Blutgerinnung. Überdies enthalten sie Lentinan, ein Polysaccharid, das das Immunsystem aktiviert und die körpereigene Interferonbildung ankurbelt. Dieser Stoff wehrt Virusinfektionen ab und bewirkt, dass aus normalen Zellen keine Tumore entstehen. Man hat Lentinan bereits extrahiert und mit überraschenden Erfolgen bei der Behandlung bestimmter Krebsformen eingesetzt. Um gar nicht erst an Krebs zu erkranken, sollten Sie die schmackhaften Baumpilze ein- bis zweimal die Woche auf den Tisch bringen.

Shiitakepilze sind in Europa fast nur getrocknet erhältlich. Vor der Zubereitung muss man sie rund 30 Minuten lang in einer Schüssel mit Wasser einweichen. Sie eignen sich vorzüglich als Sauceneinlage oder als Beilage zu Reisgerichten.

Shiitakepilze
Die getrockneten Pilze werden eingeweicht.

Mehr Spermien durch Erdbeeren

Neueste Forschungen besagen, dass Männer, die Vater werden wollen, durch den Verzehr von Erdbeeren und anderen Vitamin-C-haltigen Früchten und Gemüsen ihre Chancen steigern können. Bereits 200 mg Vitamin C täglich – so viel ist in rund 350 g frischen Erdbeeren enthalten – vermögen Zahl und Vitalität der Samenzellen zu verbessern.

Minderwertiges Sperma. Seit einiger Zeit beobachten Forscher mit Sorge die sinkende Zahl gesunder Samenzellen im Sperma westlicher Männer. Hauptursachen sind mangelhafte Ernährung und Umweltgifte. Sammeln sich diese Schadstoffe in den Hoden an, kann es zur so genannten Spermaagglutination kommen: Dabei verkleben die Samenzellen nach der Ejakulation und können sich nicht frei bewegen. Ältere Männer sind besonders davon betroffen. Als man das Sperma von 45-jährigen Männern mit dem von 18-jährigen verglich, fanden sich bei den älteren weniger und in ihrer Beweglichkeit eingeschränkte Samenzellen, die zudem eine höhere Missbildungsrate aufwiesen.

Welchen Einfluss hat Vitamin C? Bei einem an der University of Texas durchgeführten Versuch mit unfruchtbaren Männern erlangten alle Teilnehmer mit einer Tagesdosis von 1000 mg Vitamin C binnen 60 Tagen ihre Fruchtbarkeit zurück. Die Spermienproduktion stieg um 60 %, die Samenzellen waren um 30 % aktiver und nur wenige zeigten Anomalien. Weitere Tests ergaben, dass bereits 200 mg das gleiche Resultat erbringen, allerdings nicht in der gleichen Zeit.

Nach Ansicht der Experten sind es die stark oxidationshemmenden Eigenschaften von Vitamin C, die der Spermaverklumpung entgegenwirken. Einer Theorie zufolge greifen freie Radikale die Schutzhülle an der Oberfläche der Spermien an, sodass diese oxidiert und ein Zusammenkleben der Samenzellen begünstigt. Vitamin C führt dem Körper Antioxidantien zu, die die freien Radikale inaktivieren (siehe S. 94).

Dennoch ist noch nicht mit letzter Sicherheit nachgewiesen, dass das Vitamin tatsächlich die Unfruchtbarkeit des Mannes heilt. Neben der Ernährung spielen gewiss auch andere Faktoren eine Rolle; betroffene Männer sollten zur Steigerung ihrer Fruchtbarkeit daher nicht allein auf eine erhöhte Vitamin-C-Zufuhr vertrauen, sondern ärztlichen Rat suchen.

Frische Erdbeeren stärken durch ihren hohen Vitamin-C-Gehalt das Immunsystem. Ihre Folsäure wirkt Blut bildend und fördert das Zellwachstum, Kalium entwässert und Mangan unterstützt den Stoffwechsel. Entzündungshemmende, antibakterielle Katechine binden Schwermetalle im Darm und lindern Verdauungsstörungen. Salizylsäure schließlich hilft bei Gicht und Gelenkrheuma.

Belebend für Körper und Geist

Bei körperlicher oder geistiger Erschöpfung greifen wir gern zu Zucker und Koffein, um wieder in Schwung zu kommen. Aber helfen diese Stoffe wirklich oder schaden sie uns vielleicht sogar?

Glukose, ein aus den Kohlenhydraten in der Nahrung gewonnener Einfachzucker, ist die bevorzugte Energiequelle des Körpers (siehe S. 40). Kohlenhydrate, die nicht sofort für körperliche Aktivität oder Stoffwechsel gebraucht werden, werden in Glykogen umgewandelt und in Leber und Muskeln gespeichert. Bei unzureichender Kohlenhydratzufuhr kann der Körper auch Fett oder Eiweiß in Traubenzucker umwandeln.

Energiespritze Zucker. Raffinierter Zucker (Saccharose) ist ein aus zwei Einfachzuckern entstandenes Disaccharid. Ob als brauner oder weißer Tafelzucker, Melasse oder in einem Sirup: Saccharose sorgt immer für einen raschen Energieschub, allerdings ohne jeden weiteren Nährwert. Zu den natürlichen Einfachzuckern (Glukose, Fruktose und Galaktose) gehören Früchte und Milch, die uns nicht nur sofort mit Energie versorgen, sondern auch wichtige Nährstoffe liefern.

Im Unterschied zu Einfachzuckern werden komplexe Kohlenhydrate im Körper langsamer abgebaut und geben ihre Glukose konstanter und über einen längeren Zeitraum ab. Wie die natürlichen Lieferanten von Einfachzuckern versorgen uns Lebensmittel mit einem hohen Gehalt an komplexen Kohlenhydraten auch mit Vitaminen, Mineral- und Ballaststoffen (siehe S. 46). Beliebt sind u.a. Vollkornbrote, Vollkornnudeln, Naturreis und Kartoffeln.

Muntermacher Koffein. Eine Tasse Kaffee oder Schwarztee ist ein gängiges Mittel gegen die schläfrig machende Wirkung schwerer Mahlzeiten. Tests, die von Psychologen am University of Wales College in Cardiff an 32 Männern und Frauen durchgeführt wurden, zeigten, dass zumindest Kaffee tatsächlich durch eine gesteigerte Wachsamkeit der Müdigkeit nach dem Essen entgegenwirkt (siehe S. 82).

In Anbetracht dessen, dass Koffein Geist und Körper stark anregt (siehe Kasten unten), überrascht dies kaum. Neue Forschungen deuten darauf hin, dass die anregende Eigenschaft des Koffeins in der chemischen Ähnlichkeit mit einer biochemischen Verbin-

WIE KOFFEIN IM ORGANISMUS WIRKT

Aufgrund seiner Ähnlichkeit mit Substanzen, die natürlich im Gewebe vorkommen, vermag Koffein alle Körpersysteme zu beeinflussen: Nerven, Atmung, Herz-Kreislauf, Verdauung usw. Da es sich jedoch im Körper nicht anreichert, ist seine Wirkung nur vorübergehend.

Im Allgemeinen wird Koffein konsumiert, weil es Herz und Zentralnervensystem anregt. Schon eine Tasse Kaffee kann die Lebensgeister wecken und die Konzentrationsfähigkeit steigern. Wie lange diese Reaktion andauert, hängt freilich davon ab, wie sensibel Sie auf den Stoff ansprechen. Jeder Mensch reagiert anders darauf: Bei Rauchern etwa baut er sich doppelt so schnell ab wie bei Nichtrauchern. Haben Sie eine niedrige Reizschwelle, kann die Stimulation mehrere Stunden anhalten und womöglich zu Unruhe, Gereiztheit und Schlaflosigkeit führen. Je höher die Koffeindosis, umso mehr erhöht sich die Toleranz. Um weiterhin dieselbe Wirkung zu spüren, muss also immer mehr Koffein zugeführt werden.

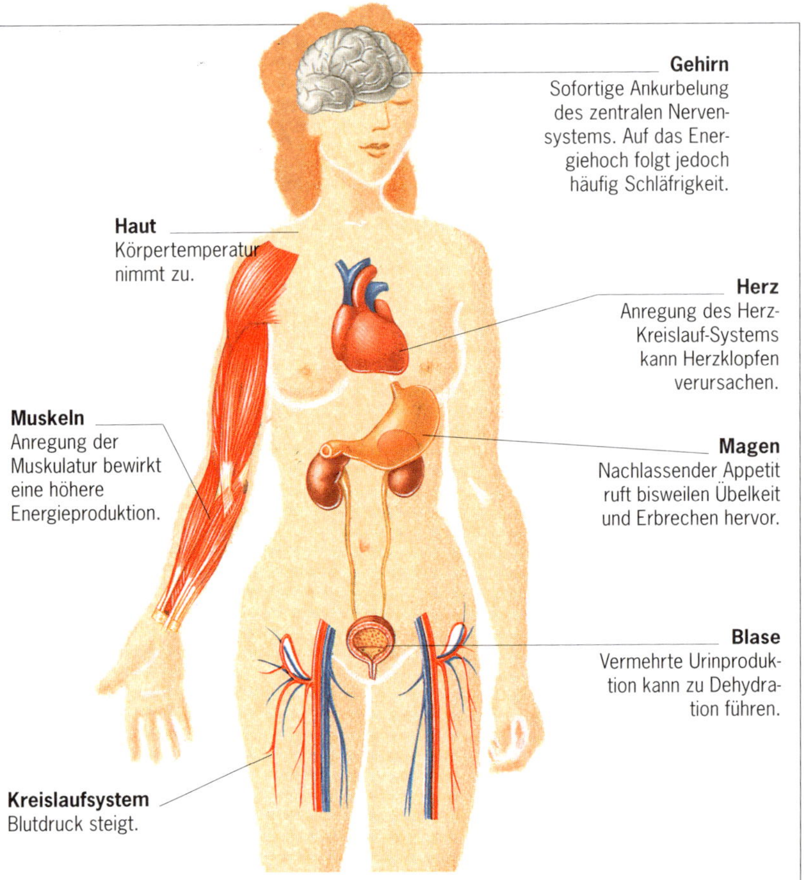

dung, dem Adenosin, begründet liegt, die die Gehirnaktivität etwas herabsetzt, sobald sie ausgeschüttet wird. Bei Vorhandensein von Koffein sprechen die Rezeptoren im Gehirn nun darauf statt auf das Adenosin an und wir bleiben länger wach.

Andere Forscher behaupten hingegen, Koffein rege den Körper wie eine stimulierende Droge nur kurzfristig an. Ihrer Ansicht nach verfliegt der anfängliche Energieschub rasch und man ist so müde wie zuvor.

Natürliche Energiequellen. Gehirnaktivierend wirkt auch Cholin, eine natürlich vorkommende Verbindung. Als Bestandteil des Acetylcholins, eines Neurotransmitters, der Nervenimpulse weiterleitet, vermag es bei Nerven- und Geisteskrankheiten manchmal Linderung zu bringen. Untersuchungen zur Alzheimerkrankheit am Massachusetts Institute of Technology in Cambridge lassen vermuten, dass erhöhte Cholinwerte die Gedächtnisleistung verbessern und Gehirnzellen revitalisieren können. Obschon es kein Heilmittel ist, kann Cholin in angemessener Dosierung doch immerhin die Krankheitsvorsorge unterstützen. Der Stoff kommt in lezithinreichen Lebensmitteln – Eigelb, Fisch und Fleisch – vor, aber auch in Sonnenblumensamen und Speisen aus Sojabohnen wie Tofu. Als Nahrungsergänzung kann Lezithingranulat aus dem Reformhaus dienen.

Essen wie in der Steinzeit

Seit man weiß, dass die moderne Ernährung mit ihren raffinierten Kohlenhydraten und hohen Fettmengen für viele Zivilisationskrankheiten mitverantwortlich ist, besinnen sich manche Zeitgenossen wieder auf uralte Ernährungsformen. Dabei lebten die Menschen der Vorzeit entgegen gängigen Vorstellungen beileibe nicht in erster Linie von Wildbret. Da die Jagd schwierig und gefährlich war, verköstigten sich unsere Vorfahren vielmehr hauptsächlich mit Nüssen, Früchten, Gemüse und Wurzeln, die sie in der Wildnis sammelten.

Eine Studie über 58 zeitgenössische Jäger-Sammler-Gesellschaften ergab, dass sich ca. zwei Drittel davon auf pflanzlicher statt tierischer Basis ernähren. Der in Südafrika beheimatete Stamm der !Kung etwa, den ein Wissenschaftler der Universität Sydney untersucht hatte, ist eine durchweg gesunde Volksgruppe, die sich zu 80 % vegetarisch ernährt. Erkrankungen und Beschwerden wie Bluthochdruck, Herzkrankheiten usw. sind dort unbekannt.

Zurück zu den Wurzeln. Befürworter der Steinzeitkost raten dazu, mehr Nüsse, Samen und Beeren zu verzehren. Ihrer Ansicht nach sind die kennzeichnenden Elemente unserer heutigen Ernährung – raffinierte Getreide- und behandelte Milchprodukte sowie Kaffee, Tee, Alkohol, Tabak und raffinierter Zucker – ursächlich für die meisten Zivilisationskrankheiten und viele Allergien verantwortlich. Freilich heißt das nicht, dass wir nur noch von Nüssen, Samen und Beeren leben sollen, denn eine ausgewogene, gesunde Ernährung wäre bei einem derart begrenzten Speiseplan unmöglich. Vielmehr sollte man für eine begrenzte Zeit nach der Steinzeitdiät leben, bis eine Selbstreinigung des Körpers stattgefunden hat. Dann werden nach und nach wieder andere Lebensmittel eingeführt und auf allergische Reaktionen hin überprüft. Dies sollte allerdings nur unter Aufsicht eines Ernährungsberaters erfolgen.

Kauf und Lagerung von Nüssen

Nüsse bringen Abwechslung in süße und pikante Gerichte und erhöhen ihren Nährwert. Beherzigen Sie bei Auswahl und Aufbewahrung folgende Ratschläge:

- Um sicherzugehen, dass die Ware frisch ist, nur in einem Laden mit hohem Umsatz kaufen.
- Nach Möglichkeit Nüsse in der Schale kaufen – geschälte werden wegen ihres hohen Fettgehalts leicht ranzig.
- Schalen mit Rissen, Löchern oder sichtbarem Schimmel liegen lassen.
- Klappert eine Nuss in der Schale, ist sie wahrscheinlich alt (gilt nicht für Erdnüsse, die eigentlich keine Nüsse, sondern Hülsenfrüchte sind).
- Nüsse im Kühlschrank oder in luftdichten Behältern an einem kühlen, trockenen Ort lagern.

BEEREN UND NÜSSE: NATURBELASSENE FITMACHER

Nüsse und Samen sind handlich, schmackhaft und aufgrund ihres hohen Fettgehalts einschließlich Omega-3-Fettsäuren hervorragende Energiespender. Neben 10–25 % Eiweiß enthalten sie B-Vitamine, Vitamin E, die Mineralien Eisen, Kalzium, Kalium und Magnesium sowie Ballaststoffe – alle unabdingbar für eine gute Gesundheit.

Beeren sind kalorienarm, aber trotzdem nahrhaft. Neben Vitamin C liefern sie Kalium, das für den Mineralstoff- und Flüssigkeitshaushalt wichtig ist. Manche Beeren, Himbeeren und Brombeeren etwa, sind reich an Ballaststoffen. Andere verfügen über spezielle therapeutische Eigenschaften.

Nüsse und Samen
Haben einen hohen Gehalt an meist ungesättigten Fetten.

Preiselbeeren
Haben stark antibiotische und antivirale Eigenschaften.

Himbeeren
Enthalten natürliche Salizylate, die entzündungshemmende Eigenschaften besitzen.

Erdbeeren
Enthalten Antioxidantien.

JOGHURT:

Hilfe gegen Infektionen

Joghurt ist ein uraltes Nahrungsmittel, dessen heilsame Eigenschaften von vielen gelobt werden. Er liefert nicht nur wertvolle Nährstoffe, sondern bekämpft obendrein wirksam Infektionen. Außerdem ist er auch sehr leicht selbst herzustellen.

Der Hefepilz Candida albicans *verursacht schmerzhafte Infektionen. Falls Sie zu Hefepilzinfektionen neigen, essen Sie zur Vorbeugung täglich ca. 200 g Joghurt aus lebenden Kulturen. Sie können ihn auch direkt auf die betroffene Region auftragen: Er lindert den Juckreiz und fördert die Heilung.*

Da die Laktose, der Milchzucker, im Joghurt bereits von Bakterien aufgeschlossen wurde, ist er leichter verdaulich als Milch. Damit eignet er sich vorzüglich für Babys nach der Stillzeit, Senioren sowie Menschen, die an einer Laktoseunverträglichkeit leiden.

Allein schon durch seine Fülle an Milchnährstoffen wie Eiweiß, Kalzium, Kalium, Phosphor und Riboflavin ist Joghurt ein wahrer Segen. Ärzte und Heilpraktiker empfehlen ihn Frauen nach den Wechseljahren, denn gerade Kalzium verbessert die Knochendichte und beugt somit Osteoporose vor.

Aktiv gegen Pilze

Forschungen am Long Island Jewish Medical Center in New York haben Aussagen erhärtet, wonach Joghurt ein wirksames Heilmittel gegen vaginale Hefepilzinfektionen wie Soor ist. Eine Gruppe von Frauen, die an chronischer Hefepilzinfektion litt, aß rund 6 Monate lang täglich 225 g Joghurt, der lebende Kulturen von *Lactobacillus acidophilus* enthielt. Danach traten bei ihnen deutlich weniger Pilzerkrankungen auf als in einer Kontrollgruppe, die keinen Joghurt aß.

Der amerikanische Wissenschaftler Dr. George M. Halpern entdeckte, dass Joghurt auch das Immunsystem nachhaltig stärkt. Testpersonen, die über einen Zeitraum von 4 Monaten zweimal täglich 225 g Joghurt mit Lebendkulturen von *Lactobacillus bulgaricus* zu sich nahmen, wiesen erheblich höhere Werte der körpereigenen infektionsbekämpfenden Substanz Gamma-Interferon auf. In weiteren Studien gelang ihm der Nachweis, dass durch den regelmäßigen Verzehr von Joghurt auch die Anfälligkeit für Erkältungen und die Symptome von Heuschnupfen um jeweils rund 25 % zurückgingen. Darüber hinaus sorgt Joghurt für eine gesunde Darmflora und steigert die Aktivität der natürlichen Killerzellen im Körper, die gefährliche Viren angreifen.

Muss es unbedingt Joghurt mit Lebendkulturen sein?

Früher war man allgemein der Ansicht, dass lediglich Joghurt mit lebenden Kulturen von *Lactobacillus bulgaricus*, *Lactobacillus acidophilus* sowie *Streptococcus thermophilus* über diese krankheitsabwehrenden Eigenschaften verfüge. Forschungen, die beim amerikanischen Lebensmittelhersteller Kraft angestellt wurden, konnten nun jedoch den Beweis erbringen, dass selbst Joghurt, dessen Lebendkulturen durch Erhitzen oder Gefrieren zu einem großen Teil abgetötet worden waren, das Immunsystem noch stärken kann.

SOOR

Diese verbreitete Infektion wird durch den Hefepilz *Candida albicans* verursacht. Latent existiert der Erreger ständig im Körper, bestimmte Umstände aber wie z. B. eine Antibiotikabehandlung können zu einer Wucherung führen und die Infektion auslösen. Soor befällt meist die Vagina, kann aber auch in Mund, Kehle und am After auftreten. In der Scheide äußert er sich durch einen dicken weißlichen Ausfluss sowie Juckreiz und Brennen beim Wasserlassen. Er lässt sich gut behandeln, indem man Joghurt mit Lebendkulturen in die Vagina einführt.

JOGHURT SELBER MACHEN

Ihren Joghurt können Sie leicht selbst herstellen. Sie benötigen dazu lediglich einen Topf, ein Thermometer, eine Schüssel, einen Esslöffel Joghurt aus Lebendkulturen sowie 500 ml Milch gleicher Fettstufe.

1 Milch in den Topf gießen und bis zum Siedepunkt erhitzen. Vom Feuer nehmen und auf 40 °C abkühlen lassen. Einen Esslöffel lebenden Rohjoghurt als Starterkultur zufügen und gründlich unterrühren.

2 Die Mischung in eine Schüssel füllen und mit PVC-freier Küchenfolie abdecken. Oder die Joghurtmischung in eine Thermosflasche leeren und die Flasche fest verschließen.

3 Wenn Sie eine Schüssel verwenden, schlagen Sie sie in Tücher ein und stellen sie an einen warmen Ort. Ruhen lassen, bis die Milch eingedickt ist (8–12 Stunden). Nicht zu lange stehen lassen.

4 In Gläser füllen und sofort essen oder bis zu 5 Tage im Kühlschrank lagern. 1–2 Esslöffel als Starterkultur für den nächsten Joghurt aufheben. Nach einiger Zeit eine frische Starterkultur kaufen.

GESUNDES DESSERT

Soll Joghurt sahniger schmecken oder haben Sie Lust auf einen frischen, leckeren Nachtisch?

Eine dickere Konsistenz können Sie Joghurt geben, indem Sie ein Sieb mit Gaze oder Musselin auslegen und mit kochendem Wasser überbrühen. Das Sieb über eine Schüssel hängen, den Joghurt hineingeben und über Nacht abtropfen lassen. Den fertigen Joghurt mit Honig, zerkleinertem Obst oder ungesüßtem gekochtem Früchtemus verfeinern und als Dessert servieren.

Gefrorener Joghurt aus fettarmer Milch ist ein schlankeres Dessert als Eiscreme und schmeckt genauso gut.

Früchte
Bereichern das Dessert mit wertvollen Ballaststoffen und Vitaminen.

REZEPTE MIT JOGHURT

Joghurt schmeckt auch pur köstlich, in Verbindung mit anderen Lebensmitteln lässt sich aber darüber hinaus eine Vielzahl nahrhafter Mahlzeiten und Leckereien zaubern. Nehmen Sie dazu fettarmen Joghurt.

- Suppen oder Schmorgerichte werden durch Joghurt sämig und dick. Vorsicht: nur auf schwacher Flamme erwärmen, da der Joghurt bei hohen Temperaturen gerinnen kann.
- Joghurt als leckere Krönung für Müslis, Obstdesserts, Kartoffelsalat, Ofenkartoffeln und kalte Nudelgerichte verwenden.
- Mit Zitronenschale und Paprika wird Joghurt zur Kebabsauce.
- Kräuter und Knoblauch machen aus Joghurt ein köstliches Salatdressing oder eine Sauce zum Dippen.
- Für Kuchenfüllungen und -beläge Joghurt statt Sahne nehmen.

Welche Speisen schaden der Gesundheit?

Nicht alle Lebensmittel, die appetitlich aussehen und lecker schmecken, sind zwangsläufig auch gut für Ihren Körper. Manche bergen Gesundheitsrisiken, während andere allergische Reaktionen auslösen können.

Zeitsparende Tips

Wenn die Zeit zum Zubereiten einer Mahlzeit zu knapp bemessen ist, liegt der Griff zu Fertiggerichten oder der Gang zum Schnellrestaurant nahe. Doch es gibt durchaus auch andere Möglichkeiten, wie man Zeit sparen und sich trotzdem gesund ernähren kann.

- Speisekammer und Kühlschrank sollten stets einen guten Vorrat an gesunden Nahrungsmitteln bieten – frisch, verpackt und tiefgekühlt, vor allem vielseitig verwendbare Produkte wie Körner und Hülsenfrüchte.
- Tiefkühlfleisch in der Mikrowelle oder über Nacht im Kühlschrank auftauen.
- Gemüse in der Mikrowelle garen. Das geht nicht nur schnell, sondern schont auch die Nährstoffe.
- Immer etwas mehr kochen: Was übrig bleibt, wird portionsgerecht eingefroren. So können Sie sich jederzeit schnell eine vollwertige Mahlzeit auf den Tisch zaubern.

Es gibt eine ganze Reihe von Nahrungsmitteln, die zwar praktisch sind und satt machen, in einer gesunden Ernährung idealerweise jedoch nichts zu suchen haben oder lediglich eine untergeordnete Rolle spielen sollten. Manche Leute essen Fastfood, weil ihnen zum Kochen die Zeit fehlt, doch nehmen sie so zu viele ungesunde Stoffe auf, während auf der anderen Seite ein Vitalstoffmangel auftreten kann.

Mit dem Hamburger gelang dem Fastfood der Durchbruch auf breiter Front. Er war billig, im Nu gemacht und sättigend. Gleichzeitig erweiterten andere Produkte wie Hotdog, Grillhähnchen, Pizza, Kebab sowie chinesische und indische Gerichte die Palette der Schnellimbisse. Trotz ihrer Verschiedenartigkeit haben diese Speisen vieles gemein: Sie sind in aller Regel reich an Fett, Salz und Zucker, dafür aber arm an Ballaststoffen, Vitaminen und Mineralstoffen.

Auch mit Kalorien geizt die schnelle Küche nicht. Eine typische Mahlzeit kann leicht mehr als die Hälfte Ihres täglichen Kalorienbedarfs enthalten. Selbst ein bei Vegetariern beliebter Ökoburger mit Brötchen und Pommes frites bringt es auf satte 926 kcal, was fast dem halben Tagesbedarf einer 40-jährigen Frau mit überwiegend sitzender Tätigkeit entspricht. Eine sehr aktive Person kann diese Kalorien leicht verbrennen, wer sich jedoch wenig bewegt, setzt auf diese Art bald überschüssige Pfunde an. Dies kann auf die Dauer zu Übergewicht und den damit verbundenen Gesundheitsproblemen führen.

Was steckt drin im Fastfood?

Eine Mahlzeit von der Schnelltheke, die beispielsweise aus Cheeseburger, Pommes frites und einem Milchshake besteht, liefert rund 1000 kcal, wobei 17 % der Energie von Eiweiß, 39 % von Fett und 44 % von Kohlenhydraten stammen. Obendrein enthält ein solches Mahl rund 1000 mg Natrium, aber kaum Ballaststoffe. Freilich gibt es Fastfoodgerichte, die noch ungesünder sind. So hat man im Rahmen einer britischen Studie bei einem chinesischen Schnellimbiss ein süßsaures Gericht entdeckt, das pro Portion unglaubliche 2052 kcal und 113 g Fett enthielt.

Die in Schnellrestaurants erhältlichen Getränke und Desserts sind oft wahre Zuckerbomben. Ein typischer Milchshake enthält sage und schreibe 8–14 Teelöffel Zucker. In einem kleineren Becher Limonade (0,2 l) stecken immerhin knapp 5 Teelöffel, in einem großen (0,4 l) fast 10 Teelöffel Zucker.

Fett und Ballaststoffe. An einem mangelt es Fastfood gewiss nicht: Fett. Der Anteil an Fettkalorien kann zwischen 30 % bei einem Hamburger und 75 % bei einem Würstchen liegen. Mindestens 20 % des zum Kochen verwendeten Fetts sind, da es tierischen Ursprungs ist, gesättigt. Selbst ungesättigtes Bratfett kann den Energiegehalt der schnellen Gerichte mehr als verdoppeln. Milchshakes werden außerdem oft aus Vollmilch gemacht. Zu viel gesättigtes Fett in der Ernährung führt aber zu erhöhten Cholesterinwerten im Blut, was nach Meinung vieler Experten eine ernst zu nehmende Gefahr für das Herz bedeutet.

Ballaststoffe glänzen in der schnellen Küche dagegen meist durch Abwesenheit. Die besten Ballaststoffquellen – Früchte, Salate, Gemüse und Vollkornbrötchen – fehlen beim Fastfood in der Regel. Außerdem werden die Brötchen für Hamburger und Hotdogs meist aus Weißmehl gebacken. Eine ballaststoffarme Kost kann zu Verstopfung führen und die Entstehung von Dickdarmkrebs begünstigen.

SCHNELLGERICHTE

Eine Mahlzeit in einem Schnellimbiss, bestehend aus Hamburger, Pommes frites, Orangenlimonade und Apfeltasche, liefert zwar viele Nährstoffe, doch in einem völlig falschen Verhältnis.

Steht auch in Ihrer Familie Fastfood hoch im Kurs? Versuchen Sie sich doch mal selbst an einem solchen Gericht, was wesentlich gesünder ist. Hamburger mit Pommes frites „Marke Eigenbau" schmecken mindestens genauso gut und haben weniger Fett. Die Burger werden aus magerem Rinderhack geformt und dann gegrillt oder gebacken. Für die Pommes frites gebürstete, ungeschälte Kartoffeln in sehr dünne Scheiben schneiden, 1 Esslöffel Olivenöl dazugeben und im Ofen knusprig goldgelb backen.

Kleine Portion Pommes frites
82 g liefern 260 kcal (1087 kJ), 3 g Eiweiß, 36 g Kohlenhydrate, 13 g Fett (davon 5 g gesättigt), 2 g Ballaststoffe und 246 mg Natrium.

Orangenlimonade
0,2 l enthalten 85 kcal (356 kJ), 20 g Kohlenhydrate (alles Zucker) sowie eine Spur Natrium.

Einfacher Hamburger
100 g enthalten 258 kcal (1079 kJ), 11,9 g Eiweiß, 28,4 g Kohlenhydrate, 10,7 g Fett (davon 4 g gesättigt), 0,5 g Ballaststoffe und 530 mg Natrium.

Apfeltasche
Ein 90-g-Stück enthält 240 kcal (1004 kJ), 2 g Eiweiß, 31 g Kohlenhydrate, 13 g Fett (davon 4 g gesättigt), fast keine Ballaststoffe und 200 mg Natrium.

Natriumgehalt. Ein Big-Mac-Hamburger enthält 940 mg Natrium und eine Frühlingsrolle kann es gar auf über 1700 mg bringen. Diese Zahlen steigen noch, wenn man mit dem Salzstreuer nachwürzt. Der physiologische Mindestnatriumbedarf beträgt bei Erwachsenen aber nur etwa 550 mg pro Tag, und obwohl der empfohlene Höchstwert mit 2000 mg höher liegt, kann ein Speiseplan, der in erster Linie aus Schnellgerichten besteht, diese Mengen mühelos übertreffen.

Die möglichen schädlichen Auswirkungen von zu viel Salz im Essen sind gut dokumentiert, wenngleich teilweise umstritten. Obwohl einige Forscher einen Zusammenhang zwischen Bluthochdruck und einer hohen Natriumaufnahme hergestellt haben, konnte der endgültige Beweis noch nicht erbracht werden, dass Natrium tatsächlich die Ursache ist. Sparsames Salzen hilft aber in der Tat den Blutdruck zu senken.

Eine ungesunde Wahl. Während ein gelegentliches Essen in der Snackbar bei einer ansonsten gesunden Ernährung keinen Schaden anrichtet, entbehrt eine zu stark auf solche Speisen ausgerichtete Kost viele der Nähr- und Vitalstoffe, die Obst und Gemüse bieten. Zudem fehlt es ihr eindeutig an Abwechslung, die doch die tragende Säule einer ausgewogenen Ernährung ist.

Während Jugendliche mit ihrem hohen Energiebedarf die im Fastfood reichlich enthaltenen Kalorien leicht verbrennen, schlagen sie sich bei Erwachsenen rasch in Körperfett nieder. Alles in allem können Schnellgerichte bei regelmäßigem Verzehr zu einer Bedrohung für die Gesundheit werden.

Lebensmittelzusätze

Mit der wachsenden Beliebtheit von Fertiggerichten nimmt auch die Sorge darüber zu, was die Hersteller ihren Produkten zusetzen. Am gängigsten sind Konservierungsstoffe, die die Ausbreitung gefährlicher Mikroorganismen wie Pilze oder Bakterien verhindern und die Haltbarkeitsdauer verlängern. Daneben kommen u. a. Farb- und Aromastoffe, Geschmacksverstärker, Antioxidationsmittel, Emulgatoren, Stabilisatoren, Dickungsmittel und künstliche Süßstoffe zum Einsatz.

Bis auf die Aromastoffe müssen alle Zusätze, bevor sie ihre Zulassung erhalten, auf ihre gesundheitliche Unbedenklichkeit hin überprüft werden. Stoffe, die die EU-Sicherheitsprüfungen bestanden haben, erhalten eine so genannte E-Nummer, die europaweit auf der Verpackung angezeigt werden muss. Daneben gibt es Additive ohne E-Nummer, die nur in einzelnen Ländern zugelassen sind. In Deutschland bei der Herstellung nicht erlaubt sind wegen gesundheitlicher Bedenken etwa Propionsäure oder der Farbstoff Canthaxanthin, der altem Fleisch ein frisches Aussehen gibt. Dennoch darf sich der Verbraucher hierzulande nicht in Sicherheit wiegen: Über den europäischen Binnenmarkt kommen solche bedenklichen Stoffe trotzdem in unsere Supermarktregale.

Viele Kinder haben eine ausgeprägte Vorliebe für Fastfood. Ganz wird man ihnen Hamburger und Co. kaum vorenthalten können, doch gibt es Mittel und Wege, den Konsum in Grenzen zu halten. Erfreuen Sie Ihren Nachwuchs z. B. mit hausgemachten Köstlichkeiten wie Pizza, für die die Kleinen den Belag selbst auswählen dürfen.

Konservierungsstoffe. Einige der gängigen Zusatzstoffe – z. B. Nitrate als Pökelsalz für Fleisch – stehen im Verdacht Krebs auslösend zu sein. Andererseits verhindern sie allerdings die lebensbedrohende bakterielle Lebensmittelvergiftung Botulismus.

Die Benzoesäuren und PHB-Ester (E210–E219), vor allem Kalziumbenzoat (E213), machen Obst haltbar. Man findet sie etwa in Fruchtsäften und Obsttorten. Manche Menschen reagieren auf diese Zusätze allerdings empfindlich oder allergisch. Sulfite (E220–E227) konservieren Obst, Gemüse und Fisch, aber auch Wein, Bier und Cidre. Asthmatiker sollten sie meiden, da sie Asthmaanfälle verschlimmern können.

Antioxidationsmittel werden Ölen und Fetten zugesetzt, damit sie nicht mit Sauerstoff reagieren und ranzig werden. Zwei davon, BHA (E320) und BHT (E321), stehen

VOR- UND NACHTEILE VON ZUSATZSTOFFEN

Enthält ein Lebensmittel Zusätze egal welcher Art, so müssen diese auf dem Etikett vermerkt sein, doch stiften die chemischen Namen und Ziffern mitunter mehr Verwirrung, als dass sie Klärung bringen. Die nachfolgende Übersicht nennt die verschiedenen Typen von Zusatzstoffen, Lebensmittel, in denen sie meist enthalten sind, sowie ihre positiven und negativen Eigenschaften. Ziehen Sie die Tabelle vor dem Einkauf als Orientierungshilfe zu Rat.

	ZUSATZSTOFFE	VORKOMMEN	PRO	CONTRA
	KONSERVIERUNGSSTOFFE			
	Nitrate, Nitrite, Benzoesäure, Benzoate, Sulfite, Schwefeldioxid, Sorbinsäure. Antioxidantien: BHA, BHT, Ascorbinsäure	Nitrate und Nitrite in Pökelfleisch; Benzoate in Limonade; Sulfite in Fruchtsaft, Bier, Wein; Sorbinsäure in Käse; BHT, BHA in Margarine; Ascorbinsäure in Konfitüre	Halten Lebensmittel frei von Bakterien und Pilzen und schützen vor Vergiftung. Verlängern die Haltbarkeit.	Nitrite gelten als Krebs erregend. Benzoate können bei Asthmatikern Reaktionen auslösen, ebenso Sulfite, die zudem bei Gesunden zu Übelkeit und Kopfschmerz führen.
	FARBSTOFFE			
	Natürliche Substanzen wie Betakarotin. Synthetische wie Tartrazin und andere Azofarbstoffe	In der Mehrzahl aller Fertigprodukte. Tartrazin in Süßigkeiten, Limonade, Likör	Nahrungsmittel sehen appetitlicher aus.	Azofarbstoffe können bei Asthmatikern und Kindern allergische Reaktionen verursachen.
	GESCHMACKSVERSTÄRKER			
	Glutaminsäure und Glutamate wie Mononatriumglutamat, Guanylat	Chinesische Speisen, Saucenpulver, Tütensuppen, Fleischkonserven, Fertiggerichte	Sorgen für intensiveren Geschmack.	Allergische Reaktionen auf Natriumglutamat nicht nachgewiesen.
	DICKUNGS- UND GELIERMITTEL			
	Pektine, Gelatine, Zellulose, Alginsäuren, Alginate, Guarkernmehl, Gummi Arabicum	Fertigdesserts, Fertigsaucen und -suppen, Backwaren, Konfitüre	Verbessern Konsistenz und Struktur.	Lebensmittel sehen nahrhafter aus, als sie sind. Große Mengen können Blähungen verursachen. Gummi Arabicum kann allergische Reaktionen hervorrufen.
	EMULGATOREN			
	Lezithine, Glyzeride.	Backwaren, schaumige Dessert- und Cremespeisen, Margarine. Lezithine auch in Säuglingsnahrung	Verhindern Trennung von Öl- und Wasserpartikeln.	Keine Reaktionen bekannt.

DAS CHINARESTAURANT-SYNDROM

Es geschah 1968 in einem Chinarestaurant. Eine halbe Stunde nachdem er mit seiner Mahlzeit begonnen hatte, fühlte sich ein amerikanischer Arzt extrem unwohl. Er litt unter Kopfschmerzen, Übelkeit und verspürte ein Brennen im Nacken. Die Symptome führte man auf eine hohe Zufuhr des Geschmacksverstärkers Mononatriumglutamat zurück, der in der asiatischen Küche oft verwendet wird. Später bezeichnete der Arzt diesen Zustand, von dem auch viele andere berichteten, als Chinarestaurant-Syndrom. Neuesten Erkenntnissen zufolge ist das Natriumglutamat jedoch unschuldig. Andere Bestandteile der Chinaküche wie fermentierte Soja- und Meeresfrüchtesauce stehen nun als Auslöser im Verdacht.

im Verdacht, Krebs zu erregen. Obwohl eine Reihe von Untersuchungen durchgeführt wurde, steht eine abschließende Beurteilung aber noch aus.

Farbstoffe. Farbzusätze sollen Lebensmitteln ein appetitlicheres Aussehen verleihen. Sie werden von Verbrauchern heftig kritisiert, da sie im Gegensatz zu den Konservierungsstoffen nicht die Sicherheit des Produkts erhöhen, sondern es lediglich optisch verschönern. Manche Farbstoffe sind natürlichen Ursprungs, der Großteil entsteht jedoch im Labor. Besondere Bedenken rufen die Azo- oder Teerfarbstoffe hervor.

Der gelbe Azofarbstoff Tartrazin (E 102), der in Limonaden und Süßigkeiten zu finden ist, ruft wie manche andere Teerfarbstoffe bekanntermaßen bei manchen Menschen, vor allem Asthmatikern und Aspirinallergikern, allergische Reaktionen hervor; bei Kindern kann Tartrazin zu Hyperaktivität führen. Aus diesem Grund sind Tartrazin und weitere Azofarbstoffe in einigen Ländern verboten. In Deutschland ist Tartrazin nur beschränkt zugelassen.

Aromastoffe und Geschmacksverstärker. Ihren Fertigprodukten setzt die Nahrungsmittelindustrie Tausende unterschiedlicher Aromastoffe zu. Das sind zum einen Teil natürliche Substanzen, zum anderen synthetische, naturidentische Kopien. Beide gelten gemeinhin als unproblematisch.

Eine Zeit lang hielt man den Geschmacksverstärker Mononatriumglutamat (E 621) wohl zu Unrecht für den Auslöser unangenehmer Reaktionen. Dazu kann es nach dem Genuss pikanter Speisen, Suppen oder chinesischer Gerichte kommen, denen es zugesetzt ist – daher die Bezeichnung Chinarestaurant-Syndrom (siehe Kasten oben). Der Stoff kommt in natürlicher Form in Tomaten, Sardellen und Parmesankäse vor, weshalb diese auch das Aroma anderer Speisen intensivieren.

Dickungsmittel und Emulgatoren. Suppen, Saucen, Desserts usw. werden mit Dickungsmitteln versetzt, damit die Produkte eine sämige Konsistenz erlangen. Diese aus natürlichen Substanzen wie Pflanzenzellulose und Meeresalgen gewonnenen Stoffe sind in der Regel harmlos, manche jedoch können in größeren Mengen Blähungen hervorrufen. Auch gibt es Berichte, wonach Gummi Arabicum (E 414) bei manchen Personen allergische Reaktionen bewirkt.

Emulgatoren verhindern, dass sich Öl und Wasser in Mayonnaise und anderen Fertigprodukten trennen. Ein beliebter natürlicher Emulgator ist das aus Soja gewonnene Lezithin (E 322), das als unbedenklich gilt.

Lebensmittelallergien und Unverträglichkeiten

Nicht nur verdorbenes Essen und Zusatzstoffe können krank machen. Allergien oder Unverträglichkeiten gegen viele Lebensmittel sind weit verbreitet und offenbar auf dem Vormarsch. Expertenschätzungen zufolge ist rund ein Drittel der Bevölkerung mehr oder weniger stark davon betroffen.

Echte Lebensmittelallergie. Anders als bei einer Unverträglichkeit hat eine echte Nahrungsmittelallergie eine abnorme Reaktion des Immunsystems zur Folge. Jeder Stoff, der in unseren Körper gelangt, wird vom Abwehrsystem überprüft, und falls es ihn als schlecht identifiziert, unschädlich gemacht. Bei Allergikern aber werden auch bestimmte harmlose Stoffe irrtümlich als gefährliche Eindringlinge gedeutet; folglich schickt das Immunsystem Antikörper zur Bekämpfung der Gefahr los. Die Antikörper wiederum

Vorsorge treffen

Vor den möglichen Gefahren bestimmter Lebensmittelzusätze können Sie sich mit einfachen Mitteln schützen:

- Essen Sie möglichst frische oder nur geringfügig behandelte Nahrungsmittel. Je natürlicher ein Lebensmittel, desto weniger Zusätze sind wahrscheinlich darin enthalten.
- Essen Sie abwechslungsreich. Dadurch vermeiden Sie, dass ein bestimmtes Additiv im Körper eine gefährliche Konzentration erlangt.
- Greifen Sie zu echten statt künstlichen Speisen. So ist z. B. frischer oder tiefgekühlter Orangensaft besser als Fruchtsaftgetränke mit künstlichen Farb-, Süß- und Aromastoffen.
- Fastfood nach Möglichkeit meiden oder nur gelegentlich essen.
- Schauen Sie aufs Etikett, auf dem die meisten Additive aufgeführt sind. Wählen Sie die Produkte, die am wenigsten künstliche Zusätze enthalten.
- Machen Sie eine Liste derjenigen Zusätze, gegen die Sie Bedenken haben, und nehmen Sie sie mit zum Einkaufen.

Das Ernährungsprotokoll

Wenn Sie meinen, dass Sie gegen irgendetwas in Ihrer Kost überempfindlich sind, notieren Sie genau, was Sie essen und ob danach Reaktionen auftreten. Auf diese Weise lassen sich problematische Lebensmittel einkreisen und dann vom Speiseplan verbannen.

Schreiben Sie Datum, Uhrzeit sowie alle verzehrten Speisen und Getränke auf. Bis zum Auftreten bestimmter Reaktionen vergehen oft viele Stunden; führen Sie Ihr Tagebuch deshalb über mehrere Tage oder Wochen (siehe auch S. 14).

bewirken eine Ausschüttung großer Mengen von starken Reizstoffen, meist Histaminen, die vielfältige Symptome – von Durchfall und Übelkeit bis zu einem lebensbedrohlichen Anschwellen der Kehle – verursachen können. Diese Beschwerden treten meist in Minutenschnelle auf. Zu den Lebensmitteln, die häufig Reaktionen hervorrufen, gehören Milch, Eier, Weizen, Fisch, Meeresfrüchte, Erdbeeren, Nüsse, insbesondere Erdnüsse, Hülsenfrüchte und Sojabohnen. Falls die Allergie nicht von selbst wieder verschwindet, bleibt oft als einziger Ausweg der Verzicht auf die kritischen Lebensmittel.

Lebensmittelunverträglichkeit. Zu echten Lebensmittelallergien kommt es selten, Unverträglichkeiten dagegen sind ziemlich verbreitet. Bis die Reaktion einsetzt, können Stunden oder gar Tage vergehen, da hier – anders als bei den echten Allergien – das Immunsystem nicht beteiligt ist. Die Symptome reichen von Kopfschmerzen, Verdauungsbeschwerden und Niedergeschlagenheit bis hin zu chronischen Krankheiten wie rheumatischer Arthritis, Asthma, Reizdarm und Ekzem. Am häufigsten werden Unverträglichkeiten durch Milch- und Getreideprodukte, koffeinhaltige Erzeugnisse, Produkte auf Hefebasis sowie Zitrusfrüchte ausgelöst. Besonders problematisch ist Weizen.

Enzymmangel. Zwei häufig vorkommende Lebensmittelintoleranzen haben ihre Ursache in einem Enzymmangel. Sehr verbreitet ist die Laktoseunverträglichkeit, insbesondere bei Menschen aus Afrika, Asien oder dem Mittelmeerraum, aber auch bei einigen Westeuropäern. Ihnen fehlt im Darm das Enzym Laktase, ohne das die Laktose, der Milchzucker, in Kuhmilch und Milchprodukten wie Butter und Käse nicht aufgeschlossen werden kann. Die Folge sind Magenkrämpfe, Durchfall und Blähungen. In ähnlicher Weise kann ein Mangel an Lipase Probleme verursachen, wenn Fette unverdaut in den unteren Darm gelangen.

Suche nach den auslösenden Stoffen. Die Diagnose einer Lebensmittelallergie ist oft sehr schwierig. Allergologen oder speziellen Allergiekliniken steht eine Vielzahl von Methoden zur Verfügung, mit denen die Nahrungsmittel bestimmt werden können, die die Beschwerden verursachen, u. a. Pflaster- und Bluttests. Bei Letzteren werden Lebensmittelproben auf die Haut aufgetragen und auf eine allergische Reaktion hin überprüft. Dieser Test spricht auf eine Unverträglichkeit allerdings nicht unbedingt an. Eine andere Methode, die so genannte Provokationsdiät, die nur unter klinischer Kontrolle durchgeführt wird, verbannt für einige Tage alle Lebensmittel bis auf ein paar unschädliche vom Speiseplan. Danach werden die anderen Speisen schrittweise einzeln wieder zugeführt und eventuelle Reaktionen notiert.

Bei Doppelblindtests kommt das reaktionsverdächtige Lebensmittel in eine Kapsel, während eine zweite, identische Kapsel mit einer nicht reaktiven Substanz gefüllt wird. Weder Arzt noch Patient wissen, in welcher Kapsel sich die Nahrung befindet. Der Patient schluckt eine der Kapseln und beobachtet, ob eine Reaktion erfolgt oder nicht.

Glutenunverträglichkeit. Sobald man weiß, dass ein Nahrungsmittel eine Reaktion hervorruft, ist es das Naheliegendste, es nicht mehr zu essen. Bei Grundlebensmitteln wie Weizen ist dies allerdings mit Schwierigkeiten verbunden.

Wer Weizen nicht verträgt, reagiert auf das Klebereiweiß Gluten, das auch in Rog-

KLASSISCHE ALLERGIEN

Da jeder Mensch anders reagiert, können manche Speisen bei empfindlichen Personen ganz unterschiedliche Symptome und allergische Reaktionen auslösen. Dennoch stecken hinter spezifischen Symptomen meist ganz bestimmte Nahrungsmittel.

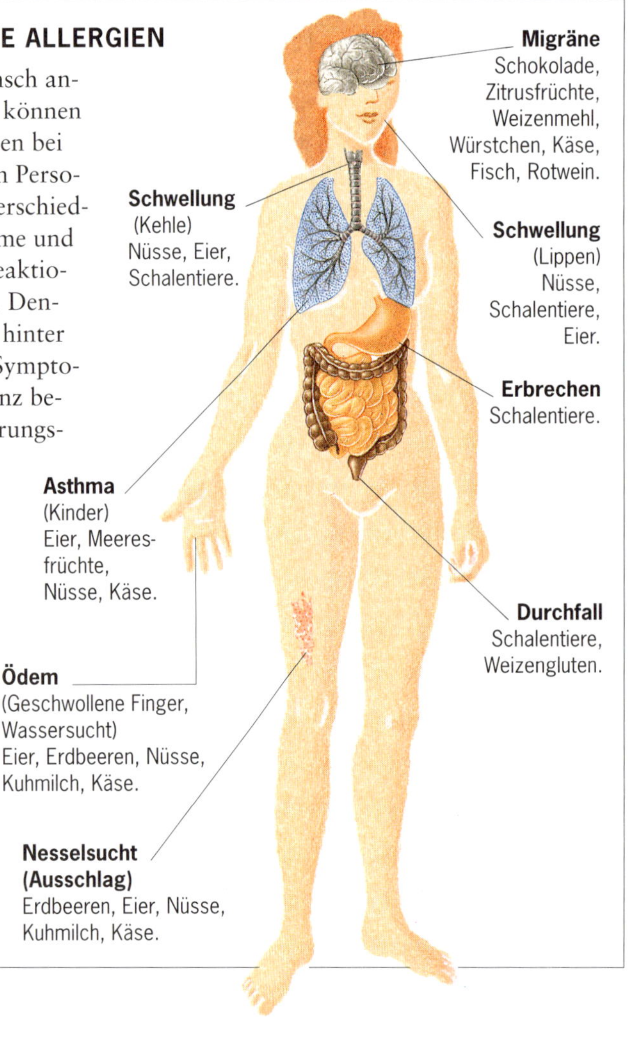

gen, Hafer und Gerste vorkommt. Die Betroffenen leiden unter Bauchschmerzen und Durchfall und schon die winzige Glutenmenge in einer Abendmahlsoblate kann bei manchen Personen zu Reizungen führen.

Der Glutenunverträglichkeit, die in der Fachsprache Zöliakie genannt wird, liegt eine funktionale Störung zugrunde, bei der der Patient essenzielle Nährstoffe nicht über die Darmschleimhaut aufzunehmen vermag. Dies kann andere Gesundheitsprobleme wie Blutarmut nach sich ziehen. Wenn Sie glauben, dass Sie oder Ihr Kind an einer Glutenunverträglichkeit leiden, sollten Sie unbedingt den Arzt aufsuchen. Die Störung selbst ist zwar unheilbar, doch können die Betroffenen durch den rigorosen Verzicht auf Klebereiweiß wieder völlig genesen.

Offensichtlich glutenhaltige Lebensmittel wie Brot, Kuchen, Kekse, Teigwaren, Müsli und Haferflocken sind leicht auszusondern. Probleme bereiten dagegen Fertigprodukte aller Art, dient Weizenmehl doch oft als Dickungsmittel und kommt in allen möglichen Speisen vor. Hier hilft der Blick aufs Etikett, das freilich nicht immer leicht zu verstehen ist. Folgende Bezeichnungen weisen auf Gluten im Produkt hin: pflanzliche Stärke, Stärke, Weizenvollkornmehl, pflanzliches Eiweiß, Lebensmittelstärke, Kleie, Zwieback und Dickungsmittel.

Viele Betroffene greifen daher zu einer Diät ohne jegliche Fertigwaren. Getrocknete Bohnen, Nüsse, Reis und Mais dienen dabei als Grundnahrungsmittel; Eier, Fisch, Bohnen, Milch, Käse und Fleisch liefern das nötige Eiweiß, Obst und Gemüse die Vitamine. Und für Abwechslung sorgen Butter, Sahne, Kräuter, Honig, Marmelade, Salz, Gewürze, Zucker, Tee, Wein und Joghurt.

Im Kreuzfeuer: Cholesterin

Hohe Blutfettwerte gelten als Verursacher von Bluthochdruck, Arterienverengung (Arteriosklerose) und koronaren Herzkrankheiten. Dieser ursächliche Zusammenhang darf heute als gesichert angesehen werden; dagegen wird die Frage immer noch kontrovers diskutiert, welche Rolle dabei die Ernährung, speziell das Nahrungscholesterin und die diversen Fette, spielen.

Nahrungscholesterin. Die wachsartige Substanz Cholesterin ist für viele Vitalvorgänge wie die Bildung neuer Zellen und bestimmter Hormone nötig. Je nach Körpergewicht werden in der Leber 800–1000 mg Cholesterin am Tag produziert. Darüber hinaus wird der Stoff auch über die Nahrung aufgenommen. Sobald jedoch auf diesem Weg zusätzliches Cholesterin ins System gelangt, wird die körpereigene Produktion gedrosselt und vermehrt Cholesterin ausgeschieden.

Lebensmittelreaktionen bei Kindern

Echte Lebensmittelallergien sind weit seltener, als man gemeinhin vermutet; die meisten sind harmlos und verschwinden in der Regel mit dem Alter. Manche Reaktionen allerdings können gefährlich werden und die Nährstoffaufnahme behindern, was bisweilen zu Wachstumsstörungen und Gewichtsverlust führt. Ein Beispiel hierfür ist die Zöliakie. Von ungefähr 2000 Kindern leidet eines an einer Glutenunverträglichkeit, die eine Entzündung des Dünndarms hervorruft. Eine glutenfreie Kost ist der einzige Weg, die Symptome zu eliminieren. Weitere Lebensmittelreaktionen treten bei Milch, Tee, Eiern, Schokolade, Soja und Mais auf.

WIE ENTSTEHT EINE ALLERGISCHE REAKTION?

Wenn Allergene in den Körper gelangen, rufen sie eine Reaktion mit den Mastozyten hervor, die vorwiegend in der Magen- und Lungenschleimhaut vorkommen. An der Oberfläche der Mastzellen können sich Immunglobulin-E-Moleküle (IgE) ansiedeln. Diese Antikörper sind Teil der körpereigenen Abwehr gegen eindringende Allergene.

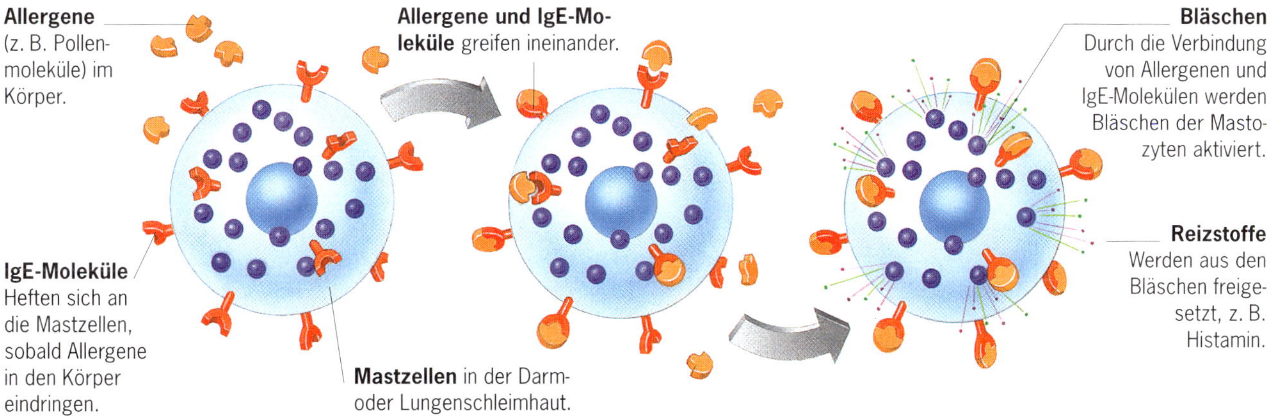

Allergene gelangen mit der Nahrung oder mit Arzneien, durch Einatmen oder Hautkontakt in den Körper.

Die Allergenmoleküle verbinden sich mit den IgE-Molekülen, die an der Oberfläche der Mastzellen sitzen.

Die Bläschen der Mastzellen schütten Reizstoffe wie etwa Histamine aus, was Kopfschmerzen verursacht.

Durch diesen ausgleichenden Mechanismus hat das Nahrungscholesterin nach Meinung mancher Wissenschaftler nur einen relativ geringen Einfluss auf die Blutfettwerte. Ein eingeschränkter Verzehr cholesterinreicher Lebensmittel wie Eier und Käse allein reicht nicht aus, erhöhte Werte zu senken. Gestützt wird diese Ansicht durch Studien an der Rockefeller University in New York. Dort stellte man nur bei zwei von fünf Testpersonen erhöhte Cholesterinwerte im Blut als Folge einer eierreichen Kost fest.

Freilich führen nicht alle Forschungen zu gleichen Ergebnissen. Dr. Richard Shekelle etwa, Professor für Epidemologie an der University of Texas in Houston, fand im Rahmen einer Studie heraus, dass Menschen, deren Speisezettel viele cholesterinreiche Nahrungsmittel aufwies, durchschnittlich 3 Jahre früher starben als jene, die sich cholesterinarm ernährten. Auch sah er bestätigt, dass eine hohe Zufuhr von Nahrungscholesterin das Blut zu einer vermehrten Klümpchenbildung anregt.

Trotz dieser widersprüchlichen Befunde raten Gesundheitsorganisationen wie auch die Deutsche Gesellschaft für Ernährung (DGE) bei erhöhten Werten nach wie vor zu einer reduzierten Zufuhr cholesterinreicher Nahrungsmittel. Kritischer noch beurteilen sie Lebensmittel mit einem hohen Anteil an gesättigten Fettsäuren, da diese Fette den Cholesterinspiegel im Blut eher hochtreiben als Nahrungscholesterin. Überdies empfiehlt die DGE eine Reduzierung der Gesamtfettzufuhr auf 30 % der Kalorien, den Verzehr von mehr einfach und mehrfach ungesättigten Fettsäuren und Ballaststoffen sowie eine Drosselung des Zucker- und Alkoholkonsums. In noch eine andere Richtung weisen verschiedene Untersuchungen, die ergeben haben, dass Transfettsäuren, die etwa in teilgehärteten Pflanzenmargarinen zu finden sind, das Risiko von Herzkrankheiten signifikant anheben. So zeigte eine Studie an 88 000 Frauen in den USA ein um 67 % erhöhtes Infarktrisiko bei denjenigen Frauen, die täglich Pflanzenmargarine in hoher Dosis einnahmen.

Was ist gutes Cholesterin? Beim Cholesterin unterscheidet man – je nachdem, wie es an den Eiweißträger gebunden ist – das nützliche HDL (Lipoprotein hoher Dichte) und das schädliche LDL (Lipoprotein geringer Dichte). Hohe LDL-Werte begünstigen Arterienverstopfung und damit koronare Herzerkrankungen. Dagegen wirken hohe Mengen HDL vorbeugend, indem sie überschüssiges Cholesterin aus Geweben und Serum lösen und zur Leber transportieren, wo es abgebaut wird. Bestimmte Nahrungsmittel senken das LDL-Cholesterin und steigern gleichzeitig das HDL-Cholesterin; auf diese Weise bieten sie einen wirksamen Schutz vor Herzkrankheiten.

HDL-steigernde Lebensmittel. In 23 von 25 Studien konnte Haferkleie nachweislich die Gesamtcholesterinwerte senken. Dabei

GEFAHR DURCH VERSTOPFTE ARTERIEN

Herzkrankheiten entstehen durch eine verminderte Blutzufuhr zum Herzmuskel infolge einer Verengung der Arterien (Arteriosklerose). Große Mengen des schlechten LDL-Cholesterins durchdringen die Innenwand der Arterie und setzen sich darin fest.

Makrophagen – weiße Blutkörperchen, die normalerweise Krankheitskeime und Fremdpartikel aufsammeln und inaktivieren oder abtöten – schlucken LDL und verbinden sich mit den Blutplättchen; es kommt zur Belagsbildung. Über die Jahre wachsen diese Ablagerungen stetig, bis sich das Gefäß verengt und schließlich womöglich verstopft. Dadurch steigt die Gefahr, dass das Blut verklumpt. Geschieht dies, wird die Arterie vollständig abgeriegelt: Herzinfarkt ist die unvermeidbare Folge.

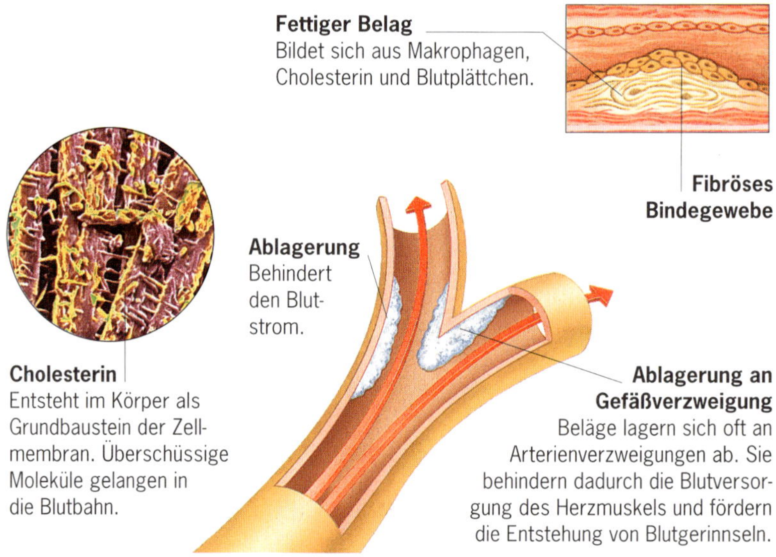

reduziert sie nicht nur das schädliche LDL, sondern bewirkt gleichzeitig eine Zunahme des guten HDL. Bereits eine Tasse Haferkleie am Tag bringt langfristig eine Senkung des LDL-Cholesterins um rund 20 %, während das HDL-Cholesterin um 9 % steigt. Verantwortlich dafür ist vermutlich der hohe Gehalt an dem löslichen Ballaststoff Betaglukan (siehe S. 46).

Lösliche Ballaststoffe liefert auch das Pektin in frischem Obst und Gemüse wie Rosenkohl, Pastinaken, weißen Rüben, Erbsen, Brokkoli, Orangen, Aprikosen und Mangos. Günstig auf den HDL-Anteil wirken sich zudem regelmäßiges Ausdauertraining und eine Gewichtsreduktion aus.

Alkohol. In Maßen genossen bietet auch Alkohol einen Schutz vor Herzerkrankungen. Manche Forscher verweisen darauf, dass in Frankreich Herzleiden weitaus seltener vorkommen als im übrigen Europa, obwohl die Kost der Franzosen stark cholesterinhaltig ist (siehe S. 80 f.). Den Grund dafür sehen sie in der französischen Sitte, zu den Mahlzeiten Wein zu trinken; der Wein bewirke eine Zunahme des HDL-Cholesterins.

Bier hebt den HDL-Spiegel ebenfalls an. So ermittelte eine britische Studie, dass bei moderater Alkoholzufuhr – 1 oder 2 Glas Bier am Tag – der HDL-Wert um etwa 7 % anstieg. Fachleute warnen indes vor übermäßigem Trinken, da Alkohol das Bluthochdruckrisiko erhöht, was seinerseits zu Herzerkrankungen führen kann.

Speiseöl. Viele Wissenschaftler sehen in einer Kost, die reich an gesättigten Fettsäuren ist – woraus die Leber Cholesterin erzeugt –, einen wesentlichen Risikofaktor für Herzleiden. Mehrfach ungesättigte Fette, wie sie in manchen Pflanzenölen vorliegen, senken ihrer Ansicht nach den Gesamtcholesterinspiegel. Noch besser ist das einfach ungesättigte Fett in Oliven- und Rapsöl, das nicht nur den Gesamtcholesterinwert senkt, sondern auch eine Zunahme des guten HDL-Cholesterins bewirkt.

Wie hilft Olivenöl? Offensichtlich schützt Olivenöl das Herz noch auf eine weitere Weise, indem es nämlich die Oxidation der Lipoproteine geringer Dichte unterbindet. Normalerweise werden freie Radikale über eine Sauerstoffbrücke an diese Lipoproteine gebunden. Die oxidierten LDL werden darauf von Makrophagen geschluckt – den weißen Blutkörperchen, die uns normalerweise vor Fremdkörpern und infektiösen Pilzen, Bakterien oder Viren schützen. Sodann vereinigen sich die Makrophagen mit den Blutplättchen und bilden vergrößerte Zellen, aus denen im Lauf vieler Jahre fettige Ablagerungen entstehen, die den Blutstrom behindern (siehe Kasten linke Seite).

Olivenöl kann diese Oxidation auf zweierlei Art verhindern. Während mehrfach ungesättigte Fette prompt oxidiert werden, erweist sich das einfach ungesättigte Fett im Olivenöl als standhafter. Zudem enthält Olivenöl Antioxidantien wie Vitamin E, die sich

Cholesterinwerte

Die Ärzte messen den Cholesterinspiegel in mg pro 100 ml Blut. Für Personen über 40 liegt der empfohlene Wert unter 200 mg/dl. Schon bei 200–250 mg/dl existiert ein erhöhtes Risiko für Herzkrankheiten, über 250 mg/dl besteht ein hohes Risiko.

Bei einem erhöhten Gesamtcholesterinspiegel wird Ihr Arzt die HDL- und LDL-Werte getrennt bestimmen, um Ihr individuelles Risiko besser beurteilen zu können. Während das schlechte LDL-Cholesterin (Lipoproteine geringer Dichte) koronare Herzkrankheiten begünstigt, bietet das gute HDL (Lipoproteine hoher Dichte) einen Schutz davor. Wenn Ihr HDL-Wert mindestens 35 mg/dl beträgt und Ihr LDL-Wert unter 130 mg/dl liegt, so sind Sie auf der sicheren Seite. Frauen in gebärfähigem Alter haben aufgrund ihrer Östrogenproduktion im Allgemeinen höhere HDL-Werte als Männer.

CHOLESTERINBEWUSSTE ERNÄHRUNG

Wenn Sie auf eine Kost umsteigen möchten, die das gute Cholesterin (HDL) fördert und den Gesamtcholesterinspiegel senkt, heißt das nicht, dass Sie Ihren Speiseplan plötzlich und radikal umstellen müssen. Sie werden wahrscheinlich eher bei Ihrer neuen Ernährung bleiben, wenn Sie die folgenden Maßnahmen ganz allmählich einführen.

- Öfter zu mageren Lebensmitteln wie Fisch und magerem Fleisch greifen. Fette mit hohem Anteil an gesättigten Fettsäuren sowie Transfettsäuren reduzieren.
- Haferflockenmüsli zum Frühstück essen.
- Viel frisches Obst und Gemüse essen, mindestens je 250 g am Tag.
- Ein maßvoller Alkoholkonsum kann die HDL-Werte anheben. Zu viel bewirkt jedoch leicht das Gegenteil.
- Mehr getrocknete Bohnen, Grapefruits, Kleie, Knoblauch, Zwiebeln, Äpfel, Shiitakepilze, Mandeln und Walnüsse essen. Sie beeinflussen den Gesamtcholesterinspiegel günstig.
- Für Salatmarinaden oder zum Kochen Öle mit mehrfach ungesättigten Fettsäuren wie Mais-, Soja- oder Sonnenblumenöl verwenden. Sogar noch besser sind Oliven- oder Rapsöl mit ihrem hohen Gehalt an einfach ungesättigten Fettsäuren.

Eier: frisch oder verdorben?

Da Eier besonders leicht verderblich sind, sollten Sie zur Verhütung von Krankheiten bei Kauf und Lagerung besondere Sorgfalt walten lassen.

- Stets das Legedatum auf der Schachtel prüfen.
- Keine angeschlagenen Eier verwenden, sie könnten Bakterien enthalten.
- Eier gehören in den Kühlschrank. Aufgeschlagene rohe Eier halten sich im Kühlschrank in einem dicht schließenden Behälter bis zu 2 Tage. Eiweiß können Sie auf diese Art bis zu 2 Wochen aufbewahren.
- Eier mit der Spitze nach unten lagern.
- Eierspeisen sofort verzehren oder einfrieren. Babys, Kinder, Schwangere und Senioren sollten keine rohen Eier essen, da eine Salmonelleninfektion für sie besonders gefährlich ist.

Um zu prüfen, wie frisch ein Ei ist, legt man es in eine Schüssel mit Wasser. Frische Eier sinken zu Boden, ein 7 Tage altes Ei stellt sich in Schräglage auf und ein 2 Wochen altes steht senkrecht, mit dem runden Ende nach oben. Ursache ist die Luftblase, die mit zunehmendem Alter größer wird.

als Radikalfänger betätigen. Dadurch sinkt die Wahrscheinlichkeit, dass LDL vorrangig attackiert wird.

Trotz einer ähnlich hohen Fett- und Cholesterinzufuhr treten Herzleiden in den Mittelmeerländern wie Italien und Griechenland, wo überwiegend mit Olivenöl gekocht wird, bedeutend seltener auf als in Staaten wie den USA (siehe S. 114 f.).

Die Wahrheit über Eier

Billig, nahrhaft und vielseitig – was könnte besser sein als ein Ei? Die Angst vor Cholesterin und Salmonellen allerdings hat in den letzten Jahren stark an seinem Ruf gekratzt.

Vom Nährwertaspekt her sind Eier durchaus zu empfehlen. Ein großes Ei ohne Schale (60 g) enthält rund 7,7 g äußerst hochwertiges Eiweiß, dazu die Vitamine A, B, D und E sowie Mineralien wie Eisen und Kalzium. Zudem ist es relativ kalorienarm: Ein großes Ei hat nur 93 kcal.

Daher verwundert es nicht, dass man das Ei früher für ein fast perfektes Lebensmittel hielt und zu reichlichem Verzehr riet. Dann aber stellte die Cholesterinforschung fest, dass Eier einen hohen Cholesteringehalt haben; ein 60-g-Ei bringt es auf 240 mg. In Anbetracht einer empfohlenen Tagesdosis von 300 mg leuchtet ein, warum heutige Ernährungsrichtlinien empfehlen, den Eierverzehr auf 2–3 Stück pro Woche zu begrenzen.

Weniger Eigelb. Besorgte Verbraucher können ihre Cholesterinaufnahme besser anderweitig reduzieren. Das gesamte Cholesterin eines Eis befindet sich wie auch der größte Teil seiner Nährstoffe im Dotter. Bei Eierspeisen wie Omelett können Sie statt einem Vollei zwei Eiweiß verwenden, beim Backen ebenso bzw. statt zwei Volleiern ein Vollei plus zwei oder drei Eiweiß. Wer seine Cholesterinzufuhr noch mehr beschneiden will, kann auf Ei-Ersatzstoffe zurückgreifen. Sie sind gefroren oder in Pulverform erhältlich und haben meist sehr wenig Cholesterin, da sie aus Eiweiß und einfach ungesättigten Ölen hergestellt werden. Allerdings enthalten sie künstliche Zusätze.

Salmonellen. Die Gefahr einer Salmonellenvergiftung durch Eier hat in den letzten Jahren des Öfteren für Schlagzeilen gesorgt, und insgesamt haben Salmonellenerkrankungen seit Mitte der 80er-Jahre sprunghaft zugenommen. Viele Hennen tragen im Darm den Erreger, das Bakterium *Salmonella enteritidis*, das noch vor der Schalenbildung ins Ei gelangen kann. Das Ergebnis ist ein äußerlich makelloses, aber verseuchtes Ei. Schätzungen von Experten zufolge sind Legebatterien zu 30–100 % durchseucht.

Durch starkes Erhitzen auf 60–75 °C werden die Salmonellen zerstört; in schonend gegarten Speisen wie weich gekochten Eiern, Rühreiern, weichen Omeletts und Eiercremes jedoch können die Bakterien überleben. Gerichte mit rohen Eiern wie die italienischen Süßspeisen Tiramisu und Zabaglione oder hausgemachte Mayonnaise stellen daher eine besondere Gefahr dar.

Während gesunde Erwachsene eine Salmonellenvergiftung meist problemlos überstehen, kann sie für solche Menschen gefährlich werden, deren Abwehrkräfte noch nicht voll entwickelt oder geschwächt sind – also für Kinder, Senioren und Personen mit chronischen Krankheiten. Bei Schwangeren besteht das Risiko, dass sie die Infektion auf ihr ungeborenes Kind übertragen. Gefährdete Personen sollten daher Ei-Ersatz oder Produkte mit pasteurisiertem Flüssigei verwenden, die zur Abtötung aller Krankheitskeime hitzebehandelt wurden.

NÄHRSTOFFE IN EIERN

PRODUKT	ENERGIE (kcal)	EIWEISS (g)	KOHLENHYDRATE (g)	FETT (g)	CHOLESTERIN (mg)	NATRIUM (mg)
Vollei ohne Schale (1 großes, 60 g)	93	7,74	0,42	6,7	240	86,4
Eigelb (1 großes, 20 g)	70,6	3,2	0,06	6.38	252	10
Eiweiß (1 großes, 40 g)	19,6	4,4	0,28	0,08	0	68
Trockenvollei (10 g)	61,4	4,6	0,24	4,2	144	52

8

Die Wahl der idealen Kost

In den Mittelmeerländern sowie in Japan und China sind die Menschen in der Regel gesünder als hierzulande, und das liegt zum großen Teil an ihrer Küche. Viele der leckeren, nahrhaften Gerichte, die dort auf den Tisch kommen, können auch unseren Speisezettel bereichern. Freilich gilt es immer zu beachten, dass beileibe nicht jeder die gleichen Bedürfnisse hat. Kinder und Senioren, Schwangere, Leistungssportler und die große Zahl derer, die an Krankheiten oder Übergewicht leiden, benötigen oft eine ganz individuelle Kost.

Die gesündesten Küchen der Welt

Wer wünschte sich nicht ein gesundes, langes Leben? Dazu aber heißt es Ernst machen mit einer ausgewogenen Ernährung. Denn dass die jeweiligen Essgewohnheiten hierbei eine ganz entscheidende Rolle spielen, zeigt ein Vergleich der diversen nationalen Küchen.

Ein Hauch von Mittelmeer

Verfeinern Sie Ihre Gerichte doch einmal mit Hülsenfrüchten nach südländischer Art. Kichererbsen, schwarze Bohnen oder Linsen sind nahrhafte Einlagen für Suppen und Eintöpfe. Oder servieren Sie einen Salat aus roten Kidneybohnen mit einem Dressing aus Olivenöl, Zitronensaft, gepresstem Knoblauch und frischen Kräutern. Wenn Sie die Bohnen mit dem Dressing pürieren, erhalten Sie einen leckeren Dip oder Brotaufstrich.

Immer wieder tauchen in der Presse Berichte über entlegene Bergtäler auf, deren Bewohner weit über 100 Jahre alt werden und dabei noch ausgesprochen rüstig und vital sind. Die robuste Gesundheit dieser Menschen wird dann einem besonderen Lebenselixier der einheimischen Küche zugeschrieben – etwa Naturjoghurt, wildem Knoblauch oder einer speziellen Honigsorte.

Nach mehr als einem halben Jahrhundert wissenschaftlicher Forschung spricht vieles dafür, dass es tatsächlich Gegenden auf der Erde gibt, wo sich die Menschen einer weitaus besseren Gesundheit erfreuen als anderswo. Diesen Studien zufolge liefert die traditionelle Esskultur Chinas, Japans und der Mittelmeerländer eine Reihe von Schutzmechanismen gegen ein breites Spektrum degenerativer Krankheiten, das von Herzleiden bis hin zu speziellen Krebsformen reicht.

Eine Welt voller Unterschiede

Innerhalb von Europa, so die Beobachtung von Ernährungswissenschaftlern, wird die Küche eines Landes offenbar immer gesünder, je näher es am Mittelmeer liegt. So ergab z. B. in den 60er-Jahren eine Studie über den Verbrauch von Nahrungsmitteln, dass der Durchschnittsbürger in Spanien und Italien mehr als dreimal so viel frisches Obst und Gemüse im Jahr aß wie sein britisches Pendant. Dass gerade Schottland und Finnland, wo nur ganz wenig Obst und Gemüse verzehrt wird, die höchste Rate von Herz-Kreislauf-Erkrankungen haben, ist kein Zufall.

Den Zusammenhang zwischen Ernährung und Gesundheit begann man erst ab Mitte des 20. Jahrhunderts auf wissenschaftlicher Basis zu erforschen. Dabei enthüllten die immer zahlreicher werdenden Statistiken selbst unter den reichen Industrieländern mit vergleichbarem Lebensstandard gravierende Unterschiede in der Volksgesundheit.

Eine bahnbrechende Studie. Anfang der 50er-Jahre veröffentlichte der amerikanische Ernährungswissenschaftler Professor Ancel Keys seine spektakuläre Sieben-Länder-Studie. In Zusammenarbeit mit einem internationalen Team hatte er die Beziehung zwischen bestimmten Krankheiten und kulturbedingten Besonderheiten in der Ernährung unter die Lupe genommen. Dabei stellte er fest, dass nur ein sehr geringer Prozentsatz der Mittelmeeranwohner herzkrank wurde – im krassen Gegensatz zu den amerikanischen Vergleichsgruppen, wo Herz- und Gefäßkrankheiten wie etwa Bluthochdruck, Herzinfarkt und Schlaganfall besonders häufig vorkamen. Es gelang ihm, einen engen Zusammenhang zwischen Nahrungsfett, Blutfettwerten und der Häufigkeit von Herzerkrankungen zu dokumentieren.

Über einen Zeitraum von 10 Jahren untersuchten Keys und seine Kollegen Männer zwischen 40 und 59 Jahren, die auf drei Kontinenten in sieben verschiedenen Ländern jeweils in einer ländlichen Gegend lebten: in den USA, Finnland, Italien, Jugoslawien, den Niederlanden, Griechenland und

Oliven werden in vielen Mittelmeerländern geerntet – in Spanien, Griechenland, Italien und in der Provence. Vergleichbar dem Wein, haben die aus Oliven gewonnenen Öle einen einzigartigen Geschmack und ein typisches Aroma, die je nach Herkunftsland und Olivensorte ganz unterschiedlich ausfallen.

DIE HÄUFIGKEIT VON HERZERKRANKUNGEN IM INTERNATIONALEN VERGLEICH

Vergleichende Studien über die Zahl der Todesfälle infolge von Herzkrankheiten haben zum Teil frappierende Unterschiede ans Licht gebracht. So sind die Menschen in Ländern, wo viel gesättigtes Fett, aber wenig mehrfach ungesättigtes Fett, Obst und Gemüse verzehrt werden, stärker gefährdet als in Ländern mit gesünderer Kost.

LAND	FRAUEN	MÄNNER
Großbritannien	198	498
Finnland	140	489
Kanada	102	383
Australien	143	374
USA	132	322
Deutschland	92	289
Griechenland	69	218
Italien	59	193
Frankreich	32	101
China	55	84
Japan	22	55

Herzerkrankungen auf 100 000 Einwohner (Altersgruppe 35–74 Jahre)

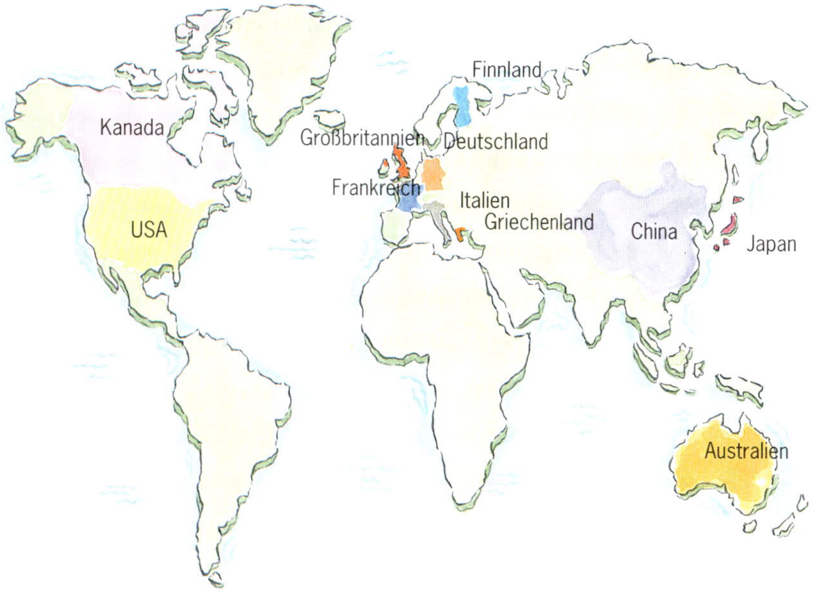

Japan. Ein Vergleich der nationalen Speisepläne ergab, dass dort, wo viele Lebensmittel mit einem hohen Gehalt an gesättigten Fetten tierischer Herkunft konsumiert wurden, auch die Cholesterinwerte höher ausfielen. In diesen Ländern bestand zudem ein höheres Risiko, an Herzkrankheiten zu sterben. Doch stand diese höhere Sterberate scheinbar weder mit dem Gesamtfettgehalt der Nahrung noch mit der Gesamtmenge der zugeführten Kalorien im Zusammenhang.

Schützende Öle

Die Forscher fanden heraus, dass Herzleiden erheblich seltener bei jenen Personen auftraten, die viel mehrfach oder einfach ungesättigte Fettsäuren zu sich nahmen. Die mediterrane Küche mit ihrer großzügigen Verwendung von Olivenöl schien einen ganz besonderen Schutz zu bieten. Diese Ergebnisse wurden durch spätere Forschungen auf dem komplexen Gebiet des Blutcholesterins untermauert. Die einfach ungesättigten Fette im Olivenöl senken demnach nicht nur den Gesamtcholesterinspiegel, sondern auch den Wert des gefährlichen, weil Arterien verstopfenden LDL-Cholesterins. Gleichzeitig bewirken sie eine Zunahme des schützenden HDL-Cholesterins, das das Blut von überschüssigem Cholesterin reinigt (siehe S. 56).

Die Verdienste der mediterranen Küche wurden in neueren Studien noch erhärtet. So führte das Französische Nationalinstitut für Gesundheit und Medizinische Forschung in Lyon ein kontrolliertes Experiment an zwei Gruppen von Herzpatienten durch. Die eine Testgruppe erhielt südländische Kost mit Rapsöl, das reich an Omega-3-Fettsäuren ist, während die Mitglieder des zweiten Teams, das als Kontrollgruppe diente, essen durften, wonach ihnen der Sinn stand.

Nach 2 Jahren stellten die Forscher fest, dass die Sterbeziffer bei der Mittelmeergruppe im Vergleich zur Kontrollgruppe um 70 % niedriger lag. Daraufhin brachen sie den klinischen Test sofort ab und setzten die noch lebenden Mitglieder der Kontrollgruppe auf die mediterrane Kost, die, so waren sie nunmehr überzeugt, das Leben vieler Patienten verlängern konnte.

Zivilisationskrankheiten

Jede traditionelle Ernährung unterliegt dem Wandel. In vielen Teilen der Welt stieg in der zweiten Hälfte des 20. Jahrhunderts der Lebensstandard, wurden spektakuläre Fortschritte in Wissenschaft und Technik erzielt und drängten die Menschen massiv vom Land in die stetig wachsenden Städte. Aber diese Modernisierung hatte auch Nachteile.

Starke Truppe: Antioxidantien

Der üppige Anteil an natürlichen Antioxidantien wie Vitamin C, E und Betakarotin in der mediterranen Küche stellt ein ganzes Waffenarsenal zur Abwehr unerwünschter Stoffe bereit. Die hochwirksamen Substanzen bekämpfen die zerstörerischen Kräfte freier Radikale und oxidierter Moleküle, die im Körper entstehen (siehe S. 94).

Mit natürlichen Antioxidantien gesegnet sind Zitronen, Orangen, Tomaten, roter Paprika, Avocados und Petersilie.

HAUSGEMACHTE NUDELN

Nudeln sind ein überaus vielseitiges Nahrungsmittel und ein guter Kohlenhydratspender, der eine lang vorhaltende Energieversorgung garantiert. Die Herstellung ist einfach; für den Teig brauchen Sie 3 Eier, 300 g Mehl, Salz und eine Nudelmaschine. Die Nudeln trocknen lassen und dann in reichlich kochendem, leicht gesalzenem Wasser kochen.

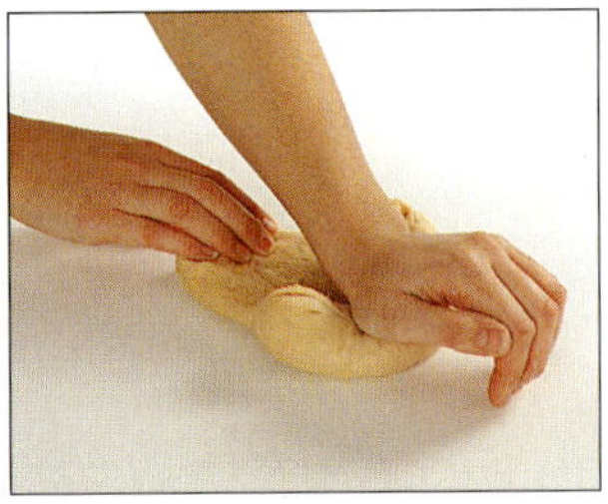

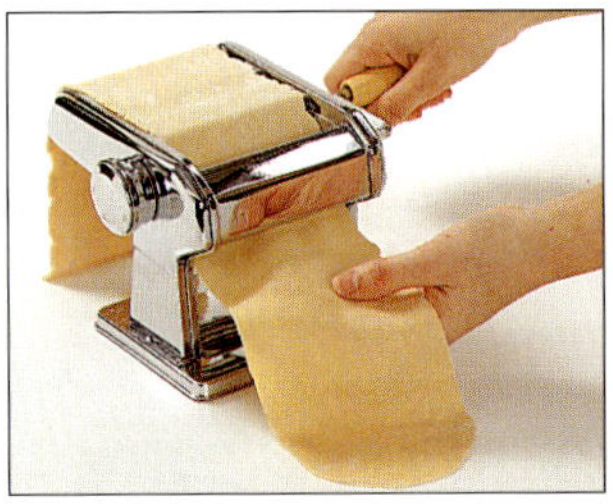

1 Das Mehl auf einer glatten Arbeitsfläche aufhäufeln. Eine Mulde hineindrücken, die verquirlten Eier zugeben. Gut vermischen und durchkneten.

2 Den Teig mit einer Hand festhalten und mit dem Ballen der anderen von sich wegschieben. Unter ständigem Drehen wiederholen, bis er glatt ist.

3 Eine Portion des vorgerollten Teigs durch die Nudelmaschine fädeln. Den Teig durchkurbeln, dabei weder dehnen noch ziehen.

4 Den fertig ausgerollten Teig in ca. 30 cm lange Streifen schneiden und durch die Schneidwalze ziehen. Die Nudeln mit der Hand aufnehmen.

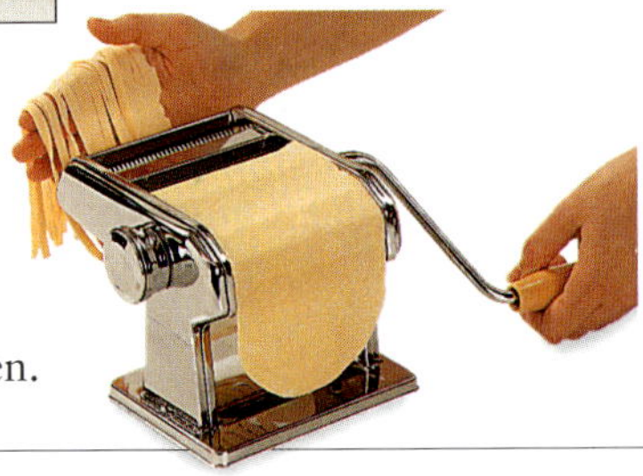

Gesunder Knoblauch

Knoblauch wirkt sich in mancherlei Hinsicht positiv auf unsere Gesundheit aus. Indem er den Cholesterinspiegel senkt, soll er Herzkrankheiten vorbeugen. Neue Forschungen an der Pennsylvania State University belegen außerdem, dass eine Verbindung im verarbeiteten Knoblauch auf Krebszellen in Dickdarm, Lunge und Haut wachstumshemmend wirkt.

Der scharfe Geschmack von rohem Knoblauch wird in einem Joghurt-Kräuter-Dip abgemildert.

Mit dem Rückgang der alten Infektionskrankheiten wurden die Menschen nunmehr Opfer von neuen Seuchen – jenen Krankheiten, die ihren Tribut vom Lebensstil in der Industriegesellschaft forderten.

Epidemiologen – Wissenschaftler, die sich mit den Ursachen und der Verbreitung von Volkskrankheiten beschäftigen – konnten nun eher das Auftreten bestimmter Krankheiten vorhersagen. Mit zunehmender Industrialisierung und steigendem Wohlstand – wenn aus der bäuerlichen Landbevölkerung urbane Arbeiter wurden, die sich anders ernährten – starben auch mehr Menschen etwa an Herzleiden und Diabetes.

Ironischerweise war es gerade dieses veränderte Essverhalten mit seinen offenkundig schädlichen Auswirkungen auf die Volksgesundheit, das den Wert der althergebrachten Ernährungsweise unter Beweis stellte. So beobachtete und dokumentierte die griechische Wissenschaftlerin Antonia Trichopoulou die Folgen für das Wohlergehen ihrer Landsleute, nachdem sich immer mehr Menschen von der gesunden Kost abzukehren begannen, die ihre Vorfahren jahrtausendelang ernährt hatte. In einer 1989 veröffentlichten Studie belegte sie – parallel zu einem in 20 Jahren stetig gestiegenen Verbrauch tierischer Fette und einem entsprechend geringeren Verzehr von Obst und Gemüse – einen dramatischen Anstieg der Todesfälle infolge von Herzleiden, Diabetes, Brust- und Dickdarmkrebs. Mittlerweile legt man in Griechenland wie auch vielen anderen Mittelmeerländern den Bürgern dringend ans Herz, sich wieder auf ihre kulinarischen Wurzeln zu besinnen.

Ein Fest für die Gesundheit

Wer sich an der Fülle von Farben und Geschmacksnuancen frischer Früchte und Gemüse erfreut, wer gutes Olivenöl, den herben Geschmack von Zitronensaft und das Aroma von frischen Kräutern und Knoblauch liebt, wird an der mediterranen Kost seine wahre Freude haben. Vieles davon ist Freunden der guten Küche vertraut: herzhafte Gemüse- und Bohnensuppen, großzügige Portionen Nudeln, verfeinert mit Tomaten-Basilikum-Sauce, große Schüsseln mit knackig grünem Salat, angemacht mit einem Dressing aus Olivenöl, und nicht zuletzt fangfrischer Fisch – das alles sind Markenzeichen südländischer Kochkunst. Auf einer kulinarischen Reise von Spanien über Südfrankreich und Italien nach Griechenland kann man feststellen, dass diese Grundlagen trotz unterschiedlicher Vorlieben bei Kräutern und Gewürzen immer gleich bleiben.

Mediterrane Speisen versprechen Gesundheit pur. Dunkelfleischige Fettfische wie Thunfisch, Makrelen und Sardinen sind reich an Omega-3-Fettsäuren. Die ungesättigten Fette sollen einen Schutz für das gesamte Herz-Kreislauf-System bieten, aber auch bestimmten Krebsformen und anderen Krankheiten vorbeugen. Außerdem sind die

Mittelmeerländer reich mit Getreide, Gemüse und Obst gesegnet, die auf einem fruchtbaren Boden gedeihen. Diese Lebensmittel versorgen uns neben Vitalstoffen auch mit Ballaststoffen – einem weiteren wesentlichen Bestandteil der gesunden Ernährung.

Asiatische Gaumenfreuden

Eine halbe Weltreise von den Olivenhainen und Weinbergen der Mittelmeerküsten entfernt entwickelten die traditionsbewussten Köche Chinas und Japans ihre eigene Palette gesunder Speisen und Garmethoden. Die internationale Fachwelt zeigt besonderes Interesse an der japanischen Ernährungsweise, da sich die Japaner der weltweit höchsten Lebenserwartung erfreuen und nirgendwo sonst Herzleiden und Brustkrebs so selten auftreten. Auf der anderen Seite erkranken sie allerdings überdurchschnittlich oft an Magenkrebs, was wohl mit ihrem üppigen Verzehr salziger, gepökelter Nahrungsmittel zusammenhängt.

Traditionell stehen für Japaner komplexe Kohlenhydrate, die sie meist aus mehreren Schalen Reis beziehen, im Mittelpunkt einer Mahlzeit. Zur Abwechslung greifen Japans Köche auch zu diversen Nudelsorten, die aus stärkehaltigen Rohstoffen wie Mungbohnen, Weizen, Erbsmehl und Buchweizen hergestellt werden. Letzterer wird bisweilen mit grünem Tee vermengt, einer sehr ergiebigen Quelle von Katechinen, die als Antioxidantien und Radikalfänger wirken (siehe S. 94).

Vollmilch und Milchprodukte wie Sahne, Käse und Butter, die alle reich an gesättigtem Fett sind, spielen in der japanischen Küche fast gar keine Rolle. Fleisch dient nur der geschmacklichen Abrundung von Nudel- oder Reisgerichten; es wird fein gehackt oder hauchdünn geschnitten und in kleineren Mengen als im Westen verzehrt.

Eiweiß bringen die japanischen Köche oft in Form von Soja auf den Tisch. In einem der Käseherstellung ähnlichen Verfahren wird aus den äußerst nahrhaften Bohnen eine Sojamilch ausgekocht und anschließend der Tofu genannte Quark zu kleinen Blöcken gepresst. Anderes Gemüse wird roh gegessen oder nur kurz angebraten, wodurch wertvolle Nährstoffe erhalten bleiben.

Speisekammer Meer. Für die meisten Japaner ist das Meer, das ihre Inseln umschließt, eine der wichtigsten Nahrungsquellen. Fast jedes Meeresgetier findet seinen Weg auf den japanischen Tisch: Tintenfisch und Krake, Schalentiere aller Art, fetter Seefisch wie Makrele, Bonito, Thunfisch und Meeraal. Solange der Fisch wirklich frisch ist und aus unverschmutzten Gewässern stammt, geraten die Ernährungsspezialisten bei den rohen Fischdelikatessen der Japaner regelrecht ins

KOCHEN MIT TOFU

Der aus Sojabohnen hergestellte Tofu zählt zu den vielseitigsten Zutaten der japanischen Speisekammer: Man kann ihn in eine würzige Marinade einlegen und dann grillen, in Pfanne oder Wok anbraten oder in einen Eintopf geben. Da Tofu keinen Eigengeschmack besitzt, nimmt er das Aroma der Sauce bzw. jeder anderen Beilage an und lässt sich so fast universell einsetzen.

Neben Eiweiß liefert Tofu Eisen, Kalzium und Vitamin E. Er enthält wenig gesättigtes Fett und kein Cholesterin.

1 Den Tofublock mit einem scharfen Messer zuerst in mehrere Streifen und dann in 1,5 cm dicke Würfel schneiden.

2 Gehackten Knoblauch in heißem Öl kurz anbraten. Tofu nach und nach zugeben und wenden. Herausnehmen, sobald er leicht gebräunt ist.

3 Gemüse und Sauce zugeben, 2 Minuten dünsten. Tofu unterheben und 2 Minuten mitbraten, dabei wenden.

Vollwertiges Gericht
Leicht angebratener Tofu mit knackigem Gemüse und Nudeln ist köstlich und gesund.

Wertvolle Gabe des Meers

Auf der ganzen Welt preisen die Küstenbewohner seit je Seetang und Algen als wertvolle Nährstoffquelle. Das „Meeresgemüse“ kommt in einer bunten Vielfalt daher; bekannt ist etwa der Purpurtang mit seinem gewellten Rand. Algen können mit einer Fülle von Aminosäuren, Vitamin B_{12} (eine der wenigen Quellen im Pflanzenreich) und Mineralstoffen wie Kalzium, Kalium, Zink und Jod aufwarten, enthalten allerdings auch viel Natrium.

Nori

Meeresalgentabletten

Wakame

Meeresalgen verleihen Reis- und Pfannengerichten eine ganz besondere Note. Man erhält sie in getrockneter Form in Naturkostläden. Weniger Experimentierfreudige können Algenextrakt auch in Tablettenform kaufen.

FALLSTUDIE

Ein Liebhaber deftiger Kost

Wer nur die nordeuropäische Küche mit ihren großen Fleischportionen, vollfetten Milchprodukten und ihrem sparsamen Verbrauch von Frischgemüse und Körnern gewöhnt ist, dem mag die Umstellung auf eine leichtere, gesündere Kost schwer fallen. Dabei lässt sich die mediterrane Kochkunst ganz leicht und ohne Mühe lernen.

Bernd ist 44 Jahre alt und lebt allein in einem Apartment im Stadtzentrum. Sein Mittagessen besteht für gewöhnlich aus Fleischkäse mit Senf und Brot. Abends gibt es meist eine große Portion Fleisch, Kartoffeln mit Butter sowie Möhren aus der Dose; wenn er Spätschicht hat, brät er sich in der Pfanne Eier mit Speck in Butter und isst dazu dick mit Butter bestrichenes Brot. Sein 65-jähriger Vater hatte kürzlich einen Schlaganfall und der Arzt sagte ihm, dass seine bisherige Ernährung mit ihrem hohen Anteil an gesättigtem Fett mit dazu beigetragen hat. Dadurch aufgerüttelt, möchte Bernd nun auf mediterrane Kost umsteigen, von der er viel Gutes gehört und gelesen hat.

Was sollte Bernd tun?

Zuerst heißt es den Butterkonsum drastisch einzuschränken. Zwar darf Bernd auch weiterhin etwas Butter als Brotaufstrich nehmen, doch für Gebratenes oder Salatdressings verwendet er besser Pflanzenöl. Außerdem sollte er weniger Fleisch essen und dazu Hülsenfrüchte und frisches Gemüse reichen. Statt Fleisch kann er öfter mal Fisch kaufen, am besten Sorten, die wie Makrelenfilets oder Lachssteaks schnell zubereitet sind. Schließlich muss Bernd seine Speisenpalette erweitern. In Zeitschriften finden sich häufig Rezepte, die leicht nachzukochen sind, und die Buchhandlung bietet eine Menge Bücher über die Mittelmeerküche.

GENESUNGSPLAN

Gesundheit

Einen Arzt aufsuchen und Cholesterinwerte prüfen lassen. Vollmilchprodukte, die reich an gesättigtem Fett sind, meiden.

Ernährung

Gemüse kaufen, das roh als Salat gegessen werden kann, etwa Tomaten und Möhren, oder schnell gegart ist, wie z. B. grüne Bohnen.

Essgewohnheiten

Anhand von Rezepten immer wieder neue Speisen ausprobieren, die wenig Zeit in Anspruch nehmen, z. B. Forelle in Alufolie.

Essgewohnheiten

Braten ist zwar eine schnelle, aber auch sehr fettreiche Garmethode.

Gesundheit

Der Verzehr von tierischen Nahrungsmitteln wie Butter und Fleisch, die gesättigte Fettsäuren enthalten, trägt zu einem Anstieg der Blutfettwerte bei.

Ernährung

Gemüse und Früchte aus der Dose sollte man nur verwenden, wenn keine Frisch- oder Tiefkühlware erhältlich ist. Mit Ausnahme von Bohnen und Erbsen geht beim Abfüllen nämlich ein Großteil der Vitamine verloren.

WIE ERFOLGREICH WAREN DIE MASSNAHMEN?

Obwohl Bernds Cholesterinwerte nicht gefährlich erhöht waren, riet ihm sein Arzt zur Mäßigung bei gesättigten Fetten. Im Supermarkt gibt es immer verschiedene frische Gemüse, die wie Spinat schnell gegart sind; Bernd greift nun dazu statt zu Konserven. Aus einem Kochbuch weiß er jetzt auch, wie man Eier leichter und bekömmlicher zubereiten kann: Für den italienischen Eierkuchen Frittate wird ein Ei mit Zwiebeln, Paprika und gewürfeltem Kochschinken verrührt. Hin und wieder, wenn er am Arbeitsplatz viel Stress hatte, macht sich Bernd aber noch seine geliebten Eier mit Speck.

Schwärmen: Sie sind reich an Eiweiß, Vitaminen und wertvollen Mineralstoffen wie Kalzium und Zink und enthalten viele mehrfach ungesättigte Omega-3-Fettsäuren, aber nur wenig gesättigte Fettsäuren. Das Meer liefert den Japanern mit den zahlreichen Algenarten, die vor ihren Küsten wachsen, auch eine Art Gemüse. Ihr intensiv salziges Aroma dient als Würze für viele Speisen.

Pikante Reize des Fernen Ostens. Vieles, was die japanische Kost so gesund macht, findet sich auch in den kulinarischen Traditionen Chinas. Freilich kann man unmöglich von einer einzigen chinesischen Küche sprechen: Jede Region dieses gewaltigen, bevölkerungsreichen Landes hat ihre eigenen typischen Speisen, bevorzugten Zutaten und charakteristischen Geschmacksnoten. Die feurig-scharfen Gerichte aus der Provinz Sichuan z. B. stehen in krassem Gegensatz zu den delikat gewürzten und dezent aus Meerestieren und Gemüsen kombinierten Gerichten, wie sie die Kantonesen im Südosten lieben. Dennoch gibt es eine Reihe von Gemeinsamkeiten. Wie die Japaner beziehen auch die Chinesen den Großteil ihrer Nahrung aus Kohlenhydraten – Getreide wie Reis und Hirse, dazu Weizen, der zu Nudeln oder diversen gedämpften Broten oder Brötchen verarbeitet wird.

BEGEGNUNG MIT FERNOST

Sie müssen keinen asiatischen Markt in Ihrer Nähe haben, wenn Sie Ihren Speisezettel um die Speisen und Garmethoden Thailands, Chinas oder Japans bereichern möchten. Die klassischen Zutaten der fernöstlichen Küche – Ingwerwurzeln, Bohnenkeimlinge, grünes Blattgemüse, Knoblauch, Frühlingszwiebeln und die traditionellen Gewürze und Saucen wie Soja-, Chili- und Schwarze-Bohnen-Sauce – findet man heute auch in den meisten Supermärkten, und viele westliche Köche sind damit mittlerweile bestens vertraut.

Chinesische Gurke

Kai lan

Knoblauch

Zitronengras

Chinakohl

Süßkartoffel

Runde Aubergine

Saucen
Chili-, Schwarze-Bohnen- und Hoisin-Sauce

Frühlingszwiebeln

ROHER FISCH

Da die Japaner Fisch gerne roh essen, legen die Köche größten Wert auf absolute Frische und Qualität. Als Sushi und Sashimi kommen Meeresfrüchte und Fisch in kunstvollen Arrangements auf den Tisch. Sushi sind Häppchen aus pikant gesäuertem Reis und rohen Fischstücken, eingewickelt in Seetang. Für Sashimi werden Meeresfrüchte in hauchdünne Streifen geschnitten. Auch bei uns finden die köstlichen Kompositionen immer mehr Freunde.

Dass die chinesische Kost so gesund ist, liegt auch daran, dass die Chinesen jahrtausendelang mit Nahrungsmittelknappheit leben sowie Brennstoff sparen mussten. Das Garen im Wok ist dafür ein gutes Beispiel. Hierbei werden klein geschnittene oder gewürfelte Zutaten mit wenig Öl in einem speziellen Topf mit rundem Boden, dem Wok, kurz angebraten. Die Vorzüge dieser Methode liegen darin, dass dank der sehr kurzen Garzeit nur wenig Nährstoffe verloren gehen und die verwendeten Pflanzenöle vorwiegend mehrfach ungesättigt sind.

Energie sparend und gesund ist auch das Dünsten in offen geflochtenen Bambuskörben mit flachen Böden. Sie werden übereinander über einen mit siedendem Wasser gefüllten Behälter gehängt. Der aufsteigende Dampf gart die Speisen auf allen Lagen, da er ungehindert passieren kann, und weil keine Flüssigkeit die Nahrung berührt, werden nur sehr wenig Nährstoffe ausgelaugt.

Ein gemeinsames Element der asiatischen Kost ist die phantasievolle Verwendung von wenigen einfachen Zutaten. Kleine Mengen Fleisch oder Fisch, kombiniert mit leicht gedämpftem Gemüse und reichlich Reis oder Nudeln, abgerundet mit Kräutern und Gewürzen, verhelfen dem wenigen Eiweiß zu einem großen Auftritt. Das Ergebnis vereint die Freuden und Tugenden der fernöstlichen Küche: ganz wenig Fett, urgesunde Zutaten und ein frischer Geschmack.

Wer seine Speisen wie ein asiatischer Koch zubereiten möchte, braucht ein paar spezielle Gerätschaften der fernöstlichen Küche. Utensilien wie Woks und Dämpfkörbe sind aber mittlerweile in den meisten Haushaltswarenläden erhältlich.

Bambusschöpfer

Hölzerne Reisschaufel

Dämpfkorb

Stäbchen

Hackmesser

Wok mit Wokspatel

Das Beste für die Familie

Im Lauf eines Lebens ändert sich der Nährstoffbedarf mehrmals. Je nachdem, in welcher Lebensphase wir uns befinden, brauchen wir unterschiedliche Mengen bestimmter Nährstoffe. Diese individuellen Bedürfnisse gilt es auch in der Familie zu berücksichtigen.

Ein lebhaftes Kleinkind, ein Teenager mit Wachstumsschüben, eine schwangere Frau, ein Mann, der die meiste Zeit des Tages am Schreibtisch sitzt, ein anderer Mann, der eine körperlich anstrengende Tätigkeit im Freien ausübt, eine Mutter, die mit Vollzeitjob, Haushalt und Familie einer doppelten Belastung ausgesetzt ist, eine Frau in den Wechseljahren, ein Rentner – all diese Menschen haben einen unterschiedlich hohen Energieverbrauch und verlangen nach einer ganz speziellen Nährstoffzusammensetzung, damit ihre Gesundheit auf die Dauer erhalten bleibt.

Aktive, gesunde Babys und Kleinkinder brauchen in ihren kleinen Nahrungsportionen viele Kalorien. Folglich können sie kalorienreiche Fette in größerer Menge essen als Erwachsene mittleren Alters. Da Fett mit jedem Gramm praktisch doppelt so viel Energie liefert wie Eiweiß oder Kohlenhydrate, ist es für einen jungen Körper, der zum Wachsen und Gedeihen eine enorme Menge Energie braucht, ein sehr wertvoller Kalorienlieferant. Mit 4–6 Jahren brauchen Kinder rund 1800 kcal pro Tag. Die meisten Ernährungsspezialisten weisen aber darauf hin, dass Kinder wie auch Erwachsene einen übermäßigen Konsum gesättigter Fette vermeiden und stattdessen mehr einfach oder mehrfach ungesättigte Fette essen sollten.

Die einzelnen Phasen des Lebens

Im Säuglingsalter und in der frühen Kindheit wächst und entwickelt sich der Körper in einem phänomenalen Tempo; nahezu alle körperlichen und geistigen Anlagen werden nun ausgebildet und trainiert. Und wie jeder, der schon mal von einer lärmenden Schar Vorschulkinder umringt war, weiß, können die

GERICHTE FÜR KLEINKINDER

Obwohl ein Kleinkind nur geringe Mengen verzehrt und oft manche Lebensmittel verschmäht, braucht es im Verhältnis zur Körpergröße mehr Fett und Nährstoffe als der Rest der Familie.

Zerealien mit Milch
Bringen Ballaststoffe und Kalzium.

Mageres Hackfleisch
Enthält viel Eisen.

Kartoffelpüree mit Käse
Liefert Kohlenhydrate, Eiweiß und Fett.

Banane mit Hüttenkäse
Ist ballaststoff- und eiweißreich.

Eier mit Salat
Eier bieten hochwertiges Eiweiß, müssen aber gut gekocht werden. Salat sorgt für Ballaststoffe.

Kleinkinder sind oft wählerisch. Wenn Sie das Essen in lustigen Formen und bunten Farben servieren, kommt der Appetit von allein.

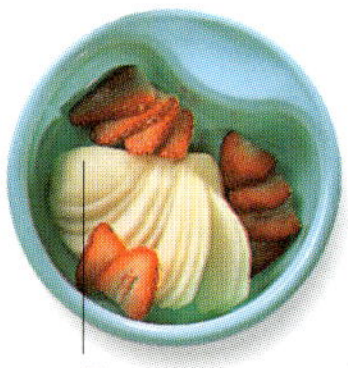

Erdbeeren und Birnen
Bringen Vitamin C und Ballaststoffe.

Edamer
Enthält Eiweiß, Kalzium und Fett in konzentrierter Form.

Nudelsuppe mit Gemüse
Eine gute Quelle komplexer Kohlenhydrate.

Milchshake mit Früchten
Liefert Eiweiß, Fett, Kalzium und Vitamine.

Kleinen eine ganz erstaunliche körperliche Aktivität entfalten: Sie gehen nie, wenn sie rennen können, sprechen selten, wenn auch Schreien funktioniert, und toben von einem Objekt ihrer Begierde zum nächsten.

Ein Mann oder eine Frau mittleren Alters benötigt dagegen selbst bei einer aktiven Lebensweise keine Kalorien mehr zum Wachsen. Das Einzige, was noch wachsen kann, sind die unschönen Rettungsringe um die Hüften und anderswo. Und abgesehen von dem relativ geringen Prozentsatz der Bevölkerung, der körperlich sehr hart arbeitet, z.B. als Bauarbeiter oder Erntehelfer, üben viele Personen mittleren Alters Berufe aus, bei denen sie kaum Energie für körperliche Tätigkeiten aufwenden müssen. Sie sitzen auf dem Weg zum Arbeitsplatz – im Auto, Zug oder Omnibus –, bei der Arbeit und womöglich auch noch in ihrer Freizeit.

Deshalb wird die Kalorienzufuhr, die aus dem Kind ein kerngesundes Energiebündel macht, bei Männern mittleren Alters oder Frauen nach den Wechseljahren zu einer gefährlichen Fracht mit zu viel Nährstoffen. Sie erhöht das Risiko für Bluthochdruck, Herzkrankheiten und Schlaganfall und stellt eine ungesunde Belastung für den Kreislauf dar. Eine ausgewogene Ernährung und regelmäßige sportliche Betätigung sind in diesem Alter notwendig, um fit und gesund zu bleiben. Doch selbst dadurch werden nie – in Relation zur Körpergröße – so viel Kalorien verbraucht, wie sie ein lebhafter, gesunder Fünfjähriger verbrennt.

Kochen für viele: kein Balanceakt. In Anbetracht der individuellen Nährstoffbedürfnisse der einzelnen Familienmitglieder sehen sich viele Mütter und manch ein Vater vor eine schwierige Aufgabe gestellt. Sollen sie nun mehrere Mahlzeiten aus unterschiedlichen Zutaten servieren, und das auch noch zu verschiedenen Zeiten? Ein derartiger Balanceakt, der über Gebühr Zeit in Anspruch nimmt, muss jedoch nicht sein. Man halte sich nur vor Augen, dass jedem, unabhängig von Alter, Geschlecht oder Lebensweise, eine ausgewogene, abwechslungsreiche Kost bekommt, die den Körper mit reichlich komplexen Kohlenhydraten, vor allem aus Vollkornprodukten und frischem Obst und Gemüse, versorgt. Diese Nahrungsmittel sind deshalb so gesund, weil sie sehr wenig gesättigte Fette und nur mäßig Salz und Zucker, dafür aber viele Vitamine, Mineralstoffe und Spurenelemente enthalten.

GERICHTE FÜR TEENAGER

Viele Jugendliche nehmen durch ihre Kost viel Fett zu sich, das ihnen reichlich Energie liefert. Trotzdem ist es auch für sie ganz wichtig, viel frisches Obst und Gemüse zu essen. Sorgen Sie dafür, dass die Obstschale immer mit leckeren Früchten gefüllt ist.

Fruchtsaft
Liefert Vitamin C und ist gesünder als Dosengetränke.

Pfannkuchen
Mit Bananen: Eiweiß, Kalzium und Ballaststoffe.

Kartoffelschiffchen
Im Ofen gebacken, dazu Joghurtdip: gesünder als Pommes frites.

Pommes, Hamburger usw. stehen bei Teenagern hoch im Kurs. Bieten Sie stattdessen Gerichte an, die auch leicht zubereitet, aber viel gesünder sind.

Gemüsefrittata
Ist schnell zubereitet und passt in die Vesperdose.

Hühnchen mit Gemüse
Kurz angebraten, eine exzellente Quelle für Eiweiß, Vitamine und Mineralstoffe.

Obstsorbet
Ist fettfrei und reich an Vitamin C.

Manche Familienmitglieder, Diabetiker beispielsweise, benötigen vielleicht eine auf ihre Probleme abgestimmte Spezialkost, andere tun besser daran, bestimmte Speisen wegzulassen oder etwas weniger als üblich zu essen. Doch trotz dieser unterschiedlichen persönlichen Ansprüche oder Vorlieben ist es durchaus nicht notwendig, aus der Küche ein Luxusrestaurant zu machen, das für jede Person im Haushalt ein anderes Menü serviert. Wenn man die Menschen, mit denen man zusammenlebt, kennt und sich ein paar Minuten Zeit nimmt und über ihre jeweiligen Bedürfnisse nachdenkt, hat man schon den ersten und wichtigsten Schritt getan, um ohne allzu viel Aufwand jedem gerecht zu werden.

▷▷ *Seite 124*

FALLSTUDIE

Die Großfamilie

Es erfordert einiges an Geschick und Phantasie, für eine Großfamilie gesund zu kochen. Da gilt es, drei Generationen mit ganz unterschiedlichen Lebensgewohnheiten, Vorlieben und Abneigungen sowie gesundheitlichen Problemen unter einen Hut zu bringen. Und nur zu oft muss diese Aufgabe auch noch mit einem Voll- oder Teilzeitjob in Einklang gebracht werden.

Die 38-jährige Heidrun hat mit dem 6 Jahre älteren Thomas drei Kinder: Klein-Tamara hat gerade ihren ersten Geburtstag gefeiert, David ist 8 und Sandra 14 Jahre alt. Zur Familie gehört zudem Heidruns 72-jähriger Vater, der nach dem Tod seiner Frau zu ihnen gezogen ist.

Thomas ist Büroleiter in einer Versicherungsfirma und Heidrun hat eine Teilzeitstelle im Krankenhaus, wo sie in der Anmeldung arbeitet. Von Montag bis Freitag ist Nesthäkchen Tamara daher vormittags in einem Kinderhort untergebracht. Ihre großen Geschwister haben auch nach der Schule einen vollen Terminplan. David engagiert sich bei den Pfadfindern und Sandra spielt im Volleyballteam des örtlichen Sportvereins. Heidrun findet es bedenklich, dass ihr Mann, der fast den ganzen Tag am Schreibtisch sitzt, in seiner Freizeit kaum Sport treibt. Die fehlende Bewegung und das fette Kantinenessen machen sich bereits als Rettungsringe um seine Hüften bemerkbar. Im Krankenhaus hat sie schon jüngere Männer gesehen, die teilweise schwere Herzprobleme hatten. Auch um ihren Vater, der an Verstopfung leidet, macht sie sich Sorgen.

Mit der Ernährung ihrer Kinder ist sie nicht zufrieden. Bei der letzten Routineuntersuchung ihres Babys erfuhr sie, dass Tamara für ihr Alter etwas Untergewicht hat. Heidrun ist sich wohl bewusst, dass ein aktiver 8-jähriger Junge und ein sportlicher Teenager eine ausgewogene Kost benötigen, die sie mit reichlich Energie versorgt. Doch bei ihren Bemühungen, die beiden von ihrem geliebten Fastfood abzubringen, kämpft sie zuweilen auf verlorenem Posten, insbesondere bei David, der in frischem Gemüse eine feindliche außerirdische Lebensform sieht.

Kinder

Eine Studie am Zentrum für Kinderernährung an der Universität Texas ermittelte, dass 9- bis 11-Jährige, die das Frühstück ausließen, bei Denksportaufgaben schwächer abschnitten als jene, die morgens etwas zu sich nahmen.

Teenager

Heranwachsende haben einen enormen Appetit. Den stillen sie mit Vorliebe im Schnellrestaurant mit sehr fett- oder zuckerreichen Lebensmitteln: mit Hamburgern, Pommes frites, Eis und Erfrischungsgetränken.

Familienmahlzeiten

Eine fettreiche Kost kann bei Erwachsenen mit einer inaktiven Lebensweise schwerwiegende Gesundheitsprobleme heraufbeschwören. Kinder dagegen brauchen häufig die zusätzlichen Fettkalorien.

Zeitdruck

Kochen mit Getreide, Körnern und frischem Gemüse ist aufwendiger, als schnell ein paar Steaks oder Koteletts in der Pfanne zu braten.

Ältere Menschen

Senioren leiden des Öfteren an Vitamin-, Eisen- und Kalziummangel. So bringt es das Älterwerden vermutlich mit sich, dass der Körper Vitamin C nicht mehr ausreichend speichert.

Was sollte Heidrun tun?
Zuerst einmal muss sie erkennen, dass sie nicht allein für das Wohl der Familie verantwortlich ist: Bis auf die kleine Tamara ist jedes Mitglied des Haushalts imstande zu verstehen, wie wichtig gesunde Ernährung ist, und kann sich Gedanken machen, wie es seine eigene Kost aufwerten kann. Statt Regeln aufzustellen, an die sich doch keiner hält, ist es besser, wenn Heidrun den Familienrat einberuft.

Heidrun sollte sich keine Vorwürfe machen, sondern vielmehr erkennen, was sie alles richtig macht. So weiß sie etwa, wie wichtig ein gutes Frühstück ist, und sorgt dafür, dass dafür auch immer gesunde Zutaten da sind. Sie ist sich im Klaren, dass die Familie den Verzehr tierischer Fette und einfacher Kohlenhydrate einschränken und dafür mehr ballaststoffreiche Lebensmittel und frisches Obst und Gemüse essen sollte.

Wenn alle Familienmitglieder versammelt sind, kann Heidrun sie auffordern, neue, gesunde Rezepte vorzuschlagen, die in den nächsten Wochen ausprobiert werden. Hilfreich ist auch ein Plan, der reihum festlegt, wer ihr bei der Zusammenstellung des Einkaufszettels zur Hand geht.

Um das Interesse der Kinder am Thema Essen zu wecken, könnte die Mutter Sandra oder David bitten, einen Ordner oder eine Schachtel zu verzieren, worin die Familie gesunde, leckere Rezepte aus Zeitungen und Zeitschriften aufbewahren kann.

GENESUNGSPLAN

Kinder
Morgens ballaststoffreiche Vollkornzerealien statt gezuckerter Flocken mit geringerem Nährwert anbieten. Zum Frühstück Obst oder Fruchtsaft servieren. Kekse am Vormittag können durch Müsliriegel ersetzt werden. David fragen, worauf er zum Mittagessen Lust hat.

Teenager
Zutaten für gesunde Zwischenmahlzeiten vorrätig halten: knackiges Gemüse zum Rohverzehr wie Möhren, Selleriestangen, Gurken und Cocktailtomaten; fettreduzierte Milchprodukte, etwa Joghurt und fettarmer Hüttenkäse; gesunde Knabbereien wie Rosinen und ungesalzene Nüsse.

Familienmahlzeiten
Thomas dazu bringen, dass er nicht mehr in der Kantine isst, sondern mindestens viermal die Woche ein fettarmes Mittagessen mitnimmt. Den Verbrauch von Fleisch einschränken und – mit Ausnahme von Tamara – nur fettarme Milch trinken. Für sie mehr Vollmilchprodukte kaufen.

Zeitdruck
Zweimal in der Woche größere Mengen kochen, die eingefroren und zu einem späteren Zeitpunkt gegessen werden können, z. B. Gemüsesuppen oder Eintöpfe wie Chili aus roten Bohnen. Solche schnellen Mahlzeiten sind eine gesunde, wohlschmeckende Alternative zum Fastfood.

Senioren
Für den Großvater, der wegen seiner Zahnprothese knackige Früchte wie Äpfel schlecht kauen kann, Bananen, Beeren und Pfirsiche kaufen und Gerichte mit gekochtem Obst zubereiten. Ihn zum Zahnarzt schicken, damit dieser seine Probleme mit dem Gebiss behandelt. Ihm ans Herz legen, Vollkornbrot und -brötchen zu essen.

WIE ERFOLGREICH WAREN DIE MASSNAHMEN?

Ein paar Monate nach Einführung der diversen Neuerungen fühlt sich Heidrun der Situation etwas besser gewachsen. Die Kleinste nimmt zu – im Gegensatz zu Thomas, wie Heidrun zu ihrer großen Erleichterung feststellt; allerdings wünscht sie sich, er würde regelmäßig Sport treiben.

Die Umstellung auf Vollkornbrot trug unerwartete Früchte: Heidruns Vater, der überzeugt ist, dass heutzutage keiner mehr Brot so bäckt, wie er es aus seinen Kindertagen kennt, hat seine Freude am Selberbacken entdeckt und versorgt die Familie nun mit ständig wechselnden Brotsorten. Insgeheim fragt sich Heidrun, ob sein neuer Schwung auch etwas mit seiner Verdauung zu tun hat, die dank der vermehrten Zufuhr von Ballaststoffen wieder besser funktioniert.

Der Vorsatz der Familie, möglichst viele neue Gemüsegerichte und Salate auszuprobieren, hat einiges zutage gefördert, was sogar David trotz seiner Abneigung gegen Gemüse schmeckt.

Allerdings scheitert Heidrun weiterhin regelmäßig in ihrem Bemühen, David dazu zu bringen, ein gesundes Mittagessen zu sich zu nehmen. In der Schule tauscht er Apfel und Pausenbrot gern gegen süße Stückchen oder Salzgebäck von Mitschülern ein. Und egal wie viele gesunde Leckereien auch im Kühlschrank sind – nach einem flüchtigen Blick darauf beklagen sich die beiden älteren Kinder wie ehedem, dass „nichts Rechtes zum Essen" drin sei.

GERICHTE FÜR SCHWANGERE

Eine schwangere Frau braucht zusätzliches Eiweiß und fast doppelt so viel Kalzium wie normal.

Müsli
Mit fettarmer Milch, enthält Ballaststoffe und Kalzium.

Käse-Schinken-Omelett
Ist reich an Eiweiß und Kalzium.

Frisches Obst mit Joghurt
Vitamin C und Kalzium.

In der Zeit, in der sich beim Baby Zähne und Knochen bilden, ist eine gute Kalziumversorgung unverzichtbar. Eiweiß ist für die Anlage neuer Gewebe notwendig.

Hühnchen in Kohl mit Kuskus
Bietet reichlich Eiweiß, Vitamin C und Kohlenhydrate.

Himbeertorte
Himbeeren steuern Vitamin C und der Vollkornboden Ballaststoffe bei.

Blattgemüse
Liefert Folsäure zur gesunden Entwicklung des Embryos.

Orangen
Vitamin C unterstützt die Eisenresorption aus Kohlenhydraten und Hülsenfrüchten.

Der Körper im Wachstum. Im Prinzip gelten die Regeln einer gesunden Ernährung ein Leben lang. Kinder, insbesondere vom Säuglingsalter bis zum Alter von 7 Jahren, haben jedoch spezielle Nahrungsansprüche, damit sie sich gut und kräftig entwickeln können. So sollten Babys und Kleinkinder nach Meinung von Ernährungsexperten trotz des höheren Gehalts an gesättigtem Fett Vollmilch statt Magermilch trinken, um ausreichend mit lebenswichtigen Nährstoffen versorgt zu werden.

Eiweiß ist für das Wachstum ebenfalls von entscheidender Bedeutung. Erwachsene und ältere Kinder produzieren alle bis auf acht der beim Eiweißaufbau verwendeten Aminosäuren selbst; die fehlenden Bausteine müssen sie über die Nahrung zuführen. Babys und Kleinkindern hingegen fehlen noch ein bis zwei weitere essenzielle Aminosäuren, sodass sie, um diesen Mangel auszugleichen, verhältnismäßig mehr hochwertiges Eiweiß z. B. aus Milchprodukten und Geflügel benötigen. So brauchen Säuglinge ab dem 5. Lebensmonat täglich 1,6 g Eiweiß pro kg Körpergewicht, Kinder im Alter von 1 bis 4 Jahren 1,2 g, 7- bis 15-Jährige 1 g und Erwachsene nur noch 0,8 g – genau die Hälfte des für Babys empfohlenen Richtwerts.

Auch schwangere Frauen oder stillende Mütter haben einen besonderen Nährstoffbedarf, denn was sie essen, hat einen unmittelbaren Einfluss auf die Entwicklung ihres Kinds. Damit das Baby gedeiht und die Mut-

WAS LEISTUNGSSPORTLER BRAUCHEN

Athleten, die ihre körperlichen Reserven oft arg strapazieren, stellen ganz spezielle Ansprüche an die Ernährung, die mit den Bedürfnissen normaler Trimm-dich-Sportler nicht zu vergleichen sind.

Lange Zeit glaubte man, eine hohe Eiweißzufuhr sei das A und O für den erfolgreichen Leistungssportler; so stärkten Titelaspiranten der Olympischen Spiele und Boxer ihren Trainingsfleiß gern mit gewaltigen Steaks zum Frühstück. Obwohl Eiweiß durchaus wichtig ist – vor allem für die Reparatur von beschädigtem Gewebe wie etwa nach einer Zerrung –, heben die heutigen Ernährungsrichtlinien indes die Zufuhr naturbelassener komplexer Kohlenhydrate als Energiespender hervor. Ein Langstreckenläufer z. B. greift heute eher zu einer Riesenportion Vollkornnudeln, um Energie für den Marathon zu tanken.

Damit die Sportler während des gesamten Wettkampfs konstant mit Energie versorgt werden, essen sie vorher eine Reihe von Lebensmitteln, die reich an komplexen Kohlenhydraten sind.

ter gesund bleibt, benötigt sie eine eisenhaltige Kost mit Speisen, die reich an Vitamin B_6 und Folsäure sind, also etwa Spinat, Blumenkohl, Brokkoli, Bohnen, Rosenkohl und Grünkohl. Da ihrem Körper durch die Ausbildung der kindlichen Knochen und Zähne Kalzium entzogen wird, muss sie zum Ausgleich genug fettarme Milch trinken und kalziumreiche Nahrungsmittel wie Joghurt oder Sardinen mit Gräten essen.

Die Phase des Heißhungers. Der ständig hungrige Jugendliche, der regelmäßig den Kühlschrank plündert, ist in vielen Familien ein vertrauter Anblick. Falls er oder sie einen gesunden Inhalt vorfindet, werden die vielen Zwischenmahlzeiten, nach denen es den pubertierenden Teenager gelüstet, seinen komplexen Nährstoffbedürfnissen gerecht. Doch leider greifen viele junge Leute statt zu vitalstoffreichen Nahrungsmitteln lieber zu industriell verarbeiteten Produkten und Fastfood mit einem hohen Anteil an gesättigtem Fett, Salz und Zucker. So aber können sich leicht schlechte Essgewohnheiten einschleichen, die man schwer wieder aufgibt und die in späteren Jahren eventuell ernsthafte gesundheitliche Probleme verursachen.

Während sich häufiges Essen und Knabbern zwischendurch bei Jugendlichen nicht so leicht an der Figur bemerkbar machen, kann es bei ihren Eltern der sichere Weg zum Übergewicht sein, haben die Jüngeren doch einen deutlich höheren Kalorienbedarf als die Erwachsenen. 15- bis 18-jährige Jungen benötigen im Schnitt 3000 kcal täglich, Mädchen immerhin 2400 kcal. Dagegen genügen einem 40-jährigen Mann von durchschnittlicher Größe und Statur 2400 kcal pro Tag und einer gleichaltrigen Frau aufgrund ihres allgemein leichteren Körperbaus 2000 kcal.

Zeit für die Kalorienbremse. Der Energie- und Nährstoffbedarf ändert sich früher, als man vielleicht erwartet – mit etwa 35 Jahren. Ab diesem Alter etwa verlangsamt sich der Stoffwechsel, und da oft genug auch die körperliche Aktivität nachlässt, gilt es die Kalorienzufuhr entsprechend zu drosseln oder mehr Sport zu treiben. Ein Mann Anfang 60, der sich wenig bewegt, verbraucht nur noch 2200 kcal, eine Frau im gleichen Alter gerade mal 1800 kcal am Tag.

Durch eine bewusste Anpassung des Essverhaltens – z. B. einen reduzierten Verzehr von Lebensmitteln, die viel Fett, Cholesterin, Salz und raffinierte Kohlenhydrate enthalten, und eine vermehrte Zufuhr von Ballaststoffen – können sich Erwachsene nicht nur vor Übergewicht schützen, sondern auch gegen etliche Krankheiten wappnen, die mit dem Alterungsprozess einhergehen. So empfiehlt die Deutsche Gesellschaft für Ernährung, dass Erwachsene täglich ca. 30 g Ballaststoffe in Form von frischem Obst und Gemüse, Vollkornbrot und -getreide zu sich nehmen sollten; ältere Menschen können zur Vorbeugung von Verstopfung ruhig etwas mehr aufnehmen.

Kosteinschränkungen

Unabhängig vom Alter können einzelne Familienmitglieder aus den unterschiedlichsten Gründen ihre Essgewohnheiten ändern. So müssen Vegetarier, die kein Fleisch oder Geflügel, aber vielleicht Fisch essen, und Veganer, die alle Tiererzeugnisse, sogar Milchprodukte, kategorisch ablehnen, ihren Bedarf an Eiweiß, Kalzium und B-Vitaminen überwiegend oder ganz aus nichttierischen Quellen decken.

Jemand, der mit einer kalorienarmen Diät abnehmen möchte, braucht nicht nur Selbstdisziplin, sondern auch die Unterstützung all

GERICHTE FÜR MENSCHEN IN DER LEBENSMITTE

Das Risiko, an einem Herzleiden zu erkranken, steigt im mittleren Alter dramatisch an.

Reines Fruchtmus
Mit natürlichem Zucker.

Makrele
Liefert wichtige Fettsäuren, die vor Herzkrankheiten schützen.

Kartoffeln
Wertvolle Quelle von Kohlenhydraten.

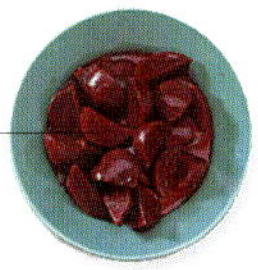

Rote Bete
Betakarotin wirkt als Antioxidans.

Damit das Herz gesund bleibt, sollte nur wenig gesättigtes Fett aufgenommen werden. Gut sind Lebensmittel mit einem hohen Gehalt an Antioxidantien.

Ratatouille
Mit einfach ungesättigtem Olivenöl zubereiten.

Frischer Obstsalat
Reich an antioxidativem Vitamin C.

derer, die mit dem Einkaufen oder Kochen zu tun haben. Nur dann ist gewährleistet, dass er die benötigten Nährstoffe im richtigen Verhältnis erhält und keinen dick machenden Versuchungen ausgesetzt ist.

Wieder andere müssen ihre Kost aufgrund einer Krankheit oder eines erhöhten Cholesterinspiegels einschränken. Bluthochdruck oder Diabetes etwa erfordert eine spezielle Rücksichtnahme bei der Speisenzubereitung wie auch beim Kauf der Zutaten. Da heißt es die Etiketten genau studieren, damit z. B. ein Hochdruckpatient, dessen Wohlergehen von einer salzarmen Kost abhängen kann, nicht mit versteckten Salzen bombardiert wird, die in so vielen Fertigprodukten und abgepackten Lebensmitteln enthalten sind.

Ein Diabetiker muss sich womöglich nicht nur beim Zucker zurückhalten, sondern auch auf den richtigen Zeitpunkt seiner Mahlzeiten achten. Und wer sich von einer schweren Krankheit erholt und ein angeschlagenes Immunsystem hat, muss besonderen Wert auf Nährstoffe legen, die die Genesung fördern und ihn schnell wieder auf die Beine bringen, also Eiweiß, Vitamine und Mineralstoffe.

Behalten Sie die Kalorien im Auge

Selbst wer keine gesundheitlichen Probleme hat, sollte die Ernährung auf seine individuelle Lebensweise abstimmen, ist doch der

GERICHTE FÜR SENIOREN

Viele ältere Menschen brauchen mehr Ballaststoffe, damit sie keine Verstopfung bekommen. Da zudem der Geschmackssinn nachlassen kann, gilt es mit Salz besonders vorsichtig zu sein. Aromatische Kräuter bringen zusätzliche Würze.

Haferflocken Enthalten viele Ballaststoffe.

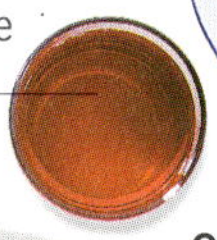

Preiselbeersaft Sorgt für das nötige Vitamin C.

Gedämpfter Kabeljau Ist gut bekömmlich.

Einfache, sättigende Mahlzeiten mit Ballaststoffen und sehr wenig Fett können auch die Rentner genießen, die aufs Geld achten müssen.

Brokkolisuppe Ist preiswert und reich an Betakarotin und Vitamin C.

Orangen Liefern Vitamine wie auch Ballaststoffe.

Vollkornbrötchen Bringen Ballaststoffe.

GESUND UND SCHMACKHAFT: DER SCHNELLE IMBISS

Für die Gelüste zwischendurch sollten Sie immer einen Vorrat an Obst und Gemüse, Nüssen, Samen und Vollkornprodukten im Haus haben.

Was in einer Familie zwischen den Mahlzeiten verspeist wird, ist ebenso wichtig für das körperliche Wohlergehen wie das, was morgens, mittags und abends auf den Tisch kommt. Insbesondere Jugendliche haben ein großes Bedürfnis nach leckeren Energiespritzen zwischendurch. Folgende Nahrungsmittel sollten Sie daher stets parat halten: einen bunten Obstkorb vorzugsweise mit Früchten der Saison; eine Auswahl ungesüßter Vollkornflocken, die man bloß noch mit etwas fettarmer Milch übergießen muss; im Kühlschrank eine Frischhaltedose mit verzehrfertigem Rohgemüse, z. B. Möhren- und Gurkenscheiben und knackige Häppchen aus rotem, grünem und gelbem Paprika; verschiedene mittelfette oder Magerkäse, etwa Hüttenkäse oder Feta.

Papayas und Kiwis Sind gute Vitamin-C-Lieferanten.

Getrocknete Bananen Spenden viel Kalium.

Pistazienkerne Enthalten viel Eiweiß.

Sonnenblumenkerne Liefern Vitamin E.

Möhren, Tomaten, Paprika Sind reich an antioxidativem Vitamin C und Betakarotin.

Magerer Hüttenkäse Als Eiweißquelle.

Vollkornkekse Bringen Ballaststoffe.

Fetakäse und Salat in Pittabrot Ein nahrhafter, ballaststoffreicher und fettarmer Imbiss.

Energiebedarf eines Arbeiters, der körperlich schwer schuftet, ungleich höher als der eines Büroangestellten. Da Fett doppelt so viel Kalorien enthält wie die gleiche Menge Eiweiß, können nur Erwachsene mit einem enorm hohen Energieverbrauch eine fettreiche Kost verwerten, ohne übergewichtig zu werden. Für den Durchschnittsbürger aber empfehlen Ernährungsexperten, höchstens 30 % der Kalorienaufnahme aus Fett zu beziehen, wovon maximal 10 % gesättigt sind.

Trotzdem weiß wohl jeder, der einer sitzenden und womöglich eintönigen Tätigkeit nachgeht, wie groß die Versuchung ist, mit Kartoffelchips, Schokolade oder Softdrinks etwas Abwechslung in die Monotonie des Alltags zu bringen. Jedesmal, wenn Sie nicht widerstehen können, sollten Sie aber an anderer Stelle Kalorien einsparen, denn schon eine Dose Cola oder ein Schokoriegel kann mehr als die maximale empfohlene Tagesmenge an einfachen Kohlenhydraten liefern. Besser ist es freilich, wenn Sie für den kleinen Hunger zwischendurch gesunde Knabbereien wie Trockenfrüchte oder Vollkornkekse in Ihrer Schublade liegen haben.

GERICHTE MIT VARIATIONEN

Wenn Sie den unterschiedlichen Bedürfnissen eines jeden Familienmitglieds gerecht werden wollen, müssen Sie die Mahlzeiten um eine Art gemeinsamen Nenner herumplanen und für diejenigen, die zusätzliche Nährstoffe brauchen, die entsprechenden Extras hinzufügen. Ein typisches Basismenü könnte etwa so aussehen: Vollkornnudeln mit einer Sauce aus Zwiebeln, Tomaten, Paprika, Pilzen und frischen Kräutern, grüner Salat als Beilage und fettarmer Joghurt mit frischen Früchten zum Nachtisch.

Für Personen mit erhöhtem Eiweißbedarf oder Fleischliebhaber geben Sie etwas gekochtes Hühnchen- oder Truthahnfleisch an den Salat. Fisch, vor allem Thunfisch oder Sardinen, bringt zusätzlich cholesterinhemmende Omega-3-Fettsäuren. Vegetarier kommen mit einer Hand voll Bohnen- oder Alfalfakeimlingen, Mungbohnen, Kichererbsen, Sesamkörnern oder Weizenkeimen zu reichlich pflanzlichem Eiweiß.

Ein Glas Milch zu den Mahlzeiten liefert eine Extraportion Kalzium beispielsweise für schwangere Frauen oder Kleinkinder. Und sowohl die Nudeln als auch der Salat lassen sich je nach Bedarf noch durch Kleinigkeiten zum Garnieren ergänzen.

Nudeln mit Sauce Ein fettarmes, kohlenhydratreiches Essen.

Grüner Blattsalat Ergänzt mit Kichererbsen, bietet Vitamin C und Eiweiß.

Vollkornbrötchen Sind sättigend und reich an Ballaststoffen.

Fettarme Milch Gute Kalziumquelle für Erwachsene.

Thunfischsalat Ist ein vorzüglicher Eiweißspender.

Salatdressing Extra servieren für Personen mit Spezialkost.

Vollfettjoghurt Liefert zusätzliche Kalorien für Kleinkinder.

Gesundes für die Vesperdose

Geben Sie Ihren Kindern und anderen Familienmitgliedern ein ebenso nahrhaftes wie schmackhaftes Pausenbrot mit:

- Brötchen statt mit fettem Fleisch oder fetter Wurst mit Hühnchen- oder Truthahnbrust (ohne Haut), knackigen Salatblättern und Paprika belegen. Vollkornbrot lieber mit etwas Ketchup oder mildem Senf statt mit Butter oder Mayonnaise bestreichen.
- Damit ein Thunfischbrötchen fettärmer wird, Dosenfisch in Lake verwenden und die Hälfte der Mayonnaise durch Magerjoghurt ersetzen.
- Vegetarier freuen sich über ein Pausenbrot, das mit einer nahrhaften Paste aus etwas Erdnussbutter und einer zerdrückten Banane bestrichen ist.

Diese Dose hat's in sich: rohes Gemüse in Streifen, frisches Obst, Trockenfrüchte (z. B. Aprikosen) und ein belegtes Vollkornpittabrot.

Für Kinder kochen

Kinder wachsen so rasch, dass sie im Verhältnis mehr Nährstoffe aufnehmen müssen als Erwachsene. Allerdings können die lieben Kleinen beim Essen ganz schön wählerisch sein und ihre Eltern bisweilen auf eine schwere Geduldsprobe stellen.

Wenn Kinder sich weigern zu essen, so kann dies die verschiedensten Gründe haben, und nicht immer ist das Essen daran schuld. Kindern, die bei bestimmten Nahrungsmitteln streiken, bietet man am besten eine Auswahl nahrhafter, appetitlich zubereiteter Speisen an; sicher ist das eine oder andere darunter, das ihnen gut schmeckt und das man in Zukunft häufiger auf den Tisch bringen kann. Falls Sie unsicher sind, was Ihr Nachwuchs an Nährstoffen benötigt, fragen Sie Ihren Arzt um Rat.

Rohkost bevorzugt

Geschmack und Beschaffenheit vieler Lebensmittel verändern sich während des Garens und manche Kinder schalten deswegen auf stur. Am deutlichsten schmeckt man den Unterschied beim Gemüse. So sind die Kleinen manchmal gierig nach rohen Möhren, gekocht dagegen verschmähen sie sie. Sollte das bei Ihrem Kind der Fall sein, umso besser: Geben Sie ihm ruhig geputztes rohes Gemüse zu essen. Gemüserohkost hat generell einen höheren Vitamin- und Mineralstoffgehalt als gekochtes Gemüse und ist ein wertvoller Ballaststofflieferant. Bringen Sie stattdessen andere gegarte Speisen auf den Tisch, bis Sie welche finden, die Ihr Kind mag.

Haben Sie Geduld und denken Sie daran: Wenn Ihr Kind voller Energie und Lebensfreude steckt, wenn es gut schläft, weder Unter- noch Übergewicht hat und nicht an Magenschmerzen, Verstopfung oder Durchfall leidet, dann ist mit seiner Entwicklung alles in bester Ordnung.

KÖRPERGRÖSSE UND GEWICHT BEI KINDERN UND JUGENDLICHEN

Anhand einer Wachstumstabelle, die Sie von Ihrem Kinderarzt erhalten, können Sie überprüfen, ob sich Ihr Kind gesund und normal entwickelt. Die durchgezogenen grünen und violetten Linien zeigen Durchschnittsgröße bzw. -gewicht für ein bestimmtes Alter, die gepunkteten roten und orangefarbenen Linien die Ober- und Untergrenze des Normalbereichs. Bei 96 % aller Kinder liegen die Werte zwischen den gepunkteten Linien.

Wenn Sie regelmäßig Gewicht und Größe Ihres Kindes in die Tabelle eintragen, sollte eine Kurve entstehen, die in etwa parallel zur Mittelwertlinie (50 %) verläuft. Freilich wird die Kurve dann darüber liegen, wenn das Baby schon bei der Geburt größer und schwerer als der Durchschnitt war. Anlass zur Besorgnis ist erst bei starken Abweichungen gegeben, etwa wenn das Gewicht um mehr als 10 % vom Grenzwert divergiert.

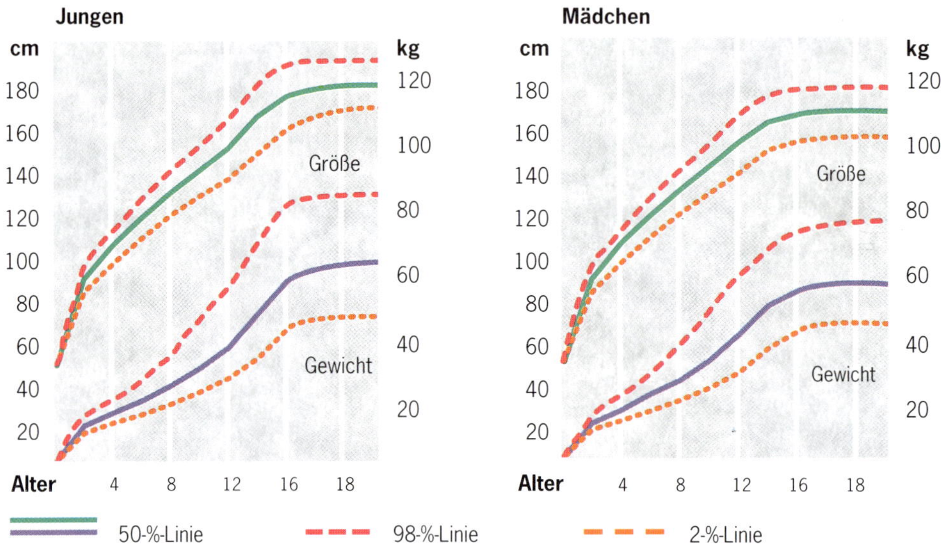

Familienkonferenz

Die Essgewohnheiten der Familie überdenken am besten alle gemeinsam. Trommeln Sie sämtliche Personen im Haushalt zu einer Besprechung zusammen, in der jeder seine Meinung sagen darf, und gestalten Sie sie so, dass alle ihren Spaß dabei haben.

Im Lauf einer Familienkonferenz wird auch notiert, was an der Ernährung jedes Einzelnen gesund und was eher ungesund und verbesserungsbedürftig ist.

Wählen Sie für die Konferenz eine Stunde am Abend oder am Wochenende, wenn jeder zu Hause ist. Treffpunkt ist z. B. die Küche oder der Esstisch. Bieten Sie ein paar Lieblingsknabbereien der Familie an und legen Sie Papier, Filz- oder Buntstifte bereit. Ernennen Sie einen Schriftführer und beschriften Sie die einzelnen Blätter: Vorlieben, Abneigungen, Mehr essen, Weniger essen, Spezielle Bedürfnisse, Gesunde Häppchen, Leckereien.

SO WIRD'S GEMACHT

Diskutieren Sie über die Essgewohnheiten der Familie. Geben Sie jedem Gelegenheit, seine Leibgerichte und bevorzugten Garmethoden aufzuzählen, aber auch seine persönlichen Abneigungen.

Bitten Sie um Vorschläge für gesunde, schnelle Zwischenmahlzeiten bzw. Knabbereien. Wer die meisten Ideen beisteuert, erhält eine kleine Belohnung.

1 Bitten Sie jeden um Vorschläge, welche gesunden Lebensmittel die Familie öfter essen sollte und was im Speiseplan reduziert oder ganz gestrichen werden soll.

2 Reden Sie über die ungesunden Leckereien, die zu viel Fett, Zucker und sonstige Zusätze enthalten. Vereinbaren Sie, wie oft solche Dinge gegessen werden dürfen.

3 Überlegen Sie, wie sich die Familie außer Haus gesund verpflegen kann. Das betrifft das Pausenbrot ebenso wie das Kantinenessen oder Essen auf Geschäftsreisen.

4 Einen Preis bekommt derjenige, der die besten Ideen für eine gesunde Verpflegung in diesen Situationen liefert; dazu gehören auch Vorschläge der Jüngsten für ein Vesper, das nicht getauscht oder wieder mitgebracht wird.

5 Vereinbaren Sie, in regelmäßigen Abständen neue, gesunde Rezepte auszuprobieren. Stellen Sie einen Plan auf, der reihum festlegt, wer den Küchenvorstand bei Menüauswahl, Einkaufsplanung und Einkauf unterstützt.

FRÜHSTÜCKSTIPS

- Besprechen, was zu einem gesunden Frühstück gehört. Überlegen, welche Lebensmittel sich am besten und schnellsten kombinieren lassen, wenn alle in Eile sind.
- Die Frühstücksvorbereitung durch Vorausplanen vereinfachen – z. B. am Vorabend den Tisch decken und Getreideflocken herausstellen.

Spezielle Diätformen

Ein großer Prozentsatz der Bevölkerung lebt nach einer besonderen Diät – viele Menschen wollen abnehmen, eine beträchtliche Anzahl tut dies aber aus medizinischen Gründen. Dazu gehören beispielsweise Diabetiker, Allergiker oder Bluthochdruckpatienten.

Die meisten Diätformen gehören zu einer der drei folgenden Kategorien. Da ist zum einen die Ausschlussdiät, bei der bestimmte Speisen aufgrund einer Lebensmittelallergie oder -unverträglichkeit nicht gegessen werden dürfen; so wird Zöliakiepatienten eine glutenfreie Diät verordnet, und Personen mit einer Laktoseunverträglichkeit müssen fast alle Kuhmilchprodukte meiden. Die zweite Kategorie ist die nährstoffreduzierte Diät. Hier werden Nahrungsbestandteile, die ein bestehendes Gesundheitsproblem verschlimmern können, in geringeren Mengen konsumiert. Ein Beispiel hierfür ist die salzarme Kost, die Personen mit hohem Blutdruck empfohlen wird. Schließlich gibt es noch die Aufbaudiät, bei der gezielt solche Lebensmittel verzehrt werden, denen eine bestimmte gesundheitsfördernde Wirkung zugeschrieben wird. So sollen osteoporosegefährdete Frauen nach der Menopause vermehrt kalziumreiche Lebensmittel wie fettarmen Käse und Milch sowie Sardinen und Lachs (jeweils mit Gräten), Hülsenfrüchte und grünes Blattgemüse essen.

Die glutenfreie Diät

Eine glutenfreie Kost wird Menschen verordnet, die an Zöliakie leiden, einer Unverträglichkeit gegenüber dem in Weizen, Roggen, Hafer und Gerste enthaltenen Klebereiweiß Gluten. Das Gluten schädigt bei diesen Personen die Zotten der Dünndarmschleimhaut, sodass sich der Darm entzündet und bestimmte Nährstoffe nicht mehr aufgenommen werden (siehe S. 108 f.).

Betroffene bekommen das Problem nur in den Griff, wenn sie die genannten Getreide vom Speisezettel streichen. Somit müssen sie auf viele Lebensmittel einschließlich aller herkömmlichen Brot- und Teigwaren sowie der meisten Frühstücksmüslis verzichten und zudem lernen, die Etiketten genau und mit Sachverstand zu lesen. Gluten ist ein verbreiteter Zusatz in einer Vielzahl von Fertigwaren, darunter auch Dosensuppen und Flaschensaucen; Bezeichnungen wie Weizen, Mehl, Weizenstärke und modifizierte Stärke weisen darauf hin. Allerdings wird Gluten nicht von jedem Hersteller verwendet und man lernt rasch, welche Marken zu meiden sind. Organisationen wie die Deutsche Zöliakiegesellschaft in Stuttgart geben regelmäßig aktualisierte Listen mit glutenfreien Produkten sowie Rezepte heraus.

Freilich brauchen auch Menschen mit einer Glutenunverträglichkeit komplexe Kohlenhydrate. Sie können Getreide wie Reis oder Mais essen, die kein Gluten enthalten. Als Ersatz für die untersagten Speisen bieten Reformhäuser und manche Supermärkte glutenfreie Brote, Teigwaren und Kekse wie z. B. Reiscracker an.

NATÜRLICHE ARTHRITISBEHANDLUNG

Manche Mediziner, vor allem Ärzte für Naturheilkunde, machen bestimmte Lebensmittelunverträglichkeiten und -allergien für eine ganze Reihe von körperlichen Problemen verantwortlich und verordnen folglich eine entsprechende Diät.

So empfehlen Heilpraktiker eine stark alkalische Diät zum Abbau der giftigen Säuren, die sich in den entzündeten Gelenken von Arthritikern ansammeln. Es werden teilweise die gleichen Lebensmittel vom Speiseplan gestrichen, die auch Personen mit einer Glutenunverträglichkeit untersagt sind, also etwa Weizenmehl und andere Weizenprodukte. Verbannt oder eingeschränkt wird mitunter auch der Verzehr von Kuhmilch, Zitrusfrüchten, Salz, Pfeffer und rotem Fleisch. Manche Patienten erfahren Besserung, wenn sie auf Lebensmittel aus der Familie der Nachtschattengewächse – Kartoffeln, Tomaten und Auberginen – verzichten.

Zu den Speisen, die Polyarthritiker vermehrt essen sollten, zählt die Ananas, da das in ihr enthaltene Enzym Bromelain Entzündungen zu lindern vermag. Dieselbe Eigenschaft besitzt auch das Fischöl in Lachs und anderen fetten Seefischen.

Diabeteskost

Zuckerkranke müssen ebenfalls eine streng kontrollierte Diät halten. Es gibt im Wesentlichen zwei Arten von Diabetes mellitus. Gemeinsam ist ihnen, dass der Körper seine Fähigkeit zur Umsetzung von Kohlenhydraten aufgrund einer gestörten Insulinproduktion einbüßt; Insulin ist das Hormon, das den Blutzuckergehalt reguliert (siehe S. 48). Ein kleiner Prozentsatz von Zuckerkranken leidet am so genannten Typ I und muss sich regelmäßig Insulin spritzen. Über 90 % der deutschen Diabetiker aber haben Altersdiabetes (Typ II) und können ihren Zuckerspiegel über die Ernährung stabilisieren.

Diabetikern wird oft geraten, ihre Nahrungsaufnahme auf die Zeiten der maximalen Insulinaktivität im Körper abzustimmen. Empfehlenswert sind mehrere kleine, gleichmäßig über den Tag verteilte Mahlzeiten mit genau abgewogenen Mengen. Außerdem müssen sie mit Zucker vorsichtig sein; als Richtwert gilt eine Begrenzung des Zuckerkonsums auf unter 5 % der täglichen Kalorienzufuhr. Um den Bedürfnissen dieses relativ großen Teils der Bevölkerung Rechnung zu tragen, bietet der Markt inzwischen eine breite Palette zuckerfreier Erzeugnisse.

Diabetes vom Typ II geht häufig mit Übergewicht einher. Eine kalorienbewusste Abspeckdiät und regelmäßige sportliche Betätigung sind daher unverzichtbar, um die Erkrankung in den Griff zu bekommen. So entsprechen denn auch die Diätempfehlungen für Diabetiker weitgehend den allgemeinen Ernährungsrichtlinien: Reduzierung des Gesamtfettgehalts in der Nahrung auf unter 30 % der täglichen Kalorienaufnahme mit weniger als 10 % gesättigten Fetten; geringerer Verbrauch von Salz, cholesterinreichen Speisen und Alkohol; auf 50–55 % der Gesamtkalorien erhöhter Verzehr von unraffinierten, komplexen Kohlenhydraten.

Kochsalzarme Diät

Die meisten Spezialdiäten empfehlen eine reduzierte Natriumaufnahme, das Bestandteil von Kochsalz und anderen Zutaten ist. Zu viel Salz im Essen ist einer von mehreren Faktoren, die zur Entstehung von Bluthochdruck beitragen. Daneben spielen Rauchen, starker Alkoholkonsum, Übergewicht und Stress, aber auch Vererbung eine Rolle. Und obwohl die Wissenschaft einerseits noch keine hieb- und stichfesten Beweise erbringen konnte, dass übermäßiger Salzverzehr unmittelbar zu Bluthochdruck führt, haben doch zahlreiche Studien auf der anderen Seite gezeigt, dass eine Salzreduktion blutdrucksenkend wirkt. Praktisch allen Hochdruckpatienten wird daher geraten, deutlich seltener zum Salzstreuer zu greifen.

NATRIUMGEHALT VON WÜRZMITTELN UND SAUCEN

LEBENSMITTEL	MENGE	NATRIUM (mg)
GEWÜRZE		
Tafelsalz	1 Teelöffel	1950
Backpulver	1 Teelöffel	339
Chilipulver	1 Teelöffel	26
Knoblauchsalz	1 Teelöffel	1850
Meerrettich	1 Esslöffel	198
Brühe, gekörnt	1 Esslöffel	2500
Senf, scharf	1 Teelöffel	250
Grüne Oliven, mariniert	4 Stück	270
Zwiebelsalz	1 Teelöffel	1620
SAUCEN		
Chilisauce	1 Esslöffel	227
Ketchup	1 Esslöffel	168
Sojasauce	1 Esslöffel	858
Tabascosauce	1 Teelöffel	24
Worcestersauce	1 Esslöffel	206
SALATDRESSINGS		
Französische Art	1 Esslöffel	140
Mayonnaise	1 Esslöffel	36
Thousand Islands	1 Esslöffel	109

Zu viel Salz in Fertigprodukten

Industriell verarbeitete Nahrungsmittel weisen häufig einen übermäßig hohen Salzgehalt auf, der sich durch Abbrausen unter fließendem Wasser jedoch erheblich reduzieren lässt. So ergab eine amerikanische Studie, dass grüne Bohnen aus der Dose nach einminütigem Waschen 41 % ihres Natriumgehalts verloren hatten. Bei Thunfisch aus der Dose wurden sogar 76 % des zugefügten Salzes entfernt. Freilich gilt es zu bedenken, dass mit dieser Methode auch manche der erwünschten Nährstoffe ausgelaugt werden.

FALLSTUDIE

Nach dem Herzinfarkt

Schon ein leichter Herzinfarkt ist ein schreckliches Ereignis für die Opfer und ihre Angehörigen. Wer eine solche Attacke überlebt hat, muss seine Lebensweise wie auch seine Ernährung grundlegend und radikal ändern, will er weitere Herzschäden vermeiden und auch künftig aktiv am Leben teilnehmen.

Reinhold ist 45 Jahre alt und selbstständiger Augenoptiker; seine Frau Karin arbeitet im Geschäft mit. Eines Morgens – Reinhold war gerade dabei, den Schnee vom Gehweg vor seinem Haus wegzuräumen – brach er mit starken Schmerzen in der Brust zusammen. Man brachte ihn sofort ins Krankenhaus, wo die Ärzte einen Herzinfarkt feststellten. Zum Glück war es ein relativ leichter Anfall und man sagte ihm, dass er nach der Rekonvaleszenz wieder normal arbeiten könne. Trotzdem wies ihn sein Hausarzt eindringlich auf die Notwendigkeit hin, seine Essgewohnheiten zu ändern und vor allem den Verzehr von gesättigtem Fett drastisch einzuschränken. Er setzte Reinhold auf eine fettarme Schonkost, die er unbedingt einhalten müsse, wolle er nicht einen Rückfall erleiden.

Was sollte Reinhold tun?

Reinhold und Karin sollten reichlich frisches Obst, Gemüse und Salat wie auch komplexe Kohlenhydrate essen. Da sie unter der Woche wenig Zeit zum Kochen haben, bietet sich Fisch an, der frei von gesättigten Fetten ist. Weil das Ehepaar sonntags mehr Zeit und Lust zum Kochen hat, ist das eine gute Gelegenheit, als Ersatz für den gewohnten fetten Braten mit Röstkartoffeln ein paar vegetarische Rezepte auszuprobieren. Die Brötchen, die die beiden werktags mit zur Arbeit nehmen, sollten einen Belag mit wenig gesättigten Fetten haben, so z. B. Putenbrust, Lachsscheiben oder Hüttenkäse mit Tomaten. Außerdem muss Reinhold nun darauf achten, 2 Stunden vor dem Zubettgehen keine schweren Mahlzeiten mehr einzunehmen.

GENESUNGSPLAN

Ernährung

Auf fettes Fleisch verzichten, stattdessen etwa Putenbrust ohne Haut probieren. Mehr Fettfische sowie magere Milchprodukte wie fettreduzierten Mozzarellakäse essen.

Garmethoden

Andere Methoden ausprobieren: Hühnchen oder Pute ohne Haut pochieren, Kartoffeln kochen oder im Ofen backen, Fisch nicht braten, sondern pochieren, dünsten oder in der Mikrowelle garen.

Fitness

Regelmäßiges leichtes Training: Geeignet sind beispielsweise Spazierengehen, Schwimmen, Yoga oder Gartenarbeit.

Ernährung

Fettes Fleisch und viele Wurstwaren enthalten wie auch Vollmilchprodukte beträchtliche Mengen gesättigten Fetts.

Garmethoden

Manche Garmethoden erfordern besonders viel Fett. Am meisten wird beim Braten verbraucht, dicht gefolgt vom Schmoren, wenn das Fleisch mit dem Bratenfond übergossen und serviert wird.

Fitness

Vielen Selbstständigen fehlt die Zeit für regelmäßiges körperliches Training.

WIE ERFOLGREICH WAREN DIE MASSNAHMEN?

Reinhold war zur Nachuntersuchung beim Arzt und erholt sich offenbar gut. Obwohl jetzt regelmäßig Fisch und Salate auf dem Speiseplan stehen, meint Karin, dass sie und ihr Mann noch immer zu viel Fleisch essen. Einmal hat sie sonntags ein vegetarisches Gericht serviert, doch Reinhold protestierte. Auf seinen Sonntagsbraten wird er wohl nicht verzichten. Allerdings haben sich die beiden auf eine fleischlose Mahlzeit pro Woche geeinigt.

Um normal funktionieren zu können, benötigt der Körper pro Tag nur so viel Natrium, wie in ca. 1 g Kochsalz enthalten ist. Nicht hochdruckgefährdeten Personen wird empfohlen, die tägliche Zufuhr auf maximal 5 g Kochsalz – das entspricht 2 g Natrium – zu begrenzen; Hochdruckpatienten sollten sich noch stärker einschränken.

Verstecktes Salz. Eine kochsalzarme Diät erfordert viel Aufmerksamkeit und Umsicht. So haben Forscher in den USA herausgefunden, dass das weit verbreitete und völlig unnötige Nachsalzen bei Tisch nur etwa ein Drittel des durchschnittlichen Salzkonsums ausmacht; die restlichen zwei Drittel werden in Form von verstecktem Salz aus industriell verarbeiteten Erzeugnissen aufgenommen.

Seit Jahrtausenden schon dient Salz zur Haltbarmachung von Lebensmitteln. Gesalzener oder geräucherter Fisch, eingelegtes Gemüse und Gepökeltes wie Speck und Salami enthalten schon immer Salz zum Schutz gegen den Verderb. Und in der Tat schreiben staatliche Lebensmittelnormen für viele Produkte wie z. B. Wurstwaren einen bestimmten Salzgehalt vor. Darüber hinaus setzt die Branche stark – nach Ansicht der meisten Ernährungsfachleute zu stark – auf Salz als Geschmacksverstärker. Dosengemüse und Gemüsesäfte, Tüten- wie Dosensuppen enthalten Salz und andere Natriumverbindungen; lesen Sie daher immer das Etikett. Thunfisch in Öl beispielsweise enthält weniger Salz als in Lake. Viele Hersteller bieten inzwischen auch eine salzarme oder ungesalzene Version ihrer Erzeugnisse an.

Bei jedem Kauf von verpackten Lebensmitteln muss der salzbewusste Kunde sorgfältig das Kleingedruckte auf dem Etikett lesen. Achten Sie neben der eigentlichen Mengenangabe für Salz auch auf Natrium, das sich in anderen Zutaten versteckt: Mononatriumglutamat, Lake, Sojasauce, Backpulver, Fleischextrakt, hydrolysiertes pflanzliches Eiweiß, Miso, Meeresalgen und andere Seetangprodukte, Natriumcitrat und Zusätze wie der Süßstoff Saccharin.

Salzarm muss nicht fade sein. Der beste Weg zu einer reduzierten Salzaufnahme besteht darin, seine Geschmacksknospen für andere natürliche Aromen in den Speisen zu sensibilisieren. Wenn Sie allmählich immer seltener zum Salzstreuer greifen, reagieren sie mit der Zeit wieder empfindlicher auf Salz. Schon nach ein paar Wochen wird eine Menge, die früher ganz normal schien, das Essen regelrecht versalzen schmecken lassen. Steigen Sie stattdessen auf aromatische Gewürze um (siehe Kasten oben).

Falls Sie sich kochsalzarm ernähren, werden Restaurantbesuche leicht zur Herausforderung. Wählen Sie ein Gericht, das nach Wunsch zubereitet werden kann, und bitten Sie die Küche, auf Salz zu verzichten.

WÜRZEN OHNE SALZ

Ihre Speisen bekommen auch ohne Salz die richtige Würze, wenn Sie stattdessen Knoblauch, Zwiebeln, Ingwerwurzel, Essig, Wein, scharfe Peperoni oder den Saft von Zitronen, Orangen und anderen Früchten verwenden. Viele Fleischgerichte etwa erhalten erst durch bestimmte aromatische Kräuter und Gewürze eine pikante Note.

Falls Sie vorgefertigte Würzmischungen bevorzugen, greifen Sie zu salzarmen Produkten. So ist Worcestersauce zwar alles andere als salzlos, hat aber deutlich weniger Natrium als die meisten Sojasaucen bei vergleichbarem Aroma.

Diät zur Senkung des Cholesterinspiegels

Wer seinen Cholesterinspiegel senken soll, muss genauso strikt sein. Um den Verzehr von gesättigten Fetten einzuschränken, die vermutlich mit dazu beitragen, das gesundheitsgefährdende LDL-Cholesterin zu erhöhen, müssen bestimmte Speisen vom täglichen Speiseplan gestrichen werden. So enthalten Vollmilch und Vollmilchprodukte hohe Mengen gesättigter Fette; als Ersatz bieten sich fettreduzierte Produkte wie entrahmte Magermilch an. Butter ersetzt man wo möglich durch Pflanzenöle, die reich an mehrfach ungesättigten Fettsäuren sind, oder aber durch Olivenöl, das im Wesentlichen einfach ungesättigte Fettsäuren enthält (siehe S. 51).

Weniger salzen

Reduzieren Sie die in Rezepten angegebenen Salzmengen. Wird ein Gericht für vier Personen mit 1/4 Teelöffel Salz gewürzt, so enthält jede Portion 0,13 g Natrium. Ein Esslöffel Salz dagegen erhöht die Natriumzufuhr jedes Tischgasts auf Besorgnis erregende 1,6 g – mehr als ein Drittel der empfohlenen Tageshöchstmenge.

Richtig abnehmen

Wer sein Gewicht reduzieren möchte, kann zwischen einer Reihe von Diäten wählen. Dabei nimmt der Körper weniger Kalorien auf, als er verbraucht. Sinnvoller, als kurzfristig die Pfunde zum Purzeln zu bringen, ist es aber, die Essgewohnheiten dauerhaft umzustellen.

Eine Flut von Zeitschriftenartikeln und Büchern lockt mit todsicheren Methoden, die Fett zum Schmelzen und Pfunde zum Purzeln bringen sollen. Die Hersteller von Diätprodukten – das Angebot reicht von Schlankheitspillen und -pülverchen über eiweißreiche Diätdrinks bis hin zu Appetitzüglern – wecken mit großen Worten bei figurbewussten Verbrauchern Hoffnungen, die leider nur selten erfüllt werden. Freilich gibt es auch eine Hand voll Diäten, die durchaus seriös sind.

FETTVERTEILUNG BEI MANN UND FRAU

Rund 10–15 % des Gesamtgewichts bestehen beim Mann aus Fett, bei Frauen dagegen sind es im Schnitt 20–25 %. Fett wird zwar am ganzen Körper unter der Haut gespeichert, doch lagert es sich bevorzugt in ganz bestimmten Körperzonen an. Die farbig markierten Stellen zeigen die größten Fettdepots (unten).

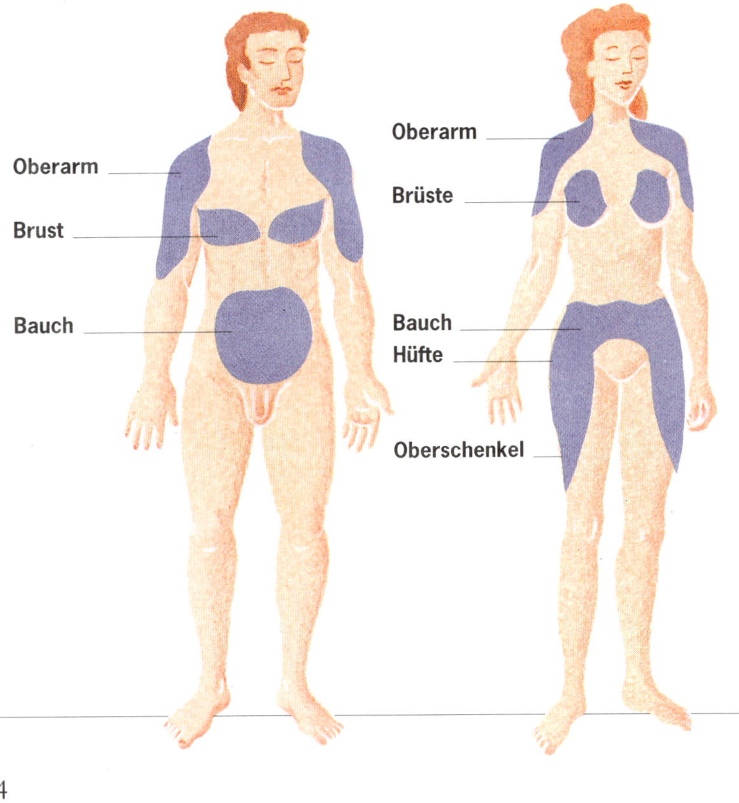

Der Körpermassenindex (BMI)

Bevor man sich zu einer Diät entschließt, ist zu prüfen, ob man wirklich abnehmen muss. Bemühte man dazu früher das Normal- oder Idealgewicht, ermittelt man heute den Body-Mass-Index (BMI). Dazu wird das Gewicht in Kilogramm durch das Quadrat der Körpergröße in Metern geteilt. Ein 70 kg schwerer Mann, der 180 cm groß ist, rechnet also: 70 : 1,8 : 1,8 = 21,6. Folgende Werte gelten als normal, wobei das ideale Gewicht jeweils eher im unteren Bereich liegt: BMI 19–24 (18–24 Jahre), BMI 20–25 (25–34 Jahre), BMI 21–26 (35–44 Jahre), BMI 22–27 (45–54 Jahre), BMI 23–28 (55–64 Jahre) und BMI 24–29 (über 65 Jahre). Bei einem höheren Index heißt es abnehmen.

Die kalorienarme Diät

Seit langem beliebt ist die kalorienreduzierte Diät, bei der die Zahl der täglich zugeführten Kalorien verringert wird. Dazu werden die Brennwertangaben für jedes Lebensmittel in der Kalorientabelle nachgeschlagen.

Wer Kalorien zählt, nimmt tatsächlich ab. Der Hauptfehler dieser Diät liegt aber darin, dass nicht genug betont wird, wie wichtig eine abwechslungsreiche und ausgewogene Kost ist, die sämtliche der für den Körper wichtigen Nährstoffe liefert. Die kalorienarme Diät wird z. B. schwerlich einen peniblen Kalorienzähler mit einer Vorliebe fürs Naschen davon abhalten, das Mittagessen zugunsten eines Stücks Schokoladentorte auszulassen. Als Rechtfertigung hört man, dass das Kalorienlimit ja nicht überschritten wurde. Doch diese Rechnung geht nicht auf. Der Kuchenfreund muss sich nicht wundern, wenn er trotz exakten Kalorienzählens nicht den erhofften Gewichtsverlust erreicht und zudem unter Mattigkeit, Schwindel, Gereiztheit oder Verstopfung leidet. Würde er seine Kalorien aus den richtigen Speisen beziehen, wäre sein Unternehmen von Erfolg gekrönt.

WIE KÖRPERFETT ABGEBAUT WIRD

Wo in unserem Körper Fett gespeichert wird und wie schnell es der Körper verbrennt, wird durch Hormone gesteuert.

Das weibliche Sexualhormon Östrogen ist hauptsächlich für die Fettpolster an Hüften und Oberschenkeln zuständig. Insulin, das in der Bauchspeicheldrüse produziert wird, reguliert dagegen die Fettablagerung an Hals, Schultergürtel und Bauch.

Diese Fettdepots verwertet der Körper unablässig, um seinen Energiebedarf zu decken. Sobald er neue Energie braucht, sorgen die beiden Hormone Adrenalin und Noradrenalin dafür, dass gespeichertes Fett freigesetzt und verbrannt werden kann. Wenn diese so genannten Stresshormone in Aktion treten, reagieren die Fettpölsterchen an bestimmten Körperstellen besonders empfindlich darauf – etwa am Bauch und im Gesicht –, lassen sich leichter abbauen und beginnen vor allen anderen zu verschwinden. Deshalb sind die ersten sichtbaren Anzeichen einer Gewichtsabnahme sowohl bei Männern als auch bei Frauen in der Regel ein schlankeres Gesicht und ein flacherer Bauch.

Problemzonendiät. Hier wird eine fettarme Reduktionsdiät mit einem speziellen Trainingsprogramm kombiniert, wodurch Fettpölsterchen an Problemzonen wie Hüften und Po verschwinden sollen.

Wer seinen Fettkonsum einschränkt und mehr Sport treibt, hat tatsächlich gute Chancen abzunehmen, da Fett mehr als doppelt so viel Kalorien zuführt wie die vergleichbare Menge Eiweiß oder Kohlenhydrate. Wer indes meint, er könne seinen Körper mit dieser Diät ganz nach Wunsch modellieren, unterliegt einem Wunschdenken. Am Londoner King's College hat man in einer Studie die Wirksamkeit der Problemzonendiät mit der einer herkömmlichen Abmagerungskur verglichen, die die kontrollierte Einnahme von 1000–1200 kcal am Tag erlaubte. Zwei Gruppen von Frauen testeten die beiden Diäten. Beide nahmen ab, doch erfolgte der Gewichtsverlust nach demselben Schema: Die meisten Zentimeter verschwanden an der Taille und nicht an Hüften oder Schenkeln, wie es die Problemzonendiät versprochen hatte, und im selben Tempo, wie die Hüften schlanker wurden, verkleinerten sich auch die Brüste.

Trennkost

Seit einiger Zeit erfreut sich die Trennkost enormer Popularität. Diese von dem amerikanischen Arzt Dr. Howard Hay entwickelte Methode beruht im Wesentlichen darauf, dass man bestimmte Lebensmittel kombinieren, andere dagegen nicht zur gleichen Zeit essen soll. Dabei ist die Gewichtsabnahme nur ein Anliegen dieser Kost, die auch für eine allgemein gute Gesundheit sorgen soll. Indem bestimmte Speisen zu bestimmten Zeiten entweder verzehrt oder gemieden werden, soll der Körper die Möglichkeit erhalten, sich von Giftstoffen zu befreien und das sensible Säure-Basen-Gleichgewicht wiederherzustellen.

Zentraler Punkt der Trennkost ist die Unvereinbarkeit eiweißhaltiger Lebensmittel, etwa Fleisch oder Bohnen, mit kohlenhydrathaltigen wie Kartoffeln oder Reis. Gemeinsam verzehrt soll dies verheerende Folgen für das Verdauungssystem haben und eine korrekte Nährstoffaufnahme vereiteln. Demnach ist ein Eintopf mit Fleisch und Kartoffeln, ein Frühstück aus Getreide und Milch oder ein mit Wurst, Ei oder Fisch belegtes Brötchen tabu. Ferner soll Obst nie zu den Mahlzeiten gegessen werden, sondern immer separat, und sämtliche Fertigprodukte sind vom Speisezettel zu streichen.

Hält man sich an diese Regeln, verliert man tatsächlich Gewicht. Von der gängigen Ernährungswissenschaft wird die Trennkost aber abgelehnt, ebenso wie das darauf aufbauende *Fit-for-Life*-Programm von Harvey Diamond, das in vielen Ländern eine große Anhängerschaft hat. Man wirft der Trennkost vor, dass sie von falschen Voraussetzungen ausgehe, da schließlich die meisten Grundnahrungsmittel eine Kombination aus Stärken und Proteinen enthalten und der Verdauungstrakt nicht zwischen beiden unterscheide. Der Körper könne sie auch dann noch bestens verwerten, wenn sie zur gleichen Zeit verzehrt werden. Zudem verfüge er über eigene Mechanismen, um den Säure-Basen-Haushalt zu regeln und sich der meisten natürlich vorkommenden Giftstoffe zu entledigen.

▷▷ Seite 138

Ein neues Schönheitsideal

Im Lauf der Geschichte hat sich die Vorstellung von der weiblichen Idealfigur oft geändert.

In der Kunst des 18. Jahrhunderts galt die üppig-vollschlanke Figur mit ihren Rundungen als Inbegriff weiblicher Schönheit.

Um die Mitte des 20. Jahrhunderts waren kurvenreiche Frauen wie Marilyn Monroe oder Sophia Loren gefragt. Später wandelte sich das Schönheitsideal über die spindeldürre Gestalt einer Twiggy bis zur knabenhaft schlanken Figur von Topmodel Kate Moss.

Diätassistentin

Jeder Kranke in der Klinik profitiert von der Arbeit der Diätassistentin, die täglich neu die Speisepläne erstellt. Darüber hinaus berät sie beispielsweise übergewichtige Patienten, die zu Hause gesund abnehmen wollen.

Die Diätassistentin hilft Ihnen mit einer ausgewogenen, auf Ihre persönlichen Bedürfnisse abgestimmten Ernährung gesund zu werden und zu bleiben.

Hat der Arzt eine Gewichtsreduktion verordnet, notiert die Diätassistentin Gewicht und Körpergröße und steckt zusammen mit dem Patienten ein realistisches Planziel. Eventuell bittet sie auch, ein Ernährungsprotokoll zu führen.

Diätassistenten bzw. Diätassistentinnen arbeiten in Einrichtungen des öffentlichen Gesundheitswesens, in der Forschung und in der Nahrungsmittelindustrie, der weitaus größte Teil allerdings ist traditionell in Krankenhäusern, Kur- und Rehabilitationskliniken sowie Sanatorien beschäftigt. Dort besteht ihre Aufgabe darin, in der Diätküche allgemeine Speisepläne wie auch spezielle Kostformen für Patienten mit besonderen Bedürfnissen oder Krankheiten zu erstellen. Bei manchen Kranken führt die Diätexpertin auch eine ausführliche Ernährungsberatung durch.

Die Ausbildung an staatlich anerkannten Schulen dauert 3 Jahre. Nach dem Examen arbeiten Diätassistenten zumeist 1–2 Jahre mit berufserfahrenen Kollegen zusammen, um dann eine eigenverantwortliche Stelle zu übernehmen. Durch umfangreiche Weiterbildungen auf Spezialgebieten wie z. B. Ernährungsmedizinische Beratung, Diabetesberatung oder Vollwerternährung halten sich die Diätspezialisten fachlich auf dem Laufenden.

Wer bestimmt, ob eine Ernährungsberatung stattfindet?

Viele Erkrankungen stehen in direktem Zusammenhang mit einer falschen oder ungenügenden Ernährung. Um langfristig die Gesundheit zu erhalten bzw. wiederherzustellen, ist es daher wichtig, dass solche Patienten nicht nur für die Dauer ihres stationären Aufenthalts eine darauf abgestimmte Diät oder Schonkost erhalten, sondern später auch zu Hause die entsprechende Kostform beibehalten. Worauf sie dabei zu achten haben, wird ihnen in einem intensiven Beratungsgespräch erklärt. Ob eine solche Beratung im Rahmen der Gesamttherapie nötig ist, entscheidet der Arzt. Da sie viel Zeit in Anspruch nimmt, delegiert er diese Aufgabe fast ausnahmslos an die Diätassistentin, die dem diätbedürftigen Kranken klarmacht, wie er die neue Ernährung auch im Alltag umsetzen kann.

Die Beratung findet in der Regel im Krankenzimmer statt; oftmals werden dazu auch die Angehörigen eingeladen. Manche Häuser haben eine Lehrküche, in der die Patienten einzeln oder in Gruppen geschult und praktische Übungen durchgeführt werden. Zur Unterweisung bringt die Diätassistentin Informationsmaterial wie Tabellen, Rezepte und Diätpläne mit. Sinnvoll ist die Beratung etwa bei Übergewicht und Essstörungen, Herzleiden, Nahrungsmittelallergien, Zöliakie, erhöhten Cholesterinwerten, Nieren- und Leberkrankheiten, Magen-Darm-Störungen wie *Colitis ulcerosa* und Verstopfung sowie einigen Krebsformen.

Was fragt Sie die Diätassistentin, wenn Sie abnehmen sollen?

Die Diätassistentin erkundigt sich nach Ihren bisherigen Ernährungsgewohnheiten – etwa wie oft Sie essen, welche Vorlieben und Abneigungen Sie haben – und ob es etwas gibt, das Sie beim Essen beachten müssen. Vielleicht fragt sie auch nach Ihren früheren Erfahrungen mit Diäten und Abmagerungskuren.

Was empfiehlt die Diätassistentin zur Gewichtsreduktion?

Sie wird Ihnen zu einer gesunden, ausgewogenen und abwechslungsreichen Kost raten mit dem Ziel, Ihre normale tägliche Kalorienzufuhr um rund 500 kcal zu drücken. Nahmen Sie also bisher 2000 kcal zu sich, müssen Sie nun auf 1500 kcal herunterkommen. Dabei sollten Frauen nicht weniger als 1200 kcal und Männer nicht weniger als 1600 kcal am Tag zuführen.

Statt mühsam Kalorien zu zählen, wird die Diätassistentin gemeinsam mit Ihnen Wege ausarbeiten, wie Sie Ihre Fettzufuhr – vor allem in Form von Gebratenem und fetten Speisen wie Tortengebäck, Mayonnaise und Wurst – senken können. Vermutlich wird sie Ihnen empfehlen, ein Ernährungsprotokoll zu führen (siehe S. 20), damit Sie Ihre Essgewohnheiten im Auge behalten und eine Grundlage für allmähliche Veränderungen haben. Außerdem wird sie zu regelmäßiger sportlicher Betätigung raten, damit der Stoffwechsel in Schwung kommt und das Muskelgewebe gestärkt wird. Ideal ist es, wenn Sie drei- bis viermal die Woche 20–40 Minuten Sport treiben oder mindestens 3 km spazieren gehen.

Ferner wird sie Ihnen wahrscheinlich nahe legen, sich jeden Morgen zu wiegen und den Gewichtsverlust genau zu dokumentieren. Denn sieht man den Erfolg schwarz auf weiß, steigt auch die Motivation, weiterzumachen. Unter dem Strich sollten Sie pro Woche aber nicht mehr als 500 g abnehmen, sonst wird der Hunger zu groß und es beginnt möglicherweise der Abbau von Muskelgewebe.

Müssen Sie Vitamin- und Mineralstoffpräparate einnehmen?

Eine vielseitige, ausgewogene Kost auf der Grundlage von viel frischem Obst und Gemüse, Vollkornprodukten, mageren Eiweißquellen und fettarmen Milchprodukten liefert in der Regel alle Vitamine und Mineralstoffe, die Ihr Körper braucht. Wenn die Kalorienzufuhr auf einen Wert unter 1200–1600 kcal am Tag sinkt, kann es jedoch schwierig werden, den Bedarf an Eisen, Kalzium, Magnesium, Zink, Riboflavin, Vitamin B_6 und Folsäure zu decken. Vorsichtshalber kann die Diätassistentin daher ein Multivitamin- und Mineralstoffpräparat empfehlen. Dennoch sollten Sie stets darauf achten, möglichst viele Vitamine und Mineralstoffe aus der Nahrung zu beziehen.

Wie lang müssen Sie die Diät nach Erreichen Ihres Wunschgewichts fortsetzen?

Sobald Sie Ihr gestecktes Ziel erreicht haben und bei einem gesunden Gewicht angelangt sind, sollten Sie langsam Ihre Kalorienzufuhr über einen Zeitraum von 1–2 Wochen durch den Verzehr größerer Mengen fettarmer, kohlenhydratreicher Speisen wie z. B. Nudeln und Vollkornbrot steigern. Wenn Sie die Änderungen allmählich eingeführt haben und sie einfach umzusetzen sind, wird es Ihnen leicht fallen, nicht zu den alten Essgewohnheiten zurückzukehren. Behalten Sie die gleichen ausgewogenen Mahlzeiten bei, die Sie auch während des Abnehmens gegessen haben, und prüfen Sie Ihr Gewicht etwa alle 2 Wochen. Sollten Sie wieder etwas zugenommen haben, machen Sie hin und wieder einen Entlastungstag, an dem Sie entweder nur Früchte und Gemüse essen oder nicht mehr als 1200–1500 kcal zu sich nehmen.

KÜCHENTIPS

Diätassistentinnen wissen genau, wie sich der Fettgehalt von Speisen reduzieren lässt.

- Suppen und Saucen mit einem Esslöffel Hafermehl oder auch Schmelzflocken statt mit Sahne eindicken. Das bringt zusätzliche Ballaststoffe und Vitamine.
- Beim Kuchenbacken ein Drittel des Fetts durch eine zerdrückte Banane ersetzen. Der Kuchen wird genauso saftig, hat jedoch deutlich weniger Fett.

WAS SIE ZU HAUSE TUN KÖNNEN

Wer sein Gewicht dauerhaft kontrollieren will, wird in den meisten Fällen zielstrebig auf eine Verbesserung seiner Kost hinwirken. Es bringt aber wenig, wenn Sie versuchen, alte Essgewohnheiten über Nacht umzukrempeln und fettreiche Lebensmittel von der Butter über Würstchen bis hin zu Schokoladenkeksen für immer aus Ihrer Küche zu verbannen. Weitaus wirksamer ist es, wenn Sie die Veränderungen allmählich einführen.

1 Hiervon weniger essen: Butter, Margarine und Mayonnaise; Frittiertes wie Pommes frites; fettes Fleisch und Fleischwaren wie Hamburger, Wurst und Pasteten; Torten, Kuchen und sahnige Desserts; Süßigkeiten wie Schokolade; Chips und ähnliches Salzgebäck.

2 Fettarme Alternativen: fettreduzierte Milch statt Vollmilch; Geflügel ohne Haut, weißes statt dunklem Fleisch; Fisch anstelle von rotem Fleisch; mageres, von Fett befreites statt durchwachsenem Fleisch; Magerkäse wie Hüttenkäse statt Hartkäse; Speisen grillen, dämpfen oder backen statt braten oder frittieren.

Da sich beim Hühnchen das meiste gesättigte Fett in der Haut befindet, sollte man diese vor dem Garen entfernen. Dazu schneidet man mit einer Geflügelschere die Haut ein und zieht sie dann ab. So wird ein Schlegel zum Genuss ohne Reue.

Gibt es Lebensmittel, die Fett verbrennen?

Die Verfechter bestimmter Diäten werben lautstark mit den schlank machenden Eigenschaften mancher Nahrungsmittel, die angeblich Fett verbrennen sollen. Ernährungswissenschaftler halten dies allerdings für Unsinn: Es gibt keine so genannten negativen Kalorien.

Von der Grapefruit z.B. wird immer wieder gesagt, die in ihr enthaltenen Säuren oder Enzyme könnten Körperfett buchstäblich wegschmelzen. Diese Behauptung lässt sich nicht beweisen. Mit ihrem hohen Gehalt an Vitamin C und Folsäure ist die Frucht allerdings eine wertvolle Bereicherung eines jeden Speisezettels.

VERSTECKTE FETTE IN DER NAHRUNG

Überschüssiges Fett und Kalorien lassen sich viel einfacher reduzieren, wenn man weiß, wo die versteckten Fette lauern. Daher ist es wichtig, die Bestandteile einzelner Gerichte zu bestimmen, um zu sehen, wie viel Fett sie wirklich enthalten.

Das in der Haut eines Brathähnchens enthaltene Fett liefert 62 % der Gesamtkalorien. Verzichten Sie daher lieber auf die Haut.

Etwas mehr als die Hälfte der Kalorien in einem mit Thunfisch, Tomate und Mayonnaise belegten Brot stammt vom Fett in der Mayonnaise. Sie können sie durch etwas Butter ersetzen.

90 % der Kalorien in grünem Salat mit einem Dressing aus Essig und Öl oder Sahne kommen von dem Fett in der Salatsauce. Versuchen Sie etwas weniger zu verwenden.

Dennoch verdienen die Trennkost wie auch andere gängige Diäten keine pauschale Ablehnung. Jedes Programm, das ein gesundes Gleichgewicht verschiedener Lebensmittel obenan stellt, den reichlichen Verzehr von frischem Obst und Gemüse sowie Körnern hervorhebt und zu einer geringeren Zufuhr von Kalorien und gesättigten Fetten rät, kann zu einer gesunden Ernährung beitragen. Die Geschichte hat gezeigt, dass gerade in der Ernährungswissenschaft überkommenes Wissen immer wieder neu überdacht und neue Ansätze auf den Prüfstand gestellt wurden. Nicht zuletzt ist eine Diät immer auch an ihren dauerhaften Erfolgen zu messen – und die bestätigen zahlreiche Menschen, die durch Trennkost oder Fit for Life ihre Gesundheit verbessert haben.

Diäten, die dem Körper schaden

Auf dem Markt ist eine Reihe von Mitteln erhältlich, die die Gesundheit aktiv gefährden. Diätdrinks etwa bringen einen raschen Gewichtsverlust, sofern sie alle oder den Großteil der regulären Mahlzeiten ersetzen, sind letztlich aber für den Körper schädlich. Sie liefern meist extrem wenig Kalorien – manche gerade mal 300–500 kcal pro Tag –, enthalten dafür jedoch zu viel Eiweiß. Wer sich allein daran hält, bringt sein Hormonsystem aus dem Gleichgewicht. Die Produktion einiger lebenswichtiger Hormone geht zurück, was z. B. Verstopfung, Blähungen, Übelkeit, Schwindel und Müdigkeit hervorruft. Überdies wurde zuweilen bei einem plötzlichen Wechsel zur Normalkost ein rapides Absinken der Kalium- und Magnesiumwerte im Blut festgestellt, was eine Gefahr für das Herz darstellt.

Alle Blitzdiäten bergen Risiken, wenn sie den Körper nicht mit den nötigen Nährstoffen versorgen. Durch einen Mineralstoffmangel können die Knochen geschwächt werden und eine unausgewogene Kost kann Gallensteine oder Herzleiden begünstigen. Nicht zuletzt stören diese Bemühungen die normalen körpereigenen Mechanismen der Gewichtskontrolle – mit dem Ergebnis, dass die derart verlorenen Pfunde rascher und leichter zurückkehren, als es ohne Diät der Fall gewesen wäre.

Wer sich mit dem Fasten nicht auskennt und einfach aufhört zu essen, gefährdet seine Gesundheit ebenfalls. Richtig und unter der Leitung eines fastenerfahrenen Arztes ausgeführt, kann eine Fastenkur aber von großem Nutzen sein, da der Körper nicht nur Gewicht verliert, sondern auch entgiftet. Wer nach Lützner fastet, beugt durch Obst- und Gemüsesäfte einem Nährstoffmangel vor.

Ein fragwürdiges Schönheitsideal

Viele Zeitgenossen, die sich für zu dick halten und eine Abmagerungskur machen, haben dies in Wirklichkeit gar nicht nötig. Vor allem Frauen leiden unter dem Schlankheitswahn der westlichen Welt, die die gertenschlanke Figur zum Ideal erhebt. Wir begegnen ihr auf Schritt und Tritt: in der Werbung, im Fernsehen, in den Modehäusern. Oft genug ist modische Kleidung nur in solchen Größen erhältlich, die die Hälfte der weiblichen Bevölkerung ausschließen.

Essstörungen. Bei vielen Menschen, insbesondere aber bei emotional labilen jungen Mädchen, führt dieser fanatische Schlankheitskult in Verbindung mit seelischen Problemen zu zum Teil lebensbedrohenden Essstörungen wie *Anorexia nervosa*. Obwohl sichtlich abgemagert, halten sich die Mädchen für fett und hungern weiter, um noch dünner zu werden. Zu den Langzeitfolgen der Krankheit zählen u. a. ein geschädigtes Immunsystem, Osteoporose, Blutarmut und Herzleiden. Bulimie, eine weitere Essstörung, an der hauptsächlich Mädchen und Frauen erkranken, führt dazu, dass die Betroffenen wie unter Zwang abwechselnd riesige Mengen Essen in sich hineinschlingen und sich dann übergeben, hungern oder massiv Abführmittel schlucken.

Übergewicht. Tatsächlich gibt es in der westlichen Überflussgesellschaft viele Kinder und Erwachsene, die übergewichtig, ja fettleibig sind. Als fettleibig gelten Personen, die ihr Normalgewicht um mehr als 30 % überschreiten, und bedingt durch eine sitzende Lebensweise und ungesunde Ernährung werden es immer mehr. In Deutschland waren es Mitte der 90er-Jahre 37 % der Männer und immerhin 26 % der Frauen.

Ein neues Essverhalten

Der einzig gesunde und zuverlässige Weg zu einem schlanken Körper besteht darin, langsam abzunehmen, die Ernährungsgewohnheiten dauerhaft und konsequent umzustellen und durch regelmäßiges Körpertraining den Energieverbrauch zu steigern. Zum neuen Essverhalten gehört eine reduzierte Kalorienzahl, und das bedeutet u. a. umsteigen von Vollmilch auf fettreduzierte Milch; Saladressings sparsam verwenden oder selbst mit viel Essig und weniger Öl mischen; Bratkartoffeln durch gekochte oder Ofenkartoffeln ersetzen; Chips, wenn überhaupt, nur äußerst selten essen; öfter Obst und Gemüse verzehren; kleinere Fleisch- und Geflügelportionen servieren und mehrmals pro Woche durch Eier, Fisch oder Hülsenfrüchte ersetzen; Salat als Vorspeise auftischen; fetthaltige Desserts und Zwischenmahlzeiten weglassen; auf kalorienarmen Brotaufstrich wie fettarmen Käse achten.

Trockenfrüchte gehören zu einem gesunden Kostplan; da sie aber viel Zucker enthalten, dürfen sie nicht ganz so freizügig wie Frischobst gegessen werden. So schmecken ungezuckerte Frühstücksflocken mit Rosinen oder anderem gehacktem Dörrobst schön süß. Und sie sind gesünder als die industriell gezuckerte Variante, denn 30 g gesüßte Cornflakes enthalten bis zu 4 Teelöffel Zucker. Daneben liefert Trockenobst Ballaststoffe, Vitamine und Mineralstoffe.

Bei vielen Menschen bewirkt die Vorstellung, auf bestimmte Leckereien wie Eis oder Schokolade verzichten zu müssen, dass sie sich gierig und schuldbewusst auf eben jene Dinge stürzen. Wenn man sich jedoch täglich eine bescheidene Nascherei zugesteht, kann man solche Anfälle von Heißhunger zügeln. Gönnen Sie sich jeden Tag ein süßes Vergnügen, aber lassen Sie es dabei bewenden: ein Hörnchen zum Frühstück, eine Praline nach dem Mittagessen oder eine kleine Portion Eis als Nachtisch – aber bitte nicht alles zusammen.

▷▷ *Seite 142*

DER TAILLE-ZU-HÜFT-QUOTIENT

Ob Übergewicht zum Gesundheitsrisiko wird, hängt u. a. davon ab, an welcher Stelle des Körpers man die größten Fettdepots hat. Fettansammlungen am Bauch führen häufiger zu Stoffwechselstörungen als jene der Hüfte. Die Fettverteilung im Körper lässt sich leicht mithilfe des so genannten Taille-zu-Hüft-Quotienten (THQ) beurteilen.

1 Um Ihren Taille-zu-Hüft-Quotienten zu ermitteln, messen Sie mit einem Maßband Ihren Taillenumfang einschließlich des eventuell vorstehenden Magens in Zentimetern.

2 Messen Sie Ihren Hüftumfang auf dieselbe Weise.

3 Teilen Sie die Zentimeterzahl Ihres Taillenumfangs durch die Zahl des Hüftumfangs. Das Ergebnis ist Ihr Taille-zu-Hüft-Quotient.

Bei Frauen liegt der kritische Wert bei 0,85, bei Männern bei 1,0. Haben Sie einen höheren THQ, sollten Sie also unbedingt abspecken.

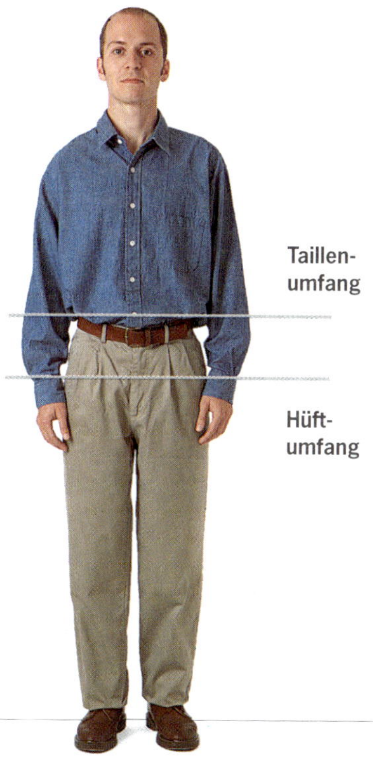

Fettarmes Kochen

Für all jene, die ihr Gewicht reduzieren und es auch halten oder insgesamt gesünder leben möchten, liegt der Schlüssel zum Erfolg in einer konsequenten und dauerhaften Änderung der Essgewohnheiten. Dazu gehört auch weniger Fett in der Küche.

Verwenden Sie Töpfe und Pfannen mit Antihaftbeschichtung zum Garen von Fleisch und Gemüse ebenso wie für Pfannkuchen und Omeletts. So brauchen Sie nur ganz wenig Öl. Auch Reste lassen sich darin gut wieder aufwärmen.

Soll Ihre Diät bzw. Kostumstellung erfolgreich sein, brauchen Sie sowohl Selbstdisziplin als auch grundlegende Kenntnisse über Ernährung. Sie müssen wissen, welche Speisen dick machen, und benötigen ein sicheres Gespür für Kaloriengehalt und Portionsgrößen. Um gesund und fit zu bleiben, sollten Sie frische Nahrungsmittel in einem ausgewogenen Verhältnis essen. Auf diese Weise vermeiden Sie ein Zuviel an jenen Inhaltsstoffen, die wie etwa gesättigtes Fett der Gesundheit und dem Erfolg Ihrer Diät eher abträglich sind.

Haben Sie die neue Art zu kochen erst einmal verinnerlicht, werden Sie Ihre Mahlzeiten kreativer planen und die leckeren, gesunden Speisen guten Gewissens genießen können.

KALORIEN WEGSCHNEIDEN

Beliebte Fleischstücke wie z. B. Schweine- oder Lammkoteletts haben meist einen dicken Fettrand,

der sich jedoch mit einem scharfen Messer leicht entfernen lässt. Schneiden Sie das Fett aber nicht komplett weg, weil das Fleisch sonst beim Braten in der Pfanne Form und Saft verliert.

LEICHT IST TRUMPF

Schon durch kleine Abwandlungen der normalen Garmethode lässt sich die Menge der Fettkalorien erheblich reduzieren. Selbst wenn Sie gewöhnliche Töpfe und Pfannen verwenden, können Sie Öl sparsamer dosieren.

Statt das Öl direkt aus der Flasche in die Pfanne zu gießen, nehme man zum Einfetten einen in Öl getränkten Tortenpinsel oder Küchenkrepp; so wird der Auftrag viel dünner.

Notfalls kann man das Öl in die Pfanne sprühen. Den Zerstäuber 15 cm von der Pfanne weghalten und zwei-, dreimal sprühen. Nicht in der Nähe offener Flammen benützen!

MAGERES FLEISCH KAUFEN

Wenn Sie beim Einkauf auf besonders magere Fleischstücke achten, können Sie schon vor der Zubereitung viele Fettkalorien sparen. Wählen Sie fettarme Fleischsorten

wie mageres Rind-, Kalb- oder Schweinefleisch oder aber Stücke mit wenig sichtbarem Fett, beispielsweise Rinderfilet und Schweineschnitzel.

MIT WENIGER ÖL AUSKOMMEN

Statt in Öl lassen sich manche Lebensmittel auch gut in einer fettlosen Kochflüssigkeit garen. Versuchen Sie einmal, Gemüse in Tomatensaft zu simmern oder in frischer, sorgfältig entfetteter Hühnerbrühe.

Pochieren Sie Huhn oder Fisch in einer selbst gemachten klaren Brühe aus Wasser mit einem Spritzer Zitronensaft oder Essig und Kräutern wie beispielsweise frischer Petersilie, Kerbel und Thymian.

Brühen, Eintöpfe, Braten und Suppen im Voraus zubereiten und mehrere Stunden oder über Nacht kalt stellen. Dadurch steigt das Fett nach oben, wird fest und lässt sich bequem abschöpfen. Die gleiche Methode können Sie auch bei Fleisch- oder Hühnerbouillon anwenden.

GEMÜSE DÜNSTEN

1 Ein Dünstkorb als Einsatz für normale Kochtöpfe ist ideal für kleinere Gemüseportionen. Zum gleichmäßigen Dünsten das Gargut in einer Lage ausbreiten.

2 Das Wasser im Topf zum Kochen bringen, dann erst den Einsatz aufsetzen. Die Füllhöhe des Wassers sollte etwa 2,5 cm betragen, das Gemüse jedoch nicht berühren.

FISCH IN FOLIE BACKEN

1 Sie sparen Fett, wenn Sie Fisch nicht in der Pfanne braten, sondern in Alufolie backen. Dazu ein quadratisches Stück Folie leicht einfetten und den Fisch darauf legen.

2 Mit Zitronensaft beträufeln und frische Kräuter wie Dill darüber streuen. Die Ränder der Folie hochziehen, das Folienpaket gut verschließen und im Ofen backen.

WENN SIE AUF CHOLESTERIN ACHTEN MÜSSEN

So können Sie Ihren Cholesterinspiegel niedrig halten.

- Folien- oder Pellkartoffeln mit fettarmem Hüttenkäse und Schnittlauch anrichten.
- Pilze nicht in der Pfanne mit Butter braten, sondern mit etwas Gemüsebrühe aufsetzen.
- Probieren Sie würzige Vollkornbrotsorten wie z. B. Roggenbrot mit Kümmel. Sie schmecken so aromatisch, dass man auf Butter verzichten kann.
- Verwenden Sie beim Überbacken von Gemüse statt geriebenem Käse frische, mit Kräutern und etwas Olivenöl besprenkelte Vollkornbrotkrumen. Sie ergeben eine leichte, knusprige Kruste.
- Gekochte Hülsenfrüchte pürieren und damit eine dicke Suppe ohne Sahne und Mehl bereiten.
- Saucen mit püriertem Gemüse eindicken oder das Püree gleich als Sauce verwenden.
- Selbst gemachte Frikadellen halb und halb aus Rinderhack und Putenfleisch zubereiten.

Gesunde Alternativen im Schnellrestaurant

Eine Snackbar oder Schnellgaststätte muss für gewichtsbewusste Kunden kein Notstandsgebiet sein. Manche Imbissketten haben die Zeichen der Zeit erkannt und bieten inzwischen Salatbüffets und andere gesunde Gerichte an.

Doch selbst bei einer begrenzten Auswahl lässt sich übermäßiger Fettkonsum vermeiden, indem man etwa statt panierter, frittierter Chickennuggets Grillhähnchen mit Brötchen wählt oder statt Cheeseburger einen einfachen Hamburger mit etwas Senf oder Ketchup bestellt.

Essen gehen während einer Diät

Würden alle Mahlzeiten daheim eingenommen, wäre die Gewichtskontrolle relativ einfach. Vielen, die auf eine vernünftige Ernährung achten sollten, fällt das im Restaurant jedoch besonders schwer. Wenn man auswärts isst, sollte man vorher genau überlegen, in welchem Lokal Gerichte erhältlich sind, die nicht dick machen. Auf ein reichhaltiges Büffet, von dem man zum Festpreis abräumen darf, so viel man will, verzichtet man besser, wenn nicht sicher ist, dass darunter auch ein paar wirklich fettarme Speisen sind. Die für ihre gewaltigen Fleischportionen berühmten Steakhäuser sind ebenso ungeeignet für Abnehmwillige wie Gasthäuser, die deftige, fettreiche Hausmannskost offerieren.

Großstädte bieten ein vielseitiges kulinarisches Angebot, das man nutzen sollte. Figurbewusste sind richtig in einer Gaststätte, die Speisen aus einer Region serviert, die für ihre gesunde Kost bekannt ist. Chinesische oder japanische Restaurants bieten eine bunte Palette gesunder, fettarmer Gerichte: leicht gegarten, frischen Fisch, gedünsteten Reis mit Gemüse und magerem, klein geschnetzeltem Geflügel sowie knackige Salate. Auch „beim Italiener" ist man an der richtigen Adresse, sofern man statt sahniger Pastasaucen lieber welche auf Tomatenbasis nimmt oder Nudeln in etwas Olivenöl mit Knoblauch und Kräutern bestellt und mit Parmesankäse sparsam umgeht. Restaurants, die auf Meeresfrüchte spezialisiert sind, stellen wahre Fundgruben für gesundes Essen dar; wählen Sie keine frittierten Gerichte, sondern gegrillte oder gedünstete.

In jeder guten Gaststätte sollte man in der Lage sein, auf die Bedürfnisse diätbewusster Gäste einzugehen. Wenn Sie einen Tisch reservieren, fragen Sie, ob die Speisekarte magere Gerichte enthält bzw. ob der Küchenchef bereit ist, ein Mahl nur mit ganz wenig Fett zuzubereiten. In Restaurants, wo alle Speisen stets frisch zubereitet werden, sollten Sonderwünsche – dass die Sauce beispielsweise extra serviert wird, um sie nach Belieben dosieren zu können – problemlos erfüllbar sein.

Manche Menschen nehmen irrtümlich an, sie könnten schon vor dem Essengehen Kalorien einsparen, wenn sie eine Mahlzeit auslassen oder gar den ganzen Tag fasten. Je hungriger man aber ist, desto eher wird man zu viel Essen bestellen oder den fettesten Versuchungen auf der Speisekarte nachgeben. Isst man dagegen kurz vor Verlassen des Hauses eine Frucht oder eine andere fettarme Kleinigkeit, fühlt man sich bei der Ankunft im Restaurant nicht ausgehungert und kann sich auf ein genussvolles Mahl freuen.

IM RESTAURANT AUF DIE SCHLANKE LINIE ACHTEN

Sie müssen keineswegs immer zu Hause bleiben und selber kochen, wenn Sie überschüssige Pfunde loswerden möchten. Auch in der Gaststätte gibt es Möglichkeiten, figurbewusst zu schlemmen.

- Günstige mehrgängige Menüs zum Festpreis meiden: Was Sie hier an Geld sparen, müssen Sie vielleicht in Form von überzähligen Kalorien draufzahlen. Wählen Sie lieber à la carte, selbst wenn die Einzelgerichte etwas teurer sind, und bestellen Sie nur so viel, wie Sie wirklich brauchen.
- Denken Sie daran: Der Teller muss nicht leer gegessen werden. Bei großen Portionen können Sie den Ober bitten, dass er Ihnen einen Teil zum Mitnehmen einpackt. Die meisten Gaststätten sind hierzu gern bereit.
- Den Nachtisch erst aussuchen, wenn Sie mit dem Hauptgang fertig sind. Ihre Wahl wird dann viel vernünftiger ausfallen als mit nüchternem Magen.
- Bestellen Sie Ihren Salat entweder mit separatem Dressing oder lassen Sie sich Essig und Olivenöl an den Tisch bringen. So können Sie das Öl sparsam dosieren. Die meisten Küchen gehen mit fetten Salatsaucen zu großzügig um.

9

Lebensmittel richtig lagern und zubereiten

Will man gesunde, hochwertige Gerichte auf den Tisch bringen und das Essen unbeschwert genießen, muss man schon vorab ein paar Regeln beherzigen. Das beginnt beim Einkauf und reicht über die sachgemäße Lagerung bis hin zur schonenden Zubereitung der Nahrungsmittel. Lässt man hier nicht die nötige Sorgfalt walten, gehen wertvolle Nährstoffe verloren oder es droht gar die Gefahr einer Lebensmittelvergiftung.

Gewusst, wie: Einkauf und Lagerung

Wer sich und seine Familie mit köstlichen, gesunden Speisen verwöhnen möchte, wird bereits beim Kauf auf einwandfreie Ware achten. Zu Hause sind die Zutaten fachgerecht aufzubewahren, damit sie ihre Inhaltsstoffe bewahren und nicht vorzeitig verderben.

Tiefkühlkost

Um eine Lebensmittelvergiftung auszuschließen, muss man beim Umgang mit Tiefgefrorenem ein paar Dinge beachten.
- Tiefkühltruhe oder -fach muss eine Temperatur von mindestens –18 °C haben. Nur für kurze Aufbewahrungszeiten reicht auch ein Gefrierfach mit im Verhältnis zur Tiefkühltruhe höherer Temperatur aus.
- Lebensmittel schnellstmöglich einfrieren. Stets in eine gut schließende Gefrierdose geben oder in Gefrierbeutel oder -folie verpacken; niemals ungespülte Behälter oder alte Plastikbeutel verwenden.
- Beim Auftauen darauf achten, dass keine Flüssigkeit auf andere Waren tropft. Das Blut von rohem Fleisch darf keinesfalls an andere Speisen gelangen. Fleisch sorgfältig verpacken und auf einer der unteren Ablagen aufbewahren.
- Verfallsdatum prüfen. Ist die Ware undatiert und Sie können sich nicht erinnern, wann sie eingefroren wurde, werfen Sie sie weg.
- Einmal Aufgetautes darf auf keinen Fall wieder eingefroren werden.

Reinlichkeit und korrekter Umgang mit den Speisen sind das A und O in der Küche, da sich in der warmen Umgebung Keime rasch vermehren und Lebensmittelvergiftungen drohen können. Indem man den Bakterien und Pilzen möglichst wenig Wachstumschancen bietet, lässt sich dieses Risiko weitgehend ausschalten.

Lassen Sie kaltes Essen bis zum Servieren im Kühlschrank; warme Speisen sind stets richtig durchzugaren, damit alle Bakterien abgetötet werden. Das gilt vorrangig für ganzes Geflügel und Fleischwaren, insbesondere Frikadellen und Rollbraten, in deren Innerem sich womöglich Bakterien halten. Können Sie warmes Essen nicht sofort servieren, muss es zuvor gründlich durchgekocht werden und dann bei über 60 °C gut warm gehalten werden. Kühlt es stärker ab, breiten sich Bakterien aus. Sie überleben auch in Gerichten, die nicht durchgegart wurden. Prüfen Sie die Gartemperatur daher mit einem Bratenthermometer.

Zimmertemperatur

Bei Temperaturen zwischen 16 und 60 °C vermehren sich Bakterien rapide und produzieren Giftstoffe, so genannte Toxine. Des-

DAS OBERSTE GEBOT LAUTET SAUBERKEIT

Perfekte Hygiene in der Küche ist eine der wichtigsten Voraussetzungen für die gefahrlose Zubereitung von Speisen. Doch keine Sorge, Ihre Küche muss deshalb nicht steril sein wie ein Operationssaal im Krankenhaus. Folgende Maßnahmen genügen:
- Vor dem Hantieren mit Lebensmitteln stets die Hände gründlich mit Warmwasser und Seife waschen.
- Alle Arbeitsflächen täglich mit einem milden Allzweckreiniger abwischen und sodann trockenreiben, da sich Bakterien auf feuchten Flächen vermehren können.
- Gekochte oder verzehrfertige Speisen nicht auf eine Unterlage legen, auf der unmittelbar zuvor rohe Lebensmittel waren. Auf Rohware, vor allem Geflügel, Fleisch und Fisch, können Bakterien siedeln, die leicht auf andere Speisen übertragen werden.
- Lebensmittelspritzer immer gleich mit einem sauberen Lappen oder Küchenkrepp wegwischen.
- Spüllappen nach Gebrauch in Lauge einweichen. Geschirrtücher täglich wechseln, damit sich keine Bakterien einnisten und die Oberflächen verseuchen, mit denen die Tücher in Kontakt kommen.
- Zur Sterilisation von Schneidbrettern aus Acryl oder Holz kochendes Wasser darüber laufen lassen oder für eine Minute in milde Bleichlauge tauchen. Mit klarem Wasser nachspülen.
- Bevor Sie Gemüse schnippeln, sollten Sie Messer und Brett reinigen, wenn Sie sie zuvor zum Kleinschneiden von Fleisch verwendet haben.

halb sollten gekochte Speisen nicht länger als 2 Stunden bei Zimmertemperatur stehen. Je wärmer der Raum, desto kürzer die Dauer. Bei Temperaturen über 30 °C darf das Essen allerhöchstens 1 Stunde stehen.

Werfen Sie alle Milch- und Eierspeisen, Fleisch-, Geflügel- oder Fischgerichte weg, die länger als 2 Stunden bei Zimmertemperatur gestanden haben. Reste müssen in den Kühlschrank oder die Gefriertruhe und später auf mindestens 70 °C erhitzt werden.

Lagerung im Kühlschrank

Alle verderblichen Lebensmittel gehören in den Kühlschrank: Fleisch, Fisch, Geflügel und Milchprodukte sowie Salate und grünes Blattgemüse. Nutzen Sie die verschiedenen Kältezonen. Rohes Fleisch, Speck, Geflügel und Fisch sollten Sie in der kältesten Zone aufbewahren – das ist meistens das unterste Fach. Gekochte Speisen stellen Sie auf die mittleren Ablagen, Gemüse und Salat kommen in die Gemüseschale. Wurzelgemüse wie Möhren dürfen in einem kühlen Vorratsschrank liegen, halten sich aber auch gut im Kühlschrank. Besonders knackig bleiben sie in luftdicht schließenden Plastikbehältern; dann aber öfter das Kondenswasser abwischen. Milchprodukte sind am besten in der Kühlschranktür untergebracht. Den Kühlschrank nicht zu voll stellen, da sonst die Luftzirkulation blockiert wird. Die Temperatur sollte 0–5 °C betragen. Legen Sie ein Kühlschrankthermometer auf die kälteste Ebene und lesen Sie es täglich ab.

Vor der Reinigung des Kühlschranks werden alle Lebensmittel herausgenommen und mit sauberen Tüchern oder Zeitungen abgedeckt, damit sie kühl bleiben. Putzen Sie das Gerät mit Spezialreiniger oder wischen Sie es mit einer Lösung aus Natriumbikarbonat und warmem Wasser aus. Haushaltsreiniger hinterlassen möglicherweise einen Geruch, der sich auf die Speisen überträgt.

Sicheres Einfrieren

Die eisigen Temperaturen in Gefrierschrank oder -fächern halten die Speisen frisch und beugen Nährstoffverlusten vor, da die Bakterien, die den Zerfallsprozess einleiten, inaktiviert werden. Als Richtwert gilt eine Temperatur von –18 °C.

Verpacken Sie das Gefriergut in Gefrierbeuteln und -behältern oder Alufolie. Gekochte Speisen sollten vor dem Einfrieren in luftdichte Behälter von 8 cm Höhe oder weniger gefüllt werden. Der Inhalt muss Platz zum Ausdehnen haben und der Deckel soll dicht schließen. Bei höheren Dosen bleibt die Speise in der Mitte länger warm und es können sich Bakterien bilden. Versehen Sie die Behälter mit Etiketten, auf denen Sie Inhalt und Datum vermerken. Gut verpackt lassen sich die meisten Lebensmittel sicher einfrieren. Ausnahmen sind Eier mit Schale, die in der Kälte zerspringen, und Milch, bei der sich der Wasseranteil absetzen kann.

SCHÄDLINGE IM HAUS

Sind Schädlinge einmal ungebeten in die Küche eingedrungen, können sie Lebensmittel verderben, den Inhalt von ganzen Schränken vernichten und Krankheiten verbreiten. Sie müssen in jedem Fall bekämpft werden.

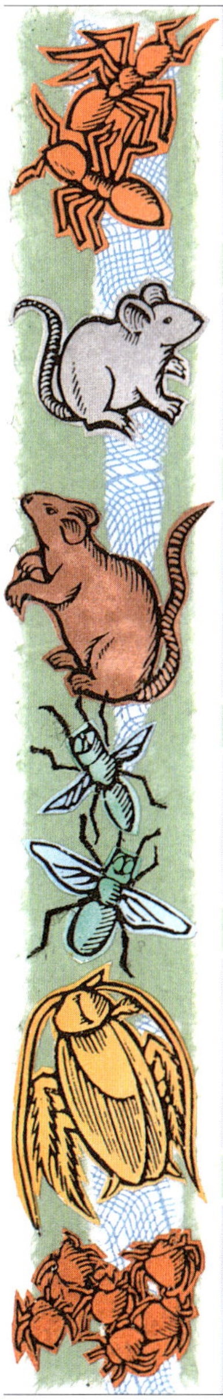

VERRÄTERISCHE ANZEICHEN	ABHILFE
AMEISEN	
Ameisenstraßen durch das Haus oder die Küche.	Nest und Laufwege zum Haus mit Ameisenpulver bestäuben; im Haus Ameisenköder auslegen.
MÄUSE	
Kotspuren; angenagte Lebensmittelpackungen und verstreuter Inhalt.	Mausefalle aufstellen bzw. versuchen, die Maus lebend zu fangen und nach draußen zu befördern.
RATTEN	
Lautes, deutliches Nagen; große Löcher in Lebensmittelpackungen und anderen Dingen wie z. B. Vorhängen.	Einen Kammerjäger holen. Mülltonnen im Freien nicht offen stehen lassen.
FLIEGEN	
Maden; lautes Summen; am schlimmsten bei schwülwarmer Witterung und wenn Lebensmittel offen herumliegen.	Fliegenfänger aufhängen. Mülleimer täglich leeren. Nahrungsmittel gut abdecken.
KÜCHENSCHABEN	
Winzige Kotspuren, besonders in der Nähe von Schubladen und engen Ritzen, wo sie sich tagsüber verstecken.	Klebstreifen mit Hormonlockstoff verwenden. Notfalls Insektizid sprühen oder besser einen Kammerjäger bestellen.
MILBEN	
Fast unsichtbar, sehen aus wie Staubteilchen; befallen Mehl, Getreide, Reis und Nudeln, die feucht geworden sind.	Befallene Lebensmittel wegwerfen. Schränke mit einem Desinfektionsmittel auswaschen und neue Ware in geschlossenen Behältern bevorraten.

Viele Speisen, etwa Suppen und die meisten Gemüse, darf man ohne vorheriges Auftauen kochen, andere, insbesondere große Fleischstücke und -saucen, müssen erst gut aufgetaut werden. So ist sichergestellt, dass sie auch in der Mitte richtig durchgaren. Zum Auftauen eignen sich Kühlschrank, Mikrowelle oder kaltes Wasser, nicht aber Zimmertemperaturen. Wenn Sie die Gefriertruhe abtauen, wickeln Sie das Gefriergut in Zeitungspapier, damit es nicht antaut.

Augen auf beim Kauf von Frischkost
Prüfen Sie Frischkost genau vor dem Kauf. Falls sie Ihnen zweifelhaft erscheint, verzichten Sie. Achten Sie auf die Herkunft der Wa-

EINKAUFSRATGEBER OBST UND GEMÜSE

WÄHLEN SIE	MEIDEN SIE	TIPS
KOHL UND BLATTGEMÜSE (Rosenkohl, Blumenkohl, Kohl, Spinat, Brokkoli)		
Ware mit guter Farbe und fester Konsistenz.	Ware, die blass oder welk aussieht oder braune Stellen aufweist.	Nach dem Kauf innerhalb von 5 Tagen verzehren.
ZWIEBELGEMÜSE (Zwiebeln, Knoblauch, Lauch, Schalotten, Lauchzwiebeln)		
Feste Zwiebeln ohne Keime. Lauch sollte am Ansatz fest sein.	Alles, was matschig ist, gekeimt oder braune Stellen bekommen hat.	Kühl und trocken lagern. Erdreste vom Lauch gründlich abwaschen.
BLATTSALAT (Kopfsalat, Brunnenkresse, Chicoree)		
Knackige, feste Ware mit guter Farbe und ohne braune Ränder oder Flecken.	Salat, der welk oder matschig aussieht oder Löcher hat.	Blätter gründlich waschen, da sich am Ansatz noch Erdreste befinden können.
WURZELN UND KNOLLEN (Kartoffeln, Pastinaken, Knollensellerie, Möhren, Steckrüben)		
Feste, nicht runzlige Ware mit guter Farbe.	Alles, was gekeimt hat oder verhutzelt aussieht.	Kartoffeln stets an einem dunklen, kühlen und trockenen Ort lagern.
HÜLSENFRÜCHTE UND KÖRNER (Bohnen, Erbsen, Okra, Zuckermais)		
Feste, helle Ware mit unversehrter Hülle. Beim Zuckermais sollten die Körner dicht an dicht stehen.	Ware, die welk aussieht. Bohnen, bei denen sich die Samen in der Hülse abzeichnen.	Schoten, z. B. von Gartenerbsen und -bohnen, sollten beim Öffnen ein knackendes Geräusch hören lassen.
STENGEL UND SPROSSEN (Sellerie, Fenchel, Artischocken, Spargel, Bohnenkeimlinge)		
Knackfrische Ware mit Blättern. Beim Abbrechen der Stengel sollte es hörbar knacken.	Gemüse mit verwelkten Blättern – ein Hinweis darauf, dass es einen Teil seines hohen Wassergehalts eingebüßt hat.	Gründlich waschen und alle Erd- oder Sandrückstände abspülen.
PILZE		
Trockene, feste Ware. Champignons mit geschlossenen Hüten.	Beschädigte, schrumpelige, fleckige oder glitschige Pilze.	Im Kühlschrank in einer Papiertüte bis zu 4 Tage haltbar.
FRUCHTGEMÜSE (Tomaten, Avocados, Paprika, Gurken, Zucchini)		
Feste, schwere Ware mit klarer, leuchtender Farbe.	Früchte mit rissiger Haut oder zu weichem Fleisch.	Im Gemüsefach des Kühlschranks aufbewahren.
OBST		
Feste Hartfrüchte, Weichfrüchte mit gesunder Farbe.	Früchte mit Druckstellen und Macken oder matschiges Obst.	Beerenobst im Kühlschrank lagern. Südfrüchte gehören nicht hinein.

ren und prüfen Sie Sonderangebote, die von unterschiedlicher Qualität sein können. Bei Fleisch und Wurstwaren, Milcherzeugnissen und allen industriell verarbeiteten Produkten stets auf das Haltbarkeits- oder Verzehrdatum achten; ist es überschritten, ist die Ware wegzuwerfen. Obst und Gemüse kauft man am besten alle zwei bis drei Tage frisch.

Bei Meeresfrüchten galt früher die Regel, dass man Austern und andere Schalentiere nur in Monaten essen soll, deren Name ein R enthält, also von September bis April. Dies liegt daran, dass Austern von Mai bis August laichen und dann von minderer Qualität sind. Da die meisten Austern heutzutage aber aus Zuchtbetrieben stammen, können

EINKAUFSRATGEBER FLEISCH, FISCH UND MILCHPRODUKTE

WÄHLEN SIE	MEIDEN SIE	TIPS
ROTES FLEISCH		
Rindfleisch mit tiefroter Farbe und cremeweißem Fett. Schweinefleisch sollte blassrosa sein mit gleichmäßiger Schwarte. Bei Lamm deftige Bratenstücke mit geschmeidiger Haut und cremeweißem Fett wählen.	Rindfleisch mit unnatürlich heller Orangefärbung. Schweinefleisch mit grauem Farbton und öliger Schwarte. Lamm mit gelbem öligem Fett – ein Hinweis darauf, dass das Fleisch schon älter ist.	Rind-, Schweine- und Lammfleisch sind im Kühlschrank bis zu 3 Tage haltbar. In der Tiefkühltruhe ist Schweinefleisch bis zu 8 Monate, Rind- und Lammfleisch bis zu 1 Jahr lagerfähig.
GEFLÜGEL		
Tiere mit feister, runder Brust und fester, leicht cremegelber Haut.	Geflügel, das unterernährt aussieht und auf der Haut Druckstellen und andere Mängel zeigt. Tiefkühlware mit Eis in der Verpackung – ein Zeichen dafür, dass sie aufgetaut und wieder eingefroren wurde.	Im Kühlschrank bis zu 2 Tage, in der Gefriertruhe bis zu 6 Monate haltbar. Tiefkühlgeflügel muss vor der Zubereitung vollständig aufgetaut sein.
FISCH		
Nur ganz frische Ware. Bei einem vertrauenswürdigen Fischhändler oder Supermarkt kaufen und am gleichen Tag verzehren. Fisch sollte nach Meer riechen, noch alle Schuppen und glänzende Augen haben. Die Kiemen sollten rot, das Fleisch fest sein. Tiefkühlware muss ganz gefroren sein.	Alle Fische mit strengem fischigem Geruch: Dies deutet auf eine hohe Bakterienkonzentration hin. Fisch mit trüben Augen. Fisch mit schleimiger Haut (bei manchen Süßwasserarten ist das jedoch normal). Drückt man mit dem Finger in das Fleisch frischer Fische, richtet es sich anschließend wieder auf.	Fisch sollte im Kühlschrank nur 1 Tag im kältesten Fach und in der Gefriertruhe bis maximal 6 Monate gelagert werden. Öliger Seefisch verdirbt leichter: nur für höchstens 3 Monate einfrieren. Tiefkühlware muss vor dem Kochen nicht aufgetaut werden.
MUSCHELN UND KREBSE		
Lebende Miesmuscheln und Austern sollten fest geschlossene Schalen haben oder bei Berührung zugehen. Rohe und gekochte Garnelen sollten fest sein. Gekochte Hummer und Krabben nach Größe und Gewicht beurteilen – gute Ware fühlt sich schwer an.	Miesmuscheln, Venusmuscheln und Austern, die schon vor dem Kochen geöffnet sind oder während des Kochens nicht aufgehen. Alle Schalentiere mit rissigen oder abgeplatzten Panzern. Kaufen, essen oder servieren Sie keine Ware, die älter als 1 Tag ist.	Rohe oder gekochte Garnelen sowie gekochte Miesmuscheln können bis zu 1 Monat eingefroren werden. Gekochtes Krabben- wie Hummerfleisch sind tiefgekühlt bis zu 2 Monate haltbar.
MILCHPRODUKTE UND EIER		
Produkte mit schöner, klarer Farbe und frischem Geruch. Kein Risiko eingehen, vor allem nicht bei Eiern.	Käse, Butter oder Milch, die sauer oder ranzig riechen. Milch, die sich abgesetzt hat und wässrig aussieht. Keinesfalls Eier mit Sprung kaufen.	Eier im Kühlschrank mit dem spitzen Pol nach unten und nicht länger als 2 Wochen, Frischmilch maximal 4 Tage lagern. Hartkäse kann man für mehrere Monate, Weichkäse nur für ein bis zwei Wochen einfrieren.

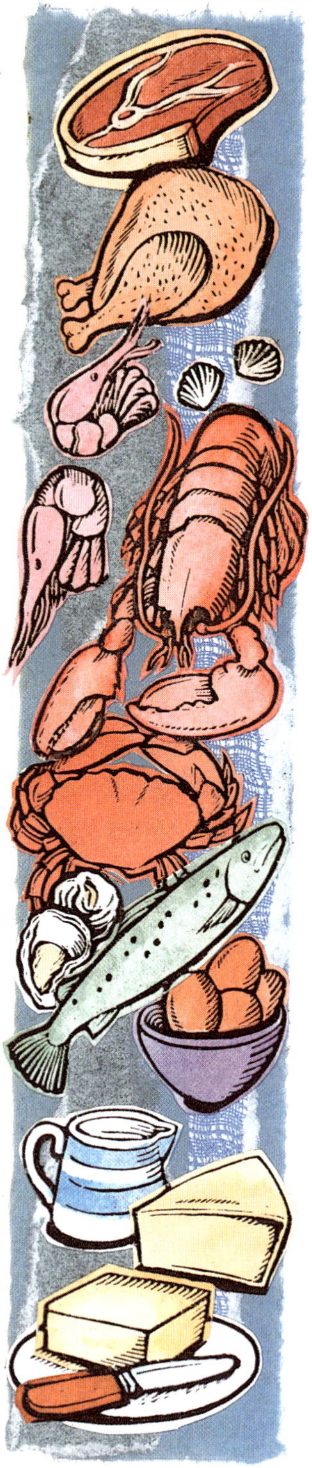

sie das ganze Jahr über verzehrt werden. Jakobsmuscheln isst man für gewöhnlich im Sommer, Miesmuscheln von September bis März. Grundsätzlich gilt: Meeresfrüchte nur bei vertrauenswürdigen Händlern erwerben und möglichst noch am selben Tag essen, da sie sehr schnell verderben und mit Bakterien verseucht sein können.

Vorräte im Schrank

Kommt überraschend Besuch oder sind Sie krank geworden, garantiert ein gut gefüllter Vorratsschrank die Zubereitung köstlicher, gehaltvoller Mahlzeiten. Die Lebensmittel aus der Speisekammer sind zwar lange haltbar, doch nichts hält ewig, und überlagerte Ware ist ebenso anfällig für Verunreinigung

TIPS ZUR VORRATSHALTUNG

EINKAUF	VERWENDUNG	LAGERUNG
ÖLE UND FETTE		
Das ideale Speiseöl ist reich an ungesättigtem Fett. Wegen ihres niedrigeren Gehalts an gesättigtem Fett sollte man Oliven-, Raps-, Distel- und Sonnenblumenöl den Vorzug vor Kokos- und Palmöl, Schmalz und Butter geben. Kaltgepresstes Olivenöl wird in einem frühen Stadium des Pressvorgangs gewonnen und schmeckt besser als die später extrahierten. Da es aber nicht so lange haltbar ist, in kleinen Mengen kaufen.	Zum Frittieren statt Bratfett raffinierte Öle wie Erdnussöl nehmen und nur einmal verwenden. Das Öl verändert sich beim Frittieren, da es sich teilweise mit dem im Frittiergut enthaltenen Fett vermischt. Allmählich oxidiert es und wird ranzig. Das Öl wird dunkler und schäumt an der Oberfläche beim Kontakt mit Lebensmitteln. Durch die Wiederverwendung geht auch Vitamin E verloren.	Niemals altes Öl mit frischem mischen. Wenn das Öl ranzig wird und abgestanden riecht oder schmeckt, gehört es weggeworfen. Verbrauchtes Öl kann in kaltem Zustand fest werden, verflüssigt sich aber wieder bei Zimmertemperatur. Ungeöffnet hält sich Öl in Glasflaschen in der Regel 6 bis 12 Monate, wenn man es kühl und dunkel lagert. Nach dem Öffnen ist es nur noch 4–8 Wochen haltbar.
GETROCKNETE BOHNEN, ERBSEN UND LINSEN		
Bohnen von ähnlicher Größe und Farbe auswählen. Ältere Bohnen erkennt man an einem blasseren Farbton. Bohnen mit Rissen oder winzigen Löchern liegen lassen oder wegwerfen: Dies deutet auf Schädlingsbefall hin.	Vor dem Kochen Steinchen oder Grobsand aussortieren. Die meisten Bohnen müssen ca. 8 Stunden lang eingeweicht werden. Danach 10 Minuten in frischem Wasser kochen, damit eventuelle Giftstoffe zerstört werden. Packungshinweise beachten.	Da getrocknete Bohnen (mit Ausnahme von Sojabohnen) fast kein Fett enthalten, eignen sie sich vorzüglich zur Vorratshaltung; sie sollten jedoch binnen einem Jahr verzehrt werden. In einem luftdichten Behälter kühl und trocken lagern.
NÜSSE UND SAMEN		
Ungeschälte Nüsse möglichst erntefrisch kaufen. Um zu prüfen, ob eine Nuss in der Schale alt ist, kann man schütteln: Klappert sie in der Schale, ist sie ungenießbar.	Die meisten geschälten Nüsse werden entweder ganz, gehackt, gemahlen oder gebleicht angeboten und erfordern keine weitere Vorbereitung.	Zum Schutz ihres Ölgehalts sollten Nüsse wie auch Samen kühl und trocken gelagert werden. Geschälte Nüsse in luftdichten Behältern am besten im Kühlschrank aufbewahren. Die Verkaufspackung ist zur Langzeitlagerung nicht so geeignet.
KONSERVEN		
Konserven mit dem Hinweis „kochsalzarm", „ohne Zusatz von Kochsalz" oder „ohne Zuckerzusatz" kaufen. Eingedrückte Dosen meiden, selbst wenn sie keine Anzeichen von Undichtigkeit oder Rost aufweisen. Niemals den Inhalt von verbeulten, aufgewölbten Dosen verwenden: Es besteht die Gefahr einer Lebensmittelvergiftung.	Nach dem Öffnen verdirbt der Inhalt so schnell wie gekochte Frischkost. Den Inhalt nie in einer geöffneten Dose lassen, da es in Verbindung mit Luft zu einer Reaktion zwischen dem Metall und den Speisen kommen kann.	Manche Konserven sind mehrere Jahre lagerfähig; man prüfe aber stets das Verfallsdatum. Obstkonserven halten nur ein Jahr. Zeigt eine Dose Rost, Dellen oder hat sie einen gewölbten Deckel oder Boden, unbedingt wegwerfen, da der Inhalt verseucht sein und es bei Verzehr zu Lebensmittelvergiftungen kommen kann.

und Schädlingsbefall wie andere Lebensmittel. Überprüfen Sie alle paar Tage den Inhalt ihres Schranks und werfen Sie alles weg, dessen Haltbarkeitsdatum überschritten ist. Achten Sie auch auf das Verzehrdatum.

Wenn Sie den Schrank mit Neuwaren füllen, empfiehlt sich ein Rotationssystem: Die älteren Packungen werden nach vorn geholt und dahinter die neuen Sachen eingeräumt; so werden die alten zuerst aufgebraucht. Werfen Sie dabei alle verschimmelten Lebensmittel wie auch alle verbeulten oder rostig gewordenen Dosen weg. Wischen Sie den Vorratsschrank regelmäßig mit einem milden Allzweckreiniger aus, der für die Verwendung in der Küche geeignet ist.

TIPS ZUR VORRATSHALTUNG

EINKAUF	VERWENDUNG	LAGERUNG
FRÜHSTÜCKSZEREALIEN, MÜSLIS		
Produkte mit hohem Ballaststoffanteil und ohne Zuckerzusatz bevorzugen. Keine aufgerissenen oder undichten Schachteln nehmen. Auf das Haltbarkeitsdatum achten.	Statt mit Zucker mit klein geschnittenem Obst (z. B. Bananen oder Äpfeln) oder Trockenfrüchten wie Rosinen und Pflaumen bestreuen.	Nach dem Öffnen die Packung gut verschließen bzw. den Innenbeutel einrollen. Die Schachtel kühl und trocken lagern.
TEIGWAREN		
Getrocknete Nudeln sollten brüchig und glatt sein. Vorzugsweise Teigwaren aus Vollkornmehl nehmen: Sie liefern mehr Ballast- und Mineralstoffe als Weißmehl.	Teigwaren aus der Packung erfordern keine Kochvorbereitung. Pro Person rechnet man mit 120 g Trockenware. Bissfest (al dente) kochen.	Getrocknete Nudeln sind bei korrekter Lagerung bis zu 2 Jahre haltbar, da auf ihnen nur selten Mikroorganismen gedeihen. Kühl und trocken in luftdichten Behältern aufbewahren. Vor Feuchtigkeit schützen.
MEHL		
Raffiniertes Weißmehl hat einen großen Teil seiner Vitamine und Mineralstoffe wie auch Ballaststoffe eingebüßt. Vollkornmehl dagegen enthält ca. 10 g Ballaststoffe pro 100 g Mehl. Keine aufgerissenen oder undichten Tüten kaufen.	Das Mehl durch ein Sieb schütten, um eventuelle Klumpen zu entfernen. Muss das Mehl laut Rezept vor der Verwendung ausgesiebt werden, sollte man sich daran halten.	Das Mehl im Küchenschrank kühl und trocken in einem luftdichten Behälter aufbewahren. Mehl ist anfällig für Schädlinge wie Mehlmilben, Getreidekäfer, Motten und Käfer – daher regelmäßig das Mehl prüfen und sofort wegwerfen, wenn es befallen ist. Dann den Schrank mit einem milden Desinfektionsmittel auswaschen und die Mehldose gründlich reinigen.
KRÄUTER		
Getrocknete Kräuter nur in kleinen Mengen kaufen, da sie nach ein paar Monaten an Würzkraft und Aroma verlieren.	Getrocknete Kräuter erfordern vor Gebrauch keine Vorbereitung. Man verwendet sie am besten in langsam köchelnden Gerichten, um ihnen ein stärkeres Aroma zu geben.	Getrocknete Kräuter wärme- und lichtgeschützt in luftdichten Behältern aufbewahren. Frische gehackte Kräuter kann man auch gut einfrieren.
GEWÜRZE		
Gewürze, wann immer möglich, am Stück kaufen, so bleiben sie länger frisch und aromatisch.	Ganze Gewürze in einem Mörser oder in der Kaffeemühle zerkleinern. Bei Suppen und Eintöpfen ganze Gewürze in ein Leinensäckchen geben und mit einer Schnur am Topfgriff befestigen.	In luftdichten Gläsern licht- und feuchtigkeitsgeschützt aufbewahren. Viele Gewürze sind lange haltbar, man beachte jedoch das Verfallsdatum. Ist es überschritten, das Gewürz besser wegwerfen.

Schonende Zubereitung

Um Nahrungsmittel in wohlschmeckende warme Gerichte zu verwandeln, steht eine Vielzahl von Garmethoden zur Wahl. Manche bewahren die wertvollen Nährstoffe bestmöglich, andere verhindern teilweise lebensbedrohende Lebensmittelvergiftungen.

Richtig zubereitet und gekocht, sehen die meisten Speisen nicht nur appetitlicher aus und schmecken besser – auch ihr Nährstoffgehalt ist deutlich höher als bei schlecht oder unsachgemäß gekochtem Essen. Zu langer Kontakt mit Luft, zu viel zugesetztes Fett, zu große Hitze, ungeeignete Garmethoden und andere Faktoren beeinträchtigen die Qualität und können hochwertige Lebensmittel, die voll gesunder Inhaltsstoffe stecken, in ein nahezu wertloses Essen verwandeln.

Gemüse

Licht und Luft mindern den Nährstoffgehalt von Gemüse ebenso wie Hitze. Zur Schonung seiner Vitalstoffe sollte Gemüse erst kurz vor dem Verzehr gewaschen, geschnitten und gegart werden. Obst und Gemüse enthalten Enzyme, durch die sie reifen und allmählich Nährstoffe einbüßen. Da Wärme die Aktivität dieser Enzyme anregt, bewahrt man die meisten Sorten am besten in luftdichten Vorratsdosen im Kühlschrank auf.

Vor dem Essen oder Garen wird das Gemüse gewaschen, jedoch nie eingeweicht, da sonst die wasserlöslichen Nährstoffe ausgelaugt werden. Man hält es nur kurz unter fließend kaltes Wasser und entfernt mit einer Gemüsebürste die Erde von Kartoffeln und Wurzelgemüse wie Möhren.

Geschältes Gemüse ist weniger wertvoll, da viele Nährstoffe unter der Schale sitzen. Wenn Sie es dennoch schälen möchten, garen Sie es mit der Schale. Dann lässt sich die Haut leichter und dünner ablösen und es gehen nicht so viele Vitalstoffe verloren.

Um zu vermeiden, dass ein Großteil der wertvollen Inhaltsstoffe in das Kochwasser übergeht, sollten Sie Gemüse lieber nicht kochen. Schonendere Methoden sind Dämpfen, Dünsten oder das Garen in Wok oder Mikrowelle mit ganz wenig Wasser bzw. Öl. Die Garzeit sollte so kurz wie möglich gehalten werden. Gemüse darf nicht zerkocht und matschig werden, sondern wird auf den Punkt gegart; so bleibt es appetitlich und schön knackig.

Wenn man Gemüse ganz oder in großen Stücken gart, bleiben die gesunden Inhaltsstoffe besser erhalten, da insgesamt weniger Oberfläche mit Luft in Kontakt kommt und so weniger Nährstoffe oxidieren. Schütten

GAREN IN DER MIKROWELLE

Im Mikrowellenherd werden die in der Nahrung enthaltenen Wassermoleküle zu schnellen Schwingungen angeregt, wodurch Wärme entsteht. Die Mikrowellen dringen nur etwa 2,5 – 5 cm tief in das Gargut ein; im Inneren breitet sich die Wärme durch Fortleitung aus, das Essen kocht also von außen nach innen.

Das Garen in der Mikrowelle erfordert wenig Zeit und ebenso wenig Garflüssigkeit. Mikrowellenherde eignen sich ideal zum Dünsten von Fisch und Gemüse, die dabei nur minimal Nährstoffe verlieren. Allerdings garen die Speisen ungleichmäßig und es entstehen heiße und kalte Stellen. An Letzteren können Bakterien gedeihen. Geräte mit einem Drehteller und gelegentliches Umrühren sorgen für bessere Ergebnisse. Beachten Sie stets auch die Standzeiten nach dem Garen, die Teil der Gesamtkochzeit sind.

Die heiße, trockene Luft in einem normalen Backofen erwärmt die Kartoffel langsam. Nach 15 Minuten ist sie innen noch kühl. Bis sie ganz gar ist, dauert es eine Stunde.

Nach 7 Minuten **Nach 15 Minuten**

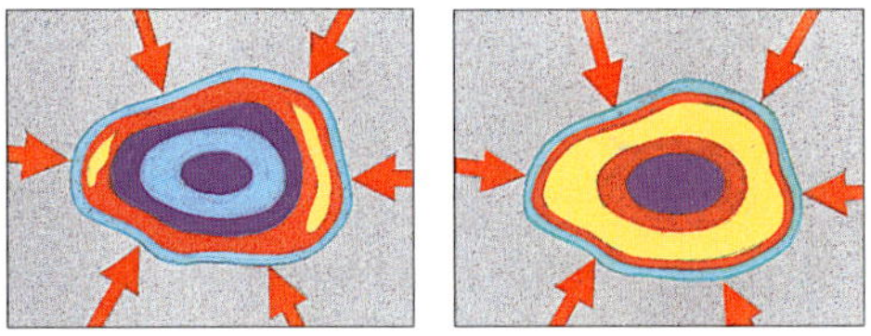

Backofen: Wärme dringt nur langsam zum Kern vor.

Im Mikrowellenherd ist die Kartoffel schon nach 5 Minuten ganz erwärmt. Zum richtigen Durchgaren muss sie danach aber noch etwas stehen.

Nach 1,5 Minuten **Nach 5 Minuten**

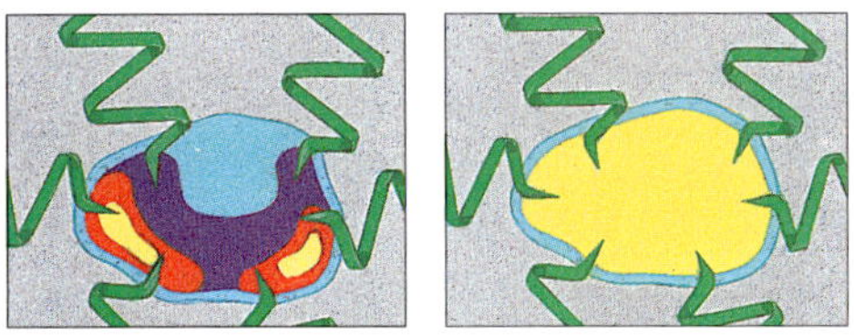

Mikrowelle: Vibrierende Moleküle erzeugen Wärme, die sich durch Fortleitung ausbreitet.

FALLSTUDIE

Ein Vegetarier in der Familie

In einem Haushalt, in dem Fleisch der Eiweißlieferant Nummer eins ist, kann die plötzliche Entscheidung eines Jugendlichen, sich künftig vegetarisch zu ernähren, den Koch bzw. die Köchin vor eine schwierige Aufgabe stellen. Woher soll der Teenager das nötige Protein beziehen? Und muss man jetzt immer zwei Menüs kochen?

Maren ist 16 Jahre alt und interessiert sich für Umweltthemen. Vor kurzem hat sie ihren Eltern eröffnet, dass sie von nun an Vegetarierin ist – eine Entscheidung, mit der ihre Mutter Doris schon seit einer Weile gerechnet hatte. Doris ist mit Leib und Seele Köchin und probiert gern neue Rezepte aus, bei denen jedoch immer Fleisch im Mittelpunkt steht, etwa Geschmortes vom Rind, Schweinekoteletts, Hackfleisch oder der traditionelle Sonntagsbraten. Beim Metzger besorgt sie regelmäßig verschiedene Pasteten und Wurstwaren, die die Familie abends mit Brot isst. Allzu viel zusätzliche Küchenarbeit wird sich Doris nicht aufhalsen können, da sie hauptberuflich an einer Grundschule unterrichtet.

Was sollte Doris tun?

Zuerst muss sich die Mutter eingehend über fleischlose Eiweiß- und Eisenquellen informieren, damit sichergestellt ist, dass Maren keinen Nährstoffmangel bekommt. Nachdem sie dem Reformhaus und dem Naturkostladen einen Besuch abgestattet und einige vegetarische Kochbücher durchgesehen hat, darf Doris angesichts der Fülle alternativer Eiweißlieferanten beruhigt sein: Neben Milcherzeugnissen aller Art liefern auch Kombinationen aus Körnern und Hülsenfrüchten so viel Eiweiß wie ein Steak. Im Reformhaus werden eine bunte Palette von Pasteten auf der Basis von Tofu oder Hülsenfrüchten angeboten sowie fleischlose Würstchen und Bratlinge aus Soja.

GENESUNGSPLAN

Küchenplanung

Gerichte wie Gemüsesuppen und Eintöpfe vorkochen und für einen späteren Zeitpunkt einfrieren.

Gesundheit

Eisenlieferanten wie Vollkornprodukte und dunkelgrüne Gemüse anbieten. Zu den Mahlzeiten Orangensaft reichen, um die Eisenaufnahme aus fleischlosen Speisen zu erhöhen.

Ernährung

Neue Gerichte ausprobieren. Fürs Pausenbrot und für zwischendurch Hummus (Kichererbsenpaste) und vegetarischen Aufstrich kaufen.

Küchenplanung

Es nimmt viel Zeit in Anspruch, wenn jeden Tag ein zusätzliches vegetarisches Gericht frisch zubereitet werden muss.

Gesundheit

Zu wenig Eisen in der Nahrung führt zu Blutarmut. Die Folgen sind Müdigkeit, Schwächegefühl und Kurzatmigkeit.

Ernährung

Wenn er nicht sorgfältig geplant wird, kann ein vegetarischer Speisezettel ebenso unausgewogen sein wie der vieler Fleischesser.

WIE ERFOLGREICH WAREN DIE MASSNAHMEN?

Erfreut stellte Doris fest, dass Maren durch ihre vegetarische Lebensweise experimentierfreudiger geworden ist und sogar angeregt wurde, auch einmal selber leckere fleischlose Gerichte für die ganze Familie zu zaubern. Viermal in der Woche kocht Doris abends für sich und ihren Mann eine Fleischmahlzeit; für Maren bereitet sie ein vegetarisches Essen zu. Allerdings würde sie sich wünschen, dass das Mädchen toleranter wird und seine Eltern bei Tisch nicht immer wegen ihrer Vorliebe für Fleisch und Wurst kritisiert.

Sie das Kochwasser nicht weg, es kann als feine Grundlage für Suppen oder Saucen dienen. Beim Garen im Wok bleibt der Vitalstoffgehalt weitgehend erhalten, weil das Gargut von wenig Öl benetzt und nur ganz kurz einer hohen Hitze ausgesetzt ist. Gegartes Gemüse sollte stets so schnell wie irgend möglich serviert und verzehrt werden, denn seine Nährstoffe beginnen bei längerer Stehzeit zu zerfallen.

VERSCHIEDENE GARMETHODEN

GARMETHODE	VORTEILE	NACHTEILE
FRITTIEREN		
Schnelles Garen in siedendem Öl	Ein Teil der Vitamine bleibt erhalten.	Erhöht den Fettgehalt der Speisen.
BRATEN OHNE FETT		
Fettloses Garen	Kein zusätzliches Fett; Vitamine und Mineralstoffe werden geschont.	Nur geeignet für Lebensmittel, die natürliches Fett enthalten.
GAREN IM WOK		
Schnelles Garen bei großer Hitze	Geringer Fettbedarf; minimaler Vitaminverlust. Gemüse bleibt knackig.	Speisen sind zu salzreich, wenn zu viel Sojasauce verwendet wird.
MIKROWELLE		
Garen im Mikrowellenherd (siehe Kasten S. 150)	Minimaler Vitaminverlust	Ungleichmäßiges Garen mit kalten und heißen Stellen im Gargut
SCHMOREN		
Langsames Kochen in Flüssigkeit über mehrere Stunden	Verbessert Geschmack und Struktur zäher Fleischstücke.	Vitamine werden in die Flüssigkeit ausgelaugt; trotzdem nährstoffschonender als braten.
GRILLEN		
Schnelles Garen mit trockener Hitze	Kein zusätzliches Fett nötig	Beim Grillen von Fleisch über Holzkohle oder offenem Feuer können Krebs erregende Stoffe entstehen.
KOCHEN		
Kochen in reichlich Wasser	Verbessert die Struktur harter Gemüse.	Vitamine werden teilweise ins Kochwasser ausgelaugt.
POCHIEREN		
Garen in wenig siedendem Wasser	Kein zusätzliches Fett nötig	Vitamine teilweise ausgelaugt
DÄMPFEN		
Garen im Wasserdampf	Geschmack und die meisten Nährstoffe bleiben erhalten.	Genaue Einhaltung der Garzeit erforderlich, damit nichts verkocht.
BRATEN		
Garen mit starker trockener Hitze	Fleisch wird saftig und aromatisch.	Vitaminverlust. Fettgehalt steigt durch Begießen mit Bratenfond.
DÜNSTEN		
Garen im eigenen Saft	Viele Vitamine bleiben erhalten.	Gefahr des Anbrennens
DAMPFKOCHTOPF		
Schnelles Garen bei hoher Temperatur mit ganz wenig Wasser	Vitamine und Mineralstoffe bleiben überwiegend erhalten.	Kochzeit schwer kontrollierbar, deshalb Gefahr des Zerkochens

Fleisch

Wegen seines hohen Gehalts an Eiweiß, Mineralstoffen und B-Vitaminen kann Fleisch, sofern es nicht im Übermaß genossen wird, jede gesunde Kost in wertvoller Weise ergänzen. Das Eiweiß bleibt beim Kochen erhalten; ein Teil der Vitamine und Mineralstoffe geht beim Garen zwar in den Fond über, doch kann dieser gut als Grundlage für Suppen und Saucen benützt werden.

Die meisten Fleischsorten, vor allem Rind und Schwein, sind reich an gesättigten Fetten. Kaufen Sie daher nur magere Stücke wie z. B. Rinderfilet und schneiden Sie bei allen Sorten den Fettrand weg. Ein derart vorbereiteter Braten ist schneller fertig als fette Stücke, man darf also die Garzeit ruhig um rund 20 % verkürzen. Allerdings gilt es immer, darauf zu achten, dass das Fleisch nicht noch halb roh ist (siehe Kasten unten).

Verwenden Sie so oft wie möglich fettfreie Garmethoden, schmoren oder grillen Sie das Fleisch. Bei Schmorgerichten empfiehlt es sich, das Fett in regelmäßigen Abständen abzuschöpfen. Langes Braten ist zu vermeiden; falls es doch nötig ist, verwendet man statt Butter lieber Oliven- oder auch Rapsöl, die jeweils reich an einfach ungesättigten Fettsäuren sind. Fettes Fleisch wie Hackfleisch lässt sich in einer Antihaftpfanne ohne Öl braten; das austretende Fett wird weggeschüttet. Überdies gibt es Bräter mit einsetzbarem Gitterrost, auf den man das Fleisch legt. Dadurch kann das Fett gut abtropfen.

Geflügel

Hühnerfleisch ist ein vorzüglicher Eiweißlieferant und relativ mager, vor allem, wenn die Haut entfernt wurde. Tiefkühlware muss vollständig aufgetaut werden. Vor dem Kochen wird das Geflügel innen und außen gewaschen und sodann mit Küchenkrepp trockengetupft. Marinieren Sie Geflügelteile oder auch Fleischstücke immer im Kühlschrank, keinesfalls bei Zimmertemperatur.

Da bei Geflügel die Gefahr einer Salmonellenvergiftung besteht, muss es immer völlig durchgegart werden. Fette Tiere wie Ente oder Gans legt man im Bräter auf einen Rost und sticht die Haut vor dem Braten mehrmals ein, sodass ein Teil des Fetts auslaufen kann. Hähnchen ist überaus vielseitig und lässt sich auf verschiedene gesunde Arten zubereiten: Man kann es in Alu- oder Bratfolie backen, im Wok garen oder auch in Wasser pochieren (siehe S. 141).

Fisch und Schalentiere

Mit seinem hohen Eiweißgehalt und geringem Fettanteil gilt Fisch als Spitzenreiter unter den gesunden Lebensmitteln. Manche Arten wie Lachs, Forelle, Thunfisch, Hering,

DIE GARPROBE BEI FLEISCH UND FISCH

Lässt man Fleisch zu lange garen, wird es trocken und faserig. Andererseits kann der Verzehr von halb rohem Fleisch und Geflügel Gefahren bergen. Eiweißhaltige Nahrungsmittel sind besonders anfällig für zersetzende Bakterien, die jedoch bei gründlichem Garen abgetötet werden.

Will man prüfen, ob das Fleisch gar ist, stellt das Bratenthermometer einen zuverlässigen Helfer dar. Es wird an der dicksten Stelle ins Zentrum des Fleischs gesteckt, darf allerdings keinen Kontakt zum Knochen haben, da dieser die Wärme leitet und heißer als das umgebende Fleisch wird.

Zeigt das Bratenthermometer 60 °C an, ist das Rind- und Lammfleisch noch roh, halb durchgebratene Stücke bringen es auf ca. 70 °C. Schweinefleisch muss unbedingt gut durchgebraten sein, da es mit Trichinen, schmarotzenden Fadenwürmern, verseucht sein kann. Bei durchgegartem Schweinefleisch steigt das Thermometer auf 80 °C an. Durch gründliches Garen entgeht man bei Geflügel der Gefahr einer Salmonellenvergiftung. Für die Garprobe bei Hähnchen, Pute, Ente oder Gans schiebt man ein Geflügelthermometer ebenfalls an der dicksten Stelle ins Fleisch, ohne dabei den Knochen zu berühren. Bei ganzem Geflügel zeigt das Thermometer 82 °C an, bei Brust-, Keulen- und Flügelstücken 77 °C.

Eine andere, häufiger angewendete Garprobe wird mit einer Rouladennadel durchgeführt. Man sticht damit in die fleischigste Keulenpartie und lässt den Saft austreten. Er sollte klar sein, nicht rötlich. Oder man hebt das ganze Geflügel mit einer Fleischgabel an und prüft den Saft, der aus der Einstichstelle in den Bräter fließt.

Fisch ist gar, wenn die Augen trüb sind und sich das Fleisch mit der Gabel leicht abheben lässt.

Rohe Bohnen enthalten eine giftige Substanz. Der Verzehr unsachgemäß zubereiteter Bohnen kann Bauchkrämpfe und Erbrechen auslösen, ja sogar zum Tod führen. Daher muss man getrocknete Bohnen mindestens 8 Stunden einweichen und etwa 15 Minuten kochen.

Gefährliche Mikroben

Ist eine Speise mit vielen Erregern wie Salmonellen oder Listeriabakterien verseucht, kommt es zur Lebensmittelvergiftung. Bei *Campylobacter* reichen schon kleine Mengen aus.

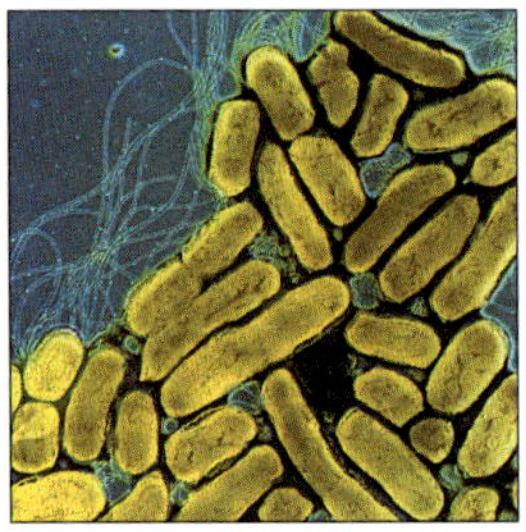

Kleinkinder, ältere Menschen und Personen mit geschwächtem Immunsystem wie z. B. Krebspatienten sind besonders anfällig für eine Salmonellenvergiftung.

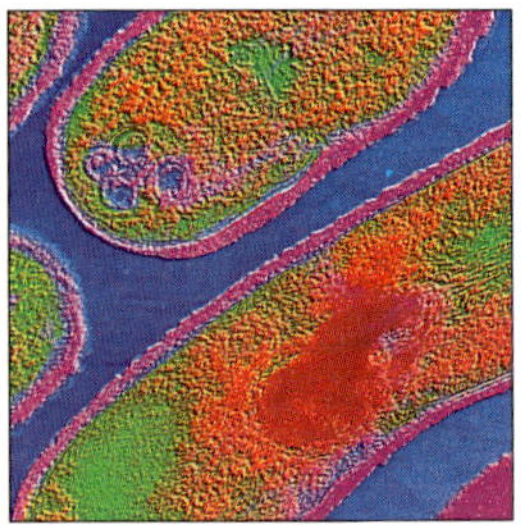

Schwangere sollten halb gares Fleisch und Weichkäse meiden, da der Fetus durch die Listeriabakterien geschädigt werden kann.

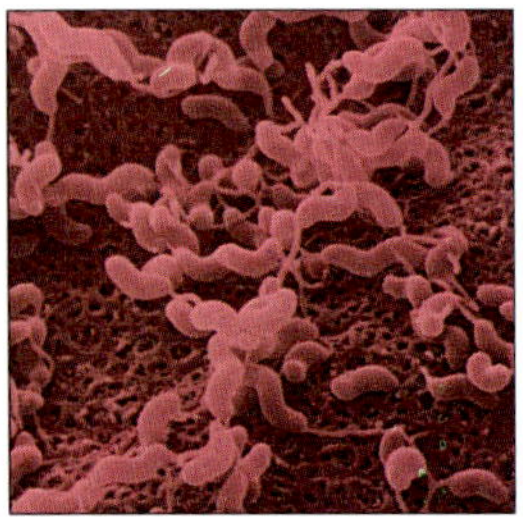

Campylobacter-*Erreger leben in Tieren und Wildvögeln. Durch Kontakt mit Tieren oder rohem Geflügel werden sie auf Menschen übertragen.*

Sardine und Makrele sind zudem reich an Omega-3-Fettsäuren, die Herzerkrankungen vorzubeugen vermögen. Schalentiere enthalten wichtige Mineralstoffe wie etwa Zink.

Frischer Fisch sollte vor dem Kochen immer abgeschuppt und ausgenommen und anschließend unter fließend kaltem Wasser geputzt und mit Küchenpapier trockengetupft werden. Beim Dämpfen, Grillen und Pochieren bleibt der Fisch saftig, ohne dass viel Fett zugegeben werden muss. Fisch eignet sich auch ideal für die Mikrowelle; ritzen Sie aber die Haut ein, damit sie nicht aufplatzt. Das Backen in Alu- oder Bratfolie ist besonders aromaschonend (siehe S. 141).

Weichtiere werden unter fließend kaltem Wasser geputzt. Alle, die bei leichter Berührung offen bleiben, wandern in den Müll. Muscheln brauchen nur wenige Minuten Kochzeit. Werfen Sie alle Austern, Venus- und Miesmuscheln weg, die sich während des Kochens nicht geöffnet haben.

Lebensmittelvergiftungen

Trotz der Fortschritte bei Verarbeitung und Vertrieb von Nahrungsmitteln sind Lebensmittelvergiftungen auf dem Vormarsch. In Deutschland erkranken jährlich rund zwei Millionen Menschen an einer Salmonelleninfektion. Diese Salmonellose ist nach dem Bundesseuchengesetz meldepflichtig, doch da man sie oft mit einer Grippe verwechselt, wird den Gesundheitsämtern nur etwa jeder zehnte Fall gemeldet.

Nachlässiger Umgang mit Speisen vor und nach dem Garen sowie ungenügende Erwärmung bewirken, dass sich Bakterien rasend schnell vermehren. Durch sorgfältige Lagerung und Zubereitung kann man Lebensmittelvergiftungen jedoch vorbeugen.

Ursachen. Bakterien sind einzellige Organismen, die mit bloßem Auge unsichtbar sind. Unter günstigen Bedingungen können sie sich etwa alle 20 Minuten verdoppeln. Auf den Menschen werden die Bakterien entweder durch die Nahrung übertragen – Geflügel und Eier etwa sind typische Salmonellenträger – oder aber durch die Exkremente infizierter Menschen oder Tiere.

Die häufigsten krankheitserregenden Bakterien gehören zu den Gattungen *Salmonella* und *Campylobacter*. Die Erreger vermehren sich im Darm ungeheuer schnell und rufen Entzündungen hervor. Andere Bakterienarten – *Staphylococcus aureus* und *Clostridium botulinum* etwa – produzieren Gifte.

KAMPF DEN BAKTERIEN

Fleisch, Geflügel und Eier sind Brutstätten von Bakterien, die man durch richtiges Erhitzen jedoch abtöten kann. Lässt man eine Speise allerdings eine Zeit lang bei warmen Temperaturen stehen, kann es nach dem Verzehr zu schweren Krankheitssymptomen kommen.

- Im Kochbereich (75–100 °C) werden die meisten Bakterien vernichtet. Je höher die Temperatur, desto weniger Zeit ist dafür notwendig.
- Im Wärmbereich (60–75 °C) vermehren sich die Bakterien zwar nicht mehr, werden aber auch nicht abgetötet.
- Bei Temperaturen zwischen 16 °C und 50 °C gedeihen die Bakterien, vermehren sich rasch und produzieren Giftstoffe.
- Im Kühlbereich (0–6 °C) verlangsamt sich das Wachstum der Bakterien.
- Im Gefrierbereich zwischen –10 °C und –18 °C kommt das Wachstum der Bakterien zum Stillstand, sie leben aber weiter.

Symptome. Zu den typischen Anzeichen einer Lebensmittelvergiftung zählen Übelkeit, Durchfall, Erbrechen und Magenschmerzen. In schweren Fällen kann es außerdem zum Schock und Kollaps kommen. Das Botulismustoxin der Clostridien dagegen greift das zentrale Nervensystem an und ruft Symptome wie Sprach- und Sehstörungen, Muskellähmung und Erbrechen hervor.

Viren vermehren sich zwar nicht in Speisen, verseuchen aber bestimmte Meerestiere in Gewässern, die durch ungeklärte Abwässer verunreinigt sind. Der Verzehr von rohen Muscheln und rohem Fisch (Sushi) kann daher unter Umständen schlimme Folgen haben. Kaufen Sie Fisch in jedem Fall nur bei einem zuverlässigen Händler.

Was tun bei einer Vergiftung? Mit Ausnahme von Vergiftungen durch Pilze, *Escherichia coli* oder *Clostridium botulinum* enden Lebensmittelvergiftungen trotz aller Unannehmlichkeiten selten tödlich. Wer sich eine Lebensmittelvergiftung eingehandelt hat, sollte so lange keine feste Nahrung zu sich nehmen, bis die Symptome nachlassen, und reichlich Flüssigkeit trinken, damit der Körper nicht austrocknet. Letzteres gilt vor allem für Säuglinge, Kleinkinder und ältere Menschen, die in besonderem Maß gefährdet sind. Das Verabreichen einer Rehydrationslösung, die eine Mischung aus Salz und Zucker enthält, ist die beste Art der Behandlung. Man kann sie entweder in der Apotheke fertig kaufen oder selbst herstellen: Auf 1 l Wasser kommen 1 Teelöffel Salz und 8 Teelöffel Zucker. Bis der Körper die Vergiftung besiegt hat, sind Benommenheit und Schwäche völlig normal, und der Kranke benötigt viel Ruhe.

Bei heftigem Brechdurchfall oder wenn der Betroffene zusammenbricht, muss unverzüglich ein Arzt hinzugezogen werden. Zur Ermittlung der Ursache dienen in den meisten Fällen eine Stuhlprobe und, falls vorhanden, Reste der verdächtigen Speise. Ist ein Restaurant für die Vergiftung verantwortlich, schaltet man den örtlichen Wirtschaftskontrolldienst ein.

SYMPTOME BEI LEBENSMITTELVERGIFTUNG

Die Reaktionen auf eine Lebensmittelvergiftung sind unterschiedlich, hängen aber vorwiegend davon ab, wie stark die verzehrte Speise mit Bakterien oder Viren verseucht war. Die häufigsten Ursachen der Lebensmittelvergiftungen zeigt die folgende Tabelle.

SYMPTOME	EINSETZEN DER REAKTION	BETROFFENE LEBENSMITTEL
ESCHERICHIA COLI ***		
Bauchkrämpfe, Durchfall, Erbrechen, schwaches Fieber	Nach 12–72 Stunden	Halb gare Frikadellen und andere Hackfleischprodukte, Rohmilch
CHEMIKALIEN ***		
Durchfall, Erbrechen	Innerhalb 30 Minuten	Meeresfrüchte
STAPHYLOCOCCUS AUREUS **		
Erbrechen, Übelkeit, Durchfall, Bauchkrämpfe	Innerhalb weniger Minuten bis zu 6 Stunden	Fleisch, Geflügel, Eier- und Milchspeisen
CLOSTRIDIUM PERFRINGENS **		
Durchfall, Bauchkrämpfe	Nach 6–12 Stunden	Fleisch, Bratensaucen, Füllungen
CLOSTRIDIUM BOTULINUM (BOTULISMUS) ***		
Sprach- und Sehstörungen, Lähmungen, Atemnot bis hin zum Tod durch Ersticken	Binnen 18–36 Stunden	Ungenügend sterilisierte Konserven; durch Fliegen verseuchte Nahrungsmittel
SALMONELLEN **		
Durchfall, Erbrechen, Fieber, Bauchkrämpfe, Kopfschmerzen	Binnen 8–36 Stunden	Geflügel, Eierspeisen, Schalentiere, Milchprodukte, rohes Fleisch
VIREN (HEPATITIS A) **		
Brechdurchfall, Fieber, Gelbsucht; in schweren Fällen zuweilen tödlich	Nach 12–48 Stunden	Verseuchte Meerestiere, vor allem rohe Muscheln
SHIGELLA-ERREGER *		
Bauchkrämpfe, Fieber, Durchfall	Nach 2–3 Tagen	Milchprodukte, Thunfisch, Obst, Geflügel, Kartoffelsalat
CAMPYLOBACTER JEJUNI *		
Bauchkrämpfe, Fieber, Erbrechen, Durchfall, mitunter blutig, Kopfweh	Nach 2–6 Tagen	Fleisch, Geflügel, Rohmilch
LISTERIA MONOCYTOGENES **		
Kopfschmerzen, Übelkeit, Fieber	Nach 4 Stunden bis mehreren Tagen	Weichkäse, Meerestiere, Rohmilch

* Ruhen und viel Flüssigkeit trinken ** Arztbesuch bei Anhalten der Symptome *** Sofort ärztliche Hilfe holen

Natürliche Toxine

Eine Fülle von Nahrungsmitteln enthält natürliche Gifte, die aber nur in großen Mengen schädlich sind. So können kleine Fische und Schalentiere beim Abweiden von Algen deren Toxine aufnehmen. Sie sammeln sich in ihrem Körper und später auch im Fleisch größerer Raubfische wie Schnapper oder Sägebarsch an. In sehr seltenen Fällen kann diese Toxinkonzentration Werte erreichen, die für Menschen gefährlich sind.

Die Kartoffel enthält mit dem Solanin ebenfalls einen natürlichen Giftstoff, der für gewöhnlich nur in geringen Mengen vorliegt. Hohe Konzentrationen dieses Gifts finden sich an den grünen Stellen, in ausgekeimten Kartoffeln und solchen, die dem Licht ausgesetzt waren. Da das Solanin beim Kochen nicht zerstört wird, müssen die grünen Stellen großzügig ausgeschnitten werden.

Natürliche Toxine finden sich beispielsweise auch in Sojabohnen, Bittermandeln, Bambussprossen, Hefeextrakt, Kohlgemüse, Käse und Wein.

REGISTER

Abnehmen 21, 43, 137
mit Diäten 134, 136, 138
mit Kartoffeln 44
und Ballaststoffe 47
und Essen gehen 142
und Jo-Jo-Effekt 44
Adrenalin und Fettabbau 135
Aktivität und Wasseraufnahme 76
Algen 117
und Herpes 98 f.
Algenextrakt 117
Algentoxine 155
Alkohol
und Bluterkrankheit 80
und Cholesterin 80, 111
und Doppelblindtests 108
und Frauen 82
und Gesundheitsprobleme 81
und Hämophilie 80
und Kalziummangel 68
und positive Auswirkungen 80, 111
in der Schwangerschaft 82
Alkoholmissbrauch 81
Allergien 108
und Diät 130
und Lebensmittelallergien 107
und Milchallergien 93
allergische Reaktion 109
Altern und freie Radikale 94
Aluminium
als Verpackung 89
und Alzheimer-Krankheit 74, 89
und Kochen 89
Alzheimer-Krankheit
und Aluminium 74, 89
und Cholin 101
Ameisen 145
Aminosäuren 30 f.
essenzielle 30
Aminosäurenpräparate 34
Anämie 68
und Vitamin B_{12} 61
und Vorsorge 24
Aneurysmen 58
Anorexie 139
und Unfruchtbarkeit 53
Antioxidantien
und Betakarotin 62
und Fette 56
und freie Radikale 74
und mediterrane Kost 115
und Vitamin C 62
und ihre Wirkungsweise 94
Antioxidationsmittel 106 f.
Aromastoffe 107
Arterienverkalkung 47, 50, 56, 109 f.
Arthritis, rheumatische 37
und Naturheilkunde 55, 130
Asiatische Kost 117 ff.
Aspartam 33, 45
Asthma und Konservierungsstoffe 106
Aufbaupräparate 34 f.

Bakterien 144, 154
in Lebensmitteln 154
im Wasser 78
Ballaststoffe 17, 46 ff.
und Abnehmen 47
und Cholesterinspiegel 47
und Diabetes 48
und Fastfood 104
lösliche und unlösliche 46
in Mahlzeiten 45
Zufuhr erhöhen 47
Ballaststoffreiche Nahrungsmittel 46
Bananen 92
Bechterewsche Krankheit 37
Beeren 101
Bestrahlung von Lebensmitteln 88
Betakarotin 62
und hohe Zufuhr 70
und Krankheit 94 f.
und Vorkommen in Nahrungsmitteln 71
Bionahrungsmittel 90
Biowein 91
Blasenentzündung und Preiselbeeren 98
Blattgemüse 146
Blattsalat 146
Blei im Trinkwasser 79
Blitzdiäten 138
Blumenkohl 96
Blutarmut 24, 68
Blutdruck, hoher 56
Bluterkrankheit und Alkohol 80
Blutfettwerte 57 f., 111, 115
hohe 57
und Herzleiden 109
und Senken von 47, 57
Blutgerinnung 63
Blutkörperchen 66 f.
Blutzuckerspiegel 48
Bodybuilder, vegetarische 35
Bohnen
Lagerung getrockneter 148
Toxine in getrockneten 153
und Eiweißzufuhr 34
Braten ohne Fett 152
Bratenthermometer 153
Brokkoli 96
Brustkrebs und phytochemische Substanzen 97
Bulimie 139
und Unfruchtbarkeit 53
Butter 51

Candida albicans 102
Chinarestaurant-Syndrom 107
Chinesische Kost 119
Chlorid 64
Chlorierung von Wasser 78
Cholesterin
gutes und schlechtes 56, 110
und Alkohol 80, 111
und Arteriosklerose 109
und Eier 112
und Erkrankungen 56
und Haferkleie 110 f.
und Speiseöl 111
Cholesterinarme Diät 133
Cholesterinarmes Kochen 141
Cholesterinausscheidung 47
Cholesterinreduzierung 141
Cholesterinspiegel 111, 115
hoher 57
und Nahrungsmittel 56
senken 47, 58, 133
Chrom 65
Chronische Krankheiten und Naturheilkunde 55

Dämpfen 152
in der chinesischen Kost 119
Dampfkochtopf 152
Dehydration 76
Diabetes 47 f.
und Ballaststoffe 48
und Diät 48, 131
und Übergewicht 131
und Verzehr von tierischen Fetten 116
Diät
bei Glutenunverträglichkeit 130
für Problemzonen 135
nach Herzinfarkt 132
und Abnehmen 134
und Allergien 130
und Cholesterinspiegelsenkung 133
und Diabetes 48, 131
und Essen gehen 142
und Fettreduzierung 140
und Gesundheitsgefährdung 138
und Kalorienreduzierung 134
und Salzreduzierung 131 ff.
und Trennkost 135 ff.
Diätformen 130 ff.
Dickdarm 17
Dickdarmkrebs 47
Dickungsmittel 106 ff.
Disaccharide 40
Divertikulose 47
DNS und bestrahlte Lebensmittel 88
Dörrobst 88
Dünndarm 17
Dünsten 141, 152

Eier 147
und Cholesterin 112
und Frische überprüfen 112
und Nährstoffe 112
und Salmonellen 112
Einfachzucker 100
Eisen 65
und ausreichende Zufuhr 63, 68
und Heranwachsende 68
in Nahrungsmitteln 63
Eisengehalt von Speisen erhöhen 69
Eisenmangel 67
und Menstruation 68
und Schwangerschaft 68
und Vegetarier 68
Eiweiß siehe Protein
Emulgatoren 106 f.
Energie
aus Koffein 100
aus natürlichen Quellen 101
aus Zucker 100
Energiebedarf, altersabhängiger 23
und Aktivitäten 23, 25
Enzyme 16 f.
und Aminosäuren 30
Enzymmangel 108
Erkrankungen
und Bekämpfung durch Ernährung 71
und exzessiver Alkoholkonsum 81
und Naturheilkunde 55
und Vorsorge durch Ernährung 71
Ernährungsberater 20 f., 136 f.
Ernährungsberatung 136 f.
Ernährungsprotokoll 14, 20, 108
Ernährungspyramide 18
für Vegetarier 36
Essen gehen und Diät 142
Essensrhythmus und Schichtarbeit 26 f.
Essenzielle Aminosäuren 30

Essgewohnheiten 21
Essstörungen 139
  und Unfruchtbarkeit 53
Essverhalten 139
Etiketten von Lebensmitteln 16, 107

Familie
  und Berufstätigkeit 26
  und Essensplanung 127
  mit mehreren Generationen 122
Familienkonferenz 123, 129
Familienmahlzeiten 121 ff.
Familienrat 27
Farbstoffe 106 f.
Fasten 138
Fastfood 104 f.
  selber herstellen 105
Fertiggerichte 26
Fertigsäfte 84
Festessen 28
Fetales Alkoholsyndrom 82
Fett 17, 138
  Abbau 135
  einfach ungesättigtes 50
  gesättigtes 34, 50
  Lagerung von 148
  mehrfach ungesättigtes 50
  oxidiertes 56
  reduzieren 52 f.
  und Aufgaben im Körper 51
  und Fastfood 104
  und Herzerkrankungen 56, 58
  und Krebs 56, 58
  und Vegetarier 52
  verstecktes 51, 138
  zu wenig 53
Fettarme Lebensmittel 58
  Diät 140
  Kuchen 21
  Milch 92, 93
Fettsäuren
  essenzielle 51
  gesättigte und ungesättigte 50
  und Omega-3-Gruppe 51, 58
  und Omega-6-Gruppe 51
Fettverteilung bei Mann und Frau 134
Fibrin 31
Fisch und Schalentiere
  garen 153
  geräuchert 87
  in Konserven 87
  Qualität prüfen 147
  tiefgefrieren 87
Fischzubereitung 141
Fit-for-Life-Programm 135
Fleisch 147
  Qualität prüfen 147
  garen 153
Fliegen 145
Fluor 65
  im Trinkwasser 79
Flüssigkeitsaufnahme 77
Frauen
  und Alkohol 82
  und Eisenmangel 67
  und Fettverteilung 134
  und Folsäuremangel in der Schwangerschaft 68
  und Idealfigur 135
  und Kalorienbedarf 23
  und Wechseljahre 69, 72 f.
Freie Radikale 74
  und Erkrankungen 62, 74
  und Vitamine 62
  Vorkommen und Wirkung 94

Frischhaltefolie 89
Frittieren 152
Früchtetee 83
Fruchtgemüse 146
Fruchtsaft
  selber machen 84
  und heilende Wirkung 84, 98
  und Nährstoffe 84
Frühstück, gesundes 25
Frühstückszerealien, Lagerung 149

Galaktose 40
Galle 60
Garen 150 ff.
  im Wok 152
  in der Mikrowelle 150, 152
  und Kalorienreduzierung 140 f.
  von Fisch und Schalentieren 141, 153 f.
  von Fleisch 153
  von Geflügel 153
  von Gemüse 150 f.
Garprobe 153
Geflügel 147
  garen 153
  Qualität prüfen 147
Geliermittel 106
Gemüse
  dämpfen 141
  garen 150 f.
  Qualität prüfen 146
Gemüsesaft 98
Geschmackssinn 28
Geschmacksverstärker 106 f.
Getrocknete Bohnen
  und Lagerung 148
  und Toxine 153
Gewicht
  halten 23
  reduzieren 21, 43, 134 ff.
  und Körpergröße bei Kindern 128
Gewürze und Lagerung 149
Gicht 34
Glukose 40, 100
Glukosemangel 47 f.
Glutenfreie Diät 130
Glutenunverträglichkeit 108 f.
Glykogen 42, 100
Glyzerin 51
Graham, Sylvester 43
Grillen 152
Großfamilie 122 f.
Grundumsatz 22
  und Koffein 82
  und Schwangerschaft 23
  und Stillen 23

Haferkleie 46
  und Cholesterin 110 f.
Hämoglobin 31, 61, 66, 68
Hämophilie und Alkohol 80
Hämorrhoiden 47
Harnsäure 34
Harntreibende Getränke 77
Harnwegsinfektionen 98
HDL 110, 111, 115
  und Alkohol 80
Hefepilze 102
Heilpraktiker 54 f.
Herpes 98
Herzerkrankungen
  im internationalen Vergleich 115
  und Betakarotin 94 f.
  und Fette 56, 58
  und Konsum tierischer Fette 116
  und mediterrane Kost 114
  und Vegetarier 36 f.
  und Vitamin E 74
Herzinfarkt 132
Herzkranzgefäße, Erkrankungen der 53, 110
Herzstillstand 58
Hippokrates 54
Hitzekollaps 76
Homöopathie 54
Honig 44
Hormontherapie 69, 73
Hülsenfrüchte 34, 146
Hygiene in der Küche 144 f.
Hypoglykämie 47 f.

Idealgewicht 23
Infektionen und Naturheilkunde 55
Insulin 31, 48, 65, 131
  und Fettdepots 135
Intrinsischer Faktor 61
Irisdiagnose 54 f.

Japanische Kost 97, 117
Jod 65
Joghurt
  und Infektionsbekämpfung 102
  selber herstellen 103
Jugendliche
  und gesunde Gerichte 121
  und Nährstoffbedarf 125

Kaffee, entkoffeinierter 83
Kalium 63, 65
Kalorien 22 f.
  Aufnahme 127
  leere 23, 42
  und Ballaststoffe 45
  und Fastfood 104
  und körperliche Aktivität 25
Kalorienarme Diät 134
Kalorienarme Lebensmittel 58
Kalzium 63, 65, 68
  und Frauen nach der Menopause 68
  und Knochendichte 63
  und Stillen 93
  und Wachstum 92
  Vorkommen in Lebensmitteln 62
Kalziumverlust, hoher 34
Kartoffeln
  und Abnehmen 44
  und Kalorien 44
Karzinogene
  in Schimmelpilzen 91
  und phytochemische Substanzen 95
Käse, vegetarischer 37
Kellogg, Dr. John Harvey 10
Keratin 31
Kinder
  und Eiweißbedarf 33, 124
  und fettarme Milch 92
  und Gerichte für Kleinkinder 120
  und Kalorienbedarf 23, 120
  und Kochen für 128
  und Koffein 83 f.
  und Körpergröße und Gewicht 128
  und Lebensmittelreaktionen 109
Knoblauch 116
Knoblauchbrot 52
Knochenmasse, maximale 68
Knochenschwund 68, 73
Kochen 152
Kochsalz 131 ff.
Koffein 82, 83
  und Grundumsatz 82
  und Kinder 83
  und negative Auswirkungen 83

und Vorkommen in Getränken 82
und Wirkung im Körper 100
und Zufuhr reduzieren 83
Koffeinersatz 83
Kohl 96, 146
Kohlenhydrate 16
komplexe 16 ff., 40, 43, 100
und ungenügende Zufuhr 31
Kohlenhydratgehalt von Lebensmitteln 41
Kollagen 31
Konserven, Lagerung 148
Konservierte Lebensmittel
Nährwert 86 ff.
Konservierungsstoffe 105 f.
Körner 146
Körpereiweiß 30
Körperfett abbauen 135
Körpergröße und Gewicht bei Kindern 128
Körpermassenindex 134
Kräuter, Lagerung 149
Kräutertee 83
Krebs
des Dickdarms und tierische Fette 37, 116
des Dickdarms und Vegetarier 37
und Ballaststoffe 42
und Ernährung 97
und fettreiche Kost 50, 56, 58
und Küchenfolie 89
und Vegetarier 36
und Verzehr tierischer Fette 116
und vorbeugende Gemüsesorten 96
und wirksame Speisen gegen 95
Kuchen, fettarmer 21
Küchenfolie 89
Küchenhygiene 144
Küchenschaben 145
Kühlschrank 145
Kulturelle Einflüsse 28
Künstliche Süßstoffe 33, 42, 45
Kupfer 65

Lab 37
Lacto-Vegetarier 36
Lagerung von Lebensmitteln 144 ff.
Laktose 40, 102
Laktoseunverträglichkeit 108, 130
LDL 36, 58, 110 ff., 115
Lebensmittel
bestrahlte 88
fettarme 58
kalorienarme 58
und Auswahl frischer 146
und Cholesterin 56
und heilsame Wirkung 94, 98
und Kaloriengehalt 22
und Kohlenhydrate 41
und Lagerung 144 ff.
und Mangelerscheinungen 24
und Nährstoffe 17
und Nährwerte 19
und ökologischer Anbau 90
und Qualität prüfen 146
ungesunde 104 f.
und Verarbeitung 88
und Wassergehalt 77
und zeitsparende Zubereitung 104
Lebensmittelallergien 107
Lebensmitteletiketten 16, 107
und Zucker 42
Lebensmittelpyramide 18
Lebensmittelunverträglichkeit 107 f.
Lebensmittelvergiftung 144, 154 f.
Lebensmittelzusätze 105 f.
Leber, Funktion 60
Leere Kalorien 23, 42

Leitungswasser 77
Lezithin 101, 107
Lipoproteine
geringer Dichte 36, 58, 110 ff., 115
hoher Dichte 110, 111, 115

Magen 17, 61
Magengeschwüre und Koffein 83
Magermilch 93
Magnesium 63, 65
Mahlzeiten, Anzahl 23
Makrobiotiker 36
Mangan 65
Mangelerscheinungen 21, 24, 66 ff.
Mangelkrankheiten 24
Mangelsymptome 70
Männer
und Fettverteilung 134
und Kalorienbedarf 23
Margarine 51
Mäuse 145
Mediterrane Kost 116 ff.
und Antioxidantien 115
und Herzerkrankungen 114, 116
Meeresfrüchte 147
Meerestiere und japanische Kost 117 ff.
Mehl
und Lagerung 149
und Nährstoffe 92
Mehrfachzucker 40
Menopause 68, 72
Menstruation 67
und Eisenmangel 68
Mikroben 154
Mikrowelle
Garen in der 150, 152
und Küchenfolie 89
Milben 145
Milch 92
fettreduzierte 93
und Kinder 92
Milchallergien 93
Milchprodukte 147
Mineralstoffbedarf, altersabhängiger 63
Mineralstoffe 17, 60, 63
im Wasser 79
und Kombination mit Vitaminen 61
und Mangelerscheinungen 70
und tägliche Zufuhr 63
und Überdosierung 71
und Vorkommen und Wirkung 65
Mineralstoffmangel, Vegetarier und 38
Mineralstoffverluste, Ursachen von 67
Mineralstoffpräparate 69, 137
Mineralwasser 79
Mononatriumglutamat 107
Muttermilch 93
Myosin 31

Nährstoffbedarf
Erwachsene 125
Leistungssportler 124
Schwangere 124 f.
Senioren 125
Nährstoffe, Überdosierung 70
Nährstoffkombinationen 61
Nährstoffmangel, Anzeichen 70
Nährstoffpräparate 69
Nährstoffverluste, Ursachen 67
Nahrungscholesterin 109 f.
Nahrungseiweiß 30
Nahrungsergänzungsmittel und Vegetarier 38
Nahrungsfette
Vergleich der 52
versteckte 51, 138

Nahrungszusätze 35
Nährwerte 19, 86 ff.
Nährwerttabelle 19
Natrium 63, 65
Natriumgehalt
von Fastfood 105
von Würzmitteln und Saucen 131
Naturheilkunde 54 f.
Natürliche Toxine 155
Nieren, Funktion 33
Nikotin 95
Nitrate im Trinkwasser 78
Nitrosamine 62
Nudeln
und Lagerung 149
selber machen 116
Nüsse
und heilsame Wirkung 101
und Kauf 101
und Lagerung 148

Obst 146
dörren 88
Qualität prüfen 146
Ödeme 33
Ökologisch angebaute Lebensmittel 90
Öle und Fettsäuren 51
Öle und Fette
kochen 141
und Lagerung 148
Oliven 114
Olivenöl 50
und heilsame Wirkung 111
und Herzerkrankungen 115
Omega-3-Fettsäuren 51, 58
und Cholesterin 53
und japanische Kost 117
und mediterrane Kost 116
Omega-6-Fettsäuren 51
Organische Schadstoffe im
Trinkwasser 78
Osteoporose 73
und ihre Auswirkungen 69
und Frauen nach der Menopause 68
und proteinreiche Nahrung 34
Östrogen 69, 97
und Fettdepots 135
Östrogentherapie 69, 73
Ovo-Lacto-Vegetarier 36

Pauling, Linus 8
Perky, Henry 10
Pestizide
und ihre Auswirkungen 90
und Risiken 91
Petersilie, heilsame Wirkung 94
Pflanzliche Heilmittel 54
Pflanzliches Strukturprotein 38
Phenylalanin 33
Phosphor 63, 65
Phytinsäure 38
Phytochemische Substanzen
und Brustkrebs 97
und Krebs 95 ff.
Pilze 146
fernöstliche 99
Plasmacholesterin 56
Pochieren 152
Polypeptide 30
Polysaccharide 40
Portionierung 19
Preiselbeeren und Blasenentzündung 98
Problemzonendiät 135
Prolaktin 31
Prostaglandine 51

Protein 16, 31
körpereigenes 31
pflanzliches 31
und Fleischverbrauch 34
und Qualität 30 f.
und täglicher Bedarf 32
und Umwandlung 30
vollständiges und unvollständiges 31
Proteinbedarf
beim Stillen 32
in der Schwangerschaft 32
nach Verletzungen 32 f.
von Kindern 33, 124
Proteinergänzungsmittel 32
Proteingehalt von Nahrungsmitteln 32
Proteinkombination 35
Proteinlieferanten, fleischlose 34
Proteinmangel und Abwehrschwäche 33
Proteinquellen für Vegetarier 37
Proteinsynthese 30
Proteinüberdosierung 33
Proteinverwertung 30
Provokationsdiät 108
Purine 34

Qualität von Lebensmitteln prüfen 146 f.

Radikale und Antioxidantien 74
Rapsöl 115
Ratten 145
Rauchen 68, 95
Rheumatische Arthritis und Vegetarier 37
Richtwerte, empfohlene für Nährstoffe 66 f.
Rohkost 36
Rosenkohl 96
Rösten 152
Rotwein, heilsame Wirkung 80
Rückstände in der Nahrung 91

Saccharide 40
Saccharin 45
Saccharose 40, 100
Saft und heilsame Wirkung 98
Salmonellen 154 f.
in Eiern 112
Salz
und Diät 131 ff.
in Fertigprodukten 131
verstecktes 126, 131
und Würzen 133
Salzarme Diät 131
Salzgehalt der Nahrung vermindern 126, 131
Samen
und heilsame Wirkung 101
und Lagerung 148
Sashimi 119
Sauberkeit in der Küche 144
Saucen und Natriumgehalt 131
Schädlinge 145
und Bekämpfung 145
Schadstoffe im Trinkwasser 78, 79
Schalentiere
garen 153
Qualität prüfen 147
Schichtarbeit und Essensrhythmus 26 f.
Schilddrüse 65
Schimmel 91
Schlaganfall 50, 58
Schmoren 152
Schnellrestaurant und gesunde Alternativen 142
Schwangerschaft
und Alkohol 82
und Eiweißbedarf 32
und Eisenmangel 68
und Folsäure 68
und gesunde Gerichte 124
und Grundumsatz 23
und Nährstoffbedarf 124 f.
und Stillen 23
und vegetarische Kost 70
Schwermetalle im Trinkwasser 79
Scleroproteine 31
Seetang 117
Sekundäre Pflanzenstoffe 95 ff.
Selen 65
Senioren
und gesunde Gerichte 126
und Nährstoffbedarf 125
Sojafleisch 38
Sonnenlicht 66
Soor 102
Sperma 99
Sphäroproteine 31
Spina bifida 68
Spinat 96
Sportliche Anstrengung und Flüssigkeitsaufnahme 77
Spurenelemente 64
Stillen 93
und Proteinbedarf 32, 124 f.
Strukturprotein, pflanzliches 38
Sushi 119, 154
Süßspeisen, zuckerreduzierte 42
Süßstoffe, künstliche 33, 42, 45

Tabak und Kalziummangel 68
T'ai-Chi Ch'uan 18
Taille-zu-Hüft-Quotient 139
Teigwaren und ihre Lagerung 149
Tiefgefrieren 89, 144 f., 152
Tofu 34, 117
Toxine 144 f.
in Bohnen 153
Transfettsäuren 51
Traubenzucker 40
Trennkost 135 ff.
Triglyzeride 51
Trinkwasser 77
und Schadstoffe 78
Trocknungsverfahren von Lebensmitteln 89

Übergewicht 139
und Diabetes 131
Unfruchtbarkeit 53
und Vitamin C 99
Ungesättigte Fettsäuren 50 f., 58
Ungesunde Lebensmittel 104
Unterzucker 47 f.

Veganer 36
Vegetarier 9, 21, 36 ff.
in der Familie 125, 151
und Bodybuilding 35
und Eisenmangel 68
und gesunde Gerichte 36 f.
und Käse 37
und Krankheiten 36 f.
und Mangelerscheinungen 66
und Nahrungsergänzungsmittel 38
und rheumatische Arthritis 37
und Schwangerschaft 70
und Teenager 151
Vegetarische Gerichte 38
Verdauung 17 f.
Verdauungsapparat 17
Verdauungsstörungen 18
Verletzungen und Proteinbedarf 33
Verpackungen 89
Versteckte Fette 138
Verstecktes Salz 133
Verstopfung 47
und Linderung 24
Vesper 127
Vitaminbedarf, altersabhängiger 62
Vitamine 17, 60 ff.
B-Komplex 60
fettlösliche 17, 60, 62
kombinieren mit Mineralstoffen 61
und Altern 62
und Unfruchtbarkeit 99
und heilsame Wirkung 71
und schonender Umgang 61
und Überdosierung 70
und täglicher Mindestbedarf 62
Vorkommen und Wirkung 64
wasserlösliche 60
und zu hohe Zufuhr 60
Vitaminmangel 66
und Symptome 70
und Vegetarier 38
Vitaminpräparate 69, 137
Vollkornkekse 25
Vollkornmehl 92
Vollmilch 93
Vorratshaltung 148

Wachstumstabelle 128
Wasser 17
ausreichend trinken 76
Härte 79
in Lebensmitteln 77
Wasseraufbereitung 77
Wasseraufnahme und Aktivität 76 f.
Wasserfilter 78
Wassergehalt von Lebensmitteln 77
Wassermangel 76
Wasserversorgung
und Bakterien 78
und Blei 79
und Fluoride 79
und Schadstoffe 77
Wechseljahre 68, 69, 72
und Osteoporose 73
Weichmacher 89
Wein
und biologischer Anbau 91
und heilsame Wirkung 80
Weißmehl 43, 92
Weizen 91 f.
und Nährstoffgehalt 92
Weizenschrot 10
Wirbelspalte 68
Wok, Garen im 152
Wurzeln und Knollen 146
Würzen ohne Salz 133
Würzmittel und Natriumgehalt 131

Zahnkrankheiten 40
Zink 64
Zivilisationskrankheiten 115 f.
Zucker 40 ff., 100
einfacher 40
und Gesundheit 40
auf Lebensmitteletiketten 42
natürlicher und raffinierter 41
raffinierter 42
Zuckerverbrauch reduzieren 43
Zusatzstoffe – Pro und Contra 106
Zwiebelgemüse 146
Zwischenmahlzeiten 52 f., 126
gesunde 22
und gesunde Getränke 98

BILDNACHWEIS

Die Mehrzahl der Abbildungen wurde vom Verlag eigens für dieses Buch angefertigt mit Ausnahme von:

8 o. Popperfoto
9 u. Popperfoto
10 o. Range Pictures
11 o. Zefa
12 Volker Rauch/IFA-Bilderteam
20 u. Ginger Neumann
25 u. l. P. Sinclair/IFA-Bilderteam
25 u. M. Steve Murray/Transglobe/Index Stock
25 u. r. Glyn Kirk/Tony Stone
28 Niall McInerney
33 Matt Meadows/Peter Arnold Inc/Science Photo Library
35 Carol Ford/Tony Stone
44 David Parker/Science Photo Library
54 National Library of Medicine/Science Photo Library
55 Truw Arzneimittel GmbH
66 o. l. David de Lossy/Image Bank
66 u. l. Eric Grave/Science Photo Library
66 u. r. National Medical Slide Bank
68 Laurence Monneret/Tony Stone
69 u. Prof. P. Motta, Anatomisches Institut der Universität La Sapienza, Rom/Science Photo Library (2)
80 l. Pictures Colour Library
91 o. Gerald Brimacombe/Image Bank
91 u. Mike Newton/The Robert Harding Picture Library
102 o. CNRI/Science Photo Library
110 CNRI/Science Photo Library
114 Pictures Colour Library
120 M. Privatbesitz
124 u. Peter Tizzard
135 o. Giraudon/Bridgeman Art Library
135 u. Niall McInerney
136 u. Ginger Neumann
154 o. A. B. Dowsett/Science Photo Library
154 M. Institut Pasteur/CNRI/Science Photo Library
154 u. Moredun Animal Health Ltd/Science Photo Library

(o. = oben, u. = unten, l. = links; r. = rechts, M. = Mitte)

Illustrationen:
Joanna Cameron
Jane Craddock-Watson
Eugene Fleury
John Geary
Christine Pilsworth
Paul Williams
Angela Wood

Tabellen:
Clive Bruton
Lee Maunder
Nick Roland